21世纪国际商务专业硕士（MIB）规划教材

国际商务

International Business

赵春明　主　编
李宏兵　乔文军　副主编

北京大学出版社
PEKING UNIVERSITY PRESS

图书在版编目(CIP)数据

国际商务 / 赵春明主编. —北京：北京大学出版社，2016.3
（21 世纪国际商务专业硕士（MIB）规划教材）
ISBN 978-7-301-26622-9

Ⅰ. ①国… Ⅱ. ①赵… Ⅲ. ①国际商务—研究生—教材 Ⅳ. ①F740

中国版本图书馆 CIP 数据核字（2015）第 297938 号

书　　　名	国际商务 GUOJI SHANGWU
著作责任者	赵春明　主编　李宏兵　乔文军　副主编
责任编辑	马　霄
标准书号	ISBN 978-7-301-26622-9
出版发行	北京大学出版社
地　　　址	北京市海淀区成府路 205 号　100871
网　　　址	http://www.pup.cn
电子信箱	em@pup.cn　　　　QQ:552063295
新浪微博	@北京大学出版社　@北京大学出版社经管图书
电　　　话	邮购部 62752015　发行部 62750672　编辑部 62752926
印 刷 者	三河市北燕印装有限公司
经 销 者	新华书店
	787 毫米×1092 毫米　16 开本　19.75 印张　445 千字 2016 年 3 月第 1 版　2021 年 8 月第 2 次印刷
定　　　价	42.00 元

未经许可，不得以任何方式复制或抄袭本书之部分或全部内容。
版权所有，侵权必究
举报电话：010-62752024　电子信箱：fd@pup.pku.edu.cn
图书如有印装质量问题，请与出版部联系，电话：010-62756370

前　言

我国自加入世界贸易组织进而全面融入经济全球化以来,企业与个人的国际商务活动日益频繁,而在党的十八届三中全会提出进一步构建我国全方位开放新格局和新体制之后,国际商务的作用就显得更加突出和重要。正是在此背景下,我们编写了这本《国际商务》教材。

本书的主要特色有:

第一,较强的理论性。在教材编写中我们重点介绍了开展国际商务活动所需掌握和运用的有关理论,如国际贸易理论、国际投资理论、企业国际化阶段理论以及国际竞争优势理论等,同时注重将经济学、心理学、管理学等理论融入到教材的相关内容之中。

第二,大量的经典案例分析。鉴于国际商务活动的实践性和可操作性,我们在教材的每一章都安排了文前的导入案例阅读、文中的相关案例专栏以及文末的案例分析思考题,使读者能够运用所学理论和方法来分析国际商务中的现实问题,从而增强国际商务课程和教材的现实意义。

第三,编写体例方面的生动性和灵活性。比如,在教学内容的相关之处增加了一定数量的专栏,因而有助于读者拓展视野,更深入地了解和掌握书中基础内容。此外,每章均列有知识要点、能力要求和内容提示,以方便读者总领教材内容,并为做进一步研讨提供参考和方向。

本书编写成员分别来自北京师范大学、对外经济贸易大学、清华大学、北京邮电大学、西北师范大学和江西财经大学等高校。具体分工是:第一章,戴觅;第二章,魏浩;第三章,赵春明、刘振林;第四章,蔡宏波;第五章,陈昊、赵梦初;第六章,陈开军;第七章,陈开军;第八章,李宏兵;第九章,李宏兵、乔文军。全书由赵春明拟定编写大纲并做修改和统稿。

感谢南通耀江集团在本书写作过程中给予的支持和帮助,感谢北京大学出版社李娟、马霄编辑在编辑方面的辛苦工作,有了他(她)们的支持和努力,本书才得以顺利出版。

编　者
2015年10月于北京师范大学

目 录

第一章 国际商务导论 (1)

【导入案例】离开"中国制造"的日子 (3)

第一节 国际商务发展简史 (4)

第二节 经济全球化与国际商务 (12)

第三节 全球性机构与国际商务 (16)

复习思考题 (21)

案例分析题 (21)

第二章 国际商务的理论基础 (23)

【导入案例】中国高铁开进俄罗斯前景可期 (25)

第一节 国际贸易理论 (26)

第二节 国际投资理论 (34)

第三节 企业国际化阶段理论 (45)

复习思考题 (47)

案例分析题 (47)

第三章 国际商务的市场环境 (51)

【导入案例】油价下跌,是供过于求还是西方的阴谋? (53)

第一节 国际商务环境概述 (54)

第二节 国际商务环境的评价方法 (57)

第三节 国际商务环境的内容 (65)

第四节 国际商务环境的影响因素 (74)

第五节 国际商务环境的指标分析 (82)

复习思考题 (95)

案例分析题 (96)

第四章 国际商务的运行规则 (97)
- 【导入案例】生活家地板等企业的成功应诉 (99)
- 第一节 世界贸易组织的主要框架和内容 (100)
- 第二节 世界贸易组织的主要任务和基本原则 (115)
- 第三节 国际商务运行规则的新趋势 (126)
- 复习思考题 (134)
- 案例分析题 (134)

第五章 国际商务的竞争优势 (135)
- 【导入案例】中国纺织业的国际竞争新篇章 (137)
- 第一节 国际竞争优势理论 (138)
- 第二节 国际竞争优势的来源 (147)
- 第三节 国际竞争与战略的主要类型 (154)
- 第四节 国际竞争的发展趋势 (158)
- 复习思考题 (161)
- 案例分析题 (161)

第六章 国际商务的战略选择 (163)
- 【导入案例】新兴市场跨国企业的国际化战略 (165)
- 第一节 国际化进程战略 (166)
- 第二节 国际目标市场选择战略 (172)
- 第三节 国际市场营销战略 (180)
- 第四节 国际风险防范战略 (193)
- 复习思考题 (200)
- 案例分析题 (201)

第七章 国际商务的运行方式 (203)
- 【导入案例】华为技术有限公司的国际化之路 (205)
- 第一节 企业国际化与国际贸易 (206)
- 第二节 国际经济合作与生产服务外包 (218)
- 第三节 跨国公司与国际直接投资 (229)
- 复习思考题 (234)
- 案例分析题 (234)

第八章　国际商务的经营管理 (237)

【导入案例】欧洲迪士尼乐园:法兰西位于何处 (239)
第一节　国际商务活动的生产管理 (241)
第二节　国际商务活动的财务管理 (252)
第三节　国际商务活动的跨文化管理 (260)
第四节　国际商务活动的人力资源管理 (271)
复习思考题 (279)
案例分析题 (279)

第九章　国际商务与中国 (283)

【导入案例】上海自贸区 为中国改革再探路 (285)
第一节　中国国际商务的发展现状 (286)
第二节　中国国际商务发展的国际经验借鉴 (296)
第三节　中国国际商务的发展趋势 (301)
复习思考题 (307)
案例分析题 (307)

主要参考文献与阅读书目 (309)

第一章　国际商务导论

【知识要点】
1. 国际商务的产生与发展
2. 经济全球化
3. 国际机构

【能力要求】
1. 了解国际商务发展的历史
2. 明确全球化的内涵及动因
3. 理解全球化与国际商务发展的联系
4. 了解主要国际机构
5. 理解国际机构在国际商务中的作用

【内容提示】

国际商务的发展有着久远的历史,经历了不同的阶段。而随着技术的变革和各种贸易壁垒的下降,经济全球化不断深入,这使得国际商务呈现出新的特点。在国际商务发展的过程中,国际机构的规制和协调不可或缺。本章首先回顾国际商务发展的简要历史,然后从内涵和动因两个方面介绍当代国际商务所处的重要时代背景,最后对国际机构在当代国际商务中所起的作用进行分析,并对世界主要国际机构进行简要介绍。

【导入案例】

离开"中国制造"的日子

在美国东部路易斯安那州的小城巴吞鲁日,萨拉·邦焦尔尼女士有一个典型的美式中产阶级家庭:她现年42岁,印第安纳大学新闻硕士,是有10年工作经验的资深经济记者,多次获得美国专业记者协会等全国性新闻协会颁发的奖项,2005年夏辞职成为自由撰稿人;丈夫凯文是路易斯安那州立大学本科学院院长、法语系教授;两人年收入在10万美元以上,有一个5岁的儿子和一个2岁半的女儿。

2004年圣诞节过后,当萨拉看到带有"中国制造"标签的产品占据了家里的"半壁江山"时,一种不安涌上心头。经过盘点她发现,所有圣诞礼物里中国产品有25件,而非中国产品仅有14件。西方传统的圣诞节成为"中国制造"的节日。作为西方人的一种本能反应,萨拉立即想把"中国"关在门外。同时她也想试试,看自己家里能否摆脱对中国产品的依赖。于是,她开始了一个实验:全家一年不采购任何"中国制造"。

从2005年1月1日起,萨拉一家开始了抵制中国产品特别活动:保留家里已经拥有的"中国制造"产品,但绝不再购进任何"中国制造"新产品,以衡量中国到底在多大程度上渗入他们的家庭生活,以及放弃使用中国产品需要花费多少时间和金钱。

按照萨拉本来的想法,她全家告别价格低廉的"中国制造"不会太难。但实验的结果,已经随着她的"实验报告"《没有"中国制造"的一年》在美国传统大报《基督教科学箴言报》上的发表而家喻户晓了——萨拉全家的生活变得一团糟:丈夫因没有合适的鞋子而整天嘟嘟囔囔;5岁的儿子因为没有可心的玩具而失去了欢笑;她作为主妇更是心烦意乱,每到节日还买不到适合自己家居的装饰品,过得既昂贵又痛苦。她的结论是:像她家这样的美国消费者,是不可能离开"中国制造"的。"找一件没有'中国制造'标签的商品真难。"

令萨拉没有想到的是,这篇文章一发表就在美国激起了巨大的反响。从圣诞节到元旦的假日期间,记者出身的她反而变成了不停接受采访的公众人物。美国公共广播电台、威斯康星州公共电台等好几家电视台,都邀请她作为嘉宾发表观点。她的那篇著名文章,已被美国各新闻网站广泛转载,并在网络论坛引发了热烈讨论。

2006年1月3日,记者先通过电子邮件和电话找到了正在休假的凯文·邦焦尔尼教授,再由他"引见",对快人快语的萨拉·邦焦尔尼女士进行了电话采访。

"你是怎么找到灵感写这篇文章的呢?"记者首先好奇地问到写这篇文章的动机。

"我只是想从普通消费者的角度做一个实验而已,没有任何极端的想法或冒犯任何人的动机。你知道,现在的情况很有趣,政客们不停地在说中国产品抢走美国的工作岗位,而普通消费者在生活中却离不开'中国制造',我就想实验一下这种依赖有多深。"萨拉说。

"这其实也可以说是个经济学实验,证明在全球化的时代,中国产品是如何与遥远美国的一个家庭密切相关的。"她进一步对记者解释说,说话的口吻似乎又回到了经济记者的本行。

"你实验的结果,是不是可以这样说,中国产品已成为美国消费者的必需品?美国消费者的生活,现在已不能承受没有'中国制造'了?"

"绝对如此,这就是我实验的结论。如果美国消费者告别'中国制造',就意味着生活质量下降,遭遇太多不便。"

资料来源:《参考消息》,2005年12月21日第1版。

在当今社会,人们已经很难想象如果没有可口可乐,没有麦当劳,没有佳能相机,没有三星手机,生活会发生怎样的变化。然而,这些产品并不是由本国生产的,只有通过国际商务活动才能到达各国消费者的手中。这种商务活动既可能是将外国生产的商品运输到本国,也可能是外国的厂商到本国设厂进行生产。我们把第一种活动称为国际贸易,第二种活动称为国际直接投资。国际商务活动经历了漫长的发展历程,在这一过程中,世界贸易组织、联合国等国际组织发挥了重要的促进作用。当今,随着通信、交通运输技术的变革和贸易壁垒的下降,全球市场越来越融合,商品的生产也跨越了国家的界限,市场的全球化和生产的全球化达到了前所未有的广度和深度。理解这一变化的内涵和动因有着重要的理论和现实意义。

第一节 国际商务发展简史

本书中所介绍的国际商务通常包含三个方面的内容:国际贸易、国际投资和跨国经营(跨国公司)。这三方面内容都有着丰富的历史。在具体介绍关于国际贸易、国际投资和跨国经营的理论之前,我们先来简要回顾一下国际商务各个组成部分的发展历程。

一、国际贸易发展简史

(一)国际贸易的产生

国际贸易属于历史范畴,它是在一定历史条件下发展起来的。具有可供交换的剩余产品和存在各自为政的社会实体,是国际贸易得以产生的两个前提条件。

在原始社会早期,生产力水平极为低下,人类处于自然分工的状态。在氏族公社内部人们依靠共同的劳动来获取十分有限的生活资料,并且按照平均主义的方式在全社会成员之间进行分配。当时没有剩余产品和私有制,也没有阶级和国家,因而也没有对外贸易。

人类社会的三次社会大分工,一步一步地改变了上述状况。第一次大分工是畜牧业和农业之间的分工。它促进了生产力的发展,使产品有了剩余,在氏族公社的部落之间开始有了剩余产品的相互交换,但这还只是偶然的物物交换。第二次社会大分工是手工业从农业中分离出来,由此而出现了直接以交换为目的的生产,即商品生产。它不仅进一步推动了社会生产力的进步,而且使交换的范围不断扩大,最终导致了货币的产生,产品之间的相互交换渐渐演变为以货币为媒介的商品流通。这直接引致了第三次社会大分工,即出现了商业和专门从事贸易的商人。原始社会的末期,在生产力不断发展的基础上,财产私有制逐渐形成,出现了阶级和国家。于是商品经济得到进一步发展,商品交易最终超出国家的界限,形成了最早的对外贸易。

(二) 奴隶社会的国际贸易

从总体上来说,奴隶社会是自然经济占统治地位,生产的直接目的是为了消费。商品生产在整个经济生活中还是微不足道的,进入流通的商品很少,加上生产技术落后、交通工具简陋,各个国家对外贸易的范围受到很大限制。

从国际贸易的商品构成来看,奴隶是当时欧洲国家对外交换的一种主要商品。希腊的雅典就是那时一个奴隶贩卖的中心。此外,奴隶主阶级需要的奢侈消费品,如宝石、香料、各种织物和装饰品等,在对外贸易中也占有重要的地位。奴隶社会的对外贸易虽然有限,但对手工业的发展促进较大,在一定程度上推动了社会生产的进步。

(三) 封建社会的国际贸易

封建社会取代奴隶社会之后,国际贸易有了很大的发展。尤其是从封建社会的中期开始,实物地租转变为货币地租,商品经济的范围逐步扩大,对外贸易也进一步增长。到封建社会的晚期,随着城市手工业的进一步发展,资本主义因素已经开始孕育和生长,商品经济和对外贸易都比奴隶社会有明显的发展。

封建社会时期,国际贸易中心开始出现。早期的国际贸易中心位于地中海东部,公元11世纪以后,国际贸易的范围逐步扩大到地中海、北海、波罗的海和黑海沿岸。城市手工业的发展是推动当时国际贸易发展的一个重要因素。而国际贸易的发展又促进了社会经济的进步,并促进了资本主义的发展。

从国际贸易的商品来看,在封建时代仍主要是奢侈消费品,例如东方国家的丝绸、珠宝、香料,西方国家的呢绒、酒等,手工业品比重有明显的上升。另一方面,交通运输工具,主要是航海技术有较大的进步,国际贸易的范围扩大了。但从总体上说,自然经济仍占统治地位,国际贸易在经济生活中的作用还相当小。

(四) 资本主义生产方式下国际贸易的发展

国际贸易虽然源远流长,但真正具有世界性质的国际贸易是在资本主义生产方式确立之后发展起来的。

资本主义生产方式之下,国际贸易额急剧扩大,国际贸易活动遍及全球,贸易商品种类日渐增多,国际贸易越来越成为影响世界经济发展的一个重要因素。而在资本主义发展的各个不同时期,国际贸易的发展又各具特征。

1. 资本主义生产方式准备时期的国际贸易

16—18世纪中叶是西欧各国资本主义生产方式的准备时期。这一时期工场手工业的发展使劳动生产率得到提高，商品生产和商品交换进一步发展，为国际贸易的扩大提供了物质基础。地理大发现更是加速了资本的原始积累，促进了世界市场的初步形成，从而扩大了世界贸易的规模。

这一时期盛行的贸易思想是重商主义。地理大发现使西欧各国纷纷走上了向亚洲、美洲和拉丁美洲扩张的道路，在殖民制度下进行资本的血腥的原始积累。这对资本主义生产方式的发展和在全世界范围内的确立起到了巨大作用。

2. 自由竞争资本主义时期的国际贸易

18世纪后期至19世纪中叶是资本主义的自由竞争时期。这一时期，欧洲国家先后发生了产业革命和资产阶级革命，资本主义机器大工业得以建立并广泛发展，社会生产力水平大大提高，可供交换的产品空前增加，真正的国际分工开始形成。大工业也使交通和通信方式发生了变革，极大地方便和推动了国际贸易的发展。

这一时期占主流地位的贸易思想有绝对优势理论、比较优势理论、资源禀赋理论等。这一时期的贸易发生的变化主要有：贸易量迅速增加，范围进一步扩展，世界各个地区和各种类型的国家都卷入了国际贸易中；商品结构发生了明显的变化，工业制成品比重上升；贸易方式有了很大的进步，展览会、商品交易所、期货交易、国际信贷迅速发展；政府的作用发生变化，支持自由贸易。

3. 垄断资本主义时期的国际贸易

19世纪末20世纪初，各主要资本主义国家从自由竞争阶段过渡到垄断资本主义阶段。国际贸易也出现了一些新的变化：

第一，国际贸易仍在扩大，但增长速度下降，贸易格局发生了变化。截止到第一次世界大战前，国际贸易仍呈现出明显的增长趋势，但与自由竞争时期相比，速度已经下降了。

第二，垄断开始对国际贸易产生重要影响。由于生产和资本的高度集中，垄断组织在经济生活中起着决定性的作用。它们在控制国内贸易的基础上，在世界市场上也占据了垄断地位，通过垄断价格使国际贸易成为垄断组织追求最大利润的手段。在这一时期，国际贸易中明显形成了大型垄断组织瓜分世界市场的局面。

第三，一些主要资本主义国家的垄断组织开始资本输出。为了确保原料的供应和对市场的控制，少数富有的资本主义国家开始向殖民地国家输出资本。

（五）当代国际贸易的新发展

第二次世界大战以后，特别是20世纪80年代以来，世界经济发生了迅猛的变化，科技进步的速度不断加快。国际分工、世界市场和国际贸易也都发生了巨大的变化。概括说来，当代国际贸易发展有以下一些新特征：

第一，国际贸易发展迅速，世界贸易的增长速度大大超过世界产值的增长速度，服务贸易的增长速度又大大超过商品贸易的增长速度。

第二，世界贸易的商品结构发生了重要变化，新商品大量涌现。制成品、半制成品，特别是机器和运输设备及其零部件的贸易增长迅速，石油贸易增长迅猛，而原料和食品贸易发展缓慢,石油以外的初级产品在国际贸易中所占的比重下降。在制成品贸易中,各种制成品的相对重要性有了变化。非耐用品的比重下降,而资本货物、高科技办公用品所占的比重上升。技术贸易等无形贸易及军火贸易迅速增长。

第三,发达国家继续在国际贸易中占统治地位,但发展中国家在国际贸易中的地位有所加强,国际贸易已从过去发达国家的一统天下,变为不同类型国家相互合作和相互竞争的场所。

第四,从贸易政策和贸易体制来看,从第二次世界大战后50年代到60年代,贸易政策和体制总的特点是自由贸易,70年代以来,贸易政策有逐渐向保护主义转化的倾向,国际贸易体制从自由贸易走向管理贸易,国际贸易的垄断进一步发展。1995年1月1日,随着世界贸易组织的建立,国际贸易进入又一个相对自由的时代。

从国际贸易的历史发展中可以看到,尽管世界政治与经济的发展道路并不平坦,但总的趋势是不断前进的。在科学技术革命的推动下,国际分工不断深化,生产国际化程度日益提高,这是国际贸易不断发展的强大动力。各个国家都有必要也有可能更多地参与国际分工、国际贸易、国际竞争和合作,以促进本国经济的发展。

二、跨国直接投资发展简史

(一) 1914年第一次世界大战前的跨国直接投资

从19世纪上半叶至1914年第一次世界大战爆发,是跨国直接投资的第一阶段。在此期间,开放的政策促进了国际经济一体化的发展。这些政策包括:短期及长期资本流动不受限制,利润转移不受阻碍,金本位制在几乎所有工业国及大部分农业国实施并达到顶点,居住权自由地赋予移民,国内制度对资源的直接分配只有很小的影响。这一时期被描述成国际经济一体化的"黄金时代",出口的增长超过了国内生产的增长;劳动力市场的一体化也达到了前所未有的程度,跨国移民激增,伴随着劳动力国际流动,资本的跨国流动也在增加。据估计,长期外国投资总量到1914年为止已达到了440亿美元,英国在这些投资中居第一位,比居第二位的法国和第三位的德国两者之和还要多。截至1914年,世界跨国直接投资总额已达140亿美元[1],是世界跨国投资总额的1/3左右。英国是跨国直接投资的头号母国,大约占了跨国直接投资总额的45%,而美国大约占20%。这一时期,是英国唱主角的跨国直接投资时期。形成这种格局的原因是:第一,英国的产业革命较其余各国早一些,工业水平较高,而且从外国进口的初级产品越来越多;第二,随着生产的发展,居民储蓄增多,资本出现剩余;第三,英国凭借帝国的力量,给跨国直接投资增加了保险系数。从跨国直接投资的流向上看,美国是吸引投资最多的国家,也有大量的投资流向了拉丁美洲发展中国家、中国和欧洲欠发达地区。从跨国直接投资结构上看,1914年以前的跨国直接投资主要投向生产初级产品和为生产初级产品服务的公共

---

[1] 联合国贸发会议跨国公司与投资司,《1994年世界投资报告——跨国公司、就业与投资环境》,对外经济贸易大学出版社1995年版,第175页。

设施部门,而投向制造业部门的资本所占比重较低。英国的跨国直接投资主要集中于矿山开发、土地开垦、内河运输、铁路和港口建设。美国的跨国直接投资主要集中于石油、矿业和农业,比重占其跨国直接投资总额的54%,制造业仅占18%。①

(二) 两次世界大战期间的跨国直接投资

第一次世界大战至第二次世界大战期间,各国忙于战事和恢复生产,国际上各种经济活动都陷入停顿,甚至倒退。但是跨国直接投资受到的负面影响可能比其他任何国际活动都要少,1914—1938年,跨国直接投资总额几乎增加了1倍,达到260亿美元。同时,第一次世界大战改变了世界经济格局,也使国际投资的格局发生变化,从而使跨国直接投资的格局发生变化。英国和法国由于大量的战争借款并削减对外投资,加之其在国外投资的贬值,其债权国的地位大大削弱。德国则由于支付战争赔偿费、协约国的投资被没收以及在其他地区的投资贬值,而由国际债权国沦为债务国。帝国主义国家之间为争夺殖民地、势力范围和世界霸权而爆发的第一次世界大战,历经4年,给人类造成了巨大灾难,同时也为美国实行对外经济扩张、不断扩大资本输出提供了天赐良机。战争中美国采取坐山观虎斗的"中立"政策,充当交战双方的兵工厂,大做军火买卖,饱发战争横财。大战期间,美国不仅收回了外国在美国的有价证券达20亿美元以上,同时资本输出也稳步增加。到1919年,美国在国外的投资总额已达70亿美元,并借给协约国战债约100亿美元。美国从战前的净债务国一跃成为战后的净债权国,并把世界黄金储备的40%(约45亿美元)掌握在其手中,从而大大加强了它在资本主义金融世界中的地位。大战结束后,美国充分利用战后欧洲经济恢复和20年代资本主义发展相对稳定这一有利时机,凭借自己雄厚的经济实力,空前地扩大了跨国投资。美国跨国直接投资由1914年的26亿美元增至1938年的73亿美元。美国对外直接投资总额占世界跨国直接投总额的比重由20%上升到28%,同期英国的份额由45%降到40%以下。当时英国的主要投资流向是英属殖民地,而美国的主要投资流向已从亚非拉落后国家为主逐步转向亚非拉与加拿大、欧洲国家并重的局面。从部门结构看,尽管当时跨国直接投资仍以生产初级产品和为之服务的公共设施行业为主,但所占比重逐步下降,而制造业所占比重则不断上升。美国在两次世界大战期间的跨国直接投资中制造业的投资已接近30%。对外直接投资结构在两次世界大战之间已发生了很大变化。

(三) 第二次世界大战后至20世纪60年代末的跨国直接投资

第二次世界大战使美国以外的各参战国的经济惨遭破坏,经济处于崩溃状态,国际经济地位迅速下降,跨国直接投资锐减。法国在战争中被德国占领,经济遭到全面破坏。德国是第二次世界大战的战败国,国家被一分为二。英国虽是第二次世界大战的胜利国,但战争已使其筋疲力尽,虚弱不堪。英国在第二次世界大战中损失了25%的财富,跨国直接投资减为一半。英、法、德等西欧原主要跨国直接投资母国,战后为摆脱经济困境,用了十几年时间,把大量资金用于国内经济建设,从而减少了跨国直接投资。与此相反,战后美国在资本主义世界中的经济地位进一步提高。战后初期,美国单独拥有资本

---

① 陈继勇,《美国对外直接投资研究》,武汉大学出版社1996年版,第3页。

主义世界工业产量的53.4%（1948年）、出口贸易的32.4%（1947年）、黄金外汇储备的74.5%（1948年），都占第一位。美国兴起了跨国直接投资的浪潮，大量的美国资本流入英联邦地区和英国本土，使美国成为头号跨国直接投资强国。美国的跨国直接投资存量由1945年的84亿美元增加到1970年的782亿美元，在50年代末，世界跨国直接投资中有一半是美国资本。英国降为世界第二大跨国直接投资国，到1965年其跨国直接投资才恢复到了1913年水平。这一阶段，是美国跨国直接投资独霸天下的时代，英、法、德等欧洲传统跨国直接投资大国的跨国直接投资基本处于停滞和恢复阶段。这一阶段跨国直接投资重点地区开始由以发展中国家为主转向以发达国家为主。1950年，在美国跨国直接投资累计余额中，投向发达国家和发展中国家的直接投资额基本持平，所占比重不相上下。但自此以后，美国对发展中国家和地区的直接投资额占美国整个跨国直接投资额的比重不断下降，1960年降至1/3，1970年进一步降至1/4。同期美国对发达资本主义国家的直接投资累计额所占比重不断上升，由1950年的48.4%上升到1960年的60.6%、1970年的68.7%（详见表1-1）。

表1-1 1950—1970年美国对外直接投资的地区分布　　　　　　　　　　单位：%

年份	发达国家比重	发展中国家比重	国际机构等比重
1950	48.4	48.7	2.9
1960	60.6	34.9	4.5
1965	65.3	30.7	4.0
1970	68.7	25.4	5.9

资料来源：陈继勇，《美国对外直接投资研究》，武汉大学出版社1996年版，第14页。

在此期间，跨国直接投资的部门结构发生了显著变化，由以农矿初级产品为主转向以制造业和服务业为主。1970年，发达国家作为跨国直接投资母国的投资存量中制造业占45%，服务业占32%，初级产业占23%。到1970年美国跨国直接投资中制造业和服务业的比重达到53.3%，其中制造业41.3%，服务业12%（详见表1-2）。

表1-2 1950—1970年美国对外直接投资的行业分布　　　　　　　　　　单位：%

年份	矿业石油业	制造业	服务业	其他
1950	38.3	32.5	18.6	10.6
1960	43.4	34.7	14.3	7.6
1970	35.7	41.3	12.0	11.0

资料来源：陈继勇，《美国对外直接投资研究》，武汉大学出版社1996年版，第14页。

（四）20世纪70年代以来的跨国直接投资

自20世纪70年代起，跨国直接投资又出现了一些新的特点，具体体现为以下两个方面：

第一，美国对外投资的比例下降。随着货物、服务与资本跨国流动壁垒的不断下降，除美国以外的国家也开始了大规模的对外投资。欧洲和日本企业开始将其劳动密集型的生产环节转移到发展中国家，以利用这些国家的廉价劳动力资源。此外，一些日本企业还开始向欧洲和北美投资。这样做的目的主要是规避一系列的汇率或者政策风险。比如,丰田汽车公司在20世纪80年代大幅增加了其对美国和欧洲的直接投资,原因是丰田公司高层认为日元对美元的持续升值削弱了日本出口的竞争力,因此,与其将产品在日本生产出来再出口到欧美,不如直接在欧美市场进行生产。此外,日本巨大的贸易顺差所带来的政治压力也使丰田公司感到应该通过直接投资的方式来规避出口可能面临的阻碍。随着欧洲、日本企业以及其他发展中国家企业对外投资的快速增加,美国在世界跨国投资中所占的比重开始下降。1980年,美国的对外投资约占全球对外投资的39%,而到了2009年,这一比例已下降到了23%。相反,法国与发展中国家在跨国投资中扮演了越来越重要的角色。法国对外投资占世界的比重由1980年的5%上升到了2009年的10%。发展中国家的变化更为惊人,其对外投资占世界的比重从1980年的不到1%,上升到2009年的约15%。

第二,20世纪90年代以来跨国投资持续增长,发展中国家作为投资接受国的比例越来越大。90年代以来,不管是发达国家还是发展中国家的跨国投资都有较大幅度的增加。尽管1999—2000年网络泡沫的破灭对经济造成了一定负面影响,但跨国投资在2003年后迅速回升并持续增加。2006—2007年,增长率更是超过了60%。这一快速增长主要是由于越来越多的发展中国家参与到了国际投资的体系当中,既作为投资的主体,也作为发达国家的投资对象。90年代初期,发展中国家外商投资流入总额不到1 000亿美元,占世界投资流入总额的比重不到1/3,到2009年,这一数字已上升到超过4 000亿美元,占世界投资流入总额的比重约50%。在发展中国家中,最大的投资接受国为中国。2004—2009年间,中国每年接受的外商投资总额为600亿—1 000亿美元,占全球国际投资流入额的8%左右。外资大规模涌入给中国、墨西哥、巴西等发展中国家带来了技术、管理经验和更加先进的理念,促进了这些国家经济的快速增长。这些发展中国家是外资流入的最大受益者。

三、跨国公司发展简史

(一) 早期的跨国公司

与国际直接投资紧密联系的一个概念是跨国公司。跨国公司是指在全球两个或两个以上的国家设立并支配分支机构和子公司,在世界范围内从事国际生产、销售或其他经营活动的企业。

跨国公司形成和企业跨国经营的萌芽最早可以追溯到公元16世纪末17世纪初英国的特权贸易公司,或称特许公司(chartered company)。当时最有影响的特权贸易公司是英国东印度公司(British East India Company)。这些特权贸易公司从事掠夺性经营,不利于各国民族经济的发展,故遭到了各国的强烈反对。随着英国近代资本主义的发展,东印度公司等特权贸易公司相继于19世纪后半叶被撤销。

现代意义上的跨国公司于19世纪在欧美主要经济发达国家出现,这些跨国公司的形成与这些国家在19世纪以前的海外殖民扩张、资本和商品输出有着直接的关系。当时具有代表性的是三家制造业企业——德国的弗里德里克·拜耳化学公司、瑞典的阿佛列·诺贝尔公司以及美国的胜家缝纫机公司。

在19世纪末到20世纪初的十几年内,美国半数以上的大公司都开始向海外投资,在国外设立工厂或分公司,如国际收割机公司、联合利华公司、贝尔电话公司、爱迪生电器公司等。同时,其他国家的跨国公司也相继增多,如英国的尤尼来弗公司、瑞士的雀巢公司、英国的帝国化学公司等。

早期跨国公司的特点主要有以下几个方面:

(1)母公司主要集中在英、法、德、美等少数几个资本主义强国,比利时、瑞士、荷兰也有一些。

(2)规模较小、地理分布相对集中,经营目标单一,主要是为了避免贸易保护限制和发挥技术优势,在巩固和扩大产品销售中一般达不到全球战略的程度。业务活动的中心比较集中,一般在有出口市场或原料供应市场的国家。

(3)跨国公司的跨国经营主要是涉外经营(对外贸易),对外投资是以间接投资为主,直接投资为辅,并主要为进出口贸易服务。

(4)跨国公司对外投资的流向主要是经济落后的国家和地区。例如,在1914年对外直接投资累计总额中,投向发展中国家的资金占62.8%,而投向发达国家的资金仅占37.2%。其中,英国和欧洲其他国家主要投向各自的殖民地和附属国。

(5)对外直接投资的行业分布主要集中在铁路和公用事业以及矿业、石油业及农业,这一时期制造业所占比重仍然偏低。如在1914年美国的对外直接投资中,制造业仅占18%,而前述其他行业所占比例却高达71%。

(二) 两次世界大战期间及第二次世界大战后的跨国公司

两次世界大战期间,跨国公司发展曾经历了一定时间的滞缓期。全球对外投资总额增幅不大,间接投资停滞不前,但对外直接投资绝对额却几乎增加了两倍,而且在对外投资中所占比重有较大提高。这一时期内,西欧国家的跨国经营活动增长缓慢,而美国的跨国公司有了长足发展并逐渐成熟起来,逐渐成为跨国公司中的主导力量。

第二次世界大战后的跨国公司发展主要分为两个阶段。第一个阶段是战后初期至20世纪60年代末,可称为跨国公司恢复发展期。这个时期的显著特征是跨国经营和对外直接投资逐渐恢复,而后得到迅速发展,美国公司在世界跨国公司舞台上开始居于霸主地位。第二个阶段是20世纪70年代初开始至80年代末,可以称为跨国公司扩张时期。这一时期的特征是国际直接投资规模继续扩大,西欧和日本的经济实力增强,跨国公司迅速崛起,美国跨国公司的地位由盛至衰,在国际企业中的地位相对下降。此外,其他发达国家和发展中国家跨国公司的发展使国际直接投资格局逐步向多极化方向发展。

(三) 知识经济及全球化背景下的跨国公司

20世纪90年代初至21世纪末,是跨国公司发展的第三个重要时期,可以称为知识经济背景下的全球化时期。由于各类技术特别是信息通信技术的日益发展,知识在经济活动中所扮演的角色越来越重要。而与这个阶段的经济形势相适应,跨国公司的发展也出现了新的特征,其中最重要的是跨国并购的规模高速增长。1990年,全球并购案件

11 300 次,涉及金额约 4 000 亿美元。1995 年,并购案件 22 700 次,涉及金额 8 000 多亿美元。1997 年全球并购案件是 1995 年的两倍,而 1998 年又比 1997 年增加约 50%,全球并购金额达 2.2 万亿美元,并出现了多起超大规模的并购案。跨国战略联盟是跨国公司发展到高级阶段的产物,跨国公司通过战略联盟,将以前的竞争对手变为合作者以对付新的竞争对手,尽快控制世界主导产业和新兴产业。20 世纪 80 年代跨国战略联盟成为普遍形式,20 世纪 90 年代得到迅猛发展,世界上各种联盟数量已达上万个,联盟形式也由产品领域发展到研究开发领域。与此同时,跨国公司对外直接投资向第三产业转移,经营范围越来越广泛、复杂、多样。

第二节 经济全球化与国际商务

当今国际商务活动最重要的背景是经济全球化。经济全球化的不断加深给国际商务活动提出了新的机遇和挑战。本节将从内涵和动因两个方面对经济全球化进行介绍。

一、经济全球化的含义

根据国际货币基金组织(IMF)的定义,经济全球化是指通过贸易、资金流动、技术创新、信息网络和文化交流,使各国经济在世界范围高度融合,形成相互依赖关系。经济全球化主要包括两个方面:市场的全球化以及生产的全球化。

(一) 市场的全球化

市场全球化是指历史上独特的和分离的市场合并成一个巨大的全球市场的过程。这种市场的全球化主要由两个因素所推动。首先,跨国贸易壁垒的下降使得商品更容易在全球范围内进行贸易。这种贸易壁垒的下降既体现为交通运输技术的改善所导致的交通运输成本的下降,也体现为各国贸易自由化所导致的关税、配额等人为贸易壁垒的下降。其次,在很大程度上,消费者的偏好也在不断趋同。比如,现在全世界的消费者都在使用花旗信用卡,用索尼的游戏机,吃麦当劳的汉堡包,喝可口可乐和星巴克咖啡,用宜家的家具。这些常常被当作偏好趋同的典型例子。

但是,值得注意的是,市场的全球化并不意味着国内市场就一定会从属于世界市场。事实上,在许多方面,不同国家之间仍然存在着巨大的差异。比如,消费者的口味和喜好、分销渠道、文化价值观念与法律法规,等等。这些差异意味着企业需要不断地调整其产品营销策略和其他行为来做到"入乡随俗"。

事实上,在市场全球化方面,体现最明显的还不是消费品市场,因为在消费品市场中,不同国家消费者的偏好差异往往还是非常明显的。市场全球化最集中的体现是工业原料和中间品市场。这些市场包括铝、石油等原材料市场以及微处理器、计算机内存芯片以及商用喷气式飞机等工业用品市场,甚至包括股票或债券等金融市场。

在市场全球化的环境下,两家企业可能在全球多个国家针锋相对。比如,可口可乐和百事的竞争是全球性的,而汽车行业的福特和丰田,飞机制造业的波音和空客,游戏行业的任天堂和索尼,其竞争也是在世界范围内无处不在。如果一个公司进入了一个还没有其他竞争对手的国家,那么用不了多久其他竞争对手一定会效仿,以阻止更多的竞争对手获得先动优势。企业在世界不同国家间相互追赶的同时,它们也带去了各自的技术、产品、理念、文化,这也反过来使得各国市场变得越来越相似。在很多行业,现在已经没有必要再谈论"美国市场""欧洲市场""中国市场"了,有的仅是一个统一的"全球市场"。

(二) 生产的全球化

生产全球化是指从世界各地采购货物和服务以利用不同国家在生产要素(如劳动力、能源、土地、资本)成本和质量上的差异。在经济学中,也经常用"离岸外包"或"跨国外包"来描述这种现象。波音公司的飞机生产是一个典型的例子。我们所熟知的波音 777 喷气式客机,其机身由八家日本供应商提供,舱门和机翼由新加坡供应商提供,起落架由意大利供应商提供。事实上,一架波音 777 客机其价值的 30% 都是由外国公司提供的。

另一个例子是我们所熟悉的苹果手机。众所周知,中国的鸿海精密工业股份有限公司(即"富士康")是全球最大的苹果手机生产商,提供了全球 90% 以上的苹果手机。但是,如果我们仔细研究苹果手机的生产,就会发现苹果手机远非"美国制造"或"中国制造"这么简单。苹果手机的组成部件来自世界不同国家:手机的闪存与触摸屏来自日本,应用处理器来自韩国,摄像头与 GPS 接收器来自德国,蓝牙来自美国,仅是最终的组装环节在中国。因此,生产的全球化实际上是将产品生产的不同环节在地理上分散开来,在全球范围内形成了一个巨大的价值链,每个国家负责从事产品某些环节的生产活动。在这个价值链上,每个国家所贡献的"增加值"也有所不同。以苹果手机为例,其总成本为 178.96 美元。其中,日本贡献了 59.25 美元,德国贡献了 28.85 美元,韩国贡献了 22.96 美元,而中国在最后的组装环节仅贡献了 6.5 美元。这意味着生产的全球化对各国在国际商务活动中的利益分配也会产生巨大的影响。

在生产全球化的初期,离岸外包多发生于制造业内部。然而,随着通信技术的发展,特别是互联网的广泛使用,外包的范围已经扩大到了服务业。我们熟知的印度软件业就是一个典型的例子。此外,一些大的通信公司,比如 AT&T、Verizon 等,都在印度、菲律宾等国家设有电话接听中心。因此,如果你打通这些公司的电话,却听到了浓重的印度口音,那么多半接听电话的人其实正身在印度。服务外包的一个非常明显的好处是可以利用各国的时差。比如,美国的软件程序员可以在美国的白昼期间编写好程序,然后将程序发送给印度的程序员进行纠错,当美国程序员起床时,纠错后的程序就已经出现在他们的电子邮件当中了。

在生产全球化的环境下,有时已经很难界定一个产品究竟是"美国货"还是"韩国货""日本货"了。按照克林顿时期经济顾问雷奇的说法,离岸外包和生产全球化的盛行已经造就了一大批"全球货"。但是正如市场的全球化一样,企业也不应对生产的全球化过于乐观。事实上,还存在各种各样的因素使得企业不能在世界范围内最优地组织生产。这些障碍包括正式和非正式的国家之间的贸易障碍、对外国直接投资的障碍、运输成本以及不同国家存在的经济和政治风险。但是,尽管存在这些障碍,总的来说全球化生产的大趋势仍然无法逆转。现代企业是这一趋势的最大驱动者,而它们推动生产全球化的行为也只不过是在生产全球化这一大背景下所做出的最优反应而已。

二、经济全球化的驱动力

学术界通常认为经济全球化背后有两个重要的宏观驱动因素:一是阻止商品、资本和要素流动的贸易壁垒在第二次世界大战结束以后不断下降;二是技术变革,特别是在最近的几十年里发生在通信、信息处理和交通运输技术方面的突破性变革。

(一) 贸易壁垒的不断下降

20世纪20—30年代,世界大多数国家对国际贸易和外商投资(FDI)存在着极大的限制。其中一个典型的例子是对制造品征收很高的进口关税。这些关税的最主要目的是保护国内产业免受外国竞争。然而,这一政策带来的最终结果往往是其他国家的报复行为,即各国都抬高对其他国家的进口关税水平。

在这一背景下,世界上一些主要国家意识到只有建立一个独立的国际组织,才能促进全球范围内贸易壁垒的下降。因此,关税及贸易总协定(General Agreement on Tariffs and Trade, GATT)应运而生,而关税及贸易总协定就是我们所熟知的世界贸易组织(WTO)的前身。在下面的章节中,我们会专门对GATT和WTO进行介绍。而现在,我们的重点是,关税水平在GATT创立之后实现了全球范围内的下降。在表1-4中,我们总结了世界主要国家在GATT创建后平均关税的变化情况。可以看到,大多数国家从20世纪20年代的20%—40%的关税水平,降到了目前大约2%—4%的水平,削减力度非常之大。

表1-4 世界主要国家平均关税税率　　　　　　　　　　　单位:%

国家	1913年	1950年	1990年	2010年
法国	21.0	18.0	5.9	3.9
德国	20.0	26.0	5.9	3.9
意大利	18.0	25.0	5.9	3.9
日本	30.0	—	5.3	2.3
荷兰	5.0	11.0	5.9	3.9
瑞典	20.0	9.0	4.4	3.9
英国	—	23.0	5.9	3.9
美国	44.0	14.0	4.8	3.2

资料来源:查尔斯·希尔,《国际商务》(第9版),中国人民大学出版社2014年版。

在削减关税等贸易壁垒的同时,许多国家也在积极地放开对外商投资的限制。根据联合国的数据,1992—2009年间,九成新出台的关于外商直接投资的法律法规都为外商投资的进行创造了更加宽松的环境。中国在加入WTO以后,也很大程度地开放了对外商投资的限制。

需要说明的是,各国贸易壁垒的不断下降并不是自然而然发生的,而是各国在国际组织的协调下相互博弈的结果。事实上,虽然贸易壁垒已不可能倒退到20世纪20—30年代的水平,但短期内贸易壁垒的上升仍是可能并实际存在的。比如,2008—2009年的全球金融危机期间,许多国家由于害怕就业和产出的剧烈下降,纷纷对贸易采取了一系列的临时保护措施。而WTO新一轮的多哈谈判,目前也处于十分艰难的阶段。贸易壁垒是否还会获得世界范围内的进一步下降,目前还是一个未知数。

(二) 技术变革

过去三十多年来,通信技术取得了革命性的发展。随着卫星、光纤以及无线技术的使用,通信技术所能传播的信息量飞速增长。还有一个重要的发明是微处理器,随着时间的推移,微处理器的成本不断下降,但运算量不断上升(这被称为"摩尔定律",即每18个月,处理器的运算速度就会增加一倍,而制造成本会减少1/2)。这带来了通信成本的急剧下降。1930—1990年间,伦敦与纽约之间3分钟的电话费用从不可思议的224美元降到了3美元,而到1998年,这一费用已经降到了36美分。

20世纪90年代以来,互联网的普及同样极大地推进了全球化的进程。1990年,世界上使用互联网的人还不到100万;1995年,这一数字已经上升到了5000万;而到2010年,全世界已经有接近200亿人在使用互联网。对于国际商务而言,互联网创造了许多新的商机,比如电子商务、众筹,等等。很大程度上,互联网的出现抹平了地区和时区对人的限制。消费者和生产者可以实现全球范围内的方便对接,生产者可以在全球范围内联系到合适的供应商。这使得消费和生产在全球范围内进行变得更为容易,从而极大地促进了全球化的发展。

除了通信技术的突飞猛进外,交通运输在第二次世界大战以后也出现了几次飞跃性的技术变革。从经济意义上讲,最重要的突破是商业喷气式飞机和巨型冷柜的出现以及集装箱运输的引入。飞机的出现主要缩短了人与人进行面对面沟通所需要的时间,而集装箱运输使得不同模式运输方式之间的相互切换变得更加方便。在集装箱出现以前,将货物从一种运输模式转换到另一种运输模式是相当费时费力的过程,有时可能需要几百个工人几天的工作。20世纪70年代集装箱出现以后,整个过程可能仅需要十几个工人。随着集装箱运输的引入,运输成本急剧下降,从而使得将货物运输到世界其他国家的成本大大降低。

以上所提到的技术变革,不管是通信技术方面还是交通运输方面,都既促进了生产的全球化,又促进了市场的全球化。

从生产全球化的角度来看,信息技术的发展使得很多企业可以在全球范围内实现生产布局。对于很多国际性的企业来说,保持各国子公司之间信息的畅通是非常重要的。例如,戴尔公司一直使用计算机网络来控制其全球供应链。当戴尔公司的官网收到订单以后,订单信息会立即传输到位于世界其他国家的零部件供应商那里,这些供应商可以在最短的时间内获取戴尔的订单信息并及时调整他们的生产决策。信息的高速传输已经使戴尔公司可以做到其负责组装的子公司只用准备三天内的存货,大大节约了生产成本。戴尔还利用现代通信技术将其客服业务外包到印度。当美国的消费者需要售后服务时,他们将被转接到位于班加罗尔的客服中心,由那里的英文客服专员为其解答问题。另一方面,海路运输技术的发展使得在日本、韩国等国家采购的零部件能够在最短的时间内被运到中国进行组装,而组装后的成品电脑又能在最短时间内运到美国市场。

从市场全球化的角度来看,首先,交通运输成本的下降大大扩展了潜在消费者群体的范围。比如说,在没有空运的情况下,中国消费者想消费荷兰的郁金香是基本不可能的。但是当空运技术达到一定水平后,郁金香可以在花期内从荷兰被运输到中国,因此,中国的消费者也开始有了对荷兰郁金香的需求。其次,航空技术的发展也使得不同国家人与人的交流变得更为频繁,加速了文化的收敛和融合,因此有助于创造一个整体性更强的全球市场。最后,信息技术的发展意味着不同国家的新闻、电影、娱乐节目和广告可以被全世界其他国家所共享。比如,HBO、CNN、MTV等美国电视台现在已经在全球许多其他国家播放。这一进步加速了国与国之间文化的融合,使得消费者的偏好趋于相同,因此创造了统一的市场。

第三节 全球性机构与国际商务

随着商务活动的日益全球化,各国之间的利益冲突与博弈也日益凸显出来。这时,就需要一些超国家的主权机构来对国际商务活动进行管理、规制和裁定。这样的机构被称为全球性机构。

一、主要全球性机构简介

(一) 关税及贸易总协定与世界贸易组织

关税及贸易总协定(General Agreement on Tariff and Trade),简称 GATT,是在美国策划下由包括中国在内的23个国家于1947年10月30日在日内瓦签订并于1948年1月1日正式生效的,关于调整缔约国对外贸易政策和国际贸易关系方面的相互权利、义务的国际多边协定。GATT最初只是一个临时规则的协定,并不是一个组织,也没有常设机构,直到1960年才有"代表理事会",逐渐形成一个临时性的国际经济组织。

GATT的宗旨和工作目标是追求全球贸易自由化,反对各种形式的贸易障碍、贸易壁垒和贸易歧视。从1948年诞生到1995年被世界贸易组织所取代,共经历了47年的历史。到1994年年底,其正式成员由最初的23个增长到128个,成员国之间的贸易额约占世界贸易额的90%。GATT在其所存在的47年间,共推动了8轮贸易谈判,这8轮谈判使全体缔约方的平均关税从20世纪40年代末的40%左右,下降到90年代末发达国家的4%和发展中国家的13%左右,使许多非关税壁垒的应用受到了约束,从而排除了国际贸易发展轨道上的众多障碍。同时,GATT还建立了一套有关国际贸易的政策规章,推动了世界经贸信息交流,提高了国际贸易管理的透明度。因此,GATT为国际贸易自由化、建立国际贸易新秩序、推动国际贸易的发展,发挥了巨大的作用。

世界贸易组织(World Trade Organization),简称 WTO,是一个由 GATT 发展而来的,以市场经济为前提,以多边贸易法律框架为基础,具有国际法人资格的国际经济组织。WTO 继承了 GATT 的宗旨,通过降低贸易壁垒、取消歧视性的贸易行为来提高各缔约国的生活水平。GATT 仅管辖货物贸易,而且货物贸易中农产品、纺织品和服装又长期在 GATT 的管辖范围之外。而与 GATT 不同的是,WTO 不仅要管辖包括农产品、纺织品和服装在内的各种货物,而且还管辖服务贸易、与贸易有关的知识产权、与贸易有关的投资措施等众多领域。到 2011 年为止,已经有 154 个国家加入 WTO,其交易额占到全球贸易总额的 97%。这使得 WTO 的影响力变得特别巨大。

（二）联合国

联合国于 1945 年 10 月 24 日成立,当时共有 51 个国家承诺通过国际合作和集体安全来维护和平。今天,世界上几乎每一个国家都加入了联合国。联合国共有 192 个会员国。

联合国的宗旨是:维护国际和平与安全;发展国际间以尊重各国人民平等权利及自决原则为基础的友好关系;进行国际合作,以解决国际经济、社会、文化和人道主义性质的问题,并且促进对于全体人类的人权和基本自由的尊重;成为协调各国行动的中心。

联合国并非世界政府,不制定法律。但是,联合国提供协助解决国际冲突的办法,并就影响各国的事项拟订政策。在联合国,所有会员国不论大小和贫富,不论其政治观点和社会制度为何,都在这一过程中享有发言权和投票权。

（三）国际货币基金组织

国际货币基金组织(International Monetary Fund),简称 IMF,于 1945 年 12 月 27 日成立,其总部设在美国华盛顿。该组织的宗旨是通过一个常设机构来促进国际货币合作,为国际货币问题的磋商和协作提供方法;通过国际贸易的扩大和平衡发展,把促进和保持成员国的就业、生产资源的发展、实际收入的高水平作为经济政策的首要目标;稳定国际汇率,在成员国之间保持有秩序的汇价安排,避免竞争性的汇价贬值;协助成员国建立经常性交易的多边支付制度,消除妨碍世界贸易的外汇管制;在有适当保证的条件下,IMF 向成员国临时提供普通资金,使其有信心利用此机会纠正国际收支的失调,而不采取危害本国或国际繁荣的措施;按照以上目的,缩短成员国国际收支不平衡的时间,减轻不平衡的程度等。IMF 的主要职能有以下几点:制定成员国间的汇率政策和经常项目的支付以及货币兑换性方面的规则,并进行监督;对发生国际收支困难的成员国在必要时提供紧急资金融通,避免其他国家受其影响;为成员国提供有关国际货币合作与协商的会议场所;促进国际金融与货币领域的合作;促进国际经济一体化的步伐;维护国际汇率秩序;协助成员国之间建立经常性多边支付体系。

（四）世界银行

世界银行是 1944 年 7 月布雷顿森林会议后,与 IMF 同时产生的两个国际性金融机构之一,也是联合国下属的一个专门机构。总部设在美国首都华盛顿,现有 180 多个成员国。

世界银行与IMF两者起着相互配合的作用。IMF主要负责国际货币事务方面的问题,其主要任务是向成员国提供解决国际收支暂时不平衡的短期外汇资金,以消除外汇管制,促进汇率稳定和国际贸易的扩大。世界银行则主要负责经济的复兴和发展,向各成员国提供发展经济的中长期贷款。世界银行的宗旨是:通过对生产事业的投资,协助成员国经济的复兴与建设,鼓励不发达国家对资源的开发;通过担保或参加私人贷款及其他私人投资的方式,促进私人对外投资;当成员国不能在合理条件下获得私人资本时,可运用世界银行的自有资本或筹集的资金来补充私人投资的不足;鼓励国际投资,协助成员国提高生产能力,促进成员国国际贸易的平衡发展和国际收支状况的改善;在提供贷款保证时,与其他方面的国际贷款配合。

二、全球性机构在国际商务中的作用

国际商务活动中为什么需要全球性机构的介入呢?简而言之,全球性机构的介入是为了解决国际商务活动或者国家政策所存在的外部性问题。在很多情况下,如果一个国家单方面采取某种政策,可能给其自身带来收益,但会对其他国家造成损害;而其他国家为了减少这种损害,也会采取相应的措施进行报复,最终的结果是两败俱伤。在这种情况下,如果有一个超越国家主权的机构通过某种规则对双方利益进行协调,就有可能避免这种负面的外部性,使各国实现共赢。

为了更具体地说明全球性机构在国际商务活动中的必要性,我们具体介绍一个例子。在这个例子中我们会用到博弈论的分析方法。

假设世界上有两个国家,中国和美国。假设两国政府可以选择对自己国家的进口征收高关税或者不征关税。如果两国都不征关税,这时两国实现自由贸易,对双方都有益。我们假设在两国均不征收关税的情况下,中国的收益为10,美国的收益也为10。

但是,现在如果一国单方面对进口征收关税,而另一国不征,那么征收关税的国家会获得更大的收益。比如,如果中国对美国商品征收了高关税,那么就可以使中国制造业企业免受美国出口企业的冲击。同时,由于美国并没有对从中国的进口征收关税,中国企业还是能够畅通无阻地出口到美国。在这种情况下,中国会获得比自由贸易下更大的收益,我们假设这一收益为20。同时,如果中国征收关税而美国不征收,那么这对美国会造成很大的损失,因为一方面美国的出口受到了中国高关税的阻碍,另一方面美国也没有关税来保护自己的本土企业。我们假设在这种情况下,美国的收益为5,小于自由贸易时的收益。

同样,如果现在美国征收关税而中国不征收,那么中国受损而美国收益。假设这种情况下中国和美国的收益分别为5和20。

最终,如果两个国家都征收高关税,那么两国完全丧失贸易,无法获得贸易所得,形成双输的局面。假设这时两国收益都为8。

那么,在这样的收益情形下,两个各自为自己利益考虑的国家,会分别选择什么样的关税政策呢?

在表1-5中,我们列出了中国和美国的收益矩阵。每个方框对应的是中国和美国采取某一特定政策(零关税或高关税)时美国和中国的收益组合。其中,每个括号内的第一个数值表示中国的收益,第二个数值表示美国的收益。比如,第一行第二列的(5,20),表示在中国征收零关税、美国征收高关税的情况下,中国收益为5,美国收益为20。

表1-5 中国与美国的收益矩阵

		美国	
		零关税	高关税
中国	零关税	(10,10)	(5,20)
	高关税	(20,5)	(8,8)

现在我们来看两国会选择什么样的政策。

我们首先从中国的角度出发,如果美国选择零关税,那么这时如果中国也选择零关税,会获得收益10,如选择高关税,会获得收益20,因此,中国会选择高关税。为了方便之后的分析,我们在20下面画上一条小横线,说明这是中国的最优选择。

接下来,如果美国选择高关税,此时如果中国选择零关税,会获得收益5,如果中国选择高关税,会获得收益8。因此,中国会选择高关税。我们在8下面画一条小横线以说明中国在这一情况下的最优政策(见表1-6)。

表1-6 中国的最优政策

		美国	
		零关税	高关税
中国	零关税	(10,10)	(5,20)
	高关税	(<u>20</u>,5)	(<u>8</u>,8)

我们再来看美国的反应。如果中国选择零关税,那么此时美国选择零关税会获得收益10,选择高关税会获得收益20。因此,美国的最优反应是选择高关税,获得收益20。我们在20下面做上记号。

最后,如果中国选择高关税,那么美国选择零关税会获得收益5,选择高关税会获得收益8。因此,美国的最优反应仍是征收高关税。我们在8下面做上记号。(见表1-6)

表1-7 中国与美国的最优政策及纳什均衡

		美国	
		零关税	高关税
中国	零关税	(10,10)	(5,<u>20</u>)
	高关税	(<u>20</u>,5)	(<u>8</u>,<u>8</u>)

至此为止,我们已经分析完了美国和中国各自的最优政策。我们来看一下结果:从结果可以看出,现在只有(8,8)收益组的两个数字都被画上了小横线。在博弈论中,这个结果被称为"纳什均衡"。在纳什均衡下,博弈双方的选择都是基于对方最优选择的最优反应。也就是说,在纳什均衡下,博弈的每一方都没有动机单方面改变自己的决策。

可以看到,与(8,8)相对应的决策组合是:中国征收高关税,美国也征收高关税。因此,在两国进行利益博弈的情况下,最终的均衡结果将是两国都对进口征收高关税,而这时两国的收益均为8,小于两国都征收零关税时的收益10。可以发现,两国各自为政的结果是双输的:两国进行贸易战,关税高企,贸易受阻,国家福利下降。

在这个例子中,问题的关键是一个国家的政策可能对自己有益,但同时给其他国家带来损害。我们把这样的情况称为"以邻为壑"。这样的例子在现实中还有很多,比如执行宽松的货币政策可能刺激国内经济,但给其他国家带来通胀压力;将污染产业转移到国外可以优化本国的环境,但会危害其他国家的环境,等等。在这种情况下,最后的纳什均衡都会是两国执行对自己有利而对对方不利的政策。但当双方都这样做时,结果会变得对双方都不利,从而陷入双输的局面。在博弈论中,我们将这种情况称为"囚徒困境"。

专栏1-1

囚徒困境

"囚徒困境"是1950年美国兰德公司提出的博弈论模型。两个共谋犯罪的人被关入监狱,不能互相沟通情况。如果两个人都不揭发对方,则由于证据不确定,每个人都坐牢1年;若一人揭发,而另一人沉默,则揭发者因为立功而立即获释,沉默者因不合作而入狱10年;若互相揭发,则因证据确实,两人都判刑8年。

在这种情况下,我们可以按照之前的做法,画出两个囚徒的收益矩阵。

		囚徒2	
		揭发	不揭发
囚徒1	揭发	(−8,−8)	(0,−10)
	不揭发	(−10,0)	(−1,−1)

按照我们之前的分析方法,先考虑囚徒1的决策。若囚徒2选择揭发,囚徒1若选择揭发,获刑8年,若不揭发,获刑10年,因此囚徒1会选择揭发。若囚徒2选择不揭发,那么囚徒1选择揭发将无罪释放,选择不揭发获刑1年,因此,囚徒1仍会选择揭发。综上所述,不管什么情况,选择揭发都是囚徒1的最优策略。

同样的分析方法可以得出,不管囚徒1选择何种策略,囚徒2都会选择揭发。因此,最终的均衡结果是两个囚徒都选择揭发对方。这样的结果对于两人都是不利的,因为如果两人都选择沉默,只会获刑一年。但由于囚徒无法信任对方,他们会倾向于互相揭发,而不是同守沉默,最终导致双输的结果。

为了避免这一囚徒困境的出现,我们需要一些全球性的机构,通过一定的规则来对国际商务活动进行规制和裁定。在上面的例子中,问题的关键在于,如果中国选择零关税,他会害怕美国选择高关税。现在假设存在一个全球性的机构,规定任何国家只要加

入这一机构,就必须选择零关税,同时,也可以享受其他国家的零关税,那么问题就迎刃而解了。而这就是 WTO 存在的意义。

复习思考题

1. 请简述国际商务的发展历史。
2. 经济全球化的主要驱动力有哪些?
3. 全球主要的国际机构有哪些?各自的职能是什么?

案例分析题

"海淘"市场硝烟燃起

在"双十一"即将到来之际,电商在"海淘"市场上的硝烟已经燃起。

据统计,2013 年中国进口网购市场交易规模超过 800 亿元,增长率为 75.2%,预计 2014 年,中国进口网购交易规模将超过 1 200 亿元。可见,海淘在电商中已经逐渐站住了脚。

"双十一"海淘商品不会像国内网购产品那样开展大减价的活动。不过,因为跨境产品的特殊性也不会影响其成交量,阿里在海淘市场上的最大优势就是用户数量上的强大支撑,亚马逊的优势则是拥有丰富的海外货仓。可以预见,将来亚马逊和阿里将成为海淘市场上两个不同方向的代表。

在人民币不断升值的背景下,海淘具备了更加坚实的基础。国内已经有越来越多的人意识到,跨境产品即使加上运费和关税,依然要比在国内掏腰包买奢侈品划算,且品质也有保障,从此海淘大军开始了爆炸式的增长。

资料来源:http://Link.zk528.com/html/art30712.html。

讨论与分析:

1. "海淘"反映了哪一方面的全球化现象?请具体阐述。
2. 哪些因素可以解释"海淘"的快速发展?

第二章 国际商务的理论基础

【知识要点】
1. 比较优势理论
2. 要素禀赋理论
3. 产品生命周期理论
4. 垄断优势理论
5. 比较优势投资论
6. 内部化理论
7. 国际生产折衷理论
8. 国际化阶段理论

【能力要求】
1. 理解国际贸易理论的发展历史
2. 认识有关决定国际贸易模式的商业与经济力量的不同观点
3. 研究国际贸易和国际投资之间的联系和区别
4. 了解企业国际化经营的主要理论及其观点

【内容提示】

纵观全球,经济全球化、区域经济一体化趋势愈演愈烈,人们日常生活中接触到的每件物品几乎无不是各经济主体之间合作的产物,国际经济合作、国际贸易、国际投资以及国际经营早已不再是新鲜话题。新的时代早已来临,经济发展模式与经济发展水平日新月异,国际商务已经成为商务领域的发展核心。本章主要介绍国际贸易、国际投资以及国际经营的主要理论及其观点。理解并掌握这些理论,是国际商务课程学习和国际商务实务的基础。

【导入案例】

中国高铁开进俄罗斯前景可期

回望来路,中国铁路"走出去"的海外版图正逐步扩张,"方向轨迹"是一条由低端到中高端发展之路。梳理中俄之间的历史图谱,铁路始终是一个绕不开的议题。

2014年10月13日,在中俄总理第十九次定期会晤后,两国总理签署《中俄总理第十九次定期会晤联合公报》。在中国国务院总理李克强和俄罗斯总理梅德韦杰夫的见证下,中国发改委与俄罗斯运输部、中国铁路总公司与俄国家铁路公司四方签署高铁合作备忘录,推进构建北京至莫斯科的欧亚高速运输走廊,优先实施莫斯科至喀山高铁项目。

对俄罗斯而言,高铁建设已经不仅仅是战略布局,更是战术推进,不仅仅停留在国家层面的号召上,也体现在企业的商务参与上。俄罗斯铁路股份公司第一副总裁米沙林表示,俄罗斯对高铁建设有非常大的需求,也希望同中国合作,引入高铁技术和投资。"毫无疑问,俄罗斯对于修建高铁的兴趣和需求都是非常强烈的,这是一个非常有前景、非常重要的项目,对于俄罗斯经济发展有着战略性意义。我们与中国在高铁技术和投资领域正在开展合作,并已经召开过专门的研讨会议,中国是俄铁在亚洲最重要的合作伙伴。"

近年来,俄罗斯开始加快高铁和轨道交通建设,成为一个迅速发展的新兴市场。目前,俄罗斯与西方企业的合作减少,由此给中国企业创造了机会。据了解,俄罗斯运行的高速铁路仅有一条,可见,俄罗斯存在着高铁市场的刚性需求。

对俄罗斯来说,中国高铁技术至少有三个优势。一是从工务工程、通信信号、牵引供电到客车制造等方面,中国可以进行一揽子出口,而这是其他国家难以做到的。二是中国高铁技术层次丰富,既能够进行250公里时速的既有线路改造,也可以新建350公里时速的新线路。三是中国高铁建造成本较低,比其他国家低20%左右。英国广播公司在"中国的高铁革命"报道中援引的数据显示,中国的高铁建设成本不超过其他国家的2/3。如此价格竞争力,即便在世界巨头们的"跳楼价"下中标,中国高铁都能奉陪到底且依然有利可图。

北京世元金桥国际企业管理中心执行副总经理王晋耕认为,目前,俄罗斯并没有自己成熟的高铁技术,从国外引进高铁列车技术成为必然。中国在高纬度且寒冷的青藏铁路上的建设经验,将帮助俄罗斯高铁在酷寒冬季中安全运行。这无疑是中国的高铁公司竞标的优势之一。

因此,业界对中俄高铁合作预期较高,但中国并不是唯一对俄罗斯铁路建设感兴趣的国家。法国、德国、西班牙、韩国也都对在俄罗斯承建高速铁路表现出浓厚兴趣。一个无法回避的事实是，中国企业将要直面来自庞巴迪、阿尔斯通、西门子、通用电气、川崎重工等多家外国公司的挑战。王晋耕认为，对中国高铁机车制造商而言，俄罗斯项目既是一次考验，同时也是一次机遇。即将拉开大幕的俄罗斯高铁招标将引发国际高铁巨头展开激烈争夺。

事实证明，高速铁路的开通运营大幅度提高了通道内客货运输能力，促进了区域间人、物、资金、信息等跨区域快速流动，这些均已成为区域经济发展的重要保障。同时，高铁建设有利于中西部区域与东部经济高地接轨，使中西部地区更好地承接东部发达地区的产业转移，形成中国经济由东至西梯次渐进发展态势。

据中国交通新闻网不完全统计，中国北车、中国南车两家企业今年上半年的出口签约额总计已达45亿美元（约合276.3亿元人民币）以上。薛胜文分析称，高铁出国将进一步使中国的高铁产业得到新的发展机遇，并且将带动产业链上下游细分领域的发展，如钢铁产业、高速机车、电子控制、能源以及新材料产业等，有望迎来更大的市场需求和发展空间。与高铁建设有关的上市公司有望赢取市场和政策利好，由于看好该产业未来发展，资本市场将为高铁发展提供资金、管理等方面支持。

专家预计，高铁将带动铁路基建、动车组、铁路信号、铁路配件、钢铁、水泥等众多上下游产业的发展，带动的产业链保守估计将超过两万亿元。

资料来源：中国贸易新闻网，www.chinatradenews.com.cn。

第一节 国际贸易理论

一、重商主义

早在15—18世纪，欧洲国家就推崇一种被称为重商主义的经济哲学。重商主义者认为一个国家拥有的金银越多，就会越富有、越强大，因此他们主张扩大出口减少进口，从而扩大贸易顺差，使外国的黄金、白银等贵金属流入国内，实现国家的富强。然而，一国的金银流入就是其他国家的金银流出，在任一时点上金银总量一定的情况下，顺差国的贸易利得就是逆差国的贸易损失（他们认为贸易是一种零和游戏），因此，重商主义者所鼓吹的经济民族主义，必然导致贸易伙伴之间在国家利益上存在根本的冲突。

重商主义的发展分为两个阶段：15世纪到16世纪中叶为早期重商主义时期，早期重商主义者强调绝对的贸易顺差，他们主张多卖少买或不买，甚至通过行政手段来控制商品进口，禁止货币输出以积累货币财富，这种思想被称为货币平衡论。16世纪下半叶到18世纪为晚期重商主义时期，晚期重商主义重视的是长期和总体上的贸易顺差，他们认为,一定时期的贸易逆差可以被允许,只要最终的贸易结果是顺差即可,这种思想被称为贸易平衡论。

重商主义的局限性在于该理论认为国际贸易是一种"零和游戏",你得必然是我失,奖出限入是其必然结果,而各个国家运用重商主义理论管理国际贸易必然导致国际贸易的萎缩。

二、古典贸易理论

(一) 绝对优势理论

被人们称为当代经济学之父的亚当·斯密于1776年在伦敦出版了《国富论》。在书中,斯密对重商主义的经济哲学进行了深刻的批判。他指出,衡量一国财富的标准不是其所拥有的贵重金属的多少,而是这些贵重金属所能够买的商品数量。可供消费的商品增加,才意味着一国财富的增加,只有扩大生产才能提高本国的生活水平,而扩大生产的根本在于劳动生产率的不断提高,这又取决于社会分工能否不断深化。亚当·斯密将这一思想应用于国际贸易,认为国际贸易可以使贸易双方都增加财富,因为国际贸易可以通过市场的拓展,将社会分工由国内延伸到国外。从国内分工到国际分工,意味着专业化程度和劳动生产率的提高,最终将促进实际收入意义上的财富增加。

亚当·斯密用绝对优势的概念来解释国际贸易的基础。他认为,当一国相对另一国在某种产品的生产上有绝对优势,但在另一种产品的生产上有绝对劣势,那么两国就可以专门生产自己有绝对优势的产品,并用其中一部分来交换自己有绝对劣势的产品。这样,生产效率大大提高,资源得到有效利用,两种产品的产出都会增加,增加的产品可以用来测度两国分工及贸易所带来的利益,适当地分配这种利益,就可以使两国都受益。这就是绝对优势理论。

亚当·斯密的绝对优势理论解释和论证了国际贸易的基础和好处,指出国际贸易并不是一个"零和游戏",而是可以实现贸易双方的"双赢",并优化资源配置。斯密的贸易理论为自由贸易思想提供了理论根据,有力地抨击了传统重商主义的谬误,结束了后者对贸易学说的长期统治,其贡献和意义十分重大。但是,亚当·斯密的贸易理论所主张的互惠贸易的前提条件(要求各国都必须有自己在生产成本上占据绝对优势的产业部门)过于苛刻,尚不具有一般性,只能解释现实中的部分国际贸易现象,而不能解释现实中还存在的另一个问题,即当一个国家在所有生产部门都处于绝对劣势的情况下,是否还可以开展互惠贸易。后来李嘉图提出的比较优势理论在理论上解答了这一问题。

(二) 比较优势理论

李嘉图在亚当·斯密的绝对优势理论的基础上,提出了比较优势理论。李嘉图指出,决定国际贸易的基础是两个国家产品生产的相对劳动成本,而不是绝对劳动成本。一个国家在生产各种产品时,即使劳动成本都高于其他国家,只要在劳动投入上有所不同,仍可以开展贸易并从中获益。

1. 比较优势理论模型的前提假设

(1) 一种生产要素(劳动)、两种商品以及两个规模既定的国家;
(2) 两国两种产品的生产函数相同,消费者偏好相同;
(3) 国内劳动要素具有同质性;
(4) 劳动要素可以在两个生产部门间自由流动,但不能跨国流动;
(5) 贸易是自由的,并且不考虑运输成本等任何贸易费用;
(6) 规模收益不变,商品与劳动市场都是完全竞争的。

这个模型就是所谓的 $2\times2\times1$ 模型(两个国家、两种产品、一种要素)。由于劳动是唯一生产要素,且规模收益不变,两国间生产技术的差异就表现为两国劳动生产率的差异。因此,李嘉图的比较优势理论实际上是从技术差异的角度来解释国际贸易发生的原因。

2. 比较优势理论的内容

比较优势理论认为,即使一国在两种产品的生产上与另一国相比均处于劣势(即不存在绝对优势产品),仍有可能进行互惠贸易。一个国家可以专门生产并出口它的绝对劣势相对较小的产品(或称比较优势产品),同时进口其绝对劣势相对较大的产品(或称比较劣势产品)。

下面通过表 2-1、表 2-2 及表 2-3 来解释比较优势理论。

表 2-1 比较优势分析(分工前的生产情况)

产品	A 国	B 国	合计
小麦(10 蒲式耳)	1(劳动小时)	6(劳动小时)	20 蒲式耳
布匹(1 码)	2(劳动小时)	4(劳动小时)	2 码

从表 2-1 可以看出,B 国在小麦和布匹的生产上都有绝对劣势,然而,B 国生产小麦的劳动生产率只有 A 国的 1/6,而生产布匹的劳动生产率是 A 国的 1/2,因此 B 国在布匹的生产上有相对优势。另一方面,A 国在小麦和布匹的生产上都有绝对优势,但是,生产小麦的绝对优势要大于生产布匹的绝对优势,因此 A 国在小麦的生产上有比较优势。根据比较优势理论,如果 A 国专门生产小麦并出口一部分小麦来换取 B 国的布匹,B 国专门生产布匹并出口一部分布匹来换取 A 国的小麦,则两国都可以受益,如表 2-2 所示。

表 2-2 比较优势分析(分工后、交换前的生产情况)

产品	A 国	B 国	合计
小麦(10 蒲式耳)	3(劳动小时)	0(劳动小时)	30 蒲式耳
布匹(1 码)	0(劳动小时)	10(劳动小时)	2.5 码

可见,在劳动投入量不变的情况下,小麦产出增加了 10 蒲式耳,布匹产量增加了 0.5 码,国际分工使劳动生产率提高,世界总产出增加。

假定 A 国用 10 蒲式耳小麦来交换 B 国的 1 码布匹,那么交换后两国两种产品的消费情况见表 2-3。

表 2-3　比较优势分析（交换后两国的消费情况）

产品	A 国	B 国
小麦（蒲式耳）	20	10
布匹（码）	1	1.5

交换后，A 国在布匹消费数量不变的情况下，可以多消费 10 蒲式耳的小麦，而 B 国在小麦消费数量不变的情况下，可以多消费 0.5 码的布匹，两国都从国际分工和国际贸易中得到了好处。

李嘉图科学地发展了斯密的绝对优势理论，指出两国只需在不同的产品生产上分别具有劳动生产成本上的相对优势，而不必是绝对优势，就可以通过国际分工和互惠贸易使双方受益。这大大放宽了斯密贸易学说的苛刻前提条件，既为在世界更大范围内开展自由贸易奠定了理论基础，也成为世界上第一个一般性的贸易学说，而且其思想还为现代贸易理论的进一步发展提供了研究思路，迄今仍具有十分重要的理论意义和现实意义。但李嘉图的比较优势理论只考虑了一种生产要素（劳动），又假定只有两种产品和两个国家，而且未考虑具体贸易条件的确定问题，后来的新古典经济学对这些问题进行了相应的补充和深入的研究。

3. 比较优势的图形解释

如果一个国家把它可以用于生产的所有劳动力小时数全部用于生产某一种产品，那么我们就可以得到每一个国家的生产可能性曲线。贸易前 A、B 两国的生产—消费均衡点分别是其生产可能性边界与无差异曲线（即消费等效用曲线）的切点，国内生产的两种产品的数量也就是国内消费的两种产品的数量。

现在 A、B 两国按照各自的比较优势实现完全分工，A 国专业生产 X 产品，B 国专业生产 Y 产品，然后按国际价格 P_w 进行交换。

在图 2-1 中，在给定的贸易条件 P_w 下，A 国（B 国）的生产均衡点将分别沿其生产可能性边界线下移（上移）到图中 A′点（B 点）的位置，而它们的消费可能性边界线也将分别以 A′点（B 点）为中心"外旋"到图中 P_w 线的位置——两国各自消费可能性边界线斜率的绝对值将相同（同为 P_w）。

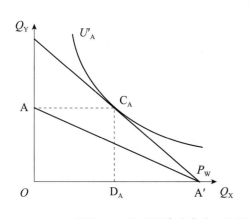
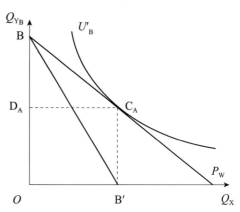

图 2-1　A、B 两国在完全分工和任意给定贸易条件下的生产—消费分析

贸易后，A、B两国新的消费均衡点由其新的消费可能性边界线与另一条消费无差异曲线的切点所确定。这时，由A、B两国各自新的生产均衡点与消费均衡点分别可以确定如图2-1所示的两个直角三角形，它们分别被称为A国和B国的意愿贸易三角形。当P_w并非均衡的贸易条件时，这两个意愿贸易三角形就不全等，两国间贸易的不平衡必将引起贸易条件的进一步调整。无论A国还是B国，其消费均衡点都比贸易前上移了，这意味着在开展贸易之后，两国的社会福利都得到了提高。

三、要素禀赋理论

要素禀赋理论最早由赫克歇尔和俄林提出，后经萨缪尔森等人加以完善。要素禀赋理论在理论和实际运用中的成功使其在20世纪前半叶到70年代末这段时期成为国际贸易理论的典范，而且至今仍在国际贸易中占据重要地位。赫克歇尔和俄林所运用的分析工具是由新古典经济学所建立起来的等产量线、无差异曲线、生产可能性边界等，因此该理论也被称为新古典贸易理论。与古典贸易理论相比，新古典贸易理论不仅承认比较优势是国际贸易发生的基本原因，更重要的是它找到了比较优势形成的根源，即贸易双方要素禀赋的差异。

（一）赫克歇尔—俄林模型的假设前提

1. 要素禀赋

生产要素是指生产活动必须具备的主要因素或在生产中必须投入的或使用的主要手段，通常指土地、劳动和资本三要素。要素禀赋（factor endowments）是指一个国家所拥有的生产资源状况。在新古典经济学中，对生产有重要影响的生产资源为土地、劳动和资本。国家之间的要素禀赋差异并不是指生产要素的绝对量在两个国家的不同，而是指各种生产要素的相对量的不同。

假设有两个国家A、B，我们可以从两个角度来计量一个国家的要素丰裕度（factor abundance）。

一种方法是物理量定义法。如果两国资本—劳动的禀赋比例分别为K_A/L_A和K_B/L_B，而且有$K_A/L_A > K_B/L_B$，就可以认为相对于A国而言，B国是资源丰裕型国家，相对于B国而言，A国是劳动丰裕型国家。

另一种方法是价格定义法。如果两国利率—价格的比例分别为r_A/w_A和r_B/w_B，而且有$r_A/w_A > r_B/w_B$，就可以认为相对于A国而言，B国是资本丰裕型国家，相对于B国而言，A国是劳动丰裕型国家。

要素丰裕度或要素稀缺度是一个相对的概念，它与一个国家实际拥有的生产要素绝对量有很大区别。要素丰裕度是指一国的生产要素禀赋中某种要素供给的比例大于别国同种要素的供给比例，其相对价格低于别国同种要素的价格。要素物理量定义法是一种相对的数量关系，仅仅从生产要素供给角度进行考虑，而要素价格定义法受要素市场供求的影响。因此，价格定义法考虑了要素的供给和需求，相对来说较为科学。

2. 要素密集度

要素密集度(factor intensity)是指生产某种商品所投入的两种生产要素的配合比例。要素密集度主要通过两种产品中投入的生产要素,如资本—劳动比率的比较而确定,与生产要素的绝对投入量无关,是一个相对的概念。一般来说,如果某一要素投入比例大,可以称该产品为该要素密集程度高,并根据产品生产过程中投入比例较高的要素种类不同,将产品分为若干种类型。

假设两种产品 X、Y,使用两种生产要素资本 K 和劳动 L,其生产中所使用的资本—劳动的投入比例分别为 K_x/L_x 和 K_Y/L_Y。如果有 $K_x/L_x < K_Y/L_Y$,就可以称 X 产品为资本密集型产品,Y 为劳动密集型产品。

3. 模型假设

赫克歇尔、俄林认为国际贸易建立在生产要素禀赋不同的基础上,即使生产技术相同,只要两国要素禀赋条件不同,就存在国际贸易的可能,可以带来国际贸易利益。

赫克歇尔—俄林模型建立在以下严格的假定之上:

(1) $2 \times 2 \times 2$ 假定。假定只有两个国家,两种商品,两种生产要素。

(2) 自由贸易假定。假定没有运输成本、关税以及其他限制商品自由流动的障碍。

(3) 要素流动性假定。生产要素只能在一国范围内自由流动,在国家间不能自由流动。因此,国内劳动力和资本收益相等,国家间由于要素流动障碍可能存在要素收益的差异。

(4) 完全竞争假设。假定两个国家的商品市场和要素市场都实行完全竞争。参与市场交易的供给者、需求者众多,生产要素、商品是同质的,具有完全信息。在长期内完全竞争市场商品的价格等于生产商品的边际成本,同时等于商品的边际收益。

(5) 规模收益不变假定。假定两国在两种商品的生产上保持规模收益不变。产量增加的比例等于生产要素投入量增加的比例。

(6) 技术相同假定。假定两国具有相同的技术水平,具有相同的生产函数,投入相同数量的生产要素,生产同等数量的某种商品。强调技术不是不变,而是两国生产同种商品的技术保持相同。

(7) 要素密集度假设。假设两种商品的要素密集度不同,一种为劳动密集型,另一种为资本密集型。由于两个国家生产同种产品的技术相同、生产函数相同,同种商品在两个国家的密集度是相同的。没有要素密集度转变的情况。

(8) 消费者偏好相同假定。假定两国消费者对两种商品偏好相同。消费者偏好可以用一组常规的社会无差异曲线表示。两国的社会无差异曲线在形状和位置上一致。

(9) 资源充分利用假定。假定两国在贸易前后都能生产出最大可能的产量,生产点总是落在生产可能性边界上。

任何一个假定条件变化,赫克歇尔—俄林模型的结论都可能不同,甚至不成立。

(二) 赫克歇尔—俄林模型的基本内容

A、B 两国在封闭条件下,资源禀赋差异导致供给能力的差异,进而引起相对价格的差异。价格差异是两国发生贸易的直接原因。开展自由贸易后,一个国家会出口密集使用其要素丰裕的产品,进口密集使用其要素稀缺的产品。这就是赫克歇尔—俄林定理。

与李嘉图理论相同的是,赫克歇尔—俄林理论认为自由贸易是有益的。与李嘉图理论不同的是,赫克歇尔—俄林理论认为国际贸易格局是由要素禀赋的差异决定的,而非生产效率的差异。

四、产品生命周期理论

产品生命周期理论是由美国经济学家弗农于 1966 年在他的《产品周期中的国际投资与国际贸易》一文中首先提出的。他认为,在产品的整个生命期间,生产所需要的要素是会发生变化的,因此在新产品的生命中可以观察到以产品创新阶段、产品成熟阶段和产品标准化阶段构成的产品生命周期。弗农认为,之所以产生这种周期,是因为各国技术进步的贡献不同。可以说,弗农的产品生命周期理论是在波斯纳的技术差距论的基础上产生的。

根据产品生命周期理论,产品完成一次循环需经历以下三个不同阶段:

1. 新产品阶段

在这个阶段,产品一般在母公司以及已经高度工业化的市场中进行设计和初步生产才是最具有效率的,因为只有这样才能获得大量的信息,也只有这样才能满足不同技术型劳动力之间进行有效沟通和交流的需要。

在这个阶段,产品一般是非标准化的。生产过程需要高度的灵活性,因此生产成本也相对较高。

这个阶段的创新者属于市场的垄断者,因此他可以获得垄断所带来的全部收益,包括高额边际利润,以补偿自己在开发和生产过程中付出的高成本。这个阶段的需求价格弹性一般较低,只有高收入的消费者才会购买这种商品,这部分消费者基本上不考虑成本的高低。

2. 成熟产品阶段

随着生产的扩大,整个生产过程的标准化程度逐渐提高。设计与生产的灵活性需求也逐渐下降,因而对技术程度较高的劳动力需求也会随之降低。创新国开始增加对其他国家的销售。由于非差异化竞争者的增加,对价格和边际利润的压力也逐渐增加,生产成本开始成为一个主要问题。

随着竞争者的增加以及价格下降压力的增加,公司面临着如何保持自己市场份额的决策。弗农指出,公司在这个阶段所面临的最重要的选择是:要么把自己的市场份额拱手让给那些使用低成本劳动力的国外生产商,要么通过国外投资利用其他国家要素成本的比较优势维持自己的市场份额。这是人们第一次对贸易与投资之间的相互作用做出的理论解释。

3. 标准化产品阶段

在最后一个阶段,产品在生产方面实现了完全的标准化。因此,如果公司能进入国际资本市场筹集资金,那么这种产品的生产国就只剩下那些拥有最低成本非熟练劳动力的国家。在这种情况下,边际利润已经非常微薄了,竞争也是异常激烈。而对于那些创新公司来说,产品的利润水平基本上保持稳定。

因此,随着产品生产技术的成熟,具有比较优势的国家也发生了转移,产品的生产地点也随之发生变化。在这个阶段,生产这种产品的国家只能获得净贸易剩余。但是弗农认为,这种优势必然会逐渐丧失,由于知识和技术的不断变化和发展,拥有产品比较优势的国家也在发生变化。

在产品生命周期的整个过程中,国际贸易的演变可以用图2-2来描述。在初始时刻t_0,新产品刚刚由创新国(少数先进国家)研制开发出来。在初始阶段,由于产品的技术尚未成型,生产规模较小,消费仅局限于国内市场。到了t_1时刻,开始有来自国外的需求,于是开始产品出口。由于产品的品质和价格较高,进口国主要是一些收入水平和创新国较为接近的其他发达国家。随着时间的推移,进口国逐渐掌握了生产技术,能够在国内进行生产,并逐渐替代一部分进口品,于是进口开始下降。到了某一阶段之后,由于一小部分发展中国家的需求扩大,创新国的产品也开始少量出口到一些发展中国家。到t_3时刻,生产技术已经成型,产品达到了标准化,由技术密集型转化为资本密集型,这时,来自发达国家的第二代生产者开始大量生产和出口该产品。原来的创新国随后在t_4成为了净进口国。最后,当产品转变为非熟练劳动密集型时,即t_5,发展中国家成为净出口国。

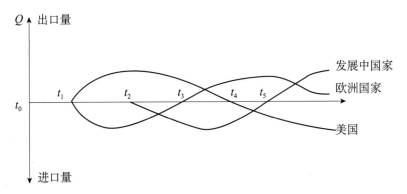

图2-2 产品生命周期与国际贸易演变

相关案例2-1

甲骨文助旺旺集团推进产品生命周期管理

中国旺旺控股有限公司日前采用针对流程的 Oracle Agile 产品生命周期管理(Oracle Agile Product Lifecycle Management for Process,以下简称 Oracle Agile PLM)实现了数据的标准化与集中管理,以及审批流程的电子化流转。Oracle Agile PLM 系统帮助旺旺公司提高了运营效率,保障了数据安全,并实现了企业的精细化管理。

旺旺集团是台商在大陆投资的企业,自1994年在湖南设立第一家工厂,旺旺集团目前已发展为拥有6万名员工、年营收超过200亿元人民币的大型企业,主要业务包括生产及销售休闲食品、饮料及相关产品。

传统的ERP难以实现集中有序的数据存储和分析对比,因此无法保证数据的安全性。经过深入的市场调研,旺旺集团决定采用 Oracle Agile PLM 解决方案,以建立一个企业级、集中、集成的信息体系,实现研发与制造、供应链等业务之间的产品数据共享,并建立产品研发流程信息化管理系统。

针对流程制造的 Oracle Agile PLM,能够为企业提供产品生命周期分析模块、直观且现代的用户界面、增强的生产力功能和强大的可扩展性。凭借其具有的集成工具、Web 服务库、流程和 UI 插件以及丰富的业务扩展层,Oracle Agile PLM 可以帮助客户缩短开发周期,降低成本和风险,缩短上市时间,提高工作人员生产率,同时增加产品对整体效益的贡献底线。

Oracle Agile PLM 帮助旺旺集团实现了全面管理产品信息、流程和决策。获得的益处包括:优化数据管理,实现数据的标准化和集中存储,支持项目数据的随时访问,同时使快速数据检索成为可能;规范业务流程,帮助旺旺实现了材料、配方、成本、供应商等信息在 ERP、SRM、PLM 之间的集成,支持供应商认证、新材料认证、物料数据更新、配方审批和发布等流程;实现精细化管理,实现自动化的配方过程管理,包括版本与审批流程的统一、配比数量计算等,实现精确的配方分类和权限管理,从而确保业务流程的顺利进行。

从今年 5 月起,旺旺集团开始部署 Oracle Agile PLM 解决方案,在 Oracle 合作伙伴日立咨询公司的帮助下,经过六个月的实施,新系统正式启用,涉及新产品开发、原物料规范管理、配方规范管理等多个业务流程。

中国旺旺控股有限公司高层表示:旺旺集团作为食品生产和销售公司,对于成品、配方、原材料、包装材料等产品信息的管理要求很高,一个良好的生命周期管理方案可以很大程度地影响我们的业务表现。通过采用 Oracle Agile 产品生命周期管理,我们实现了一个完备的信息化管理系统和集成的产品数据库,这将十分有助于旺旺未来的业务拓展和产品创新。

甲骨文公司副总裁暨大中华区应用业务总经理潘杰君表示:旺旺集团是中国首个采用针对流程制造的 Oracle Agile PLM 的用户。Oracle Agile PLM 能通过将产品生命周期管理数据转变为有价值和可操作的洞察力,为决策制定流程的所有事务提供支持,这对企业来说十分重要。我们希望有越来越多的企业能够从 Oracle Agile PLM 以及其他 Oracle 应用产品中受益,从而最大限度地帮助企业提高竞争优势。

资料来源:http://article.pchome.net/content-1687085.html。

第二节 国际投资理论

贸易是指一个国家把自己生产的商品和服务销售给另一个国家的购买者。实际上,无论是国内贸易还是国际贸易,贸易的对象都是公司和购买者而不是国家。因此,任何公司都必须进入市场,并接近它的购买者。一个生产性公司可以利用自己的竞争优势取得发展和盈利,也可以通过对外投资来实现这个目标。

一、对外直接投资决策

一家公司希望到国外市场进行生产,从而充分利用自己的竞争优势,那么首先它必须做出的选择是:到新的国外市场上利用自己现有的竞争优势,还是集中资源开发新的竞争优势并发展自己在国内市场的这种优势?尽管在资源允许的情况下,许多公司会同时选择这两种方式,但是今天越来越多的公司选择了进入国际市场,或者至少把进入国际市场作为拓展战略的一部分。

其次,公司是应该在国内生产然后向国外市场出口,还是直接到国外进行生产?为了充分利用自己现有的竞争优势,公司必须选择一条能够获得资源和市场的途径,这些资源和市场是公司发挥现有优势的必要条件。但是,对于每一项对外直接投资决策来说,公司还需要考虑对资产、技术、信息和业务进行控制的程度以及所需要承担的投资规模扩大的风险。对于任何一项决策,公司控制能力的提高都是以资本成本的上升为代价的。

如果公司选择到国外进行直接生产,那么它就必须决定如何进行生产。不同种类的对外直接投资,从许可管理到绿地建设之间的差别因所有权的不同而有所区别。许可管理合同是迄今为止最简单、成本最低的对外直接投资方式。

如果一个公司希望对国外生产过程进行直接控制,那么下一步它就必须决定对股权的控制程度,也就是说,是直接拥有公司还是与另一家公司共同组建合资公司。建立合资公司必然会减少公司对资产以及其他竞争优势来源的控制能力。许多国家要求国外公司必须与本地公司共同经营,通过这种方式保证本国公司不断发展,维护投资者的利益。

最终的决策是选择绿地投资还是收购现有公司,这实际上是一个成本决策的问题。绿地投资在所有对外投资中成本最高。收购现有公司的初期成本一般很低,但是在后期需要不断追加和调整投资以适应具体情况,而这些成本是在购买初期无法预料的。如果现有公司拥有庞大的消费群体和良好的供应商关系,并且收购者可以充分利用这种关系,这种收购行为将为新的所有者带来巨大的收益。

二、垄断优势理论

垄断优势理论,也称为特定优势理论,是产业组织理论在跨国公司和直接投资领域应用研究的结果,是关于跨国公司凭借其特定的垄断优势从事对外直接投资的一种跨国公司理论。1960年,"垄断优势"这一概念由美国经济学家海默(Hymer)在其博士论文《国内公司的国际经营:对外直接投资研究》中首先提出,海默以垄断优势来解释国际直接投资行为,后经其导师金德尔伯格(Kindleberger)及凯夫斯(R. Z. Caves)等学者补充和发展,成为研究国际直接投资最早的、最有影响的独立理论。

(一) 垄断优势理论的前提和假设条件

垄断优势理论的前提是：企业对外直接投资有利可图的必要条件是这些企业具备东道国企业所没有的垄断优势，而跨国企业的垄断优势又源于市场的不完全性。所以用传统的完全竞争理论是无法解释跨国公司在国际市场上的行为的。这一外部市场的不完全性主要体现在以下四方面：

1. 产品和生产要素市场的不完全

产品市场不完全是指有少数买主或卖主能够通过控制产量或购买量来影响市场价格的决定。比如，在商品性质、商标、特殊市场技能或价格联盟等方面的控制权，都会导致产品市场的不完全。生产要素市场不完全是指在要素市场上，劳动力、资本和技术方面，特别是技术和知识市场存在着不完全。比如，在技术转让中，技术拥有者和技术购买者之间存在着信息不对称现象，由此增加了技术转让中的风险，从而增加了成本。买方在购买技术的过程中，只能间接地从卖方那里了解这种技术的有效性；而卖方为了使买方相信技术的有效性，就必须将技术的相关细节全部公开或部分公开，这将会导致技术的无偿转让。

2. 规模经济引起的市场不完全

传统的比较优势模型是假定规模报酬不变，规模越大，单位产品成本越低，边际收益越高，这就是规模经济。规模经济使企业在本行业中处于垄断地位，达不到这种规模的中小企业被挤出，从而导致不完全竞争的出现。规模经济包括内部规模经济和外部规模经济。内部规模经济导致厂商单位产品成本的直接降低，外部规模经济导致同行业生产集中度的提高。厂商通过资源共享特别是知识共享提高了生产效率。

3. 政府干预经济导致的市场不完全

政府干预经济的目的是纠正市场自发造成的弊端，而政府一旦干预经济就必然带有人为性和强制性，必然打破市场的完全性。

4. 关税引起的市场不完全

第二次世界大战后各国贸易保护主义抬头，发达国家实行战略性贸易政策，为保护或支持某些特殊产业而设置关税壁垒。发展中国家在战后获得独立，为保护幼稚的民族工业，也设置了高关税壁垒。关税的存在阻碍了国际贸易的正常进行，破坏了国际市场的完全性，在这个意义上，反而促使了国际直接投资的发展。

垄断和寡占的存在导致了不完全竞争，不完全竞争必然导致商品和要素市场的不完全，进而使企业所需的产品和生产出的产品无法在国际市场上正常实现购买或销售；各国政府采取不同的政策和法规，如关税、税收、汇率和利率等对经济进行干预，使国际市场出现不完全。在外部市场失灵的情况下，企业所得的中间产品（如原材料、半成品、技术知识产品等）的国际市场交易出现低效率、高成本，知识外溢给企业造成损失等，迫使企业选择国际直接投资的方式来克服这些市场不完全所带来的风险；而这种市场的不完全性，导致各国在商品和要素的市场容量、供求关系、价格水平上出现了种种差异，也为国际直接投资开辟了空间。

综上所述，企业对外直接投资必须满足两个条件：

（1）企业自身必须具有足以抵消相对的成本劣势和风险的竞争优势；

（2）市场必须是不完全的，即如果市场满足完全竞争条件，就不可能产生跨国公司，尤其是在生产领域具有较高程度纵向一体化的跨国公司。

（二）垄断优势理论的主要表现

1. 技术优势

拥有先进技术是跨国公司最重要的垄断优势。大型跨国公司拥有极强的科研力量和雄厚的资金，可以投入巨额资金开发新技术、新工艺。这一优势又可以通过专利等手段得到保护，以免遭同行窃取。保持这种优势在跨国公司内部长期使用，进而保持跨国公司的垄断地位，与单纯的技术转让相比，可以获得更大的利润。跨国公司的新产品开发是其技术优势中最实质性的部分。

2. 先进的管理经验

跨国公司拥有受过良好训练与教育的员工、经验丰富的经理人员以及经过实践考验的、能有效运行的组织结构和机制，这些要素能保证整个企业的高效运营，这既是先进技术对公司组织的要求，又是先进技术得以在公司普及的条件。跨国公司在长期的世界市场竞争中总结出一整套适应现代化生产过程的先进管理技术，大大地优化了公司的生产经营活动和资源的有效配置。

3. 雄厚的资金实力

大型跨国公司的资金由公司自有资金和金融市场上融通的资金两部分构成。首先，跨国公司本身具有雄厚的资金实力，并且公司总部可以在公司内部的各子公司之间灵活调度数额庞大的资金，这是一般东道国企业无法与之相比的。其次，跨国公司在国际金融市场上利用公司良好的资信顺利进行融资，可以大大降低融资成本。有了大量的资金，就可以在世界范围内寻找最有利的投资项目，以保证跨国公司获得高额利润。

4. 相对全面且灵通的信息

大型跨国公司拥有先进的通信设备，分支机构遍布全球，它们收集的信息不仅全面、灵通，而且可以得到及时的处理。当今世界已经迈入了信息社会，一个企业能否成功与它所拥有的信息密切相关。有些跨国公司在信息网络上投入巨资，不仅使大量的信息为公司的运营服务，也可以在信息网络服务创造上获得垄断优势。

5. 规模经济的优势

大型跨国公司大都处在科学技术、知识密集型行业，这些行业的规模越大，单位产品成本越低，边际收益越高，这就是内部规模经济。跨国公司可以利用各国生产要素的差异，通过横向一体化取得这种内部规模经济优势，提高公司获利能力。这种内部规模经济还会导致同行业在地域上的集中，促进专业化供应商队伍的形成，使一些关键的设备和服务由专业供应商提供，进而实现高技术含量劳动力市场的共享和知识外溢所带来的利益，这就是外部规模经济。跨国公司还可以通过纵向一体化取得这种外部规模经济的优势，并使之转化为公司内部的利润。

6. 全球性的销售网络

大型跨国公司历史悠久、声名显赫、影响面广，其产品很容易打入国际市场。这些大型跨国公司都有自己独立的销售网络，并且与国际包销商建立了长期而稳定的业务联系，销售成本低，商品流转速度快。这就是跨国公司在销售方面的巨大优势。

相关案例 2-2

欧洲议会"强拆"谷歌

在美国感恩节前夜,欧洲发起了"对谷歌的战斗"。一个月后,2014年12月27日,欧洲议会不顾美国国会在最后一刻提出的反对意见,以压倒性多数票通过了"拆分"美国互联网搜索巨头谷歌的决议。欧洲议会并没有拆分一家公司的权力,但却可以通过向欧盟委员会施加压力,为下一步限制谷歌在欧洲的权限提供立法依据,同时为建设欧洲自己的"数字化单一市场"扫清障碍。

当地时间27日,欧洲议会就"拆分"谷歌(指将谷歌的搜索引擎与其他商业服务相分离)的决议进行表决,结果384票赞成、174票反对、56票弃权。目前谷歌占有欧洲搜索引擎市场90%的份额,欧洲议会认为,这已经严重影响到互联网领域的公平竞争。

美国《纽约时报》28日称,该项决议显示欧洲对谷歌的不满"达到一个新的嘈杂级别",文章称,过去18个月来,由于美国国安局前雇员斯诺登披露美国情报机构的间谍活动,欧洲对美国互联网巨头的担忧一直在增加,尤其是在2013年发现德国总理默克尔的手机很有可能被美国情报机构窃听并引发大西洋两岸尖锐争吵后。因此,"在某种意义上,周四的投票无异于政治姿态"。

英国《金融时报》报道称,新一届欧盟委员会主席容克与新任反垄断负责人维斯特格都表示,要对信息产业的垄断行为加大监管力度。即将担任欧盟数字专员的厄廷格日前公开警告:他将推动出台措施,确保谷歌保持中立和客观,对此谷歌已表示"感到不安"。28日,德国保守党欧洲议员、"拆分"谷歌议案共同发起人施瓦布对《环球时报》记者证实,该议案是向欧盟委员会发出的一个明确的政治信号。

欧洲人为什么恨谷歌? 法新社28日称,这是欧洲议会经过4年多调查得出的意见。调查显示,谷歌占有法国、德国、西班牙、英国等欧洲主要国家90%的市场,又利用这一强势地位来进行商务活动,大大损害了欧洲竞争者的利益。

德国《柏林日报》28日写道,谷歌早已失控。在德国,它已经占领了超过95%的搜索引擎市场份额。它不断收集数据,没有人知道它的存储和使用方式。数千万人的日常生活被它的免费应用程序"绑架"——从搜索引擎、社交网络,到智能手机的安卓操作系统,谷歌无处不在。这是经济和政治力量的巨大积累。谷歌搞成现在这样的局面,是欧洲政客们低估了它的危险所造成的。反垄断法和竞争法早该大幅收紧,目前的情况"需要紧急处理"。

《金融时报》专栏作家加普撰文称,谷歌是又一个微软——一家因实力过大并且不公正使用实力而被欧盟盯上的美国科技公司。谷歌的做法与微软早期努力在Windows操作系统中捆绑IE浏览器相类似,"不但明显,而且令人不安"。文章称,谷歌在搜索市场占有支配地位,"这一点是明显的,尽管该公司拒绝承认"。

欧洲议员施瓦布认为,谷歌以压倒性的力量控制欧洲网络的搜索,还有其避税行为,也是滥用市场主导地位和侵犯隐私的活动。谷歌也被怀疑在欧洲的搜索结果中优先陈列自家服务,如谷歌地图、比较价格和查找酒店及餐馆的服务。这损害欧洲消费者的利益。法国《论坛报》28日称,谷歌的问题在于利用其市场的垄断地位而断了许多欧洲网络公司的财路,由此也导致了消费者选择范围的缩小。欧盟智库布鲁格研究中心研究员马里尼罗28日对《环球时报》记者说,企业的垄断行为极大程度地干扰了正常的市场秩序,不利于行业整体竞争力的提升。欧盟对垄断行为加大打击力度正形成一种"新常态",谷歌在欧盟的日子将越来越不好过。

其实,自2010年以来,谷歌就成为欧盟反垄断监管的重点对象,频频因保护用户隐私问题、版权问题、税收争议问题等被欧盟警告和处罚。就在欧洲议会通过"拆分"谷歌的议案之前,欧盟委员会还要求谷歌将"被遗忘权"延伸至全球。2014年5月,欧盟最高法院裁定欧洲用户可以要求谷歌删除搜索引擎中包含自己的名字或相关事件的链接,即保护所谓"被遗忘权",迄今已有数万人通过投诉而屏蔽了个人信息,这被认为是对谷歌的一次重大打击。

《金融时报》28日称,谷歌在搜索引擎市场占有支配地位,这一点是明显的,但也的确没有人强迫用户使用谷歌。他们使用谷歌,是因为发现谷歌好用,因为谷歌的品牌实力强,因为习惯很难改变,或者三种原因兼而有之。德国《商报》28日指出,欧盟最近几年对美国科技公司的制裁不少,但结果往往是助长了这些公司的业务。

《环球时报》记者28日在巴黎随机调查了一些谷歌搜索引擎的使用者,他们的反应普遍要缓和得多,许多人表示谷歌还是目前最佳的搜索引擎,优于其他搜索引擎。至于广告,普通人并不在意。但也有商家告诉记者,谷歌利用其优势地位开出很高的广告费用,而他们又找不到其他替代者,这显然不公平。

资料来源:http://digi.163.com/14/1130/09/AC9QBEQ500162OUT.html。

(三)对垄断优势理论的评价

垄断优势理论提出了研究对外直接投资的新思路:对直接投资与间接投资进行了区分;主张从不完全竞争出发来研究美国企业对外直接投资;把资本国际流动研究从流通领域转入生产领域,为其他理论的发展奠定了基础。

垄断优势理论也存在着许多局限性:缺乏动态分析;无法解释为什么拥有独占技术优势的企业一定要对外直接投资,而不是通过出口或技术许可证的转让来获取利益;虽然对西方发达国家的对外直接投资及发达国家之间的双向投资现象做了很好的理论阐述,但它无法解释自20世纪60年代后期以来,日益增多的发达国家的许多并无垄断优势的中小企业及发展中国家企业的对外直接投资活动;垄断优势理论也不能解释物质生产部门跨国投资的地理布局。垄断优势理论的这些局限性使它至少在目前失去了普遍意义。

三、比较优势投资论

(一)比较优势投资论的产生

日本一桥大学教授小岛清于20世纪70年代中期研究发展了比较优势理论,又称为边际产业扩张论。小岛清认为,分析国际直接投资产生的原因,应从宏观经济角度,尤其是国际分工原则的角度出发。第二次世界大战后,跨国公司理论事实上是以海默和金德伯格的垄断优势理论和弗农的产品生命周期理论为主流的。20世纪70年代中期以后,一些日本学者在试图解释日本的大规模对外直接投资时,却发现上述理论无法做出令人信服的解释。于是他们认为,当时的主流观点只适用于美国跨国公司的情况,而日本与美国的对外直接投资模式存在如下区别:

(1)对外投资的产业不同。日本的对外投资是按照比较成本原则,以资源开发、纺织品、零部件等标准化的劳动密集型产业为主的;美国的对外投资则是逆比较成本的,以美国拥有比较优势的汽车、电子计算机、化学产品、医药产品等资本和技术密集型产业为主的。美国的对外投资,由于把具有比较优势的产业过早地移植到国外,容易导致其自身经济的空心化。

(2)对外投资的主体不同。日本根据国际分工原则进行对外直接投资,决定了日本对外投资的承担者以中小企业为主;美国的对外投资是贸易替代型的,那些从事对外直接投资的企业正是美国最具比较优势的企业,其产品创新和直接投资周期仅限于寡占的工业部门,导致了美国对外直接投资基本由垄断性跨国公司所控制。

(3)投资国与东道国在投资产业上的技术差距。日本的对外直接投资是从与东道国技术差距最小的产业开始依次进行的;美国的对外直接投资则是凭借投资企业所拥有的垄断优势所进行的,这就造成东道国投资产业在技术上的巨大差距。

(4)对外直接投资的企业形式存在差异。日本的对外直接投资一般采取合资经营的股权参与方式和诸如产品分享等在内的非股权参与方式;美国的对外直接投资大多采取建立全资子公司的形式。

(二)比较优势投资论的主要内容

小岛清理论的核心是:对外直接投资应该从投资国已经处于或即将陷于比较劣势的产业部门,即边际产业部门开始依次进行;这些产业又是东道国具有明显或潜在比较优势的部门,但如果没有外来的资金、技术和管理经验,东道国的这些优势就不能被利用。因此,按照边际产业依次进行对外投资,所带来的结果是:东道国乐于接受外来投资,因为由母国中小企业转移到东道国的技术更适合当地的生产要素结构,为东道国创造了大量就业机会,对东道国的劳动力进行了有效的培训,因而有利于东道国建立新的出口工业基地。与此同时,投资国可以集中发展那些它具有比较优势的产业,结果是直接投资的输出入国的产业结构均更趋合理,促进了国际贸易的发展。

(三)对比较优势投资论的评价

小岛清的比较优势投资论从投资国的角度而不是企业或跨国公司的角度来分析对外直接投资的动机,克服了传统的国际投资理论只注重微观而忽略宏观的缺陷,能较好地解释对外直接投资的国家动机,具有开创性和独到之处。用比较成本原理从国际分工的角度来分析对外直接投资活动,从而对对外直接投资与对外贸易的关系做了有机结合及统一解释,克服了垄断优势理论把二者割裂开来的局限性,较好地解释了二战后日本的对外直接投资活动。

但是该理论也存在一定的局限性。小岛清的分析以投资国而非企业为主体,这实际上假定了所有对外直接投资的企业的动机是一致的,都是投资国的动机。这样的假定过于简单,难以解释处于复杂国际环境之下的企业对外投资的行为。同时小岛清提出的对外直接投资和国际分工导向均是单向的,即由发达国家向发展中国家的方向进行,发展中国家总是处于被动地位。无法解释发展中国家对发达国家的逆贸易导向型直接投资。比较优势投资论产生的背景是第二次世界大战后初期日本的中小企业对外直接投资的状况,而今天日本的对外直接投资情况早已发生变化,对外直接投资的企业大幅度增加,同时对发达国家的逆向投资迅速增加,并以进口替代型投资为主,而比较优势投资论无法解释这些行业的投资行为,具有局限性。

四、内部化理论

(一) 内部化理论的由来及基本内容

从20世纪70年代中期开始,巴克利(P. J. Buckley)、卡森(M. C. Casson)以及拉格曼(A. M. Rugman)等人提出了内部化理论。内部化是指由于市场不完全,跨国公司为了克服外部市场的某些失效而保证其自身利益,或者减少某些产品的特殊性质或垄断势力的存在导致的企业市场交易成本增加,而通过国际直接投资,将本来应在外部市场交易的业务转变为在公司所属企业之间进行,并形成一个内部市场。也就是说,跨国公司通过国际直接投资和一体化经营,采用行政管理方式将外部市场内部化。通过外部市场内部化,企业可以降低交易成本和交易风险。

(二) 内部化理论的基本假设

垄断优势理论提出了市场不完全是跨国公司进行对外直接投资的前提条件。内部化理论也承认市场的不完全,但该理论将市场不完全的原因归结为市场机制的内在缺陷,从中间产品(特别是知识产品)的性质与市场机制的矛盾角度来论述内部化的必要性。内部化的目标就是要消除外部市场的不完全。不完全竞争并非由规模经济、寡头行为、贸易保护主义和政府干预所致,而是由于某些市场失效,导致企业市场交易成本增加。市场失效是指由于市场的不完全,企业在让渡中间产品时无法保障自身的权益,也不能通过市场来合理配置资源,以保证企业利润的最大化。这种市场失效促使跨国公司将其外部市场内部化,厂商对外投资建立企业间的内部市场,以替代外部市场。当企业的内部化行为超越国界时,就形成了跨国公司。

(三) 内部化的动机及实现条件

内部化理论与垄断优势理论不同,它不是强调跨国公司所特有的知识、技术优势本身,而是强调企业通过内部组织体系,以较低的成本在内部转移该优势的能力,并把这种能力作为企业进行对外直接投资的真正动因。在市场不完全条件下,跨国公司未来谋求企业整体利润的最大化,往往倾向于将中间产品特别是知识产品在企业内部转让,以避免外部市场不完全造成的损失。所以,跨国公司实现市场内部化的动机是由知识产品的特殊性质和知识产品的市场结构,以及知识产品在现代企业管理中的重要地位所决定的。

市场内部化的目标是获得更大的利润。只有当企业的内部交易成本低于外部交易成本时,外部市场的内部化才是有利的。外部交易成本是指通过公开市场进行交易的成本。内部交易成本是指企业为克服外部市场交易障碍而必须额外增加的成本,主要包括资源成本、通信联络成本、国际风险成本以及管理成本。

跨国公司实现内部化,将中间产品特别是知识产品在公司内部转让,是通过内部转移价格来实现的。所谓内部转移价格,是指母公司与子公司之间、子公司与子公司之间进行交易时使用的价格,包括有形产品的转移价格和无形产品的转移价格。显然,内部化实现的条件是内部交易成本低于外部交易成本,内部转移价格低于外部市场价格。

(四)对内部化理论的评价

内部化理论的出现标志着国际直接投资研究的重要转折。垄断优势理论从市场的不完全和寡占的市场结构方面论述了发达国家对外直接投资的动机和决定因素,内部化理论则从跨国公司所面临的内、外部市场的差异,国际分工、国际生产组织的形式等来研究对外直接投资的行为和动机。内部化理论更好地解释了跨国公司的性质、起源以及对外投资的形式等。

内部化理论既可以解释发达国家的对外投资行为,又可以解释发展中国家的对外投资行为。内部化理论还较好地解释了跨国公司在对外直接投资、出口贸易和许可证安排这三种方式中做出选择的依据。内部化理论还研究和解释了跨国公司的扩展行为,不仅较好地解释了第二次世界大战以来跨国公司的迅速增加与扩展,以及发达国家之间的相互投资行为,而且成为全球跨国公司进一步发展的理论依据。内部化理论被称为跨国公司的综合理论及核心理论。

内部化理论也具有一定的局限性。内部化理论与垄断优势理论分析问题的角度是一致的,都是从跨国公司的主观方面来寻找其对外投资的动因和基础,认为内部化的决策过程完全取决于公司自身特点,忽视了国际经济环境的影响因素,如市场结构、竞争力量的影响等。因此,对于交易内部化为什么一定会跨国界而不在国内实行,该理论仍缺乏有力的说明,并且对于跨国公司的对外扩展,也只能解释纵向一体化的跨国扩展,而对横向一体化、非相关性多样化的跨国扩展行为则还缺乏足够的解释力。

五、国际生产折衷理论

(一)国际生产折衷理论的由来及基本内容

国际生产折衷理论是由英国经济学家约翰·邓宁(John Dunning)教授于1977年提出的。他认为,一国的商品贸易、资源转让、国际直接投资的总和构成其国际经济活动。然而,20世纪50年代以来的各种国际直接投资理论只是孤立地对国际直接投资做出了部分解释,没有形成一整套将国际贸易、资源转让和国际直接投资等对外经济关系有机结合在一起的一般理论。国际生产折衷理论是由几个核心优势理论组成的,包括源自各种特有优势理论、海默垄断优势理论的所有权优势理论,源自巴克利、卡森等内部化理论的内部化优势理论,源自较系统的区位经济学理论、戈登直接投资区位选择理论以及主要由邓宁自己提出的区位优势理论。

1. 所有权优势理论

所有权优势(ownership advantage)是指一国企业拥有或能够得到的别国企业没有或难以得到的生产要素禀赋(自然资源、资金、技术、劳动力)、产品的生产工艺、发明创造能力、专利、商标、管理技能等。跨国企业所拥有的所有权优势大小直接决定其对外直接投资的能力。

跨国企业所拥有的所有权优势主要包括两大类:第一类是能通过出口贸易、资源转让和对外直接投资给企业带来收益的所有权优势,如产品、技术、商标、组织管理技能等。第二类是只有通过对外直接投资才能实现的所有权优势,这种所有权优势无法通过出口贸易、技术转化等方式给企业带来收益,只有将其内部使用,才能给企业带来收益。如交易和运输成本的降低、产品和市场的多样化、产品生产加工的统一调配、对销售市场和原料来源的垄断等。具体来说,这些所有权优势又可以分为四类:

(1) 技术优势,主要包括专利、专用技术、管理经验、销售技巧、研究与开发能力等;

(2) 企业规模优势,体现为研究与开发和全球化经营规模优势等;

(3) 组织管理优势,体现为组织人才优势、组织的协调管理优势等;

(4) 金融和货币优势,例如因为知名度、良好企业形象、优良资信记录而产生的融资信用优势和融资成本优势。

2. 内部化优势理论

内部化优势(internalization advantage)是指企业为避免不完全市场带来的影响而把企业的优势保持在企业内部。内部化的起源同样在于市场的不完全性。市场的不完全性包括两方面内容:

(1) 结构的不完全性,这主要是由对竞争的限制所引起的。在这种情况下,交易成本很高,相互依赖经济活动的共同利益不能实现。

(2) 认识的不完全性,这主要是由于产品或劳务的市场信息难以获得,或者要花很大代价才能获取这些信息。

由于市场的不完全性,企业所拥有的各种优势有可能丧失殆尽,企业本身就存在对优势进行内部化的强大动力。只有通过内部化,并在一个共同所有的企业内部实现供给与需求的交换关系,用企业自己的程序来配置资源,企业的垄断优势才能发挥最大的效应。区位优势的大小决定着跨国企业是否进行对外直接投资以及对投资地区的选择。

3. 区位优势理论

区位优势(location advantage)是指东道国固有的、不可移动的要素禀赋优势,如优良的地理位置、丰富的自然资源、潜在的市场容量等。区位优势是由投资国和东道国的多种因素决定的,具体可以包括生产投入和市场的地理分布状况、生产要素成本、运输成本和通信成本、基础设施状况、政府干预经济的程度和范围、金融市场发展和金融制度、国内市场和国际市场的差异程度、文化环境的差异程度、贸易壁垒等。根据区位优势理论,区位优势包括直接区位优势和间接区位优势。

（1）直接区位优势,是指东道国的某些有利因素所形成的区位优势,如广阔的产品销售市场、政府的各种优惠投资政策等。

（2）间接区位优势,是指由于投资国和东道国某些不利因素所形成的区位优势,如商品出口运输费用过高等。

(二) 国际生产折衷理论关于国际生产方式选择的结论

邓宁认为,所有权优势和内部化优势只是企业对外直接投资的必要条件,而区位优势是对外直接投资的充分条件。因此,可以根据企业对上述三类优势拥有程度的不同,来解释和区分绝大多数企业的跨国经营活动。

邓宁据此列出了一个表(表2-4),以说明三类优势与经营方式选择的关系。

表2-4　三类优势与经营方式选择

经营方式	优势		
	所有权优势	内部化优势	区位优势
对外直接投资	有	有	有
出口贸易	有	有	无
技术转移	有	无	无

(三) 国际生产折衷理论的贡献与局限性

国际生产折衷理论克服了以前对外直接投资理论的片面性,吸收了各派理论的精华,运用多种变量分析来解释跨国企业海外直接投资应具备的各种主、客观条件,强调经济发展水平对一国企业对外直接投资的能力和动因起决定作用,都是符合实际的。因此,相对于其他传统的对外直接投资理论,它具有较强的适应性和实用性。该理论为跨国公司运作的全面决策提供了理论依据。要求企业有全面的决策思路,指导企业用整体的观点去考虑与所有权优势、内部化优势和区位优势相联系的各种因素,以及诸多因素之间的相互作用,以便把握全局,减少决策失误。

但是国际生产折衷理论所提出的对外直接投资条件过于绝对化,使这一理论有一定的片面性。邓宁强调,只有三种优势同时具备,一国企业才可能跨国投资,并把这一论断从企业推广到国家,因而解释不了并不同时具备三种优势的发展中国家迅速发展对外直接投资的行为,特别是大量流向发达国家的直接投资活动。该理论还是局限在从微观视角对企业跨国行为进行分析上,并且微观分析也没有摆脱垄断优势理论、内部化理论、区位优势理论等传统理论的分析框架,换句话说,国际生产折衷理论是对这三种理论的简单综合,缺乏从国家利益的宏观角度来分析不同国家企业对外直接投资的动机。因此,该理论对实行自由企业制度的发达国家来讲是恰当的,而对于一些发展中国家特别是这些国家的国有企业,这些分析并不恰当,缺乏解释力。对三种优势要素相互关系的分析停留在静态的分类方式上,没有随时间变动的动态分析。邓宁所论述的决定依据侧重在成本分析基础上,但它假定不同进入方式的收入是相同的,这不符合实际。一般来说,对外直接投资产生的收入流量最大,出口次之,而许可证贸易最低。事实上,企业在决定最有利的进入方式时是考虑收入差别的。

第三节 企业国际化阶段理论

20世纪80年代中期以后,国际经营环境发生了重大变化,企业国际化的发展更为迅猛。随着对外直接投资的迅速增长,企业的国际化程度迅速提高,相关的理论研究也取得了重要进展,其中企业国际化阶段理论为我们进一步观察企业国际化现象提供了有益的视角。

企业国际化阶段理论是关于企业国际化经营发展过程的理解和概括,主要回答以下基本问题:企业国际化是怎样的一个发展过程,是渐进的还是跳跃的?是演化的还是突变的?什么因素决定企业的国际化成长?一个国内企业又是怎样成长为国际企业的?为什么一些企业成功地实现了国际成长战略,而另一些企业却不能达到其预想的目标?不同国家学者的研究对此做出了自己的解释。

一、北欧学者对企业国际化阶段理论的研究

企业国际化应该被视为一个发展过程,这一发展过程表现为企业对外国市场逐渐提高承诺的连续形式。约翰逊(Johanson)和瓦赫奈(Vahlne)对瑞典四家有代表性的制造业公司进行了深入的研究,在对它们的海外经营过程进行比较研究时发现,这些企业在海外经营战略步骤上有惊人的相似之处,大致都经历了以下四个不同的发展阶段:不规则的出口活动——通过代理商出口——建立海外销售子公司——从事海外生产和制造。

约翰逊等人认为,这四个阶段是一个连续、渐进的过程。它们分别表示一个企业的海外市场卷入程度或由浅入深的国际化程度。企业国际化的渐进性主要体现在两个方面:一是企业市场范围扩大的地理顺序,通常是本地市场——地区市场——全国市场——海外相邻市场——全球市场。二是企业国际化经营方式的演变,最常见的类型是纯国内经营—通过中间商间接出口——直接出口——设立海外销售分部——海外生产。企业海外经营活动从第一个阶段向第四个阶段的演进,说明其资源投入量的增加,同时也表明其对海外市场信息渠道的控制能力的变化。企业的海外经营应该遵循上述渐进过程。在一定的条件下,当企业拥有足够雄厚的资产,相比之下其海外投资微不足道时,海外经营阶段的飞跃是有可能的。

二、美国学者对企业国际化阶段理论的研究

罗宾逊(Robinson)、泊尔穆特(Pelmut)、安索夫(Ansoff)等美国学者也对企业国际化进行了研究,得出了不同的结论。罗宾逊将企业国际化进程分为如下六个阶段:

(1)国内阶段:企业经营的重点完全放在国内市场,但当国内原材料市场供货紧张、价格昂贵,而国外市场的原材料充分且价格低廉时,企业就会采取以部分产品换取国外原材料的方式,解决企业的生产问题。在这种条件下,企业开始涉足国际市场。但其目的不是经营的国际化,而仅是为保证国内企业生产的正常运转及降低生产成本。

(2)出口阶段:当国内市场竞争加剧并有饱和迹象时,企业开始逐步开发国际市场以争取更多的市场份额。在出口阶段,企业会设立专门开发国际市场的部门,统一管理产品的出口事宜。

(3)国际经验阶段:随着出口规模的进一步扩大,企业开始转向对外直接投资,在国外建立子公司。在此情况下,企业组织结构也会有所调整,开始增设海外事业部门,专门负责海外直接投资业务。但此时企业对国内市场的依赖仍然很大。

(4)多国阶段:企业在多个国家建立子公司和分公司,经营规模日益扩大,在国内市场的地位逐渐下降,只占其世界市场的较小份额。企业开始在掌握世界市场的基础上全球性地调配资源,在组织形式上也做出了相应调整,设立了全球性产品结构或地区结构等。但在该阶段,各子公司间的衔接并不紧密,合作性差,企业尚未成为统一的经营整体。

(5)跨国经营阶段:企业开始从全球战略角度对整个经营过程进行调整,通过加强统一管理,使母、子公司的关系从松散型向紧密型过度,从而进入真正的国际化经营阶段。

(6)超国家阶段:企业的经营范围遍及全球,企业的组织形态发生某些根本性的变化,许多企业可能出现无国别的约束,在国际机构注册登记,在法律上并无国籍的存在,即达到企业国际化的最高形态。

三、日本学者对企业国际化阶段理论的研究

日本学者小林规威用定量分析的方法,对拥有五个以上国外经营机构且投资额在10亿日元以上的89家美、欧、日企业的经营情况进行调查后,提出了五阶段论,认为国际企业的发展可以划分为五个阶段:

(1)以母公司为中心的经营阶段。在该阶段,企业的海外行销只是出口的延伸,子公司的经营仍被直接控制在母公司手中,子公司缺乏自主权。

(2)当地经营阶段。在该阶段,企业用海外就地生产取代了传统的海外行销。子公司的经营权利得以加强并逐渐独立运作。母公司与子公司间的联系由单向联系转为双向联系,但各子公司间仍处于相互封闭状态。

(3)区域联系经营阶段。在该阶段,母公司对子公司的组织控制方式进行了调整,即由母子公司之间的双向联系,转为母公司与区域总部的联系,而子公司则只能服从其直接上级——区域总部。至此,组织层次变为母公司——区域总部——子公司。

(4)全球经营阶段。在该阶段,企业的经营视野转向世界市场。各区域总部之间的协作更加紧密,资源的配置趋于国际化。

(5)全球调配式经营阶段。在该阶段,企业形成全球性的统一调配模式,母公司能有效地协调全体子公司、分公司的有关业务。

各个学派和国家的学者对企业国际化阶段理论都有自己的理解,其共同之处是把企业的国际化视为一个渐进的过程,一个动态的学习和反馈过程,这对企业国际化发展特别是中小企业国际化发展提供了较好的理论解释。

复习思考题

1. 简述比较优势理论的主要内容。
2. 生产要素禀赋理论的主要内容是什么?它对比较优势理论做了哪些发展?
3. 什么是内部化理论?它有哪些主要内容?
4. 简述垄断优势理论。
5. 简述国际生产折衷理论。

案例分析题

中国抽纱山东进出口公司外贸业务的拓展

我国的抽纱、纺织品一直是传统的出口产品,是率先面临和参与国际竞争的产业,对国际市场有较高的依存度,具有较强的国际竞争优势,产品在国际市场上有较好的需求基础。

中国抽纱山东进出口公司经过长期经营,已具有如下优势:

(1)建立了一个遍及世界40个国家和地区的客户网络,并在部分地区设有海外机构。

(2)拥有一批精通国际贸易、金融及企业管理的专业人员和多语种人才,在传统商品的设计、生产、质量检验、仓储运输诸环节拥有一批精通业务的专业人员。

(3)公司几年前曾在抽纱、纺织印染及服装等行业搞过外经项目,积累了一定的经验。

(4)在省内与数百家生产厂家保持着密切的合作关系,并拥有19个自属企业、15个中外合资企业,与40余家生产企业实行参股联营。

该公司主营抽纱品和相关原材料的进出口业务,产品主要出口欧美市场,但这些国家对中国产品的进口有严格限制,使公司对这个大市场的出口业务受到很大制约,而来自其他一些发展中国家的同类产品则基本不受限制,其原因主要是生产能力有限、水平不高及政治关系需要。其他一些对中国产品不设限制的市场(如中东、拉美和非洲等地区),则需要价格低廉的产品。然而,我国出口产品的价格水平随着人民生活水平的不断提高而日益增高,越来越不适应这类市场的需求,逐渐被来自其他发展中国家的廉价产品挤出市场。目前中国的抽纱、纺织类生产企业生产能力过剩,但这些生产企业所拥有的生产设备和技术水平对发展中国家来说,还是比较先进和适用的。

  与非洲、拉美各国相比,南亚各国与中国地域相邻,文化传统上也有认同性。有着几十亿人口的南亚次大陆一直被认为是继中国之后的又一待开发的广阔市场,那里拥有丰富而廉价的劳动力和蒸蒸日上的民族工业,其中孟加拉又以其稳定的政局独树一帜,另外又有良好的经济、社会、文化、法律环境。

  资料来源:http://www.docin.com/p-89587305.html。

讨论与分析:
1. 根据国际生产折衷理论说明该公司今后拓展外经业务有什么好的途径。
2. 根据比较优势理论说明该公司今后拓展外经业务有什么好的途径。

比亚迪:占据铁电池产业链垄断优势

  政府有解决能源与环保问题的迫切需要,但一直缺乏很好的解决方案,这让比亚迪看到了希望,如果不出意料,未来比亚迪新能源汽车开拓之路必将得到政府的大力支持。比亚迪未来十年计划用"硅铁战略"占领新能源产业链的制高点。而所谓的"硅铁战略",就是围绕多晶硅和铁电池展开产业布局。

  比亚迪依靠电池起家,目前是世界上最大的二次充电电池制造商,同时拥有独一无二的铁电池产业链垄断优势,有效解决了"电力储存"的世界性难题,实现了新能源的大规模使用。铁电池具有安全性高、寿命长、成本低的特点,这是比亚迪电动车能够便宜到当作公交车和出租车使用的原因。美国的特斯拉,其本身并不生产电池,而是主要由日本松下和三洋提供,这就决定了特斯拉在电动车产业链上不如比亚迪技术储备完备,同时特斯拉采用的是9 000只笔记本锂电池串联,导致一辆电动车的电池成本就高达30多万元,其车价自然难以大众化,更不用说应用在公交系统了。

  比亚迪公司总裁王传福说,比亚迪不仅解决了电池、安全和寿命等产品问题,还在基础设施建设和推广商业模式上做出了尝试。比如,双向逆变式充放电技术就是比亚迪为应对充电设施建设滞后而研发出来的新技术,它既可以把电网的交流电变成直流电实现充电,又能把电池里的直流电反向变成交流电实现放电,打破了电动车对充电设备的依赖,让充电投资几乎为零。

  目前比亚迪对电动汽车进行了三个方面的战略部署:一是双模式"秦",针对个人;二是2010年推出的E6(纯电动车),用于城市出租车;三是电动大巴车K9,用于城市公共交通。"秦"针对个人消费者,需要政府补助才能获取利润;而用于公共交通的E6和K9是政府买单,对价格相对不敏感,但其推广受地方政府财力及地方保护主义的影响,大规模推广需要政策鼎力支撑,目前已在全球20多个国家和地区进行大规模试运营,2014年将迎来一次订单小爆发。

  2012年9月,国家出台了新的新能源汽车补贴政策,比亚迪公司认为该政策在以下三个方面具有积极影响:第一,补贴力度非常大,纯电动大巴、纯电动轿车以及插电式混合动力汽车的中央补贴分别达到了 50 万元、6 万元和 3.5 万元;第二,对电动车有了更加清晰的定义,即纯电动车以及插电式混合动力车,而混合动力车属于节能车范畴,不享受本次补贴;第三,通过两项规定打破地方保护,一是非本地车企采购比例至少 30%,二是中央直补车企。券商研究员预期上述三个车型 2014 年销量有望分别达到 1.5 万辆、0.2 万辆和 2.4 万辆,合计达到 4.1 万辆。

资料来源:http://news.chinaups.com/154/1402/36969_1.html。

讨论与分析:
请根据垄断优势理论对本案例展开讨论和分析。

第三章 国际商务的市场环境

【知识要点】
1. 自然环境
2. 政治环境
3. 经济环境
4. 法律环境
5. 社会文化环境
6. 周期性因素
7. 非周期性因素

【能力要求】
1. 掌握国际商务市场环境的评估方法
2. 熟悉马克思主义经济周期理论和西方商业循环理论
3. 理解宏观经济指标和微观经济指标对于分析市场环境的作用和意义
4. 学会撰写国际商务企业的市场环境分析报告

【内容提示】

环境是指对企业预期目标产生有利或不利影响的各种外部条件与因素的总和,是国际商务中必须重点考虑的因素。但是长期以来,西方国家把环境理解得比较机械,把它当成商务管理的一部分,由计划、组织、执行和控制等职能构成。实际上,在我国古代,关于环境向来就有天、地、人和谐统一之说,因此,所谓国际商务环境,不过是天时、地利、人和综合作用的结果。这无疑比西方管理学的界定更为科学、合理。本章从国际商务环境的概念、种类与特征等入手,结合国际商务环境的内容与关键项目,介绍评价国际商务环境的几种方法,进而结合实例,从如何改善与优化国际商务市场环境的原则入手,分析影响国际商务环境的周期性因素和非周期性因素,介绍分析国际商务市场环境的各种指标,并从这些指标出发,深入探讨这些宏微观经济指标与国际商务环境和市场行情的关系。

【导入案例】

油价下跌,是供过于求还是西方的阴谋?

自2014年6月中旬以来,每桶原油的价格下跌了25美元,跌幅超过20%,这引发了许多问题:油价会跌到什么程度? 导致油价下跌的因素有哪些? 如果油价出现反弹,会稳定在什么水平?

有一点是可以肯定的:即使是当前的较低油价,也在迅速催生赢家和输家。油价大跌的输家是石油生产国和它们的政府。如果布伦特基准原油(Brent)价格指数跌至每桶80美元,欧佩克国家近期的10 000亿美元盈利就会被抹去大约1/5。这不仅会影响到它们的盈利能力,让它们无法实现阿拉伯之春(Arab Spring)后增加的预算,还会影响它们的偿债能力,让它们无法在不违约的情况下偿还所负债务的利息。此外,如果油价下跌过多,美国将被迫削减用于扩大产能的资本开支,这可能会延缓美国页岩气革命的进程。

另一方面,油价大跌等价于一次超大规模的量化宽松计划,它将有助于刺激磕磕绊绊的经济增长,全球经济总体会因此受益。每天油价下跌会带来18亿美元的额外之财,这样每年会产生大约6 600亿美元的资金。让我们跟踪调查一下原油价格下跌对汽油价格的影响:在美国,2013年每户人家用于汽油的费用约为2 900美元,油价下跌带来的收益等价于每户不到600美元的税收折扣。这将对全球所有消费者产生影响——除了那些燃油开支本已极低的欧佩克国家消费者以外。

油价下跌有很多原因:有人认为,要归结为市场情绪的影响;也有人认为,是出于市场基本面的原因;还有很多人认为,要归结为地缘政治格局的影响。

首先,从市场情绪来看,自利比亚战乱令市场削减了100万桶原油产能之后,Brent价格平均为每桶110美元。尽管2011年沙特阿拉伯提升了原油产量,每桶110美元的Brent价格还是比利比亚开战前高了大约25美元。沙特阿拉伯无法压低油价的主要原因是,受战乱影响的原油是轻质低硫原油,需要这类原油的炼油厂无法用密度较高、含硫量较大的原油取代它。

其次,从市场供求来看,在美国页岩气能源热潮的部分带动下,市场上原油供过于求,加上全球经济前景恶化导致石油需求变弱,油价下降到2010年以来的最低水平。当前全球经济十分疲弱,石油需求的增长率每天还不到100万桶。然而,有关2015年经济活动和原油需求增长的预测指出,总体供应过剩每天可能在100万桶以上。如果欧佩克不削减产能,这会对油价产生更大的下行压力。此外,至少在短期内,政治风险似乎仍是油价的利空因素而非利多因素。伊朗核能协议可能会导致更多石油投向市场,而利比亚产能继续激增也会产生同样的效果。

最后,从地缘政治角度看,价格疲软引发了一系列阴谋论。这些言论认为,沙特阿拉伯为了亚洲客户的利益压低了石油价格,而伊朗、伊拉克及其他中东石油生产国如今也在竞相压价。沙特领导人发表的声明指出,他们认为,大大低于每桶90美元的石油价格会限制美国产量的增长。他们还认为,显而易见的是,当Brent价格为每桶90美元时,Brent与美国基准原油西得克萨斯中质原油(WTI)之间的巨大差价会在2015年将WTI价格压低至每桶75美元以下。此外,较低的价格会使伊朗和俄罗斯付出巨大代价。这两个国家都在以沙特阿拉伯并不喜欢的方式向中东投入资金。有些俄罗斯评论员开始暗示,美国和沙特阿拉伯策划了油价下跌,目的是削弱俄罗斯。这些说法令人想起1986年油价下跌时有人散播的说法,即那次油价下跌推动了苏联的垮台。同时外界对委内瑞拉可能对其外债违约的预测也是甚嚣尘上。当然,这些说法是不对的。在那么多人中,奥巴马政府偏偏与得克萨斯州和北达科他州的独立石油生产商合谋,这种设想令人匪夷所思。

这些传闻真的么?只有时间能告诉我们这个问题的答案。如果油价继续下跌,事实可能会证明美国生产商的承受能力大大强于人们的预期。

资料来源:根据花旗银行大宗商品研究主管埃德·莫尔斯(Ed Morse)为英国《金融时报》所撰《油价大跌的赢家与输家》一文改写。网址为 http://www.ftchinese.com/story/001058635。

第一节 国际商务环境概述

一、国际商务环境的定义

商务环境(business environment),也叫商务气候(business climate)或投资环境(investment environment),是指对商务活动预期目标产生有利或不利影响的各种外部条件与因素的总和。国际商务的市场环境,简称国际商务环境(international business environment),是指东道国特定因素对国际商务的预期收益产生有利或不利影响的相互作用的有机整体。国际商务环境通常受到东道国的政治、经济、法律、自然和社会文化等各种因素的共同影响。

从商务环境中各因素的形成和波及范围的角度来看,国际商务环境可以分为国内环境与国际环境。前者是指东道国国内的各种因素,后者则是指与东道国所处的国际环境状况相联系的超国别性因素的总和。本书所论述的主要是后者,前者不再赘述。

二、国际商务环境的分类

从不同的角度出发,国际商务环境有多种分类方法。

1. 狭义的商务环境和广义的商务环境

这是从国际商务环境所包含的内容和因素的多寡来划分的。狭义的商务环境主要是指国际商务活动的经济环境,包括东道国的经济体制、经济发展战略、经济发展水平、基础设施、外汇制度、金融市场的完善程度以及币值稳定性等。广义的商务环境除了包括经济环境之外,还包括一国的政治状况、社会文化环境、法律制度、自然条件以及人力资源等诸多对商务可能产生影响的外部因素。

2. 自然因素、人为自然因素和人为因素

这是从国际商务的市场环境的属性及各种影响因素的稳定性角度划分的。三类环境的具体构成见表3-1。

表3-1 国际商务的市场环境因素稳定性分类

自然因素 (相对稳定)	人为自然因素 (中期可变)	人为因素 (短期可变)
自然资源 人力资源 地理条件 自然气候 …	实际增长率 经济结构 劳动生产率 市场完备性 …	开放进程 商务刺激 政策连续性 贸易政策 …

人们普遍认为,在上述因素中,人为自然环境是影响商务活动的主要因素,自然因素和人为因素则是商务环境的次要因素。从表3-1中可以看出,自然因素环境是东道国自然形成的,具有相对稳定性,较难改变。一国要在既定条件下吸引更多的外资,就必须在人为因素环境和人为自然因素环境上多下工夫。

3. 硬环境和软环境

从各种环境因素所具有的物质和非物质性来划分,可将国际商务环境划分为硬环境和软环境。前者是指具有一定物质形态的各种外部影响因素,如能源供应、自然资源、基础设施等。后者则是指各种非物质形态的社会人文方面的因素,如经济发展水平、市场规模、贸易和关税政策、财政和金融政策、外资政策、政策法规、社会文化、教育水平、政府效率等。

4. 国家宏观商务环境和地区微观商务环境

这是按地域标准划分的。国家宏观商务环境是指一个国家影响商务活动的所有宏观因素。国家宏观商务环境往往是商务活动者在进行商务决策时首先考虑的。它决定了商务活动的国别去向。地区微观商务环境是指一国某个地区范围内影响商务活动的各种因素,是商务活动者在确定了母国国别之后才考虑的,它决定了商务活动在东道国国内的地区流向。地区微观商务环境也与商务活动者目标的实现有直接关系。

当然,无论以何种方式对国际商务的市场环境进行分类,其研究对象都是一致的。

三、国际商务环境的特征

国际商务环境的基本特征主要体现在以下四个方面:

1. 综合性

国际商务环境是由众多因素构成的有机复合体。它不仅包括经济因素,还包括政治、法律、管理、物质技术、社会文化、自然地理等因素,并且每一方面的因素又是包含着若干要素的子系统,所有因素都以其特有的方式作用于商务活动。由于国际商务环境具有的综合性,在评估国际商务环境的实践中就必须全面考虑所有因素及其系统,既要全盘考虑主要因素和有利因素,也要充分考虑次要因素和不利因素,还应努力寻求影响国际商务环境的各因素的最佳组合方式。

2. 差异性

国际商务环境在不同国家或地区之间存在差异,对不同行业来说,所需要的商务环境也是不同的,商务环境的多样性是显而易见的。在一定时期内,一些国家或地区会成为国际商务的热点地区,而另一些国家或地区就没有足够的吸引力。即使是一个既定的商务环境,因其构成因素或结构方式的特殊性,这个商务环境也不可能对所有行业或项目的商务具有同等的作用。例如,有的商务环境适于农业或畜牧业活动,有的适于旅游业活动,有的适于制造业活动。即使是适于制造业的商务环境,也会因各产业部门的不同而有所区别,例如,适于知识和技术密集型的商务环境不一定适于劳动密集型商务活动。

3. 客观存在性和主观性的统一

商务环境及其各因素是客观存在的,是不以人的主观意志为转移的。但是,对于国际商务而言,商务环境的优劣又是其主观评价的结果。对于任何一个国家的商务环境而言,不同的商务活动者对它的评价是不同的,这就是商务环境的主观性。此外,东道国的商务环境是为吸引国际商务而"设置"的,东道国必须不懈地努力来改善商务环境,以获得商务活动者的青睐和好评。

4. 动态性和稳定性的统一

国际商务环境本身及其评估观念都在变化之中。一般来说,在商务环境的构成因素中,除自然条件和地理位置不可变动外,其他因素如政治、经济、法律、管理、社会文化、物质技术等都将随着时间的推移而发生不同程度地变化。诸多因素的变化势必导致东道国商务环境结构的相应调整,从而使东道国的商务环境发生总体变动。与此同时,评估商务环境的标准和观念,也会随着世界政治、经济和科技的发展而变化和调整。

但是,就特定时期而言,商务环境又具有稳定性。即使是相对比较容易变动的法律环境,也有一个连续性的问题,更何况一个国家的政治制度和政治体制这样关系全局的大环境,其连续性和稳定性就更是必然的了。此外,一国的人力资源状况也不是一朝一夕就能改变的。对于企业而言,认识到商务环境动态性与稳定性的统一,在进行商务环境评估时就应该分清哪些因素是易变的,哪些因素是相对稳定的,这对于企业预期商务目标的实现具有重要意义。

第二节 国际商务环境的评价方法

商务活动者在进行对外商务活动时,必然要对商务环境进行分析与评估,以防范商务风险,做出正确的商务决策。20 世纪 60 年代以来,随着国际商务活动在全世界范围的广泛开展,国际上出现了很多评估商务环境的方法。本节主要介绍几种具有影响力的商务环境评估方法。

一、国别冷热比较分析法

国别冷热比较分析法是以"冷""热"因素表示商务环境优劣的一种评估方法。美国学者伊西阿·利特法克(Isish Litvak)和彼得·拜廷(Peter Barting)根据他们对 20 世纪 60 年代后半期美国、加拿大等国工商界人士进行的调查资料,于 1968 年在《国际经营安排的理论结构》一文中提出了此方法。国别冷热比较分析法指出,要从政治稳定性、市场机会、经济发展与成就、文化一元化、法令障碍、实质障碍、地理与文化差异等七个方面对各国商务环境进行综合比较分析。一国商务环境越好(即热国),外国商务活动者在该国的商务参与成分就越大;相反,若一国商务环境越差(即冷国),则该国的外国商务成分就越小。

表 3-2 反映了利特法克和拜廷从美国投资者的立场出发,对加拿大、英国等 10 国的商务环境做出的直观形式的冷热比较法。表中所列的七大因素中,前四种的程度大就称为"热"环境,后三种的程度大则称为"冷"环境,中为不大也不小,即不"冷"不"热"的环境。由此可见,一国商务环境的七大因素中,前四种越小,后三种越大,其商务环境就越坏,即是越"冷"的商务目标国。

表 3-2 10 个国家商务环境的冷热比较

国别		政治稳定性	市场机会	经济发展与成就	文化一元性	法令障碍	实质障碍	地理与文化差距
加拿大	热	大	大	大		小		小
					中		中	
	冷							
英国	热	大			大	小	小	小
			中	中				
	冷							
德国	热	大	大	大	大		小	
						中		中
	冷							
日本	热	大	大	大	大			
							中	
	冷						大	大
希腊	热					小		
			中	中	中			
	冷	小					大	大
西班牙	热							
			中	中	中	中		
	冷	小					大	大
巴西	热							
			中		中			
	冷	小		小		大	大	大
南非	热							
			中	中		中		
	冷	小			小		大	大
印度	热							
		中	中		中			
	冷			小		大	大	大
埃及	热							
					中			
	冷	小	小	小		大	大	大

二、等级评分法

等级评分法是美国经济学家罗伯特·斯托鲍夫（Robot Stobauch）于 1969 年 9 月在《如何分析外国投资环境》一文中提出的。他认为，影响商务环境的各种因素对商务活动的影响程度是不同的，应根据影响度的大小来确定其等级分数，并按每一个因素中的有利或不利的程度给予不同的评分，然后把各因素的等级得分加总作为对其商务环境的总体评价，总分越高表示其商务环境越好，总分越低则其商务环境越差。商务环境等级评分标准如表 3-3 所示。

表 3-3　商务环境等级评分标准表

商务环境因素	商务环境因素的具体状况	等级评分标准
货币稳定性	自由兑换货币 官价和黑市价之差不超过 10% 官价和黑市价之差为 10%—40% 官价和黑市价之差为 40%—100% 官价和黑市价之差超过 100%	4—20 分 20 18 14 8 4
近五年通货膨胀率	低于 1% 1%—3% 3%—7% 7%—10% 10%—15% 15%—35% 超过 35%	2—14 分 14 12 10 8 6 4 2
资本外调	无限制 有时限制 对资本外调有限制 对资本和利润收入有限制 严格限制 完全不准外调	0—12 分 12 8 6 4 2 0
外商股权	允许占 100%，并表示欢迎 允许占 100%，但并不表示欢迎 允许占多数股权 允许最多占 50% 只允许占少数 只允许占 30% 以下 完全不允许外商控制股权	0—12 分 12 10 8 6 4 2 0
对外商的歧视和管制程度	外国企业与本地企业一视同仁 对外国企业略有限制但无控制 对外国企业不限制但有若干控制 对外国企业有限制并有控制 对外国企业有些控制，且有严格限制 严格限制与控制 禁止外商活动	0—12 分 12 10 8 6 4 2 0

(续表)

商务环境因素	商务环境因素的具体状况	等级评分标准
政治稳定性		0—12 分
	长期稳定	12
	稳定,不过依赖某一重要人物	10
	稳定,但要依赖邻国的政策	8
	内部有纠纷,但政府有控制局面的能力	6
	来自国内外的强大压力对政策有影响	4
	有政变或发生根本变化的可能	2
	不稳定,极有可能发生政变	0
当地资本供应能力		0—10 分
	发达的资本市场,公开证券交易	10
	有部分本地资本,尚无证券市场	8
	有限的资本市场,缺乏资本	6
	有短期资本	4
	对资本有严格限制	2
	资本纷纷外逃	0
给予关税保护的态度		2—8 分
	全力保护	8
	有相当保护	6
	有些保护	4
	非常少或无保护	2
总计		8—100 分

在上述分析的八项内容中,最主要的是币值稳定性和近五年通货膨胀率两项内容,占全部评定总分数的 34%。这是因为币值稳定是经济稳定发展的前提,而严重和恶性通货膨胀会使商务活动的风险加大。其次是资本外调、政治稳定性、外商股权和对外商的歧视和管制程度,这四项各占等级评定总分数的 12%。这四项关系到资本能否自由出境、跨国企业和本地企业之间的竞争条件和能否控制企业的所有权与经营权。实际上,对商务活动者来说,这是商务活动的安全程度和对企业所有权与经营权的控制程度。最后,给予关税保护的态度和当地资本供应能力所占比重较轻。各项内容累计分数相加,总分越高,商务环境越好;当总分低到最低限度时,通常认为不能在该地区进行商务活动。

三、商务障碍分析法

商务障碍分析法是依据潜在的阻碍国际商务运行因素的多寡与程度来评价商务环境优劣的一种方法。商务活动者依据商务环境的内容结构,列出阻碍商务活动的主要因素,并在潜在的东道国之间进行比较,障碍较少的国家被认为拥有较好的商务环境。商务障碍分析包含了以下十方面的障碍因素:

(1) 政治障碍:政治制度与母国不同;政局动荡不稳。

(2) 经济障碍:经济停滞或增长缓慢;外汇短缺;劳动力成本高;通货膨胀和货币贬值;基础设施差;原材料等基础行业薄弱。

(3) 资金融通障碍:资本数量有限;没有完善的资本市场;资金融通的限制较多。

(4) 技术人员和熟练工人短缺。

(5) 国有化政策和没收政策。

(6) 对外国商务活动者实行歧视性政策:禁止外资进入某些行业;对当地的股权比例要求过高;要求由当地人参与企业管理;要求雇用当地人员,限制外籍人员的数量。

(7) 政府对企业过多地干预:国有企业参与竞争;实行物价管制;要求使用本地原材料。

(8) 普遍实行进口限制:限制工业制成品进口;限制生产资料进口。

(9) 实行外汇管理和限制汇回:一般外汇管制;限制资本和利润汇回;限制提成费汇回。

(10) 法律及行政体制不健全:行政管理效率低;国内法律、法规不健全;没有行之有效的仲裁制度;行政管理效率低;贪污受贿行为严重。

商务障碍分析法是一种简单易行并以定性分析为主的评估方法,其优点在于商务活动者能迅速、便捷地对商务环境的优劣做出判断,从而减少评估过程中的工作量和费用。但它的不足之处恰恰在于仅根据个别关键因素就做出判断,有时会使评估的准确性大打折扣。

四、动态分析法

商务环境不仅因国别而异,而且是动态的,即一个国家的商务环境会随时间的推移以及客观条件的变化而发生变化。国际商务活动都有一定的时间跨度,短则1—3年,长则5—10年,甚至10—20年。因此,在考虑商务环境时,不仅要考虑现在的商务环境,而且要考虑各种环境因素未来可能出现的变化,从动态的角度去分析和评估目标国的商务环境。美国道氏化学公司对商务环境采用的评估方法就是从动态的角度去分析的,见表3-4。

表3-4 商务环境动态分析法

企业现有业务条件 (40条)	引起变化的主要原因 (40条)	有利因素和假设汇总	预测方案
(1) 实际经济增长率 (2) 能否获得当地资产 (3) 价格控制 (4) 基础设施 (5) 利润汇出规定 (6) 商务的自由 (7) 劳动力技术水平 (8) 劳动力稳定性 (9) 商务优惠 (10) 对外国人的态度 …	(1) 国际收支结构及趋势 (2) 被外界冲击时易受损害的程度 (3) 经济增长与预期目标的差距 (4) 舆论界和领袖观点的变化 (5) 领导层的稳定性 (6) 与邻国的关系 (7) 恐怖主义的骚扰	对前两项进行评价后,从中选出8—10个在某国某项目能获得成功的关键因素(这些关键因素将成为不断查核的指标或继续作为商务环境评价的基础)	提出四套国家或项目预测方案 (1) 未来7年中关键因素造成的最可能方案 (2) 若情况比预期的好,会好多少 (3) 若情况比预期的糟,会如何糟 (4) 会使公司遭难的方案

(续表)

企业现有业务条件 （40条）	引起变化的主要原因 （40条）	有利因素和假设汇总	预测方案
	（8）经济和社会进步的平衡 （9）人口构成和人口变动趋势 （10）对外国人和外国商务的态度 …		

道氏公司认为，跨国公司在国外进行商务活动所面临的风险可以分为两类：第一类是正常企业风险，或称竞争风险，即跨国公司商务活动和生产经营过程中所遇到的正常风险。例如，企业的竞争对手可能会生产出一种性能更好或价格更低廉的产品。这类风险存在于任何正常、稳定的社会经济环境中，是市场经济运行的必然结果。第二类是环境风险，即某些可以使企业商务活动和生产经营环境发生变化的政治、经济及社会因素。这类因素往往会改变企业经营所遵循的规则和采取的方式，对商务活动者来讲，其影响往往是不确定的，既可能是有利的也可能是不利的。

道氏公司将影响商务环境的诸多因素，按其形成的原因及作用范围的不同划分为两部分：一是企业现有业务条件，即现阶段商务环境的状况，包括实际经济增长率、能否获得当地资产、是否实行价格控制、基础设施是否完备、利润汇出规定、商务的自由，等等，共40项因素。二是有可能引起这些条件发生变化的重要原因，主要是考察社会、政治、经济条件对未来商务环境可能引起的各种变化，包括国际收支结构及趋势、被外界冲击时易受损害的程度、经济增长与预期增长目标的差距、舆论界和领袖观点的变化、领导层的稳定性，等等，也是40项因素。在对这两部分因素做出评估后，比较商务项目预测方案，从中选择出具有良好商务环境的商务场所，即在此经营将会获得较高的商务利润。表3-4中的第一列和第二列分别列出了上述两大类因素，第三列则是有利因素和假设汇总，即在对前两项评价的基础上，找出8—10个使商务项目获得成功的关键因素，作为进一步评估的基础。第四列则是在对未来7年的环境变化进行综合评估的基础上，提出四套预测方案。之所以选择以7年为期，是因为根据道氏公司的观点，一般来说，企业商务项目投产后的第7年是赢利高峰年。

动态分析法的优点是充分考虑未来环境的变化及其结果，从而有助于公司减少商务风险，保证商务项目获得预期的收益；其缺点是过于繁复，工作量大，而且带有较大的主观性。

五、加权等级评分法

加权等级评分法是由美国学者威廉·戴姆赞于1972年提出的。按照此方法，公司首先对各种环境因素的重要性进行排序，并给出相应的重要权数，然后，根据各环境因素对商务产生不利影响或有利影响的程度进行等级评分,每个因素的评分范围都是从0(完全不利影响)到100(完全有利影响),最后,把各环境因素的实际得分乘以相应的权数并进行加总。按总分高低,可供选择的商务对象国被分为:商务环境最好的国家、商务环境较好的国家、商务环境一般的国家、商务环境较差的国家、商务环境恶劣的国家。表3-5表明,甲国的加权等级总分(5 360)大于乙国的(4 390),显然,甲国的商务环境优于乙国的商务环境,甲国是比较理想的选择。

表3-5　商务环境加权等级分析法

按重要性排列的环境因素	甲国			乙国		
	(1)重要性权数	(2)等级评分(0-100)	(3)加权等级评分(1)×(2)	(1)重要性权数	(2)等级评分(0-100)	(3)加权等级评分(1)×(2)
1. 财产被没收的可能性	10	90	900	10	55	550
2. 动乱或战争造成损失的可能性	9	80	720	9	50	450
3. 收益返回	8	70	560	8	50	400
4. 政府的歧视性限制	8	70	560	8	60	480
5. 在当地以合理成本获取资本的可能性	7	50	350	7	90	630
6. 政治稳定性	7	80	560	7	50	350
7. 资本的返回	7	80	560	7	60	420
8. 货币的稳定性	6	70	420	6	30	180
9. 价格稳定性	5	40	200	5	30	150
10. 税收水平	4	80	320	4	90	360
11. 劳资关系	3	70	210	3	80	240
12. 政府给予外来商务的优惠待遇	2	0	0	2	90	180
加权等级总分	5 360			4 390		

六、闵氏多因素评估法和关键因素评估法

香港中文大学教授闵建蜀在斯托鲍夫"等级评分法"的基础上提出了这两种有密切联系又有一定区别的商务环境考察方法。

闵氏多因素评估法将影响商务环境的因素分为11类,每一类因素又由一组子因素组成,如表3-6所示。

表3-6　闵氏多因素评估法因素与子因素组成

影响因素	子因素
政治环境	政治稳定性;国有化可能性;当地政府的外资政策
经济环境	经济增长;物价水平
财务环境	资本与利润外调;对外汇价;集资与借款的可能性
市场环境	市场规模;分销网点;营销的辅助机构;地理位置

(续表)

影响因素	子因素
基础设施	国际通信设备;交通与运输;外部经济
技术条件	科技水平;适合工资的劳动生产力;专业人才的供应
辅助工业	辅助工业的发展水平;辅助工业的配套情况等
法律制度	商法、劳动法、专利法等法律是否健全;法律是否得到很好的执行
行政机构效率	机构的设置;办事程序;工作人员的素质等
文化环境	当地社会是否接纳外资公司及对其信任与合作程度;外资公司是否适应当地社会风俗等
竞争环境	当地竞争对于的强弱;同类产品进口额在当地市场所占份额

根据闵氏多因素评估法,先对各类因素的子因素做出综合评价,再对各因素做出优、良、中、可、差的判断,然后按下列公式计算商务环境总分:

$$商务环境总分 = \sum_{i=1}^{n} w_i(5a_i + 4b_i + 3c_i + 2d_i + e_i)$$

其中,w_i 表示第 i 类因素的权重,a_i、b_i、c_i、d_i、e_i 是第 i 类因素被评为优、良、中、可、差的百分比。商务环境总分的取值范围为 11—55 分,越接近 55 分,说明商务环境越好,反之,越接近 11 分则说明商务环境越差。

闵氏多因素评估法是对某国商务环境做一般性评估时所采用的方法,它较少从具体商务项目的商务动机出发考察商务环境。关键因素评估法则与此不同,它因具体项目的商务动机的不同而有所不同,其基本成分与闵氏因素评估法有所区别。关键因素评估法从具体商务项目的商务动机出发,从影响商务环境的一般因素中,找出影响具体项目商务动机实现的关键因素,依据这些因素,对某国商务环境做出评价,仍采用上述计算总分的公式来比较商务环境优劣。

七、成本分析法

成本分析法是西方常用的评价方法。这一方法将商务环境的因素都折合成数字作为成本的构成,然后得出是否适合于开展商务活动的决策。对此,英国经济学家拉格曼(Rugman)通过深入的研究,提出了拉格曼公式。拉格曼认为,将各种商务环境因素作为成本构成代入,可能出现三大类情况:

(1) 若 $C + M^* < C^* + A^*$,则选择出口,因为出口比对外直接投资有利;

若 $C + M^* < C^* + D^*$,则选择出口,因为出口比转让许可证有利;

(2) 若 $C^* + A^* < C + M^*$,则建立子公司,因为直接投资比出口有利;

若 $C^* + A^* < C^* + D^*$,则建立子公司,因为直接投资比转让许可证有利;

(3) 若 $C^* + D^* < C^* + A^*$,则转让许可证,因为转让许可证比直接投资有利;

若 $C^* + D^* < C + M^*$,则转让许可证,因为转让许可证比出口有利。

其中,C 表示本国国内生产正常成本,C^* 表示东道国生产正常成本,M^* 表示出口销售成本(包括运输、保险和关税等),D^* 表示各种风险成本(包括泄露和仿制等),A^* 表示国外经营的附加成本。

成本分析法不仅综合了各种因素所造成的成本,而且把因素评价和参与国际市场的三种形式结合起来,是商务活动者经常采用的评价方法。

八、三菱评估法

三菱评估法是1974年日本三菱综合研究所在对欧洲进行投资分析时最先采用的商务环境评估方法。该方法通过对各国的经济活动水平、地理条件、劳动条件和奖励制度等四项因素的比较评估,评定各国商务环境的优劣,并根据各因素对商务的不同重要性而赋予其不同的权重,通过计算得出各国商务环境的优先顺序。

三菱评估法的四类环境评估因素如下:

(1)经济活动水平。该因素根据东道国经济活动水平进行衡量,并将工业生产增长指数(工业生产增长率)和产业现代化指数(根据产业结构相对于工业先进国家产业结构的现代化水平来确定)作为衡量子因素。

(2)地理条件。这是与厂址选择直接相关的要素,其子因素包括工厂用地条件(包括用地规模、价格、附带条件等)和运输体系(包括公路、铁路、河流、海运及相关设施)。

(3)劳动条件。这是对与劳动成本有关的因素的评估,子因素为薪酬(以直接支付、福利制度和劳工素质作比较)和有保证的劳动力(包括有保证的劳动力人数和当地的失业率等)。

(4)奖励制度。这是以投资可能取得的奖励制度和运用的效率作为指标的评估,子因素为奖励的可获得性(包括奖励的种类、东道国政府吸引外资的需要、吸引外资的税收优惠程度等)和制度运用情况(包括奖励制度本身的弹性、行政效率、当地企业与工会对外的反应态度等)。

三菱评估法的最大优点是应用非常简单,但应该注意两个问题:第一,各因素的权重要随商务类型的不同而相应调整,譬如,如果商务项目为劳动密集型,就应该相应提高劳动条件的权数。第二,随着时间的推移,在评估时必须考虑各因素在未来的变化情况,否则分析的结果将受到影响。

总之,各种商务环境评估法都有其优劣之处。在使用时,我们应注意发挥它们各自的长处,在充分掌握信息资料的基础上,尽量多采用几种方法进行评估,以便获得一个客观公正的结果。

第三节 国际商务环境的内容

国际商务的顺利发展以有利的商务环境为基本前提。从系统论的观点来看,商务环境是一个大系统,一般由以下五个要素构成:自然环境、政治环境、经济环境、法律环境、社会文化环境。对每一项要素进行细致的分析,是确立国际商务市场环境的评估方法和标准的基础环节。

一、自然环境

自然环境是指自然的、非人为的因素或历史上长期形成的与商务有关的自然、人口及地理等条件。它包括东道国的地理条件、气候、自然资源以及人口状况等子因素。与构成商务环境的其他因素相比，自然环境因素具有不可控制性、相对稳定性、行业差异性。

1. 地理条件

地理条件包括东道国所处的地理位置、面积大小、地形地貌等因素。其中最重要的因素就是东道国所处的地理位置。一般说来，东道国距离母国、生产基地、产品销售市场、交通要道、原料基地和能源产地的远近以及国际运输线路的分布状况，无疑将直接影响到企业的运输成本和运输时间，从而影响到整个商务决策。

不同性质的商务项目所要求的自然地理条件不一。外国商务活动者在其他商务环境较好的情况下，必然要选择与自己的商务项目相适应的自然地理环境。因此，为了扩大国际商务的范围与规模，在科学技术和生产力发展水平允许的限度内，东道国应努力加强对自然地理环境的利用和改造。

2. 气候

气候因素可能会从不同侧面对许多行业的商务活动产生影响。气候的差异和变化不仅会关系到企业的生产、运输条件，而且会影响到消费市场的潜力。例如，钢琴不适合在过潮或过干的地区生产，空调不适合在过冷的地方销售。企业在严寒或酷暑的地方开展商务活动时，必须支付额外的人员津贴、温度调节设施费用等，这无疑将提高企业的成本。而且，不同气候环境下消费者的偏好、消费结构也有所不同，如寒冷地区的居民对酒精含量高的白酒需求量大，而热带居民则更喜爱啤酒等。

3. 自然资源

资源导向是最早的跨国投资动机之一。一般说来，资源按其先天和后天条件，又分为自然资源和取得资源，前者一般同化石矿藏、水力、太阳能和地热等自然资源有关，后者则主要同教育、科技、体育等人力资源有关。

对自然资源依赖程度高的产品生产者，既需要注重选择其所需自然资源的产地（如矿产开发公司选择矿藏丰富的地区，旅游业则往往在景色优美的风景区开设宾馆饭店等），又需要注重资源本身的条件、自然资源品位的好坏和开采成本以及东道国对其依赖程度等因素。

4. 人口状况

人口因素对国际商务的影响是非常重大的。人口不仅决定某一产品的需求规模，其结构亦决定需求的种类，例如年轻人比重大的国家对音乐、电影、服饰等产品的需求就与老年人比重大的国家有明显的差异。人口因素也决定劳动力的供给状况。

二、政治环境

商务活动者从事跨国商务时,东道国的政局是否稳定、社会是否和谐、国际信誉高低等直接关系到商务活动是否受到保障。只有政局稳定、社会和谐、讲求效益、致力于和平建设的国家才能确保商务活动的安全,并为经营获利创造必要的条件。反之,一个政变迭起、社会动荡或者穷兵黩武的国家,则不可能使商务活动得到起码的保障,也难免使商务活动者遭受政治风险带来的巨大损失。政治环境主要体现在政治制度、政权稳定性、政府状况以及国际关系等方面。

1. 政治制度

政治制度涉及一国的管理形式、政权组织形式、政党体系、政权交替方式等。它是国际商务的市场环境中的主要政治因素,会影响其他法律制度和经济体制的制定和执行。

2. 政权稳定性

评估中,可从国家领导人的更迭、反对势力的力量、种族和宗教冲突等方面来观察政权的稳定性。如果在一定时间内一国出现诸如政变等非常规性政权更迭,应根据其频率来判断该国商务环境的好与坏;如果一国政坛上存在力量较大的反对势力,那么如军事政变、暗杀、内战、动乱等导致政府危机的事件就有可能发生,并对政局产生不利影响,进而影响商务活动者的生产和收益。民族和宗教问题对政治环境产生的影响力并不亚于任何一种政治事件。存在严重的民族、宗教冲突的国家和地区肯定不是理想的投资东道国。

3. 政府状况

政府状况包括政府机构的结构、政府的办事效率、政府官员的能力和服务态度等方面。政府工作效率,特别是东道国对跨国企业建立的审批手续、机关为企业的服务质量、政府官员的廉洁程度等,都会影响跨国企业的经营成本。

4. 国际关系

保持良好的国际关系是提升一国商务环境评级的重要因素。除了要研究东道国与母国的政治、经济、外交、军事交往情况外,还需要研究东道国与周边国家的关系、其在全球的政治经济地位、参与各类国际组织的情况等,即需要综合考虑各方面因素对企业产生的各种不利和有利影响。

三、经济环境

经济环境因素是国际商务活动中的众多因素中最直接、最基本的因素。它包括东道国的经济发展阶段、收入水平和消费结构,经济政策、基础设施、贸易和国际收支、经济体制等方面。

（一）经济发展阶段

按照经济的发展阶段，一般将世界各国划分为发达国家和发展中国家。在此基础上，又将发展中国家分为新兴工业化国家、发展中国家和最不发达国家，把发达国家分为工业化国家和高度工业化国家。处于不同发展阶段的国家对商务需求有很大的差异（见表3-7）。经济的发达程度决定了一国的经济结构。在经济较为发达的国家，其生产的产品和消费品多为资本密集型或技术密集型的，而发展中国家则多为劳动密集型的。投资者一般会将资本密集型和技术密集型产品放在发达国家生产，而将劳动密集型产品放在发展中国家生产。

表 3-7 不同经济发展阶段的国家在商务方面的差异

	参与国际投资的规模与方式	生产方面	消费方面	销售方面
发达国家	对外投资大于引资 技术转让比重大 采取区域战略、全球战略	着重于资本密集型或技术密集型	强调款式、性能及特色，品质重于价格	大量运用广告等促销活动
发展中国家	对外投资小于引资 商务与经济发展水平相近的地区	着重于劳动密集型	强调功能及实用性，价格重于品质	产品推广活动受到文化水平低和传播媒介少的限制

（二）收入水平和消费结构

收入水平的高低会对经营规模、经营收益及经营的市场需求产生很大影响，是商务活动者在进行国际商务时的一个不可或缺的因素。从理论上说，人均收入高的国家，其消费水平也相对较高。同时，在分析收入水平时，要注意国民收入的分配结构对市场消费结构的影响。此外，对收入水平的分析还要考虑东道国的经济发展趋势以及通货膨胀对未来实际购买力的影响。

（三）经济政策

一国经济政策对国际商务亦有极大影响。对国际商务影响较大的几种政策如下：

1. 外资政策

各国对外资的政策因经济发展水平的不同而相差甚远。发达国家对资金的需求量比较稳定，多集中在高科技领域，所以发达国家对外资的态度一般采取不鼓励和不拒绝的国民待遇原则。处于经济起飞中的发展中国家面临资金不足和技术落后的难题，亟待通过引资来解决经济发展中的瓶颈问题。这些发展中国家往往给予外国商务活动者超国民待遇以推动本国的工业化进程。对外资的政策直接关系到外资的商务决策。

2. 贸易政策

国际商务活动通常伴随着大量的商品输出和劳务流动，因此，贸易政策对国际商务有重要的影响。贸易政策包括自由贸易政策和贸易保护政策，从理论上说，前者促进国际商务,后者阻碍国际商务。

3. 货币和财政政策

币值的稳定性和外国商务活动者能够顺利融资是吸引国际商务活动者进入的重要条件。在对外投资过程中,会发生大量的资金转移、外汇业务和融资活动,所以商务活动者在进行商务决策时,首先必须把汇率的稳定性考虑在内。升值和贬值对商务活动者来说都是风险。如果商务活动者进入东道国后,东道国的货币升值会使生产成本上升,降低或失去产品的竞争力;如果货币贬值,在东道国赚取的以东道国货币显示的商务利润在换成其他国家货币后会减少,如果贬值过大还会出现实际亏损。如果东道国对外资的融资活动限制过多,必定会影响商务活动者的商务决策。

4. 外汇政策

实施外汇自由流动的国家是商务活动者所要选择的投资地,对于实施外汇管制的国家,则需要具体来看这些国家对外汇管制的程度。实行外汇管制是为了国际收支平衡,稳定汇率和物价,而这又会给国际资本流动和国际贸易设置障碍,不利于一国吸引外资。

(四) 基础设施

基础设施分为工业基础设施和生活服务设施。对商务活动者来说,工业基础设施的重要性远大于生活服务设施,因为工业基础设施是维持正常生产和经营、获取超额利润的物质条件。因此,工业基础设施状况已成为商务活动者选择投资东道国的最重要的因素之一。发达、完善的基础设施将会给商务活动带来极大的便利,可以达到降低商务成本、提高经营效益的目的,增强东道国对于外资的吸引力。

(五) 贸易和国际收支

贸易状况主要考察一国的进出口总额、进出口产品结构、产品流向以及贸易依存度等。一般来讲,东道国比较欢迎进口替代型投资和能扩大出口、改善优化出口商品结构的投资,并乐于给予优惠。

国际收支状况反映东道国在经常项目、资本项目和官方储备项目上与世界其他国家的往来情况,在一定程度上反映该国在国际竞争中所处的地位,并对该国的汇率、利率、就业、经济政策等产生影响。国际商务活动者可通过国际收支预测一国的潜在经济条件的变化。如果东道国国际收支存在较大逆差,这个国家近期内就有可能限制进口,鼓励外国资本流入,可能导致其汇率下降,从而增大国际商务的汇率风险;反之,则有利于外资的流入。

(六) 经济体制

国际商务活动需要一个合理的经济制度和健全的市场体系作为保障。经济制度和市场体系是否完善合理,决定着国际商务获得经营资源的难易程度和经营利益。在市场经济体制下,经济活动的个体是私有企业,政府对市场干预较少,生产要素完全在自由竞争的市场机制下流动和实现配置,这些国家和地区自然是商务活动的理想场所。

四、法律环境

法律因素不仅关系到商务活动者的利益和安全能否得到保护,同时还体现着东道国对外国商务活动者的态度,即东道国所采取的鼓励、保护或限制的政策措施,都是以一定的法律形式表现出来的。法律因素包括法律的完备性、公正性和稳定性以及公民的法律意识。

1. 完备性

国际商务方面的法律主要包括公司法、外商商务法、劳工权利保护法、知识产权保护法、税法等。健全和完备的商务法律体系,会使外国商务活动者觉得有法可依,有一种安全感,从而成为吸引外商投资的有利因素;反之亦然。

2. 公正性

外国投资者在商务活动过程中难免与东道国的自然人、法人或政府产生纠纷,在出现纠纷时需要提请仲裁或诉讼,而执法的公正性能很好地保障外国投资者的利益。外国投资者一定会选择在一个能够被公正对待的国家从事商务活动。

3. 稳定性

虽然各国的法律在客观情况发生较大变化的情况下可以进行相应的调整,但这种调整必须是理智和适度的,不能过度损害外国商务活动者的利益,因为商务活动者在东道国的投资活动是一种长期的经济活动,投资收益要在投资之后的一段时间内才能逐步实现。如果东道国的法律经常变化和调整,就必然增加商务活动者的商务风险,经常变化法规的国家也会使商务活动者望而却步。

4. 公民的法律意识

有些国家的公民法律意识淡漠,甚至根本没有法律意识,知法犯法,无视法律法规的存在。在这些地区,商务活动者往往会遇到难以想象的风险。

法律环境因素既包括东道国的法律建设和执行问题,也包括商务目标国参与国际法规的情况。在内容上,首先,我们要关注东道国与母国之间的法律关系,主要是指两国政府之间是否签订了双边的经济协定或者条约,尤其是是否签订了双边投资保障协定(Bilateral Investment Guarantee Agreement)或双边投资条约(Bilateral Investment Treaty),并且要看这些条约的执行情况如何。其次,这些法律法规要充分体现东道国的外资政策,诸如国际商务活动的范围、经营期限、持股比例等,以及对土地租用、税收、产品销售、资本和利润汇出或再投资等的规定。再次,要明确对外资的管理程序,主要包括对外商的管理体制、机构设置和审批程序等。所有这些,对于国际商务和经营活动能否顺利进行,能否达到预期的获利目标,具有至关重要的意义,因而是构成商务环境的一个必要因素。最后,是法律保护问题,其中主要涉及三方面的问题:一是给商务活动者以某种权利、国民待遇、最惠国待遇等;二是外资企业被国有化或征收的合理性及适当补偿;三是外商遭到损失后以何种手段加以解决,以及如何处理商务争议。显然,东道国的法律环境的优劣,对于能否有效引进外资进行商务活动具有重要作用。

五、社会文化环境

社会文化环境是企业跨国经营所涉及的国家或地区的语言、文字、教育水平、宗教、消费习惯、工作态度、价值观念等因素的综合。社会文化环境属于软环境,其内容比较广泛,主要包括民族语言、文字、宗教、风俗习惯、文化传统、价值观念、道德准则、教育水平及人口素质等,是国际商务环境的重要组成因素,也是商务环境整体中不可或缺的内容。由于各国历史长短不一,发展的背景也各不相同,国家之间的社会和文化差异很大,这种差异必然影响东道国消费者的生活方式、消费倾向、购买态度以及企业的生产、研究、发展、组织、人事等各项活动,也给国际商务活动带来很大影响。

社会文化环境的评估一般从两方面入手:一是母国与东道国的社会文化差异识别;二是对东道国社会文化特征的认识,侧重分析其利弊及对国际商务活动的影响。一般应分析一国社会文化的一体化程度(同质性)、社会文化的复杂性、社会文化的稳定性等。以下主要从语言文字、教育水平、宗教、社会习惯四方面分析社会文化环境因素对国际商务活动的影响。

(一)语言文字

国际商务活动是一种涉外的经济行为,它有赖于沟通,而语言则是沟通的工具。语言文字的不同必然会给交流带来困难,从而给商务活动者在东道国的经营带来诸多不便,例如签订各类合同、与当地政府机构的交流、与东道国雇员的交流等。在进行文字交流的过程中,应尽量避免误解。

为分析不同国家的文化差别,语言学家爱德华·霍尔(Edward T. Hall)提出了高背景文化(hight context culture)和低背景文化(low context culture)的概念。在高背景文化中,一条信息的语言部分所包含的信息比低背景文化要少,而大部分的信息隐含在沟通接触的过程中,关系到参与沟通人员的背景、所属社团及基本的价值观。中国、日本及一些中东国家属于高背景文化国家。在低背景文化中,信息的表达比较直接明确,语言是沟通中大部分信息的载体。欧美国家大部分属于低背景文化国家。

(二)教育水平

首先,教育水平决定了当地的劳动力素质,企业需要分析可以运用的当地技术人员、管理人员和科研力量等因素。其次,教育水平还影响产品的消费结构和层次,教育水平较高的国家对文化用品的需求较大,同时对商品的品质要求高,体现出一定的审美、文化素养。再次,教育水平还要求企业采取合适的推销方式,如在文盲率高的国家,通过在报纸杂志上刊登文字广告的效果就不甚明显。最后,教育水平的高低也影响消费者对新产品的接受速度。

(三)宗教

宗教对人的生活态度、价值观、购买动机、消费偏好等都有重大影响。每种宗教都有独特的信条,并影响信徒的工作风格。商务活动者只有了解并尊重东道国的宗教信仰和风俗习惯,才能使商务活动产生最大收益。

(四) 社会习惯

社会习惯是一个国家在长期的历史发展中积淀下来的为社会公众所接受的风俗习惯,它对人们的行为有着重大的影响。东道国的时间观念、交易习惯、消费心理、家庭观念等是社会习惯的构成部分,在东道国开展商务活动时应予以重视。

上述国际商务的市场环境中的每一个因素都是不可忽视的,国际商务的市场环境各因素之间不是互相独立的,而是相互影响、相互渗透的,商务环境是影响商务活动者选择东道国的综合性因素。一个国家的任何一种环境因素的变化都会引起其他因素的变化,从而对整个商务环境产生影响。商务环境不仅影响着商务活动者的决策,在某种程度上也影响着一国的经济发展速度。

专栏3-1

部分国家和地区的社会文化环境

国家或地区	社会精神面貌	家庭结构	妇女地位	教育水平	宗教	语言
中国香港地区	集体意识,谦虚,礼貌,开放,企业家精神,中国传统	忠诚,家庭的威望和财富	贤妻良母,年轻妇女就业多	高度重视,小学义务,初中自费,高中以上竞争,留学英美	佛教,印度教,基督教	官方:英语(1997年7月1日之前),广东话
印度	调和,谦卑,克制,不重变革,僧侣等级,对宗教虔诚	大家庭,聚居,家长制	家庭地位比较传统,社会地位逐步提高,就业增长	强制性义务到14岁,1/3人口是文盲	印度教,伊斯兰教,佛教,锡克教,祆教,犹太教	官方:印地语;商界:英语
日本	一致性,尊重长者,和谐,社会意识,重社会舆论	60%包办婚姻,晚婚,小家庭,堕胎多,离婚少	负责家务、购货、子女,妇女很少任要职	大学竞争激烈,受教育率极高,达99%	佛教,神道教	官方:日语;英语广泛使用
新加坡	东方传统与西方价值观融合,谦逊,有礼,尊老爱幼,服从上司	东方传统,国际婚姻普遍	贤妻良母,一部分转向职业妇女	儿童初级教育免费,中学部分费用由私人承担,25%深入大学	佛教,伊斯兰教,天主教,儒教	官方:英语;马来语普遍;汉语,泰米尔语

(续表)

国家或地区	社会精神面貌	家庭结构	妇女地位	教育水平	宗教	语言
韩国	独立性强,个人主义,个人奋斗,受西方影响,但保持儒家的社会观念和国家精神	家庭责任感强,有包办婚姻的习俗,晚婚,对家庭忠诚	比较腼腆,不经商,不参与管理层,工作层次较低	9年义务教育,教育率90%以上,留学美国较多,推崇教育	基督教,儒教,佛教,萨满教	官方:朝鲜语;英语,日语
澳大利亚	欧洲移民文化,反对种族歧视	小家庭,夫妇都工作,家庭观念强	鼓励妇女参政,行政管理职务14%为妇女,公共服务人员34%为妇女	9年义务教育,1/4学生上私立学校	基督教	官方:英语
英国	爱国热忱,对公司普遍忠诚,参加有名望的社会团体,尊重隐私权	小家庭,核心型	反对性别歧视,与男子平等就业,妇女就业多	无文盲,讲究学位,政府资助大学预科	圣公会为国教,天主教占人口9%左右,新教	官方:英语
法国	保持艺术传统,崇尚独立的个性,创造性,对地位敏感,尊重隐私权	小家庭,核心型	60%妇女就业,集中在服务业	教育优先,政府支持,名牌大学毕业生有地位	天主教占大多数,新教,伊斯兰教,犹太教	官方:法语
德国	民族自尊心强,守秩序,有纪律、责任感、成就感	小家庭,父亲在家庭地位高	劳动力1/3是妇女,性别歧视不普遍,商界管理层女性不足20%	12年义务教育,重视成人教育,大学毕业生水平高,高度重视国民教育	天主教和基督教各占一半	官方:德语;英语(青年人)
意大利	悠久的文化,欢快的生活方式,赶时髦,时间观念不强,重闲暇	家庭纽带在生活和商界、政界很有作用	商界妇女较少,但老练,水平较高	9年义务教育	多为天主教	官方:意大利语
尼日利亚	热情,友好,爱国,不重视社会地位,重视办事态度	大家庭,早婚	地位低下,服侍丈夫和照顾孩子	普及小学,资助留学,成人教育率达37%	信仰自由,伊斯兰教,基督教,祖先崇拜	官方:英语,豪萨语,约鲁尼语,伊博语

第三章 国际商务的市场环境 73

(续表)

国家或地区	社会精神面貌	家庭结构	妇女地位	教育水平	宗教	语言
沙特阿拉伯	伊斯兰文化,好客,慷慨,诚实,友善,忠诚,谦虚	几代同堂,男子支配	与男子的生活不同,公共场合蒙面纱	从幼儿园到大学政府资助	伊斯兰教,伊斯兰法典影响整个社会	官方:阿拉伯语;商界:英语
墨西哥	受美国文化影响,但传统的价值观仍支配社会	大家庭,男子地位高	地位较低,很少进入商界	9年义务教育	天主教为国教	官方:西班牙语,英语,印第安语
美国	多元化,多民族融合,个人英雄主义,直率,坦诚,不拘礼节	小家庭,单亲家庭增多	妇女就业普遍,在商界任职较多,反对性别歧视,女权主义	发达,识字率99%,大学多	大多数为新教,天主教占20%,犹太教5%	官方:英语
巴西	乐观,地区文化,民族自豪感,对美国文化也比较喜欢,多元文化	家庭纽带在商界重要	商界妇女极少,操持家庭,照顾孩子	青年商人受过国际教育,熟悉国际商业惯例和工业技术	大多数为天主教,新教	官方:葡萄牙语
委内瑞拉	民族精神,不喜欢妥协,尊重专家,观念比较保守	家庭在社会生活中起重要作用	商界妇女不多,持传统观点,操持家务	从小学到大学免费教育	大多数为天主教	官方:西班牙语,英语

第四节 国际商务环境的影响因素

一、影响国际商务环境的周期性因素

周期性因素既是影响市场环境的最重要的因素,也是准确分析和预测国际商务环境的基础。在市场经济条件下,经济总是呈波浪式发展的,表现出明显的周期性。

（一）经济周期的界定

美国著名经济学家密切尔(Mitchell)和伯恩斯(Burns)在1946年为经济周期(business cycles)下了这样一个定义:"经济周期是在主要以工商企业形式组织其活动的那些国家中所出现的总体活动的波动形态。一个周期包含许多经济领域在差不多相同时间所发生的扩张,跟随其后的是相似的总衰退、收缩和复苏,后者又与下一个周期的扩张阶段相结合,这种变化的序列是反复发生的,但不是定期的。经济周期的持续时间从一年以上到十年、二十年不等;它们不能再分为性质相似、振幅与其接近的更短的周期。"这一定义被一般西方经济学家所接受。

一个完整的经济周期一般要经过危机、萧条、复苏和高涨四个阶段。在周期的扩张阶段,生产、就业、经营等各类经济活动活跃,呈现出繁荣的景象;在周期的收缩阶段,经济增长速度放慢、停滞甚至负增长,失业率上升,劳动生产率下降。从经济的周期性波动可以看出,经济波动是总体经济和各个部门的周期性变动过程,不仅实际生产部门的生产指标发生波动,而且交通、建筑、服务业等也随之发生波动;同一经济体内各部门的波动幅度、波动时间有一定的差别,但关联性很强,基本在同一时间按照同一方向变动。

现在一般认为经济中存在着四种周期:

(1)长周期,也称康德拉季耶夫周期,指时间长度平均为50—60年的长期繁荣与长期萧条交替的经济周期。

(2)中长周期,也称库兹涅茨周期,时间长度大约为17—20年,它与建筑业的伸缩关系密切,又称建筑周期。

(3)主周期,即固定资本商务周期,时间长度为10年左右,西方学者也称之为朱格拉周期。

(4)短周期,也称基钦周期,平均时间为40个月,主要是由于库存调整引起的,又被称为库存周期。

现实生活中的经济波动一般被认为是四种周期自然叠加的结果,如果几种周期都处于下降阶段,则经济将陷入大萧条之中;如果几种周期阶段不同步,尤其是长周期及中长周期处于上升波时,经济危机的深度比较轻缓。

(二)西方经济周期理论

为什么经济运行具有周期性?为什么市场经济会波动?许多西方经济学家对这一问题进行了深入研究,并提出了一系列理论。

1. 太阳黑子理论

英国经济学家杰文斯(Jevons)于1875年提出了太阳黑子理论,该理论把经济的周期性波动归因于太阳黑子的周期性变化。由于太阳黑子每10年左右出现一次,经济周期大约也是每10年一次。与杰文斯从地球外寻找经济波动的原因相似,1914年美国经济学家穆尔(Moore)又创立了"雨量说",认为金星每8年一次运行到太阳和地球之间,使阳光不能充分照射到地面,从而导致雨量变化,影响农业收成进而引发经济波动。

2. 消费不足论

这种理论的出现较为久远。早期有法国经济学家西斯蒙弟(Sismondi)和英国经济学家马尔萨斯(Malthus),近代则以英国经济学家霍布森(Hobson)为代表。该理论把经济的衰退归因于消费的不足,认为经济中出现萧条是由于社会对消费品的需求赶不上消费品生产的增长。这种不足又根源于国民收入分配不公所造成的过度储蓄。消费不足理论的一个很大缺陷是,它只解释了经济危机产生的原因,而未说明其他三个阶段。因而在经济周期理论中,它并不占有重要位置。但是,其中的储蓄过度论在社会上流传甚广,许多政府甚至将它视为收入再分配政策的理论基础并加以使用推广。

3. 纯货币理论

该理论主要是由英国经济学家霍特里(Hawtrey)在1913—1933年的一系列著作中提出的。纯货币理论认为货币供应量和货币流通速度直接决定了名义国民收入的波动,而且极端地认为,经济波动完全是由于银行体系交替地扩张和紧缩信用所造成的,尤其是短期利率起着重要的作用。霍特里把经济周期完全归结为一种货币现象,显然并没有抓住经济周期产生的根源。但他强调货币因素在经济扩张和收缩中的作用,这在经济周期研究中有很大的价值,20世纪80年代货币主义的兴起实际上就是对纯货币理论的继承和发展。

4. 投资过度理论

投资过度理论把经济的周期性循环归因于投资过度。由于投资过多,与消费品生产相对比,资本品生产发展过快。资本品生产的过度发展促使经济进入繁荣阶段,但由此导致的过剩又会促使经济进入萧条阶段。

投资过度理论的一个重要代表人物是英籍奥地利经济学家哈耶克(Hayek),他因货币理论和经济周期理论方面的首创性工作而荣获1974年诺贝尔经济学奖。哈耶克的投资过度理论被称为货币投资理论。这种理论认为,周期的高涨阶段的出现,是由自然利率与货币利率两者之间的差异引起的。

此外,还有另外一种投资理论,也即非货币投资理论。这种理论的代表人物是德国经济学家施皮特霍夫(Spiethoff)和瑞典经济学家卡塞尔(Cassel)。他们认为,货币因素可以视为当然现象而不是一种推进力量。他们看重的是属于生产范围的那些因素,如新发明、新发现、新市场开辟,等等,也就是为新投资提供机会的那些环境。

5. 创新论

在解释经济周期的众多理论中,一个颇有影响的是熊彼特(Schumpeter,1883—1950)的创新论。熊彼特反对新古典经济学中关于资本积累过程是"平稳和具有连续性"的观点,认为创新活动使得商业和资本主义经济处于波动之中。他所说的创新指的是企业家所进行的引进新产品和新的生产方法、开拓新市场、发掘新的原料来源、建立新的企业组织形式等活动。熊彼特认为,经济周期的形成,是由于创新活动引起了原有均衡状态的破坏和新的均衡状态的出现。在熊彼特看来,经济周期不是对经济的破坏,而是经济发展的形式。创新的出现使得经济出现商务的高潮,随着市场的饱和,商务机会逐渐消失,资本主义经济便转入衰退,从而形成了经济周期。

6. 乘数—加速数模型

凯恩斯(Keynes)认为,边际消费倾向递减、资本边际效率递减以及流动性偏好对经济周期的产生都会产生作用,但是经济周期形成的主要原因是资本边际效率递减产生的经济波动。凯恩斯研究经济时采取的是比较静态的方法,通过有效需求不足解释了非充分就业状态的存在和经济波动的原因,但他对宏观经济的波动缺乏动态的描述。

《就业、利息和货币通论》出版后,凯恩斯的一些支持者,如卡尔多(Kaldor)、哈罗德

(Harrod)、汉森(Hansen)、萨缪尔森(Samuelson)、希克斯(Hicks)等人都致力于把凯恩斯的理论进行长期化和动态化,并建立了一些动态循环周期模型。其中汉森和萨缪尔森所建立的乘数—加速数模型影响最为广泛,该模型把乘数原理与加速数原理结合起来解释经济周期,详见专栏3—2。

专栏3-2

乘数—加速数模型

乘数—加速数模型对经济周期的动态描述是这样的:假定萧条过后进入复苏阶段,商务需求逐渐恢复,修建厂房,安置机器设备,资本品工业部门的就业增加,从而提高对消费品的需求,产生乘数过程,创造了消费品工业部门的新就业。随着就业的增加,对消费品的需求水平进一步提高。通过加速过程,又增加了对资本品的需求。一旦各个行业现有的生产能力被充分利用以后,便需要增添新的机器设备,这时加速数就成为决定商务支出的主要因素。商务支出的增加,提高了资本品工业部门的需求,又会引起乘数过程。乘数与加速数的相互作用使一国经济迅速膨胀,进入经济繁荣阶段。

乘数与加速数的相互作用,又能使繁荣转变为萧条。一国经济的迅速膨胀不能维持太长的时间,最终会由于某些资源的稀缺而产生瓶颈现象,阻碍经济的继续扩张。一些部门超速发展会导致供应原材料的部门生产跟不上。商务需求的长足增长,导致商务资金来源减少,利率上升。这些因素的存在势必会提高生产成本、降低利润率、放慢生产增长速度,从而减缓真实收入和就业的进一步增长。一旦生产增长速度放慢,又将产生加速过程,引起厂房设备投资的减少,资本品工业部门就业下降,收入减少,通过乘数作用,降低消费需求。一旦消费需求降低,通过加速过程,厂房设备投资就下降到非常低的水平,甚至成为负数,因为原有生产能力已有一部分闲置起来了。于是失业迅速增加,一国经济处于衰退甚至萧条的境地。

加速数与乘数的相互作用还能说明由衰退走向复苏的过程。假定一国经济正处于周期最低点的萧条阶段。家庭和企业尽量推迟并降低支出水平,但总需求不会降低为零。因为当个人可支配收入降低时,该项收入中用于支出的部分就越来越大。不但该项收入可以全部用于支出,而且还会发生负储蓄。在这种情况下,商务支出更可能倾向于推迟进行。但是由于市场上还有一定的销售量,重置商务还是需要的。在这种情况下,还维持着最低水平的国民收入。如果这时没有其他引起复苏的因素,但由于现有机器设备的磨损报废,为了满足现期生产水平的需要,重置商务最终还是要增加的。资本品工业部门生产水平的提高,通过乘数过程进一步增加收入,提高需求,加速过程的作用又增加了资本品工业部门生产活动的水平,于是一国经济走出谷底。经济一旦开始扩张,就会像前文所述的那样加速地向上运动,形成新一轮经济周期。

7. 货币周期理论

货币周期理论是由美国经济学家卢卡斯(Lucas)提出来的。按照这种理论,当货币供给发生变化时,价格水平也将发生变化,人们对此做出的反应形成了经济周期。在从价格水平变化到经济周期性波动的过程中,关键环节或传导机制是在信息不完全的条件下人们对价格水平的变化所做出的判断。在卢卡斯看来,经济波动是由于未预料到或不规则的货币冲击而引起的。在货币冲击发生以后,人们在信息不完全的条件下做出反应,导致实际产量的波动。但是,随着人们逐渐搜集到完整的信息,货币冲击的影响将会消失,经济将恢复到自然的增长路径。

8. 实际经济周期理论

实际经济周期理论的代表人物有美国经济学家巴罗(Barro)、普瑞斯科特(Prescott)、坎贝尔(Campbell)、金(King)和普洛塞(Plosser)等人。他们认为经济波动源是实际的因素而不是货币的因素,在经济中经常出现某些实际变量的冲击,如技术革新、石油危机、农业歉收、战争爆发、人口变动等,它们的影响或者马上波及各个经济部门,或者从一个经济部门扩展到各个经济部门,从而造成经济的波动。

9. 新凯恩斯主义经济周期理论

新凯恩斯主义者主要有曼丘(Mankiw)、萨墨斯(Summers)、菲利普斯(Philps)、斯蒂格利茨(Stiglits)等人,他们研究经济周期时采用了工资和价格有黏性的假定,这与凯恩斯假定价格和名义工资具有刚性相似,区别在于它们是可调整的。新凯恩斯主义认为,经济不会永远处于非均衡状态,而是会慢慢调整的,由于工资黏性和价格黏性的存在,劳动市场和产品市场都存在超额供给,导致工人出现非自愿失业,经济出现衰退,最终总需求曲线就要向左移动,新的总需求曲线和总供给曲线交于新的均衡点,新的均衡点要求价格下降、工资下降。

10. 政治周期理论

政治周期理论认为,政府交替执行扩张性政策和紧缩性政策的结果,就是扩张和衰退的交替出现。政府企图保持经济稳定,实际上却在制造不稳定。为了充分就业,政府实行扩张性财政和货币政策。但是,在政治上,财政赤字和通货膨胀会遭到反对。于是,政府又不得不转而实行紧缩性政策,这就人为地制造了经济衰退。这是政府干预经济所造成的新型的经济周期,其原因在于充分就业和价格水平稳定之间存在着矛盾。

(三) 马克思主义的经济周期理论

上述西方经济学理论并没有很好地揭示经济周期的本质及其产生的根源,只有马克思主义的经济危机和经济周期理论科学地阐述了经济周期的本质。

马克思主义的经济周期理论包括以下内容:

1. 经济危机爆发根源于资本主义的基本矛盾

马克思认为,经济危机的可能性发展成为现实的危机,其根源在于资本主义基本矛盾,即生产的社会化和生产资料的资本主义私人占有形式之间的矛盾。在资本主义生产方式下,生产资料和劳动产品被资本家私人占有,生产、分配和交换服从于资本家追求剩余价值的需要。因此,生产的社会化与资本主义私人占有形式之间存在对抗性质的矛盾。这是生产力与生产关系这一社会基本矛盾在资本主义社会的具体体现,是资本主义社会一切冲突的根源,也是资本主义经济危机产生的根源。

2. 资本主义经济周期由若干阶段组成

马克思把经济周期分成四个阶段,即危机、萧条、复苏和高涨。危机是周期的决定性阶段,危机爆发后,商品销路突然缩小,生产猛烈下降,企业纷纷倒闭,工人大批失业。危机持续一段时期以后,接着就是萧条阶段。萧条阶段社会生产处于停滞状态,大批失业工人没有就业,销售困难,整个社会的经济生活呈现一片萧条景象。经过一段时期的萧条以后,市场情况开始好转,有些资本家开始固定资本更新,就业人数开始增加,物价回升,社会生产逐渐恢复到危机以前的水平。当整个社会生产超出危机前的最高点时,经济周期从复苏进入高涨时期。在高涨阶段,生产不断扩大,市场兴旺,信用关系也随之扩展,生产水平突飞猛进。但在一个时期的迅猛发展以后,又会重新陷入危机的泥坑。资本主义的经济周期就是循着危机——萧条——复苏——高涨——危机这几个阶段逐步前进的。

3. 固定资本更新是经济危机周期性的物质基础

马克思认为,资本主义经济危机周期爆发的物质基础是固定资本的更新。固定资本的更新既包括物质的替换,也包括价值的补偿。固定资本的大规模更新,既是资本主义经济暂时摆脱危机、重新走向复苏和高涨阶段的物质基础,又是下一次经济危机到来的物质基础。

（四）国际商务环境的变化与经济周期的关系

1. 总体性的经济行情波动本质上是经济的周期性运行

经济周期不同阶段之间的转变必然导致国际商务环境的变化。在世界市场上,各国经济的景气与不景气是影响商务环境变化的根本因素,也是研究国际商务环境首先应考虑的因素。

2. 国际商务环境的变化比经济周期的变化更加错综复杂

虽然经济周期制约着商务环境,但国际商务环境作为一个具体的现象,要复杂得多、丰富得多。例如,虽然在危机阶段行情的主流是趋于下降的,但并不排除行情会出现一定程度、一定时间内的回升。

3. 马克思主义经济周期理论对分析国际商务环境具有指导作用

当前,资本主义仍然有很强的生命力,主要资本主义国家再也没有发生类似于1929—1933年的"大萧条"。这表明,资本主义的生产方式在全球范围内将会长期存在,并占主导地位。但马克思主义的经济周期理论也并没有过时,第二次世界大战以后,资本主义国家的经济发展仍然呈现出明显的周期性,且各阶段表现出的特征与马克思、恩格斯所描述的并没有根本上的区别。我们在分析国际商务环境时,应当始终把握经济的周期性变化规律,不被纷繁复杂的经济表象所迷惑。

4. 如何看待我国市场经济条件下的经济周期

我国是一个社会主义国家,但我国的经济发展同样具有明显的经济周期,而且我国的经济周期与世界经济周期具有明显一致的步调。要理解这一点,需要从两个方面来认识。

第一,从经济基础看,我国还处于社会主义初级阶段,生产力水平比较低,这决定了我国的生产资料所有制不是完全的公有制,生产的社会化和生产资料的私人占有之间的矛盾必然在一定范围内存在。因此,经济的周期性波动在我国同样难以避免。当然,我们的所有制是公有制为主体的,国有经济在国民经济中起着主导作用,我国政府对宏观经济的调控能力比资本主义国家的政府要强得多,因此经济波动的幅度可能会比较小。

第二,在经济全球化背景下,我国的经济与世界经济密切相关,已成为世界经济中不可或缺的部分。2013年,我国的进出口贸易总额超过4万亿美元,居世界第一位,实际利用外资和对外投资双双超过1 000亿美元,这就使得我国经济与世界经济具有很强的关联性。世界经济的波动,必然影响国际贸易和国际投资的发展,我国经济必然呈现出与世界性的经济周期同步的趋势。

5. 把握经济周期不同阶段的国际商务环境

准确把握经济周期与国际商务环境的关系,对于制定国际商务政策和具体的策略、措施的运用,有重要的意义,我们应根据经济发展的周期性变化,相机抉择,采取合理措施,促进国际贸易、国际投资等各项国际商务活动的开展。

二、影响国际商务环境的非周期性因素

(一) 非周期性因素的特点

国际商务环境除了受经济周期的影响外,还受到许多外来的、偶发性因素的影响。这些非周期性因素既有经济的、政治的、自然的因素,也还有规则性、偶发性的因素,更有长期性和短期性因素。

具体来说,非周期性因素对国际商务环境的作用有以下几个特点:

第一,非周期性因素具有偶发性、不规则性和一定的历史性,从而使经济周期具有特殊性和不规则性。

第二,非周期性因素作用的范围有很大的不同。有一些非周期性因素广泛影响到各个国家或地区的各个经济部门,另外一些非周期性因素只作用于个别国家或地区,还有一些非周期性因素只作用于个别经济部门。

第三,非周期性因素作用的程度和方式有很大的不同。有一些非周期性因素直接、迅速、普遍地影响各个经济部门,也有一些非周期性因素通过直接作用于部分经济部门或总供给、总需求的某一方面,再对其他经济部门产生影响。

第四,非周期性因素作用的时间有很大的不同。许多非周期性因素只在较短的时间内影响经济周期,但有一些非周期性因素能对经济周期产生长期的影响,如政治局势的变化、科学技术的发展、经济结构的变化、国家垄断资本主义的发展等。

第五,非周期性因素的影响具有一定的局限性。由于非周期性因素是通过内在机制的相互联系而发挥作用的,它只会改变经济周期的波动形式,不会消除经济周期。

(二) 第二次世界大战后主要非周期性因素

1. 科学技术的发展

科技进步对国际商务环境有着重要的影响。一方面,科学技术不断进步,生产能力不断提高,市场竞争日益激烈,加剧了世界经济的不稳定性;另一方面,新产品层出不穷又使生产能力的发展较易适应市场需求的变化,因而使经济危机一般比较缓和短暂,萧条阶段不明显,复苏和高涨阶段较长。同时,由于科技的进步,技术含量不断上升,而原材料的比重则日趋缩小,这种趋势一方面加剧了发达国家在研究与开发投入方面的竞争,不断提高其产品的有机构成,产生"机器排挤工人"的现象,加重失业,影响经济稳定发展,另一方面也严重打击了依赖初级产品的生产与出口的发展中国家,使世界初级产品的贸易条件长期恶化。

2. 区域经济一体化

区域经济一体化是指地理位置相临近、经济发展水平相当的两个或两个以上国家(地区),为取得区域内国家(地区)间的经济集聚效应和互补效应,实行统一的经济政策,实现商品、劳务和生产要素在区域内自由流动和重新配置而建立的跨国(地区)性区域经济组织。区域经济一体化的组织形式有五种:自由贸易区、关税同盟、共同市场、经济同盟和完全的经济一体化。

当前,区域经济一体化深入发展,在世界各地特别是亚洲得以迅速推动。区域经济一体化对国际商务环境的影响是非常深刻的。一方面,它使集团内部生产要素、商品、服务的自由流动得到加强,促进了集团内部贸易的增长,扩大了区域内部市场;另一方面,区域经济一体化会产生贸易和投资替代效应,使其他国家失去一部分市场,损害了区域外一些国家(地区)的利益。

3. 主要国家政府经济政策的变动

第二次世界大战后,由于国家垄断资本主义的迅速发展,政府经济政策已成为影响经济发展的经常性因素。政府经济政策最直接的目的是保证经济均衡稳定发展,熨平经济周期波动。国家对经济实行干预,主要运用财政政策和货币政策。财政政策包括财政收入政策和财政支出政策,其政策手段主要有调整税率、发行国债、国家投资、政府采购和转移支付等,进而通过增加或减少财政收入和财政支出来影响社会消费总量和商务总量,使总需求与总供给保持平衡,维持经济的稳定增长。

政府货币政策是指一个国家的中央银行利用一定的金融工具来调节商业银行的经营行为,进而影响商务和消费。其中主要的金融手段有:调整存款准备金率、调整再贴现率、公开市场操作。一般来说,因经济过热而使通货膨胀加剧时,应实行紧缩性财政政策和紧缩性货币政策;经济衰退时,应实行扩张性财政政策和扩张性货币政策。但由于政府经济决策难免出现偏差和错误,加上政治等问题也会左右政府经济决策,政府经济政策就会产生与通常的反周期原则不一致的意外行为,而这种意外行为往往会走向反周期的反面,从而加剧经济的周期波动。当然,政府的一些意外政策行为也会强化政府经济政策的反周期作用,在一定时间内较大程度地扭曲经济周期的进程。

4. 政治局势变化尤其是战争的影响

政治局势变化对国际商务环境的影响是非常明显的,一般说来,和平的国际环境有利于各国经济的发展,但一定条件下国民经济军事化同样也能在一定程度上促进经济繁荣。第二次世界大战后美国一直保持着庞大的军备开支,国民经济的军事化对刺激经济发展、缓和经济危机起到一定作用。冷战结束后,美国庞大的军备开支尽管已在一定程度上降低了维护安全方面的意义,但对支持美国经济的发展仍然意义重大。此外,战争的爆发会增加对军需物资及战后重建所需资源的需求,从而创造出"战争景气",美国发动的朝鲜战争及越南战争曾两度使美国避免了即将来临的经济危机。

5. 自然条件的变化

影响资本主义经济周期的自然条件主要是气候变化、自然灾害(如洪水、干旱、地震)等。气候变化及自然灾害对经济周期的影响,主要是通过影响农产品等初级产品的产量、改变短期内的农产品等初级产品的供给状况来实现的。农业的大丰收,能成为经济周期扩张阶段的一个重要的发动和加强因素;农业的歉收,能成为经济周期扩张阶段的阻碍因素或收缩阶段的发动和加强因素。总之,因自然条件变化而引起的初级产品供给短缺,在经济周期内在因素的共同作用下,会使经济周期变形。

6. 恐怖主义的影响

在经济全球化时代,国际恐怖主义对地区局势乃至国际和平与安全构成严重的威胁,给遭受恐怖袭击的国家直接造成巨大的经济损失,而且造成当地居民恐慌,影响居民正常的购物行为,从而影响国际贸易和国际投资的进行,加大国际商务风险,正日益成为影响国际商务环境稳定的一个新因素。

7. 重大恶性传染病的影响

重大恶性传染病从来都是人类社会发展之大敌,无论何种恶性传染病,都会引起广泛而强烈的关注。从经济学上看,是因其具有典型的负外部性,加上病原具有传染性,无论原发于哪个国家或地区,它都具有全球性特征,给这些地区甚至全球带来巨大灾难。例如,1918年在西班牙爆发的世界性流感造成了至少2 000万人死亡,1957年的亚洲流感和1968年的香港地区流感共造成全世界150万人死亡。

上述影响国际市场环境的非周期性因素,都会使经济周期变形。具体来说,这些因素作用于经济周期的结果有以下几类:第一,能使经济周期波动的幅度发生变化。虽然一些非周期性因素既不会使经济高涨或使经济危机发生逆转,也不会改变经济周期的转折点,但会使整个经济周期的波幅变小,或者使经济周期波动中原有的扩张或收缩势头发生减弱或增强。第二,非周期性因素能使经济扩张或收缩的持续时间发生变化。如果在经济临近或处于转折点时,非周期性因素使经济朝与此前相同的方向变化,就会使经济扩张或经济紧缩延续下去;如果在经济没有到达转折点时,非周期性因素对经济产生出与经济周期方向相反且力量足够大的推动力,则原来的经济周期波动就可能变形。

第五节 国际商务环境的指标分析

一、国际商务环境的宏观经济指标分析

国内生产总值增长、充分就业、物价稳定、国际收支平衡不仅是国际公认的反映经济

运行态势的四大宏观调控目标,也是考察国际商务环境的主要宏观经济指标。

(一) 国内生产总值

从总量指标上来看,国内生产总值(GDP)可以反映一个国家或地区的经济总规模和总水平。GDP对宏观经济的作用主要表现为,它不仅是反映一个国家或地区在较长时期内的经济发展规模和经济增长速度的最具有综合性的指标,还是衡量一个国家总体经济情况趋好或趋坏的主要标志,反映一国潜在的所能吸收的就业量。

从平均指标上来看,GDP与人口指标相结合就可以计算出人均GDP。人均GDP是衡量一个国家或地区富裕程度以及居民生活水平的重要综合指标。把各国的人均GDP折算成美元,可以进行国际比较,反映各个国家的富裕程度。但是,人均GDP只有在一定条件下才能客观地反映居民的生活水平、国家的富裕程度,如整个社会的收入分配较平均。否则,就带有很大的不真实性。

此外,GDP结构能够反映各个地区的产业结构、需求结构,这对于了解一个国家经济的地区产业分布状况、地区需求分布状况、制定正确的地区经济协调发展政策具有重要的意义。

总之,GDP能够反映一个国家的经济总体规模和结构,反映一个国家的贫富状况和人民的平均生活水平,反映一国经济是处于繁荣还是处于衰退时期,是处于通货膨胀还是处于通货紧缩状态,等等。

(二) 固定资产投资

固定资产投资是以货币表现的建造和购置固定资本活动的工作量,它是反映固定资本投资规模、速度、比例关系和使用方向的综合性指标,即用于厂房、机器设备等方面的投资。固定资本投资是社会扩大再生产的重要一环,固定资产投资效益的好坏直接关系到经济能否稳步增长。

(1) 固定资本投资的紧缩与扩张,不仅是影响一国经济总量平衡和经济增长速度的最重要的因素,而且直接影响到货币流通量的增减和物价指数的高低。

(2) 从需求角度来看,当年的固定资产投资可以形成当年的需求,进而扩大对劳务的需求,缓解当前就业压力,拉动经济增长。

(3) 从供给的角度来看,投资创造需求,固定资产投资可以形成新的生产能力,从而增加社会的总供给,使生产能力及社会有效需求相应增加,促进国民经济相关行业的发展,推动建筑业、工业等行业生产的增长,为国民经济的进一步增长奠定基础。

(4) 固定资产投资的方向对一国的产业结构、产业空间分布、产业规模效应和技术状况具有决定性的作用。其中,在产业结构方面,一般来讲,现存的产业结构是由过去的固定资产投资在各部门的配置而形成的,调整现存的不合理的产业结构也主要靠调整固定资产投资的方向来实现。

(三) 就业和失业

就业是关系着国计民生的重大问题,是经济繁荣与否的标志,是衡量社会安定与否的重要因素。因此,对就业和失业指标进行统计检测不仅可以为判断宏观经济环境提供很好的借鉴,而且可以对国家实施宏观调控提供很好的参考和导向。

就业对宏观经济环境的影响主要表现在以下几个方面:

(1) 从长期趋势看,就业人数总是随人口和劳动力的增加以及经济的发展而增加的。例如在美国,从 1950 年到 2013 年,人口从 15 227 万增加到 31 617 万;民用劳动力从 6 221 万增加到 15 521 万。1950 年第一季度到 2013 年第四季度,实际 GDP 增加了 7.64 倍,工业生产增加了 6.62 倍。人口就业数量的增加是缘于第二次世界大战后科技革命的巨大发展以及劳动生产率的大大提高。

(2) 就业人数的变动与经济活动的盛衰有关。失业人数的变化与经济周期阶段的变化有明显关系。当前全球经济复苏已持续一定时间,而失业人数仍无明显减少,甚至还继续增加。2013 年,全球失业率为 6%,全世界有 2.02 亿人失业,比 2012 年增加 500 万人,预计到 2018 年,全球失业人口将达到 2.18 亿。另外还有 10 亿人处于就业不充分的状态。这说明经济回升乏力,导致投资目前仍以流向证券市场为主,而不是流向能够带动就业的实体经济;一些国家推行的货币与预算政策也增加了劳动力市场的不确定性。

(3) 经济结构的变化引起就业结构的相应变化。第二次世界大战后农业就业人数减少,而非农业就业人数增加;而在非农业部门中,物质生产部门的就业人数绝对增加而相对减少,非农业部门中劳务生产部门的就业人数的绝对数和相对数都增加。这种就业结构是与产业结构中第一产业规模不断下降、第二产业规模先上升后下降、第三产业发展方兴未艾的结构一致的。

(4) 作为反映周期变化的指标,失业不仅影响经济的增长,造成部分劳动力资源的闲置和浪费,加重财政负担,而且使失业者及其家庭失去了正常的经济收入,危及劳动力的再生产,影响劳动力素质的提高,进而激化社会矛盾,对社会秩序的稳定构成极大的威胁。

(5) 高经济增长不一定带来低失业率。经济增长是就业增长的前提,一般而言,经济增长速度快,失业率就低;经济增长速度慢,就业水平就低,失业率就高。但是,事实并非完全如此,许多国家失业率的降低不仅取决于经济增长率,而且取决于经济增长方式。

(四) 工业生产总指数

工业是国民经济的重要部门之一。我们在研究一个国家的商务环境时,工业生产总指数是一个不可缺少的重要指标,其作用主要有:

(1) 经济周期阶段的划分应以工业生产总指数所表现的上升或下降的基本趋势为主要标志。

(2) 把工业生产总指数作为经济周期变化的重要指标,还应当以工业生产总指数的下降或上升的幅度来衡量经济危机或衰退的深度或经济高涨的强度。1974—1975 年的经济危机是第二次世界大战结束后最严重的一次经济危机。在这次危机中,美国、日本、法国、英国和意大利工业生产下降的幅度分别为 15.3%、21.4%、14.9%、11.4%、23.0%。

(3) 工业生产总指数还可以用来计算经济危机或衰退持续的时间,可以用工业生产月度指数连续下降的月数表示经济危机或衰退持续的时间。1979—1982 年的经济衰退幅度虽然不如 1974—1975 年大,但其持续时间则是战后历次经济危机中最长的,美国、日本、法国、英国的经济危机持续的时间分别为 44 个月、41 个月、40 个月和 38 个月。因此我们也可以说,1979—1982 年的经济危机是战后以来最为严重的一次世界性的经济危机。

（五）国内贸易

国内贸易反映商品在国内市场的流通情况，包括零售贸易和批发贸易，常常反映国际商务活动的盛衰。

（1）国内零售贸易反映国内商品的流通情况，因此可以作为同步经济指标，反映资本主义经济周期的变化。

（2）在国内贸易中，批发贸易对于经济周期的反应比零售贸易更敏感，因而常常作为先行性经济指标，反映经济周期的变化。

（3）在经济变动的过程中，耐用品的零售贸易对经济周期的反应较非耐用品的零售贸易更为明显，因此在投资中，人们通常把耐用消费品作为周期敏感性行业，主要配置于经济复苏阶段；把非耐用品作为防守型行业，主要配置于经济衰退阶段。

（4）第二次世界大战后，主要资本主义国家盛行消费信贷（consumer credit）制度以促进耐用消费品的销售。消费信贷分为分期付款信贷（installment credit）和非分期付款信贷（non-installment credit），即一次性信贷，其中以分期付款信贷为重，约占全部消费信贷的80%。分期付款信贷主要应用于耐用消费品。这种消费制度有力地扩大了汽车等高级耐用消费品的销售量，较大地促进了战后主要资本主义国家耐用消费品的生产和销售。

（六）国际收支指标

国际收支指标是研究经济行情的重要指标，它不仅反映一个国家国内经济的状况，而且反映一个国家国际商务活动的变化。

由于商品和资本的广泛流通，主要资本主义国家之间以及发达资本主义国家与发展中国家之间，在经济上既相互联系又相互矛盾，这种联系和矛盾可以体现在各国的国际收支上。联系主要表现为发达国家必须向发展中国家大量出口工业制成品以扩大其市场，进口来自发展中国家的原料和燃料以扩大再生产。矛盾主要表现为为应付国际收支的恶化，各国一般会采取鼓励出口、限制进口的措施来改善自己的国际收支，转嫁危机。

在国际商务环境研究中，不仅要注意资本主义国家国际收支的总体变化，还要研究其国际收支中主要项目的变动情况，这有助于我们了解整个国际收支发生变化的原因。当前，在主要资本主义国家的国际收支中，资本项目不仅日趋重要，而且情况越来越复杂。在国际货币金融市场剧烈动荡的情况下，短期资本迅速和大量流动，往往对有关国家的国际收支造成很大的影响。

主要资本主义国家的国际收支中，国际贸易收支总是占最大比重。所以，当一国国际收支情况恶化时，它总要在对外贸易方面进行调整，在加强出口的同时限制进口，力图扩大贸易顺差或缩小贸易逆差，以改善本国的国际收支情况。当资本主义国家为了改善国际收支的不利状况而在对外贸易方面采取限制进口的措施时，就可能对发展中国家的出口贸易产生不利影响。

（七）综合商品价格指标

第二次世界大战以前，综合商品价格指标（composite price index）是周期变化的最重要指标之一。例如,在 1929—1933 年的大萧条中,美国的零售物价指数(CPI)下降了 24.4%,批发价格指数(PPI)下降了 33%,其中原料品下降幅度最大,达 44.4%,半成品次之,达 37.4%,而制成品下降幅度最小,为 26.7%。由此可见,经济危机对那些生产比较分散的生产者打击最大,而对那些生产比较集中和垄断的工业生产者的打击较轻。第二次世界大战后,由于垄断因素的加强和通货膨胀的持续,资本主义经济的 CPI 比 PPI 更难反映周期的变化,发达国家的 CPI 只在 1948—1949 年的危机中下降了 1%,其余各次危机期间 CPI 都是持续上涨的。这是因为商品价格作为价值的货币表现形式,既受商品因素的影响,又受货币因素的影响。在金本位制时代,各种价值符号与黄金挂钩,可以稳定地代表一定数量的黄金进行流通,从而保证了币值的稳定,不至于发生通货膨胀现象。商品价格基本上完全受商品供求制约。但第二次世界大战以后,资本主义国家在信用制度的推动下,商品价格不完全反映其价值,通货膨胀越来越严重。归纳起来,主要有以下几个原因:

(1) 冷战环境使主要资本主义国家为了扩军备战,大量增加军备开支,滥发纸币和公债以弥补庞大的财政赤字。

(2) 资本主义国家广泛推行凯恩斯主义,扩大政府开支、刺激私人商业,以缓和经济危机。

(3) 垄断加强,垄断作价制度广泛流行。

(4) 由于外汇危机的加剧,许多资本主义国家的货币经常发生贬值。

(5) 国际清算手段,尤其是欧洲美元泛滥。

在上述因素的影响下,许多资本主义国家都出现了不同程度的通货膨胀。而资本主义国家内部的通货膨胀最终会导致世界性的通货膨胀,从而对世界商品的价格产生深远的影响。国内通货膨胀之所以会转化为世界性的通货膨胀,原因有二:

其一,随着国际贸易的发展和世界贸易自由化趋势的加强,资本主义国家国内市场与国际市场日益连成一体,两个市场之间密切相关、相互作用,推动世界价格的上涨。

其二,长期以来,在国际贸易中,世界市场主要的结算货币是美元、英镑、瑞士法郎、德国马克(现在主要是欧元)、日元等,所以这些国家国内的通货膨胀意味着世界货币的贬值,这显然会促使世界商品价格上涨。

从第二次世界大战以来资本主义经济的发展历程可以明显地看出通货膨胀对世界商品价格的影响。由于作为世界主要货币的日元、英镑、美元、马克都出现了大幅度的贬值,世界商品价格也出现了显著的上涨。例如 1980 年与 1950 年相比,工业初级产品(不含石油)出口价格平均上涨了 2.17 倍,而制成品平均出口价格则上涨了 3.27 倍。而 2013 年发达国家的 CPI 又较 1980 年上涨了 1.89 倍。

虽然当前通货膨胀率这一指标对研究经济周期的变化已无太大意义,但仍被认为是考察国际商务环境的重要指标。例如,由于通货膨胀,物价不断上涨,工人的工资提高了 5%,工人的货币收入增加了。但如果同一时期 CPI 上涨幅度为 10%,那么工人的实际工资就下降了,生活水平也降低了。

当然,CPI 的变化不是反映居民生活状况变化的唯一指标。居民生活状况的变化还与失业状况、税收负担、债务负担、劳动条件等因素相关。而且,CPI本身也有很大的局限性,并不能完全真实地反映与人民生活有关的商品和劳务价格的变化。政府在编制CPI时,可以在选择商品和劳务项目以及这些项目的加权上做文章,减小与国民生活最有关系的那些项目的比重,从而千方百计地减小这一指数的上涨程度。

(八) 股票价格指数

股票价格指数是反映股票价格水平变动程度和变化趋势的重要指标。在资本市场上,股票价格指数是市场的象征,是商务活动者、监管者等市场主体最关注的信息,它的变化对商务策略、监管措施都有着直接影响。因此,一个成熟的资本市场必然要求有一个成熟的、功能齐全的股票价格指数体系。

股票价格的重要特点是频繁的、有时是剧烈的波动。影响股票价格波动的因素有很多,有周期因素也有非周期因素,有经济因素也有政治因素和其他因素,正因为影响股票价格变化的因素错综复杂,股票价格作为周期变化的指标来说,既是一个有用的指标,也是一个容易引起错误结论的指标。

从长期趋势来说,股票价格变化与经济周期变化基本一致,即危机和萧条时期,股票价格下跌;复苏和高涨时期,股票价格上涨。股票价格的转折性变化往往早于经济周期的转折性变化。危机开始之前一定时期,往往出现股票价格的下跌;复苏开始之前一定时期,往往出现股票价格的回升。这就是说,股票价格的变化对周期变化有预兆性,也正因为如此,人们通常把股票价格称为"经济晴雨表"。

股票价格为何对周期变化有预兆性呢?因为股票价格的变化,反映的主要是对那些大企业利润前景的估计,而那些大企业的利润前景又与经济发展前景有关。当周期的高涨持续到一定时候,生产过剩的矛盾已趋尖锐,股票价格往往领先下跌而成为危机行将来到的信号;当周期由萧条转向复苏时,股票价格往往领先上涨而成为复苏行将到来的信号。

二、国际商务市场环境的微观经济指标分析

与宏观经济环境研究的侧重点不同,微观经济环境研究是更为具体的、微观的、规律性和非规律性因素的分析,主要表现为供给和需求、价格水平、商品存货规模、订单等要素之间的比例关系和动态关系。不过,在微观经济行情诸元素中,价格表现最为直观,所以微观经济行情更注重商品在国际市场上的价格动态。

(一) 商品生产

商品生产是供给的基础,是商品国际市场环境的重要组成部分和基本影响因素之一。商品生产动态与下列因素密切相关:

1. 商品生产周期

商品生产周期是指商品从开始生产到完成生产所需要的时间。它往往受一定时期技术水平的影响,因而比较稳定。不同商品有不同的生产周期,如大型机械(飞机、船舶、

成套设备等)的生产周期往往较长,有些产品的生产甚至是跨越年度的;而有些商品,尤其是许多日用消费品,生产周期则较短,如鞋袜、饮料、香皂等产品,在短时间内就能生产成千上万件。

2. 商品生产的季节性

许多商品的生产具有季节性,其市场供给也表现出明显的季节性特征。个别工业品具有季节性生产特点(如空调、服装等),但工业品的季节性生产是可以人为支配的,而且弹性较大。这里的生产季节性主要指农产品的生产。农林牧渔业的产品以及与之密切相关的加工产品的生产与供给一般会表现出不同程度的季节性。尤其是农产品的生产周期在长度上和时间上都具有相对稳定性,例如,种植业产品的收获季节在一定地域一般是固定在某一时间内,渔业具有固定时间的渔汛期,等等。

3. 商品生产的垄断程度

商品生产的垄断程度对其供给的动态特征有很大影响。商品生产垄断程度越高,其供给越能适应市场需求的变化,例如,石油输出国组织经常通过生产份额的分配,控制国际市场原油的供应。而垄断程度低的或非垄断性商品,由于市场竞争激烈,生产一般难以依据需求的变化而做出适时的、有一定力度的调整,结果使供给对需求的变化表现出很大的不敏感性,价格往往会大起大落,容易使生产者蒙受较大的损失。这种情况多见于发展中国家的初级产品生产上。

4. 商品生产的技术条件

商品生产技术条件的变化,可以迅速改变其供给状况和竞争能力,使产品质量得到不断提高,新产品得到不断开发,从而使产品供给对市场需求的适应性增强。从另一方面看,新产品的出现会对旧产品形成冲击,从根本上削弱旧产品的竞争地位,使其生产、供给不断下降,甚至突破自然的限制扩大产品的供给量。例如,金属矿开采和冶炼技术的进步,使生产对矿石品质的要求不断下降,这样就可扩大矿物产品的供给量,降低需求压力。再如,农业科技的发展使农业生产受季节性限制的程度降低,从而可以改变农产品生产供给的强烈季节性限制或突破固有的区域限制,使供给更加适应市场需求。所以,技术条件的改善可以从不同角度、以不同程度,对相应商品的国际市场环境施加影响。

5. 政府政策措施

政府对经济的政策性干预对于商品生产往往有很大的影响。例如,政府通过采取种种措施,如补贴、减免税或退税、加速折旧、商务优惠、国家购买等来刺激生产、扩大供给。这种情况尤其经常出现在危机和萧条阶段,是构成反衰退措施的一个组成部分。

(二) 商品消费

商品消费是商品需求的基础。不同商品有不同的消费特点,这对需求的动态特征有较大的影响。影响消费及需求动态的因素有以下几点:

1. 商品消费周期

商品消费周期是商品自开始消费到完成消费所需的时间。商品消费周期影响商品的更新速度,不同的商品具有不同的消费周期,因而更新的速度也就不同。消费周期长的商品,更新的弹性大,更新的时间余地大,消费者可以根据条件的改变加速更新(增加无形损耗)或延缓更新(减少无形损耗),从而导致其市场需求的变动性大。例如,在经济状况恶化时,消费周期长的产品由于消费者延缓更新而使市场需求进一步下降;而在经济活跃时,又由于消费者对其加速更新而使其市场需求明显上升。这就造成这一类商品的市场需求波动相对较大。相反,消费周期短的商品,尤其是日常用品,无论经济状况好坏,都必须随时更新,更新提前与滞后的灵活性小,致使其市场需求的波动相对较小。

2. 商品消费的季节性

一些商品的消费存在着明显的季节性,即市场需求有旺季和淡季之分。这或者是由气候变化所引起的,或者是由社会风俗习惯(如节假日)所导致的,结果是某些商品的需求随季节的更迭或某些特定日期的到来而发生有规律的变化。例如,不同种类服装的需求就有明显的季节性,存在夏令和冬令服装之别;饮料、啤酒往往以夏季需求最为旺盛,而在冬季则较为疲软。某些节假日会使消费品的需求显著增加,而假日过后又会出现明显的下滑。例如,12月25日是圣诞节,是西方最为重要的节日。实际上,每年在这一天前一段时间就进入了所谓的圣诞季,圣诞季是西方国家重要的消费季节,零售额会有一个明显的上升。在美国,通常零售业全年销售额的1/4发生在11月和12月这两个月。

3. 商品消费的垄断程度

商品的消费垄断分为区域垄断和部门垄断两种,这里主要指后者。商品消费的垄断程度越高,说明商品的去向越单一,消费的部门指向越集中。这类商品需求的潜在变动性往往较大,尤其是当商品消费部门的生产垄断性同样很高时,消费部门能根据市场的好坏而大量增加或缩减生产,从而引起作为投入品的商品消费量的大幅增加或减少。这势必造成该种商品市场需求的较大波动性。例如,橡胶的消费为汽车工业所垄断,汽车工业本身又是垄断程度很高的工业部门,它的生产波动性很大,导致它对橡胶需求的波动性也很大。反之,若商品的消费垄断性较小,即商品去向分散,消费范围较广,其需求的总体变化可能会因不同消费单元需求变化的不同步性而相对较小。例如一些大众化的消费品或众多生产部门的一些共需投入产品,其消费的垄断程度较低,因而其潜在的需求波动性也相对较小。

4. 消费结构的变化

消费结构是指个人可支配收入中用于衣、食、住、行、用和文娱等方面的相对比重以及对个别不同商品消费支出的比例。在一定阶段内,消费结构具有相对稳定性。但随着时间的推移,消费结构会不断发生变化。引起消费结构发生变化的原因之一是收入的提高。收入的增加使消费者对必要消费品的支出比例有所下降,而对耐用消费品、奢侈品和精神产品的消费需求相对上升。同种商品中对较高档次产品的需求上升,而对较低档次产品的支出比例有所下降。例如,21世纪以来,随着新兴工业化国家和部分发展中国家经济的发展,汽车在这些国家也逐渐走入寻常百姓的消费中来。引起消费结构变化的另一因素是生活方式及习惯的变化,这种变化一般是由于文化的相互渗透和生活习惯的渗入以及专家倡议的缘故。例如,亚洲许多国家过去多以茶为主要饮品,但随着东西方经济的相互渗透以及由此带来的文化的相互影响,一些西方饮食习俗也逐渐传到了东方国家,现在包括日本、中国在内的亚洲国家的咖啡消费量也越来越大。

消费结构的变化对商品国际市场环境起着潜移默化的作用,它使某些产品在国际市场上经历着一个长期的变化过程。其中一些产品可能会在世界市场上越来越走俏,而另外一些产品在国际市场上的份额则可能越来越萎缩。国际市场环境在不同商品之间进行传递着,此消彼长。

(三) 商品的国际贸易

商品的国际贸易即商品的进出口,其对世界市场商品的供求有直接影响。对多数国家来说,国内所生产的产品只有一部分用于出口,所消费的产品也只有一部分来自进口。因此,与国际市场上商品供给与需求有关的并非世界各国的产品总量和消费总量,而是世界上可供出口和进口的商品数量。各国的商品出口形成了世界市场上的商品供给,各国的进口形成了国际市场上的商品需求。所以,研究国际市场上商品的供需状况,就必须研究其国际贸易状况。在这方面要了解和掌握以下几点:

1. 商品进出口的现状及发展趋势

研究任何一种商品的进出口,首先要了解这种商品的进出口水平,只有进出口水平较高的商品一般才具有研究意义。那些进口量与出口量都微乎其微的商品,不能算作世界商品。其次,要了解国际贸易量是趋向扩大还是缩小,以及扩大与缩小的原因,了解商品国际贸易的长期变化趋势及原因。这有助于我们认识相应商品在国际市场上的供求变化规律,进而有助于我们对该商品进出口量的未来变化做出准确估计和预测。

2. 商品的主要进出口国

由于商品的主要出口国是世界市场上商品的主要供给者,而主要进口国是世界商品的主要需求者,所以商品主要进口国和出口国的贸易量对国际市场上的供求力量对比起决定作用。研究世界商品的主要贸易国家,首先要了解其进出口量在国际市场上所占的比重,比重越大,其进出口变化对国际市场供求关系的影响就越大。其次,要了解主要进出口国家国民经济对其对外贸易的依存度。依存度越大,其国内的经济状况及相关政策对国际商品市场环境的影响也越大。最后,还要了解世界商品主要进出口国家的需求动向和生产状况的变化。因为这关系到相应商品在国际市场上的供求变动方向。由于商品国际市场环境的变化在很大程度上取决于主要进口国消费和主要出口国生产的变化,这些国家所采取的一些国内政策措施以及其政治、经济、自然条件、科技发展动态等国内环境的变化也应作为我们研究世界商品市场环境的重点。

(四) 国际价值与世界商品价格的关系

与国内商品价格取决于其国内生产价值一样,在国际市场上,商品的价格首先是由生产它的国际价值所决定的。所谓商品的国际价值,是指生产某种商品在国际上所花费的社会必要劳动量,这种劳动量又取决于国际社会生产相应商品所需的必要劳动时间。这里的劳动是所有参与相应商品出口的国家视为标准的那种劳动,即在其看来,这种劳动的复杂性、强度和效率是中等水平的。

当然,对于参与贸易出口的国家而言,一般劳动的复杂性、强度和效率并非完全一样,即不同国家生产同种商品的价值量是不同的。而商品的国际价值只能有一个(假定国际市场是统一的),因此国际价值与各国的国别价值常常会不相等。从理论上讲,国际价值是贸易出口国国别价值的综合。不过各贸易出口国的出口数量不等,对国际市场的贡献或影响程度各异,其国别价值对国际价值的贡献也各不相同,所以生产某种商品的国际价值并不是参加贸易的国家劳动消耗的简单平均,而是与供给国在世界市场上的供给量密切相关的一种加权平均。用公式表示就是:

$$V_W = \sum_{i}^{n} q_i v_i$$

其中,V_W 为生产某种商品的国际价值,q 和 v 分别为个别国家在世界市场上的市场份额与生产该种商品的劳动消耗量,n 是为世界市场提供某种商品的国家总数。这个公式告诉我们,一个国家在世界市场上占有的份额越大,其国别价值对国际价值的贡献率就越大。因此,对于某些国别垄断性很强的世界商品,其国际价值接近主要垄断国的国别价值。

由于国际价值只有一个,而国别价值各不相同,各国商品生产的国别价值与国际价值的差别各不相同,这个差值决定了各贸易参加国不同的竞争能力或地位。一国的国别价值量低于国际价值量的程度越高,其产品在国际市场上就越富有竞争力,通过参与世界市场能够获得的利益也就越大。相反,若一国的国别价值量高于商品的国际价值量,其产品在国际市场上的竞争力就弱,产品在国际市场上出售获利就少。所以,各国商品国别价值的大小决定了其在国际市场价值分配中的地位。

与商品生产的国内价值一样,商品的国际价值与其劳动生产率成反比。劳动生产率的提高是促成商品国际价值下降的主要因素。与商品生产的国内价值不同的是,促成国际价值变化的是国际社会平均劳动生产率的变化,或者说是国际市场主要供给国劳动生产率的平均变化。影响劳动生产率的因素主要有科学技术、经营管理水平、自然资源禀赋、工资水平等。一国商品的出口量越大,其国内各种影响劳动生产率的因素对相应商品国际价值的影响也越大。

商品价格是其价值的货币表现。影响商品国际价格的因素很多,但商品国际价值变化是其价格变化的基础,或者说国际价值是决定世界商品价格最基本的因素。世界市场上许多商品价格的变动历史表明,凡是刚刚出现的处于研制阶段的产品或是小批量生产的商品,由于其生产花费的社会必要劳动时间较多,商品的价值量大,价格也就十分昂贵。而那些已进入成熟期或实现大批量、规模化生产的产品,由于商品的价值量下降了,其售价也就相应降低了。但是也应当注意,世界商品市场价格与其价值之间的联系并不是直接和立刻表现出来的。况且除商品的生产价值外,影响世界商品价格的其他因素还有很多,这些因素对商品价格的影响错综复杂,有时其影响的方向一致,有时却相互矛盾。因此,纵然价格是建立在商品价值基础上的,但我们研究现实的价格动态时不能仅考虑商品的价值量及其变化。以下要讲的内容会告诉我们哪些因素对世界商品价格同样起着重要的作用。

(五) 商品的供求关系

供求关系对商品价格的直接影响与商品价值量对商品价格的基础作用并不矛盾。商品价值量对商品价格的支配并非指商品价值与其现实的商品价格完全相等,而是指商品的价值量决定着商品的均衡价格。所谓商品的均衡价格,是指当商品的供给与需求处于均衡状态时的商品价格。但在现实情况中,供需常常是不平衡的,不是供过于求,就是供不应求,因此现实中商品价格不是稳定地等于商品的价值量,而是经常背离商品的价值量,围绕其价值量(或生产价格)上下波动,这也正是价值规律的表现形态。现实的商品价格无论是高于还是低于商品价值,都是商品供求关系的直接后果。在一定的条件下,商品的价值是相对稳定的,而其价格却无时不在变化。商品的供给、需求和价格构成了一个动态系统。无论是供给变动还是需求变动,都会对价格造成影响,从而引起商品价格的上下波动,而商品价格变化往往又会对供给或需求产生调节作用。换句话说,商品价格的变化既是商品供求关系的反映,同时也是解决供求不平衡的手段。

在市场上,商品的价格处于不断变化之中,原因来自商品供求的多变性。商品供求受许多因素的影响,这些因素使商品的供给或需求发生各种变化,无论是供给一方还是需求一方的变化都会打破旧有的供求平衡,使商品价格出现波动。

1. 影响商品供给的因素

影响商品供给的因素主要有以下几点:

(1)生产规模。生产规模越大,商品供给数量越多。而生产规模的大小又取决于生产要素和各种投入的供给能力,如生产设备的生产能力、原材料的供应能力、劳动力的供应能力等。

(2)商品价格水平。一般情况下,商品的市场供给数量与价格水平成正比,即价格越高,商品的市场供给量越大;价格越低,市场供给量越小。在市场经济环境中,利润是生产者扩大产量、增加供给的动力。在生产成本一定的情况下,利润与价格水平成正比,价格越高,就越能促使生产者多生产、多供给。因此,价格与供给的关系可以用一条向上倾斜的供给曲线来表示,如图3-1所示。

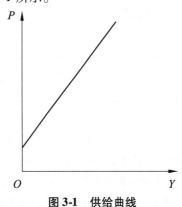

图3-1 供给曲线

(3)投入品的价格。投入品的价格就是生产成本。在产品价格一定的情况下,投入品价格上涨意味着生产成本上涨、利润率下降,进而会导致生产萎缩,产量和供给下降;反之,投入品价格下降,则会刺激厂商扩大生产,增加供给。因此,生产量与投入品价格的关系可用一条向下倾斜的曲线表示,如图3-2所示。

(4)技术因素。技术进步可以提高原材料的利用效率和劳动生产率,扩大生产的范围。在一定的物化劳动和活劳动投入前提下,可以生产出更多的产品,扩大产品的市场供给。

(5)其他因素。除以上因素外,尚有其他一些因素通过对生产成本的作用,影响着产

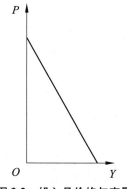

图 3-2　投入品价格与产量

品的产量或供给水平。例如,对资源性产品而言,资源状况不同,其开发利用的成本也就不同,最终会影响到产品的生产成本。再如,自然条件的优劣在很大程度上决定着农产品的生产成本。自然条件对特定农产品要求的满足程度越低,改善不利自然条件所需的成本就越大,当这种情况达到一定程度时,农产品生产在经济上就会变得不合理,从而使其生产和供给降低为零。

2. 影响商品需求的因素

影响商品需求的因素主要有以下几点:

(1)商品价格。

一般而言,在其他条件不变的情况下,消费者对商品的需求量取决于商品的价格,二者成反比关系。因此,需求的价格曲线是一条向下倾斜的曲线,如图3-3所示。对一个特定商品来讲,价格上升导致需求变化一般有两个原因:一是消费者转向购买更为廉价的代用品,这叫替代效应;二是低收入者退出该商品市场,这叫收入效应。两种效应都会使该商品的总需求量下降。同样,价格下降也会使消费者由购买该商品的代用品转向购买该产品或吸引更多的新购买者,从而使该商品的需求量上升。

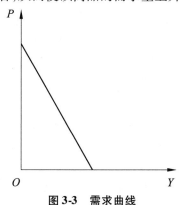

图 3-3　需求曲线

当然,需求与价格的这种关系是就一般消费者或平均情况而言的。在个别情况下,二者的关系也可能出现相反的变化,但这些变化多是由某些特殊的消费心理所致,如消费者的攀比心理、价格期待心理以及品质怀疑心理等。

(2)消费者收入。这里的收入是指消费者的可支配收入。一般而言,收入越高,对商品的需求量就越大。在国内市场上如此,在国际市场上亦不例外。一国的国民收入越高,进口能力就越强,对世界商品的需求量也就越大。收入与需求的这种关系是以消费习惯不变为前提的。但收入的变化有时会对消费者的消费习惯产生很大的影响。如收入增加,消费者会减少对某些低档品的需求,而转向购买高档品。这样,对某些商品来讲,收入与需求的关系就会出现相反的变化。但就大多数消费者和大多数商品而言,收入与需求的关系是符合上述一般规律的。

(3)相关品价格。所谓相关品,是指与某一商品在效用上可以相互替代的商品或与该商品的消费相互依附的产品。相对于原产品,前者称为替代品,后者称为互补品。不难理解,替代品价格上涨,市场会增加对原产品的需求;反之,则降低对原产品的需求,因此商品的需求量与替代品价格正相关。原商品的需求量与其互补品的需求量则具有同向变化的特点,因此,原商品需求量与互补品价格呈反比关系。

(4)偏好。有时消费者对某种商品的需求并非出自经济上的考虑,而是与一定的传统文化、历史习惯联系在一起的。这是造成不同地域、不同民族、不同人群需求差异的重要因素之一。研究需求的变化必须重视偏好因素的影响。

(5)其他因素。除了上述主要因素外,还有一些其他因素也会对需求产生影响。例如,为适应各地区不同的自然环境,人们会有不同的生活需求;宣传促销会使人们对某种产品的需求由无到有、由小到大地发展起来;外来消费习惯在当地的渗透,会改变当地人的消费结构,从而引起对某些商品需求的扩大或缩小,等等。

专栏3-3

石油输出国组织

石油输出国组织,即OPEC(Organization of Petroleum Exporting Countries),中文常译为欧佩克,于1960年9月14日成立,现有成员12个,加入顺序是:沙特阿拉伯(1960年)、伊拉克(1960年)、伊朗(1960年)、科威特(1960年)、委内瑞拉(1960年)、卡塔尔(1960年)、利比亚(1962年)、阿尔及利亚(1969年)、尼日利亚(1971年)、厄瓜多尔(1973年)、阿拉伯联合酋长国(1974年)和安哥拉(2006年)。因油气储备减少和经济转型,突尼斯(1962年加入)、加蓬(1973年加入)和印度尼西亚(1962年加入)分别于1986年、1995年和2008年退出欧佩克。

欧佩克的宗旨是:协调成员国的石油政策,采取集体行动与外国石油公司进行谈判,维护本国的石油权益。它是一个自愿结成的政府间组织,对其成员国的石油政策进行协调、统一。欧佩克旨在通过消除有害的、不必要的价格波动,确保国际石油市场上石油价格的稳定,保证各成员国在任何情况下都能获得稳定的石油收入,并为石油消费国提供足够、经济、长期的石油供应。

欧佩克国家拥有极其丰富的能源资源。据英国石油公司《世界能源统计评论》2014年数据,截至2013年年底,欧佩克成员拥有原油探明可采储量12 142亿桶,占全球总储量的71.9%;拥有天然气探明可采储量98.1万亿立方米,占全球总储量的52.8%。但是,长期以来,这些国家的石油开采、提炼、运输和销售权长期操纵在外国石油公司手里。

为了夺回石油的标价权,该组织成立以来,同外国石油公司进行了坚持不懈的斗争,他们通过提高石油资源税率,或收回石油租让地,或国有化,或积极发展自己的石油工业,逐渐夺回了石油资源的控制权,使成员国石油收入大幅提高,经济实力大为增强。

由于欧佩克国家长期控制全球原油产量的44%和出口量的60%、天然气产量的20%和出口量的22%,欧佩克的决定相当程度上会影响国际油气价格走势。例如,1973年10月赎罪日战争爆发后,欧佩克拒绝运送石油至支持以色列对抗埃及和叙利亚的西方国家,使油价上升4倍,从1973年10月17日至1974年3月18日持续5个月之久。又如,当1998年油价跌至约10美元一桶后,经委内瑞拉总统查韦斯外交斡旋后,欧佩克开始恢复按比例产油,使国际油价开始了长达10年的牛市,在2008年上半年一举创造了每桶148美元的天价,并将欧佩克组织的油气贸易盈余扩大到1万多亿美元。当前欧佩克已成为世界经济中的一股重要力量,在确定世界石油价格中起着举足轻重的作用。

(六) 货币因素

对世界商品价格有影响的直接货币因素主要包括两个方面:利率和汇率。

利率作为货币的国内价格,就表现形式来说,是指一定时期内利息额同借贷资本总额的比率。影响利率高低的因素主要有资本的边际生产率和资本的供求关系,此外还有承诺交付货币的时间长度以及所承担风险的程度。利率政策通常由中央银行控制,是宏观货币政策的主要措施。为了干预经济,政府不仅可以通过调整利率的办法来影响对商品的需求,间接影响商品价格,调节国内通货膨胀水平,而且还可以影响投资和消费需求,继而影响经济增长,形成宏观经济杠杆。

汇率是两国货币的比价。世界各国的货币之间因国与国之间的贸易往来而形成不同的汇率。商品的国际市场价格一般由可自由兑换货币,尤其是主要的几种国际结算货币来计价。所以对国际市场价格有影响的汇率一般是指主要出口国与这些货币之间的汇价。例如,泰国是世界主要的天然橡胶生产和出口国,由此,泰铢和美元或欧元之间的汇价对天然橡胶的国际市场价格往往会有较大的影响;再如,马来西亚是世界重要的锡矿砂生产和出口国,所以其货币林吉特的汇价就是影响世界锡矿砂价格的一个关键因素。也就是说,世界市场上的各种商品有不同的来源国,不同来源国货币的汇率对世界商品价格产生不同程度的影响。

复习思考题

1. 在众多的商务环境因素中,国际直接商务决策者们特别强调哪些关键性的因素?
2. 简述商务环境等级评分法的内容。
3. 简述国际商务环境冷热比较法的内容。
4. 第二次世界大战后影响世界商务环境变化的非周期性因素有哪些?
5. 简述国别价值与国际价值、国际价值与国际市场价格之间的关系。

案例分析题

某公司试图将业务拓展到中东地区,请依据闵氏多因素评估法和关键因素评估法撰写一份该公司的国际商务环境评价报告,并提出相关建议。

第四章　国际商务的运行规则

【知识要点】
1. 货物贸易规则
2. 服务贸易规则
3. 非歧视原则
4. 市场准入原则
5. 公平竞争原则
6. 透明度原则

【能力要求】
1. 了解世界贸易组织的法律框架和组织结构
2. 掌握世界贸易组织规则的建立目的与内容
3. 了解世界贸易组织的宗旨和主要任务
4. 理解世界贸易组织的基本原则
5. 分析国际贸易运行规则的新趋势及区域贸易协定的发展态势

【内容提示】

规则是一个体系或系统,它是由社会认可的非正式规则、国家或国际组织制定的正式规则和实施机制三部分构成的。合理的规则能降低交易成本,为经济运行提供服务,为实现合作创造条件,提供激励机制,以及有利于外部利益内部化。加入世界贸易组织后,中国企业参与国际经济活动日益频繁,涉及国际商务活动的企业迅速增加,中国产品在国际市场上的竞争力也显著增强。面对这种变化,中国企业和产品行走世界势必遭遇越来越多的挑战,比如国内已有不少企业因不能适应国际商务的通行规则而屡屡受挫,所以了解、熟悉并善于应用世界贸易组织与其他国际经济规则就变得十分必要,本章"导入案例"中生活家地板等企业的成功应诉就是中国企业随着对规则的掌握而逐步获得有利地位与优势的一个例证。本章将以世界贸易组织的框架、内容和原则为主体内容,介绍国际商务运行规则的现状和发展趋势。

【导入案例】

生活家地板等企业的成功应诉

在美国对中国地板企业实施"双反"的过程中,大量中国地板企业被迫退出美国市场。不过,中国地板企业也有好消息传来,主要业务围绕"双反"的上海海华永泰律师事务所合伙人余盛兴律师表示,生活家地板等五家企业最终被裁定反倾销税率为零,这是中国地板企业应对美国"双反"的完胜。

2010年11月,美国启动了对中国地板企业的"双反"调查,并提出拟向中国地板企业征收高达242.2%的惩罚性关税,此时正是国内地板市场增长出现衰退、美国市场成为中国地板企业的新机会之时。从2010年主动联手地板企业应对美国"双反",生活家地板就坚信一定能够打赢这场官司。因为生活家出口美国的都是高价值、高价格的产品,出口美国的产品从来没有拼价格,都是靠美学竞争力赢得客户和市场,根本不存在所谓的倾销问题。

2010年12月3日,美国国际贸易委员会初步裁定结果是:中国输美的多层木地板对美国产业造成损害,"双反"涉及中国地板企业150余家,涉案金额逾100亿元。

2011年11月,美国商务部宣布设定最终税率:生活家地板等78家应诉企业的综合税率不超过5%,而对未参加应诉的企业则征收58.84%的反倾销税以及26.73%的反补贴税,综合税率高达85.57%,这意味着它们将被迫退出美国市场。

从美国地板企业联盟预想的242.2%的惩罚性税率,到美国商务部最终设定不到5%的综合税率,生活家地板应对美国"双反"可以说是初战告捷。但是,根据美国商务部的规则,"双反"调查在首次终裁后,每年需进行复审。这意味着,应对美国"双反"是一场持久战。生活家地板应对这场战斗的根本办法,就是加大产品研发和创意力度,生产让美国消费者喜欢的产品。除传统重点出口产品——生活家·巴洛克仿古地板外,生活家地板还专门研发了许多针对美国市场的新产品,进入了美国主流渠道和市场。生活家地板国际市场部负责人表示,美国是生活家地板重要的出口市场,由于生活家地板输美产品主要是和美国排名前十的地板商合作,以高端产品和ODM产品为主,并且生活家地板在"双反"中的综合税率相对较低,输美优势几乎没有受到影响。

生活家地板个性化的创意产品非常契合美国崇尚自我、崇尚自由的文化风尚。在素有全世界"地面材料业发展晴雨表"之称的拉斯维加斯北美地面材料展览会上,生活家地板多次荣获"最佳时尚创新大奖",这是美国地板行业最看重的奖项。在被称为"世界十字路口"的纽约时报广场,令人瞩目的大屏幕上分别于2012年和2014年两次播报了生活家地板的商业资讯,并称生活家地板为"全球时尚地板的风向标"。

资料来源:《美国对华木地板反倾销案:生活家地板完胜》,中国贸易救济信息网,www.chinatradenews.com.cn。

第一节　世界贸易组织的主要框架和内容

一、世界贸易组织的法律框架

世界贸易组织(World Trade Organization,WTO)的法律框架包括一个协定和四个附件,一个协定是《世界贸易组织协定》,即《建立世界贸易组织的马拉喀什协定》,四个附件是:附件一,货物贸易、服务贸易、与知识产权有关的贸易协定;附件二,关于争端解决规则和程序的谅解;附件三,贸易政策审议机制;附件四,诸边贸易协定。

其中,《世界贸易组织协定》规定,WTO应为其成员从事与本协定各附件中的协议及其法律文件有关的贸易关系提供共同的体制框架。在《世界贸易组织协定》的附件一、附件二和附件三中,各协议及其法律文件(以下简称"多边贸易协议")均是本协定的组成部分,并约束所有成员。附件四中各协议及其法律文件(以下简称"诸边贸易协议"),对接受诸边贸易协议的成员而言,也是本协定的组成部分,并约束这些成员;对未接受诸边贸易协议的成员而言,不产生任何权利和义务。

另外,附件一中的《关税与贸易总协定》(简称《关贸总协定1994》)在法律上区别于1947年10月30日签订的《关税与贸易总协定》(简称《关贸总协定1947》),后者附属于联合国贸易与就业预备会议第二次会议结束时通过的最后文件及其后来经核准、修正和修改的文本。

二、世界贸易组织的组织结构

根据《世界贸易组织协定》的规定,WTO对该组织内部的机构设置、职责范围以及议事规则都做了十分明确的规定,其组织结构如图4-1所示。

(一) 部长级会议

部长级会议(Ministerial Conference)是WTO的最高决策和权力机构,由WTO的所有成员组成,也是各成员最重要的谈判场所。根据《世界贸易组织协定》,部长级会议应至

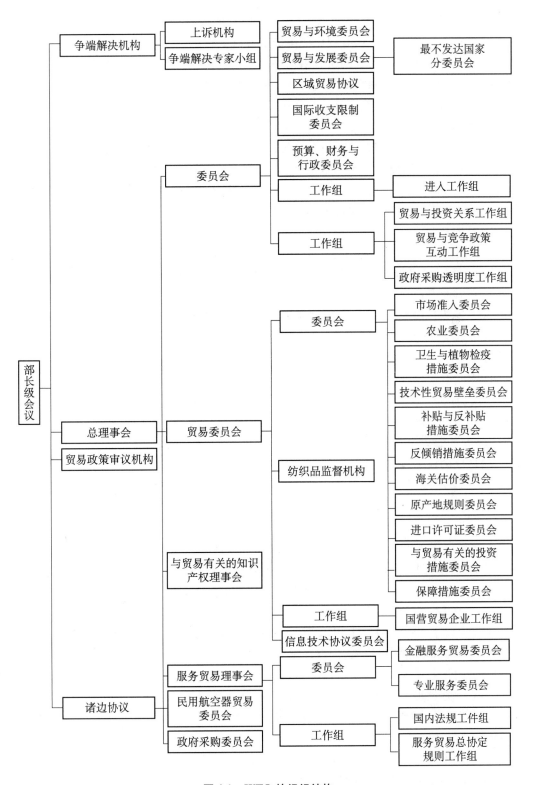

图 4-1 WTO 的组织结构

少每两年召开一次。部长级会议应履行 WTO 的职能,并为此采取必要的行动。如果某一成员提出请求,部长级会议有权依照本协定和有关多边贸易协定中关于决策的具体要求,对任何多边贸易协定项下的所有事项做出决定。在《关贸总协定 1947》时期,虽然也召开部长级会议,但并不确定期限,也无议事范围与规则。

自 WTO 成立以来,已经召开了 9 次部长级会议。

1. 新加坡会议

本次会议于 1996 年 12 月在新加坡召开。会议主要审议了 WTO 成立以来的工作及上一轮多边贸易谈判即乌拉圭回合的执行情况,并决定成立贸易与投资关系工作组、贸易与竞争政策互动工作组、政府采购透明度工作组,同时将贸易便利化纳入货物贸易理事会的职责范围。会议最后通过了《新加坡部长宣言》。

2. 日内瓦会议

本次会议于 1998 年 5 月在瑞士日内瓦召开。会议主要讨论了已达成的贸易协议的执行情况、既定日程和未来谈判日程等问题,以及第三次部长级会议举行的时间和地点。

3. 西雅图会议

本次会议于 1999 年 11 月在美国西雅图召开。由于非政府组织的示威游行和干扰所产生的压力以及成员之间在一系列重大问题上的意见分歧,会议未能启动拟定的新一轮多边贸易谈判。

4. 多哈会议

本次会议于 2001 年 11 月在卡塔尔多哈召开。会议启动了新一轮多边贸易谈判,即"多哈回合"。会议的另一项重要成果是批准中国加入 WTO。会议最后通过了《多哈部长宣言》等三个文件。

5. 坎昆会议

本次会议于 2003 年 9 月在墨西哥坎昆召开。由于发达国家在削减农业补贴和农产品关税问题上不肯做出实质性让步,会议无果而终。会议仅通过了《坎昆部长会议声明》。

6. 香港会议

本次会议于 2005 年 12 月在中国香港召开。与会者围绕多哈回合的议题经过 6 天谈判达成了《香港部长宣言》,在取消棉花出口补贴和农产品出口补贴以及向最不发达国家开放市场问题上取得了进展,但多哈回合谈判仍未全面完成。

7. 日内瓦会议

本次会议于 2009 年 11 月 30 日至 12 月 2 日在瑞士日内瓦召开。会议未能在推动多哈回合谈判方面取得明显进展,但继续承诺 2010 年结束多哈回合谈判。

8. 日内瓦会议

本次会议于 2011 年 12 月在瑞士日内瓦召开。会议正式批准俄罗斯加入 WTO。由于各成员在一些谈判领域存在较大分歧,多哈回合谈判陷入僵局。

9. 巴厘会议

本次会议于 2013 年 12 月在印度尼西亚巴厘岛召开。会议主要就贸易便利化、农业和发展三大议题展开讨论。会议发表了《巴厘部长宣言》,根据议题达成了"巴厘一揽子协定",多哈回合谈判 12 年僵局终获历史性突破。

专栏 4-1

机构的作用

机构为合作提供基础。对机构的分析表明,正式性机构为创造合作的条件贡献巨大。机构可以促进国家间的融洽关系,制定统一标准与价值,推动利益相异的国家达到合作均衡。

建立一个管理和监督贸易关系的中立机构可以提高国际贸易效率。机构可以大幅度降低交易成本,增强在信息收集和各成员方发送信息过程中的透明度。

机构可以强制执行确定的"游戏规则"。尽管国际贸易中不存在超国家的执行机构,但机构可以增强协定条款和规定的权威。通过监督执行程序和期限,通过向不知情的成员方通知违约行为,通过为解决贸易诉讼提供便利,通过调停和仲裁,以及通过连续不断地监督各成员方是否遵守协定条款,机构大大提高了国际贸易规则的可预见性和稳定性。

资料来源:世界贸易组织秘书处,《世界贸易报告 2007》(中译本),中国商务出版社 2008 年版,第 159 页。

(二) 总理事会

总理事会(General Council)是 WTO 的常设机构,负责 WTO 的日常会议与工作,由 WTO 全体成员的代表组成,主要是在部长级会议休会期间行使部长级会议的职责,通常每年召开 6 次会议,向部长级会议报告。总理事会之下分别设立货物贸易理事会(Council for Trade in Goods)、与货物贸易有关的知识产权理事会(Council for Trade-Related Intellectual Property Rights)、服务贸易理事会(Council for Trade in Services),并在各理事会下设立有关的专门委员会。具体来说,货物贸易理事会监督《关贸总协定1994》及其附件的运行;服务贸易理事会监督《服务贸易总协定》的运行;与贸易有关的知识产权理事会监督《与贸易有关的知识产权协定》的运行。

总理事会和分理事会的成员资格对所有的成员和代表开放。这是因为:第一,WTO 的法律规则和纪律均涉及各成员方的实质性经济和贸易利益,各个成员都不会轻易放弃其在拥有广泛职权的总理事会中的席位。即使是分理事会,甚至专门委员会,由于他们在相应领域拥有着实际的管辖权,各个成员也不会轻易放弃参与权。第二,总理事会既是一个主要的执行机关,又是一个常设的决策机关。各个成员不会允许仅由少数几个成员决定 WTO 的重大事项。因此,WTO 的总理事会以及分理事会在组成方面充分体现了成员方主权平等的原则。但是,总理事会以及分理事会毕竟是执行机关,过于臃肿的机构势必会影响运行效率,特别是快速反应能力。

(三) 理事会

理事会(Council)为总理事会的附属机构。WTO 为使各项制度及协定得到圆满执行,使成员方之间发生的争端得到迅速有效的解决,在部长级会议或总理事会之下又设立了一系列常设理事会、专门委员会。其中,货物贸易理事会、服务贸易理事会、与货物贸易有关的知识产权理事会为最重要的理事会,由所有成员方代表组成,各个理事会每年至少举行8次会议。

1. 货物贸易理事会

货物贸易理事会下设12个专门委员会和国营贸易企业工作组,包括市场准入委员会、农业委员会、实施动植物卫生检疫措施委员会、技术性贸易壁垒委员会、补贴与反补贴措施委员会、反倾销措施委员会、海关估价委员会、原产地规则委员会、进口许可程序委员会、与贸易有关的投资措施委员会、保障措施委员会、扩大信息技术产品贸易参加方委员会、国营贸易企业工作组。其中,各个委员会具体负责各专项协议的执行,国营贸易企业工作组则代表货物贸易理事会审议各成员的通知和反向通知,以保证国营贸易企业活动的透明度。

2. 服务贸易理事会

服务贸易理事会负责监督《服务贸易协定》的运行和履行总理事会赋予的其他职责。服务贸易理事会可以根据需要制定自己的程序规则,报总理事会批准,也可以设立委员会或者其他附属机构来监督已达成的有关协定的运行,并负责批准他们的程序规则。

3. 与货物贸易有关的知识产权理事会

与货物贸易有关的知识产权理事会主要负责管理和监督WTO《与贸易有关的知识产权协定》的执行(包括冒牌货贸易在内),而在该协定中,最为关键的是规定了所有成员都必须达到的最低标准,明确了实施该标准的法律义务,把知识产权问题列入了WTO争端解决机制的管辖范围。

(四)专门委员会

根据《世界贸易组织协定》,部长级会议设立各专门委员会(Committee),负责处理三个理事会的共同事务以及三个理事会管辖范围以外的事务,各专门委员会向总理事会直接负责。

1. 贸易与发展委员会

贸易与发展委员会(Committee on Trade and Development)由《关贸总协定1947》衍生而来,主要职责是定期审议多边贸易协定中有利于最不发达国家的特殊条款,还设立了最不发达国家分委员会(Subcommittee on Least-Development Countries),定期向总理事会报告,以便采取进一步行动。

2. 贸易与环境委员会

贸易与环境委员会(Committee on Trade and Environment)是根据1994年4月15日马拉喀什部长级会议的决议成立的,主要职责是协调贸易与环境措施之间的矛盾,制定必要的规范,以促进贸易的持久发展。

3. 国际收支限制委员会

国际收支限制委员会(Committee on Balance of Payments Restrictions)来自《关贸总协定1947》,负责监督审查协定中涉及国际收支平衡的条款以及依据这些条款而采取的进口限制措施的执行情况。

4. 预算、财务与行政委员会

预算、财务与行政委员会(Committee on Budget,Finance and Administration)主要负责

接受WTO总干事提交的年度概算和决算,提出建议供总理事会审议。该委员会还负责起草财务条例,其中最重要的内容是"根据WTO费用确定的各成员会费分摊比例,及时对拖欠会费的成员所采取的措施"。最少的分摊比例为0.03%,这一比例对贸易额在WTO总贸易额所占份额不足0.03%的成员适用。

5. 区域贸易协议委员会

区域贸易协议委员会(Committee on Regional Trade Agreements)于1996年2月根据总理事会的决议设立,其职能为审查所有双边、区域和诸边特惠贸易协定,并审议此类协定和区域性倡议对多边贸易体制的影响。

(五) 争端解决机构

争端解决机构(Dispute Settlement Body, DSB)是WTO的一个常设机构,可以根据需要建立自己的程序规则,设有机构主席,下设争端解决专家小组和上诉机构,负责处理成员方之间基于有关协定或协议所产生的贸易争端。

(六) 贸易政策审议机构

贸易政策审议机构(Trade Policy Review Body)是部长级会议下设的又一重要机构,定期审议各成员方的贸易政策、法律与实践,并就此做出指导。

(七) 秘书处和总干事

根据《世界贸易组织协定》,WTO设立一个由总干事(Director General)领导的秘书处(Secretariat of the WTO)。部长级会议应任命总干事,并通过总干事的权力、职责、服务条件和任期的条例。总干事应任命秘书处职员,并依照部长级会议通过的条例确定他们的职责和服务条件。总干事和秘书处职员的职责纯属国际性质,在履行职责时总干事和秘书处职员不得寻求或接受WTO之外任何政府或任何其他权力机关的指示,他们应避免任何可能对其国际官员身份产生不利影响的行为。WTO成员应尊重总干事和秘书处职员职责的国际性质,不得在他们履行职责时对其施加影响。

秘书处负责日常工作,由一位总干事和四位副总干事领导。秘书处的职责包括向WTO成员提供谈判和实施协定等所需要的服务;有责任对发展中成员,特别是最不发达成员提供技术援助;WTO的经济学家为各成员提供贸易实绩和贸易政策分析;法律专家帮助解决贸易争端,包括对WTO规则和惯例进行解释;为新成员的加入谈判提供服务和为考虑加入WTO的成员提供咨询等。WTO秘书处设在瑞士日内瓦,目前已经历7任总干事。

表4-1 WTO历任总干事

任职时间	任职期限	国籍	姓名
1995.1.1—1995.4.30	4个月	爱尔兰	皮特·萨瑟兰
1995.4.30—1999.4.30	4年	意大利	雷纳托·鲁杰罗
1999.9.1—2002.8.31	3年	新西兰	麦克·穆尔
2002.9.1—2005.8.31	3年	泰国	素帕猜·巴尼巴滴
2005.9.1—2009.8.31	4年	法国	帕斯卡尔·拉米
2009.8.31—2013.8.31	4年	法国	帕斯卡尔·拉米
2013.9.1至今		巴西	罗伯托·阿泽维多

三、世界贸易组织的规则内容

（一）货物贸易规则

1. 农业规则

长期以来，农产品贸易不受《关贸总协定》的管辖，游离在外，使农业成为贸易自由化程度低、贸易保护最严重的部门。为了实现农产品贸易更高程度的自由化，数十年来，关贸总协定为解决农产品贸易问题做了大量工作，以求将所有影响进入市场和出口竞争的措施置于强化和更加行之有效的《关贸总协定》的规则之下。

在1986年启动的乌拉圭回合谈判中，经过艰苦的谈判，达成了《农业协定》，所有成员方都承诺进行长期的农业改革，使农产品贸易更加公平并逐步实现自由化。《农业协定》以建立公平和市场导向的农产品贸易体制为目标，消除并防止世界农产品市场中存在的种种限制和扭曲现象，最终使农产品重新置于关贸总协定的管辖之下。

与农产品贸易有关的规则主要由四部分组成：《农业协定》；《马拉喀什议定书》所附国别减让表关于农产品的承诺；《关于改革计划对最不发达国家和粮食净出口发展中国家成员可能产生消极影响的措施的决定》；《实施卫生与植物检疫措施协议》。其中，《农业协定》最主要的内容是对农产品政策的三方面规定：市场准入（market access）、国内支持（domestic support）和出口补贴（export subsidies）。

2. 纺织品与服装规则

纺织品和服装属于劳动密集型和相对低技术产业，发展中国家从20世纪60年代早期就开始在这一产业享有比较优势，发达国家面对进口压力，一般选择限制进口的方式，走贸易保护之路。为了把数量限制合法化，发达国家寻求在关贸总协定之外建立多边贸易协定，这些限制性协定遭到发展中国家的抵制，因此，纺织品和服装贸易自由化的进度缓慢，长期游离在关贸总协定之外。

为缓和这些矛盾，关贸总协定于1961年7月签订了《国际棉纺织品贸易短期安排》（STA），于1962年2月签订了《国际棉纺织品贸易长期安排》（LTA），对棉纺织品实行有选择的歧视性限制。1973年12月30日，在关贸总协定主持下，42个纺织品贸易国经过艰苦谈判，达成了《国际纺织品贸易协定》，也称《多种纤维协定》（MFA），进一步扩大了纺织品受限制的范围。1989年4月，贸易谈判委员会举行了针对废除《多种纤维协定》的会议，回到关贸总协定的谈判，谈判在各方努力下达成一致意见。经过艰苦谈判，乌拉圭回合谈判最终达成了《纺织品与服装协定》。协定的最终目的是把纺织品和服装部门最终纳入关贸总协定，并规定给最不发达国家以特殊待遇。

《纺织品与服装协定》（Agreement on textiles and Clothing，ATC协定），由序言和9条正文以及1个附件组成，主要包括纺织品与服装贸易回归关贸总协定的一体化进程、分阶段取消配额限制、反规避措施、过渡性保障措施及设立监督机构等内容。

3. 装运前检验、原产地进口许可程序规则

装运前检验对于核实商品的数量、质量和价格是必要的，尤其是对于发展中国家。

但是,出口方在进行这种程序时,若进行不必要的拖延和不平等对待,或者检验公司遵循的程序缺乏透明度、搞暗箱操作,或者有损于贸易当事人的商业秘密,都会对国际贸易的正常进行造成阻碍。这使得发达国家和发展中国家互相担心装运前检验会转变成新的非关税壁垒。为了建立一套进出口成员方都同意的、能约束提供检验服务的公司和出口方成员的规则,减少和防止这方面的非关税壁垒,1986年9月开始的乌拉圭回合谈判将装运前检验问题列入议程。经过5年的艰难谈判,各成员方达成了《装运前检验协定》,适用于WTO的所有成员。

《装运前检验协定》适用于由各成员方和出口成员方政府通过政府授权或政府合约的方式,指定检验机构对进口产品的质量、数量、价格以及产品的海关分类等所有活动进行装运前检验。

另外,在国际贸易中,货物的原产地(the origin of goods)很重要。原产地也被称为货物的"经济国籍",实际指的是某一特定货物的原产国或原产地区,以此确定该商品在出口贸易中应该享受的一些待遇。1973年《京都公约》制定了关于原产地问题的非约束性的一般原则。在乌拉圭回合之前,欧共体制定了非优惠原产地原则,包括完全获得和最终实质性改变两项基本原则。1994年《建立世界贸易组织协定》中的《原产地规则协定》,就非优惠原产地规则达成了重要共识,同时将优惠原产地规则问题以共同宣言的形式附在《原产地规则协定》之后。

《原产地规则协定》的主要内容包括协定的适用范围、原产地规则的协调、实施原产地规则的纪律规定等。

进口许可证是指为实施进口许可证制度而采用的行政管理手续,该制度要求申请者向有关的行政管理机关呈交申请书或其他文书作为进口货物进入进口国关境的先决条件。作为进口国的贸易管理措施,进口许可证制度极易演变成贸易壁垒。《关贸总协定1947》虽对进口许可证制度进行了规定,但比较模糊,在实践中难以操作。肯尼迪回合开始了对进口许可程序进行简化和提高透明度的多边贸易谈判,并于东京回合达成了《进口许可证守则》,针对进口许可证制度进行了进一步规定。乌拉圭回合对《进口许可证守则》做了进一步的修改与完善,增加了通报和审议等条款,达成了《进口许可程序协定》,适用于所有WTO成员方。

《进口许可程序协定》由序言和8个条款组成,其主要内容包括:一般原则、自动进口许可制度、非自动进口许可制度、通知和审议四部分。

4. 海关估价规则

海关估价(customs valuation)是指一国(或地区)海关为推行关税政策和对外贸易政策等的需要,根据法定的价格标准和程序,为征收关税而确定某一进口商品的完税价格的方法或程序。海关估价是国际贸易程序中的一个重要环节,海关征税的完税价格的确定,是影响货物进口纳税以及其价格竞争力的关键因素。不论是在关税壁垒盛行的时代还是关税壁垒逐渐被非关税壁垒取代的时代,对货物完税价格的估算,总是容易造成贸易在事实上的不平等。WTO中的海关估价规则,最早开始于关贸总协定1948年1月1日"临时适用"的《关贸总协定1947》第7条的规定。此后,在1950年,欧洲海关合作理事会制定了《海关商品估价公约》。1979年关贸总协定东京回合谈判达成《海关估价协议》,并于1993年乌拉圭回合达成了《关于履行1994年关贸总协定第7条的协议》用以代替1979年的协议。

《海关估价守则》的宗旨是消除或减少海关估价对国际贸易的不利影响,在缔约方范围内建立一套统一的海关估价制度,促进关贸总协定目标的实现,确保发展中国家在国际贸易中获得更多的利益。《海关估价守则》正文由4个部分、24个条款构成。第一部分(第1—17条)是海关估价规则和六种方法;第二部分(第18、19条)是关于海关估价的管理、磋商和争端解决;第三部分(第20条)规定"特殊和差别待遇"原则;第四部分(第21—24条)是最后条款。

5. 倾销与反倾销规则

在国际贸易中,公平合理的价格竞争是一种最常见的市场竞争行为,它可以真实地反映企业的成本和效益,从而引导世界范围内资源的有效配置。如果企业采用倾销的方式,市场的价格竞争机制就会失效,由此导致世界范围内资源配置的失效,具有严重的危害性。为了维护市场平衡,反倾销的历史也非常久远,1904年,加拿大就制定了世界上第一部反倾销法。从1967年的肯尼迪回合开始为建立一套切实可行的反倾销守则进行谈判,最终于1986年的乌拉圭回合达成了新的《反倾销守则》,该守则具有一揽子签约的特点和广泛的约束力。

《反倾销协定》由三大部分和两个附件构成,共18个条款。其主要内容为:倾销的确定、损害的确定、倾销与损害的因果关系、反倾销调查程序、反倾销措施。

6. 补贴与反补贴规则

补贴是指成员方政府或任何公共机构提供的财政资助或其他任何形式的收入或价格的支持措施。补贴是一种变相的不正当竞争手段,导致了不公平贸易的产生。为了协调和规范各国的补贴和反补贴措施,《关贸总协定1947》对有关补贴和反补贴问题做出了原则性的规定,其主要内容是有关反补贴税的征收。1979年东京回合谈判中,关贸总协定各缔约方达成了《关于解释和使用关贸总协定第6条、第16条和第23条的协议》(简称《反补贴协议》)。由于协定有一定局限性,乌拉圭回合在其基础上达成了《补贴与反补贴措施协议》。

《补贴与反补贴措施协议》共分11个部分、32个条款、7个附件,内容包括:补贴的定义、补贴的专向性、禁止性补贴、可申诉补贴、不可申诉补贴、反补贴措施、管理机构、发展中成员方的差别待遇、过渡性安排等。

7. 技术性贸易壁垒规则

技术性贸易壁垒(technical barriers to trade,TBT)是指一国为维护国家安全或保护人类健康和安全、保护动植物的生命和健康、保护生态环境、防止欺诈行为、保证产品质量,采取一些强制性或非强制性的技术性措施,这些措施成为其他国家商品自由进入该国的障碍。技术性贸易壁垒的产生有着深刻的社会和技术背景,其根本原因是为了保障安全、防止欺诈等,具有合理性、合法性和共同性;主要原因是科技进步为技术性贸易壁垒的发展创造了技术条件;重要原因是贸易保护主义抬头,产生滥用技术性贸易壁垒的倾向。技术性贸易壁垒会对国际贸易产生负效应,1979年4月,关贸总协定的各缔约方在协商谈判的基础上,达成了第一个《技术性贸易壁垒协定》。在乌拉圭回合中,对第一版协定进行了审议和修改,于1994年3月15日达成了第二版《技术性贸易壁垒协定》的正式文本。

《技术性贸易壁垒协定》主要是消除不合理的技术性措施,减少国际贸易壁垒,并通过制定多边规则,指导成员制定、采用和实施被允许采取的技术性贸易壁垒措施,努力保证这些措施不成为任意的或不合理的歧视,不形成对国际贸易的不必要的障碍,以及鼓励采用国际标准和合格评定程序,提高生产效率,便于国际贸易自由发展。

8. 动植物卫生检疫规则

各国政府为保证食品安全和动植物健康,在国际贸易中对商品进行动植物卫生检疫,主要目的是防止带有疫病的动植物产品进入本国境内,避免疫病传播对国内农业、生态和人民健康产生危害。因此,WTO允许成员根据自身需要制定、实施本国(地区)的动植物卫生检疫措施。《实施动植物卫生检疫措施协议》是乌拉圭回合谈判达成的一个新的协议,其宗旨是指导各成员制定、采用和实施动植物卫生检疫措施,使动植物卫生检疫措施对贸易的影响减小到最低限度。

《实施动植物卫生检疫措施协议》由14个条款和3个附件组成,主要包括应该遵守的规则、发展中成员所享有的特殊和差别待遇、动植物卫生检疫措施委员会职能、争端解决等。

9. 保障措施规则

保障措施,也称保障条款或免责条款,是国际贸易中常见的一种条款。作为公平条件下实施贸易救济的手段之一,保障措施条款几乎存在于每一个双边或多边贸易协定之中。有关保障措施的最早法律规定见于1934年美国的《互惠贸易协定法》,后历经发展与各方艰苦努力,终于在乌拉圭回合签订了《保障措施协议》。

《保障措施协议》由14个条款和1个附件组成,主要内容包括实施保障措施的条件、保障措施调查、严重损害或严重损害威胁的确定、保障措施的实施、临时保障措施、保障措施的期限和审议、补偿与报复、对发展中成员的特殊待遇、禁止"灰色区域"措施、通知和磋商、多边监督及争端解决等内容。

10. 与贸易有关的投资规则

投资措施有狭义和广义之分。狭义的投资措施是指资本输入国及其政府为了贯彻本国的外资政策,针对外国直接投资的项目或企业所采取的各种法律和行政措施。广义的投资措施除了包括上述内容外,还包括资本输出国及政府为了保护本国海外私人投资者的利益和安全所采取的各种法律和行政措施。第二次世界大战后,国际直接投资日趋频繁,特别是跨国公司的直接投资。为了促进国际投资活动的健康发展,国际社会经过多方面的努力,起草和制定了很多规则或协议。经过各方的不懈努力,终于在乌拉圭回合谈判达成了《与贸易有关的投资措施协定》,首次将与贸易有关的投资措施纳入了WTO统辖下的多边贸易体制框架之中。

《与贸易有关的投资措施协定》包括序言、9条正文和一个涉及第2条的附件。协定要求任何缔约方不得采用与国民待遇和禁止数量限制规定不相符的任何与贸易有关的投资措施。如果缔约方采用了附件中所列的明确禁止的投资措施,则应通知与贸易有关的投资措施委员会,并在确定期限内予以取消。

（二）服务贸易规则

1995年1月1日正式生效的《服务贸易总协定》是多边国际贸易体制下第一个有关服务贸易的框架性法律文件，是乌拉圭回合达成的三项新议题之一。

《服务贸易总协定》中的国际服务贸易是指：①从一方成员境内向任何其他成员方境内提供服务；②在一方成员境内向任何其他成员方的服务消费者提供服务；③一方成员的服务提供者通过在任何其他成员方境内的商业现场提供服务；④一方成员的服务提供者通过在任何其他成员方境内的一方成员自然人的商业现场提供服务。

WTO根据《服务贸易总协定》的规定，按照一般国家标准（CNS）服务贸易分类法，将服务贸易分为11大类、142个服务项目，分别是：商业性服务、通信服务、建筑及有关工程服务、销售服务、教育服务、环境服务、金融服务、健康与社会服务、旅游及相关服务、娱乐文化与体育服务、运输服务。

（三）与贸易有关的知识产权规则

1.《与贸易有关的知识产权协定》

知识产权是指法律所赋予的智力成果完成人对其特定创造性智力成果在一定期限内享有的专有权利。《与贸易有关的知识产权协定》虽然没有规定知识产权的定义，但在序言中强调知识产权是私权，即属于特定主体的具体权利，具有无形性、专有性、有限性、地域性等特点。

《与贸易有关的知识产权协定》由1个序言和7个部分组成，共73条。7个部分的规定分别是：总则与基本原则；知识产权的效力、范围及使用标准；知识产权在国内的执行；知识产权的取得、维持及相关程序；知识产权争端的防止与解决；过渡期的安排；机构安排与最后条款。

《与贸易有关的知识产权协定》将知识产权主要分为7类，分别是：版权及邻接权、商标权、地理标志权、工业品外观设计权、专利权、集成电路布图设计权（拓扑图）、未披露过的信息（商业秘密）专有权。随着各国对竞争优势的追求，知识产权的家族体系也在不断地发展壮大，其新领域包括：对数据库的保护、对传统资源的保护（传统知识、民间文学艺术表达、遗传资源等）、对网络知识产权的保护、对企业标准的保护等。

2.《与贸易有关的知识产权协定》的其他规则

《与贸易有关的知识产权协定》的其他规则包括司法审查原则、《与贸易有关的知识产权协定》的执法程序（包括行政、民事程序和救济以及一些具体的救济措施）、知识产权争端的解决等。

（四）国际贸易争端解决机制、贸易政策审议机制

1. 国际贸易争端解决机制

在国际贸易发展的历史过程中，有些国家经常运用其国内法对其他国家实施单方面的贸易制裁，从而导致贸易战的爆发。因此，如何和平有效地解决国际贸易争端，始终是世界各国普遍关注的问题。WTO的争端解决机制是以关贸总协定40多年的争端解决实践为基础，经过多次谈判逐渐确立和发展起来的。最终，经过1986—1994年的乌拉圭回合谈判，形成了WTO争端解决机制的基本法律文件——《关于争端解决规则与程序的谅

解》(DSU)。

WTO争端解决机制是为了保持各成员方权利和义务的平衡,保障各缔约方享有根据协定产生的权利和履行相应的义务,积极解决成员之间的纠纷,提供安全保证和可预见性,促进WTO有效地发挥职能和自由贸易的发展。

WTO争端解决机制建立了争端解决机构(DSB)来负责监督争端解决机制的有效顺利进行。DSB由135个成员参加,受秘书处领导。应争端一方的请求,DSB可以成立由3名或5名不同国家的专家所组成的专家组。DSB还建立了常设的上诉机构,常设上诉机构由7名成员组成,成员任期为4年,对一项案件由3名成员进行审议。

2. 贸易政策审议机制

贸易政策审议机制(trade policy review mechanism,TPRM)是1988年乌拉圭回合中期申请会议临时批准建立的。WTO成立后,贸易政策审议职责由总理事会承担。贸易政策审议机制是一个系统监督其成员方贸易政策的机制,也是防止贸易歧视的预防机制。它的有效运行,对于改善国际环境,促进成员对多边贸易体制的法律、规则、制度的遵守,促进各成员方提高贸易政策和措施的透明度,均有重要的意义。

贸易政策审议机制由7个条款组成,对贸易政策审议的目标、国内透明度、审议程序、报告、与《关贸总协定1994》和《服务贸易总协定》的国际收支条款的关系、对审议机制的评审、国际贸易环境发展情况综述等问题做出了详尽的规定。其主要内容包括:国内透明度、国别审议程序、对贸易政策审议机制的评审、对世界贸易环境发展情况的综述。

(五) WTO诸边贸易协议

《建立世界贸易组织的马拉喀什协定》附件4中包含四个诸边贸易协议,分别是《政府采购协议》《民用航空器贸易协议》《国际奶制品协议》《国际牛肉协议》。其中,《国际奶制品协议》和《国际牛肉协议》已经于1997年废止。而在WTO成立后,新达成了《信息技术协议》。上述三种协议是诸边协议,成员方可根据自身情况决定是否参加,签署协议的成员方才受其约束。

《政府采购协议》希望通过消除针对外国货物、服务和供应商的歧视,增强透明度,将国际竞争引入传统上属于国内公共财政管理的政府采购领域,实现国际贸易更大程度的自由化和世界贸易的扩大化。《政府采购协议》共有24个条款和4个附录,分别规定了适用范围、合同估价、国民待遇和非歧视待遇、原产地规则、发展中成员的特殊和差别待遇、技术规格、投标程序等基本原则和规则,以及争端解决、政府采购委员会的职能等内容。

《民用航空器贸易协议》的宗旨是通过消除贸易壁垒,加强补贴纪律,全面开放民用航空器(军用除外)及其零部件的进口市场,实现全球范围内民用航空器贸易的最大限度自由化,促进航空工业技术的持续发展。协议共有9个条款和1个附件,分别对产品范围、关税和其他费用、技术贸易壁垒、政府直接采购、强制分包和引诱性条件、贸易限制、政府支持与出口信贷以及机构和争端解决等做出了规定。

《信息技术协议》则希望通过削减信息技术产品关税,在全球范围内实现信息技术产品贸易的最大自由化,促进信息技术产业不断发展。协议涉及的产品范围非常广泛,主要包括新技术领域中的计算机、电信设备、半导体集成电路、半导体制成品、软件和科技设备等六大项、800多个税号产品,涉及信息技术产品的贸易量达到6 000多亿美元。协议还规定,各方从1997年7月1日起分四个阶段削减信息技术产品的关税,该规定是在最惠国待遇基础上实施的,即所有的WTO成员无论是否参加该协议均可享受这一优惠。

相关案例 4-1

WTO规则应用:欧盟对华不锈钢无缝钢管反倾销案

一、案件基本情况

2010年9月30日,应欧盟不锈钢无缝钢管工业保护委员会的申请,欧盟委员会对原产于中国的不锈钢无缝钢管进行了反倾销立案调查。涉案产品海关编码为73041100、73042200、73042400、73044100、73044910、73044993、73044995、73044999、73049000。这是欧盟2010年发起的第7起对华反倾销调查。本案的倾销调查期为2009年7月1日至2010年6月30日,欧盟委员会初步选定美国作为计算中国涉案产品正常价值的替代国。

2011年6月29日,欧盟对原产于中国的不锈钢无缝钢管做出反倾销初裁,裁定对中国涉案产品征收48.0%—71.5%的临时反倾销税。在本案中,没有中国企业获得市场经济待遇。

2011年12月20日,欧盟对原产于中国的不锈钢无缝钢管做出反倾销终裁,裁定对中国涉案产品征收48.3%—71.9%的反倾销税。

二、对于本案相关调查结果的认定

1. 对于损害的认定

(1) 欧盟产业

在初裁结果公布后,委员会没有收到任何对欧盟产业的定义和欧盟生产商抽样的代表性持有异议的主张,因此,初裁中的相关结论已经确认。

委员会没有收到任何有关欧盟消费方面的主张,因此,初裁中的相关结论已经确认。

(3) 从涉案国家的进口

各利害关系方均未对初裁中有关产品数量、市场份额和倾销进口产品的价格变化的裁定提出异议,因此,初裁中的相关结论已经确认。

关于自中国进口产品价格削减的计算问题,中国出口/生产商以及欧盟产业均要求委员会进一步提供已应用在计算中的某些影响结果变量的信息(例如进口后成本、贸易水平和市场对质量的看法)。委员会披露了这些信息是如何确定的,从而满足了上述两方的要求,同时,确保遵守保密规定。

某中国生产商提出评论意见后,委员会就价格削减的计算做出了微调。调整后的结果与初裁的结果相比,价格削减的差额和损害消除程度有不到1个百分点的变化。除了案例以上提及的变化外,委员会没有收到任何评论意见。因此,初裁中的相关结论已经确认。

(4) 欧盟产业的经济状况

初裁结果公布后,一些中国出口/生产商主张,委员会对损害的分析应排除某些指标。他们特别指出,欧盟产量和产能利用率下降的速度与欧盟消费下降的速度同步,因此,这些指标不应作为实质性损害分析中应当考虑的因素。

关于此点,首先应该指出,《反倾销裁定基本条例》第3(5)条规定,损害分析应审查"对产业状况有影响的所有经济因素和指标"。除倾销进口之外的有可能造成欧盟产业损害的任何其他因素的影响会在"倾销进口与产业损害之间的因果关系"中予以阐述。

(5) 关于损害的结论

由于没有任何其他评论意见,初裁中的相关结论已经确认。

2. 倾销进口与产业损害之间的因果关系

(1) 倾销进口的影响以及经济衰退的影响

一些利害关系方重申了他们在初裁阶段提交的主张,即欧盟产业遭受的实质性损害中有很大一部分应归咎于倾销进口以外的因素。

一些中国出口/生产商特别指出,欧盟产业销量下降和市场份额降低的重要原因之一是需求下降,需求下降是经济危机导致的,而不是中国倾销进口产品造成的。上述中国出口生产商进一步指出,在案件调查期,欧盟自中国进口产品的价格下降9%,而欧盟产业的产品价格下降了8%,价格降幅类似也表明,欧盟产业的产品价格下降完全是市场需求下降造成的,而非倾销进口产品的影响。

对于上述主张,首先应该指出的是,初裁认可了由于经济衰退及由此引发的需求下滑。对欧盟产业状况所产生的负面影响,这些负面影响可令欧盟产业遭受损害。但这丝毫没有降低由中国倾销进口产品对欧盟产业造成的损害影响。在案件调查期,中国倾销进口产品在欧盟市场的份额大幅提升。实际上,倾销进口产品对欧盟产业的负面影响在欧盟市场需求下降期间比在经济快速增长期间更为有害。在整个调查期,来自中国的进口产品持续地以低于欧盟产业产品的价格销售。此外,在调查期,来自中国的进口产品的价格削减达21%—32%,中国进口产品的市场份额增长了7.9个百分点,占整个欧盟市场份额的18%以上。因此,一方面,来自中国的进口产品对欧盟产品产生了价格抑制;另一方面,进口产品数量的不断增加和市场份额的不断提高也使欧盟产业扩大生产、提高产能利用率和增加销售量的目标成为泡影。

其次,仅仅依据销售量和市场占有率,或仅仅依据销售价格等损害指标推断所得出的结论将会扭曲对案件的分析。例如,销售量的减少、市场份额的下降以及盈利能力的严重恶化,在很大程度上是由倾销进口产品的价格抑制造成的。尤其是市场份额,在调查期内,欧盟产业的市场份额比中国进口产品低3.6个百分点。鉴于上述情况,委员会确认了关于倾销进口产品和实质性损害之间的因果关系的裁决。由于没有任何其他的评论意见,初裁中的相关结论已经确认。

(2) 其他因素的影响

关于从其他第三国进口到欧盟的影响问题,一些中国出口/生产商声称,欧盟产业市场份额损失的3.6个百分点中的1.0个百分点应归因于从日本和印度的进口。然而,事实上,来自中国的进口产品在欧盟市场上的份额增长是以损害其他国家进口市场份额和欧盟产业市场份额为代价的。中国进口产品所增加的 7.9 个百分点的市场份额可分为欧盟产业失掉的 3.6 个百分点以及自其他国家进口失掉的 4.3 个百分点。

上述中国出口/生产商还宣称,其他一些经过挑选的第三国,特别是乌克兰、印度和美国,其进口平均价格也出现大幅下降,有可能对欧盟产业造成损害。关于这点,应该指出,在调查期,除了来自中国的进口产品之外,来自其他所有国家的进口产品的平均价格实际上涨了 34%。其中,从美国进口的平均价格大大高于欧盟市场上的价格。此外,在来自美国和印度的进口产品所占市场份额基本保持不变的同时,来自乌克兰的进口产品的市场份额则有所下降。

关于经济衰退的影响,由于所提交的评论意见没有对此提出反对意见,因此,初裁中的相关结论已经确认。

一些中国出口/生产商声称,欧盟产业盈利水平不佳的重要原因是单位生产成本同比增长了 18%,而不是倾销进口,并要求委员会对单位生产成本上升造成的影响做出更为详细的分析。委员会审查了单位生产成本上升的问题并裁定,单位生产成本的上升可归结为:由于原材料价格上涨导致的较高制造成本,以及诸如直接劳动成本、折旧、制造费用、销售、管理和行政费用等固定成本,再有就是产量的急剧下降。

考虑到原材料成本波动在很大程度上被欧盟产业的定价机制所覆盖,因此,原材料对欧盟产业的盈利能力影响不大。然而,与产量和销量不足相关的其他因素直接影响了盈利水平。如果没有倾销进口,欧盟产业的产量和销量本来会比实际的产量和销量高很多,因此,不能认为导致欧盟产业遭受损害的主要因素是欧盟产业单位生产成本的上升,而不是倾销进口,因为欧盟产业单位生产成本的上升与不断增加的倾销进口量有着千丝万缕的联系。

一些中国出口/生产商还提出,尽管欧盟消费下降,但欧盟产业的重组失败也是其受到损害的一个重要因素。应该指出的是,欧盟产业不仅受到消费下降的影响,还受到消费下降时期倾销进口的影响。尽管如此,调查却显示,欧盟产业(1)由于来自中国的进口产品日益增加,且倾销价格非常低,因此在预期的暂时性危机和即将到来的复苏中欧盟产业无法继续保持产能;(2)继续开发其产品组合,重点是价值较高的专业产品(高端定制产品),中国产品在这个领域的竞争力还不太强;(3)在调查期,就业人数减少了 8%,并且每名雇员的平均劳动成本削减了 2%。所有这些均表明,欧盟产业在积极采取措施努力应对损害带来的负面影响。然而,在需求疲软的时期,上述努力不足以弥补倾销进口产品所造成的损害。

(3) 因果关系的结论

鉴于上述可以得出结论,基于《反倾销裁定基本条例》第 3(6) 条的规定,来自中国的倾销进口产品对欧盟产业造成了实质性损害。因此,初裁中的相关结论已经确认。

3. 欧盟的整体利益

(1) 欧盟产业的利益

委员会没有收到关于欧盟产业利益的进一步评论意见或信息,因此,初裁中的相关结论已经确认。

(2) 与出口商无关联交易的欧盟进口商的利益

在这一点上没有任何评论意见,初裁中的相关结论已经确认。

(3) 买方用户的利益

在征收临时反倾销税之后,一家未合作的用户公司提交了关于欧盟产业利益的评论意见。值得注意的是,该公司声称,反倾销税的实施对该公司产生了重大影响。它指出,不锈钢管是几种下游产品的关键性部件,包括该公司生产的产品(如热交换器)。它还指出,鉴于该公司已经遇到过几次欧盟生产商延迟交货的情形,它担忧无缝钢管供货的安全性。委员会认为,由于该用户所使用的无缝钢管中只有5%是从中国购买的,无论从成本上还是从供货安全性方面考虑,征收临时反倾销税对该公司产生的影响都相当有限。

在初裁阶段,委员会也考虑到征收临时反倾销税对那些大量使用从中国进口的不锈钢无缝钢管的下游企业可能会产生较大的负面影响,但在初裁结果发布后由于没有用事实支持的主张或新的信息,因此,初裁中的相关结论已经确认。

(4) 欧盟产业利益的结论

基于以上分析,可以明确得出结论,对来自中国的进口不锈钢无缝钢管征收反倾销税是有充分理由的。因此,初裁中的相关结论已经确认。

资料来源:中国贸易救济信息网,www.chinatradenews.com.cn。

第二节 世界贸易组织的主要任务和基本原则

一、世界贸易组织的宗旨和主要任务

(一) 世界贸易组织的宗旨

WTO 的宗旨和关贸总协定时期是一脉相承的。关贸总协定的前言如此表述:各成员在处理贸易和经济领域的关系时,应以提高生活水平、保证充分就业、保证实际收入和有效需求的大幅稳定增长、实现世界资源的充分利用以及扩大货物的生产和交换为目的。期望通过达成互惠互利的协定,实质性地削减关税和其他贸易壁垒,消除国际贸易中的歧视性待遇,从而为实现这些目标做出贡献。

《世界贸易组织协定》继承了这一表述,并做出了相应的修改和补充。协定重复了《关贸总协定》的措辞,但在"扩大货物的生产和交换为目的"中的"货物"二字之后增加了"和服务",并将"实现世界资源的充分利用"改为"对世界资源的最佳利用",其后还强调了"寻求既保护和维护环境,又以与它们各自在不同经济发展水平的需要和关注相一致的方式"。协定还增加了以下内容:需要做出积极努力,以保证发展中国家,特别是其中的最不发达国家,在国际贸易增长中获得与其经济发展需要相当的份额;决定建立一个完整的、更可行和持久的多边贸易体制;决心维护多边贸易体制的基本原则,并促进该体制目标的实现。

关于 WTO 的宗旨和目标的更加详细的阐述可参见多哈回合谈判的《部长宣言》，其大意表述如下：

(1) 多边贸易体制在过去的 50 年中，对经济增长、发展和就业做出了巨大的贡献。考虑到全球经济减缓，决心保持贸易政策改革和自由化进程，从而保证该体制在促进恢复、增长和发展方面发挥充分的作用。坚定地重申《建立世界贸易组织的马拉喀什协定》所列原则和目标，并保证拒绝使用保护主义。

(2) 国际贸易可以在促进经济发展和接触贫困方面发挥主要作用，所有人民都应从多边贸易体制所带来的更多机会和福利中获利。大多数 WTO 成员属于发展中国家，应将它们的利益和需要放在中心位置，继续进行积极的努力，保证发展中国家，特别是其中的最不发达国家，在世界贸易的增长中获得与其经济发展需要相当的份额。在此方面，市场准入、平衡的规则和具有明确目标、充足经费资助的技术援助以及能力建设计划可以发挥重要作用。

(3) 致力于将 WTO 视为全球贸易规则制定和自由化的唯一场所，同时也认识到区域贸易协定可以在促进自由化、扩大贸易以及促进发展方面发挥重要作用。

(4) 正如《建立世界贸易组织的马拉喀什协定》序言所述，应致力于可持续发展的目标。支持和维护一个开放的、非歧视的多边贸易体制的目标与为保护环境和促进可持续发展而采取的行动是能够而且必须相互支持的。根据 WTO 规则，不得阻止任何国家在其认为适当的水平上采取措施以保护人类、动物或植物的生命或健康及保护环境，但是要求这些措施不得以构成在情形相同的国家之间进行任意或不合理歧视的手段的方式或以构成对国际贸易的变相限制的方式实施，并应在其他方面与 WTO 各协定的规定相一致。

(5) 在认识到 WTO 成员资格不断扩大所带来的挑战的同时，确认有共同责任保证所有成员的国内透明度和优先参与。在强调这一组织的政府特点的同时，致力于将通过包括更有效和迅速的信息传播在内的方式，使 WTO 的运作更加透明，并改进与公众的对话。应在国家和多边一级继续促进公众对 WTO 的了解，并宣传一个自由的、以规则为基础的多边贸易体制所带来的利益。

(二) 世界贸易组织的主要任务和职能

1. 世界贸易组织的主要任务

WTO 的宗旨和任务通过贸易协定与协议转化为具体的货物贸易、服务贸易、和贸易有关的知识产权规则，使 WTO 的原则更加具体化，以便于实施和操作。WTO 框架协议如图 4-2 所示。

图 4-2　WTO 框架协议

其中《关贸总协定 1994》取代《关贸总协定 1947》,与其他 12 个协议一起,组成了世界货物贸易的相关规则和规定。其主要由四个部分组成,分别是:《关贸总协定 1947》、WTO 成立前的关税减让协议书、乌拉圭回合达成的解释、《关贸总协定 1994》。同《关贸总协定 1947》类似,《关贸总协定 1994》的主要条款集中于以下几方面:最惠国待遇条款、国民待遇条款、透明度条款、关税减让条款、取消数量限制条款、以国际收支为由的限制条款、国营贸易条款、贸易补救措施条款、争端解决条款、关税同盟和自由贸易条款、对发展中成员的特殊待遇条款、例外与免责规定条款。

基于以上 WTO 的宗旨和 WTO 相关协议的主要条款,WTO 的主要任务集中于以下几个方面:削减成员国的关税;逐步取消非关税措施;取消出口补贴;开放服务业市场;扩大知识产权的保护范围;放宽和完善外资政策;增加贸易政策的透明度。

2. 世界贸易组织的主要职能

WTO 作为一个国际组织,有其特定的工作范围和职能。《世界贸易组织协定》第 3 条明确规定了 WTO 作为一个正式国际组织为处理和协调各成员之间的多边贸易关系提供一个重要的完整机制。此外,乌拉圭回合的各项协议中也有 WTO 相关职能的规定。

(1) 实施各多边贸易协定。WTO 首要的、也是最主要的职能是促进《世界贸易组织协定》及各项多边贸易协定的执行、管理、运用及目标的实现,同时对多边贸易协定的执行、管理和运用提供组织机制。"便利本协定和多边贸易协定的履行、管理和运用,并促进其目标的实现",以及"为多边贸易协定提供实施、管理和运用的体制"。

(2) 提供多边贸易谈判场所。WTO 为各成员方进行的多边贸易关系谈判提供了场所。WTO 为谈判提供场所和为谈判提供一个场所是有所区别的:各成员方就 WTO 之附属协定的有关事项所进行的多边贸易关系谈判,即对关贸总协定和乌拉圭回合已涉及议题的谈判,这是专门为 WTO 设立的;各成员方就其多边贸易关系所进行的进一步谈判,并且按部长级会议可能做出的决定为这些谈判结果的执行提供组织机制。前一类谈判是指对现有协定事项的谈判,而后一类不局限于此,是指对新的课题甚至是新一轮的谈判提供场所。

(3) 解决贸易争端。WTO 根据《世界贸易组织协定》附件 2 所列的安排,负责管理实施乌拉圭回合达成的《关于争端解决的规则与程序的谅解》。各成员之间就《关贸总协定 1994》及其附属协议、《服务贸易总协定》以及《与贸易有关的知识产权协定》等产生争端,经双方协商不能解决的,均应统一诉诸 WTO 提供的争端解决机制。WTO 将按该谅解的规则与程序主持并处理各项争端。争端解决机制的作用是双重的:它既是一种保护成员权益的手段,又是督促其履行应尽义务的工具。

(4) 审议成员方贸易政策。WTO 根据《世界贸易组织协定》附件 3 所列的安排,审议各成员的贸易政策。在附件 3 中,确认世界上前 4 个贸易实体每 2 年审议一次,其后的 16 个贸易实体每 4 年审议一次,其他成员每 6 年审议一次,但可对最不发达成员确定更长的期限。建立贸易政策审议机制的目的是使 WTO 成员的贸易政策和实际操作更加透明和被了解,使各成员更好地遵守多边贸易体制的原则和规则以及他们对这一体制的承诺,从而使多边贸易体制能够顺利运作。

(5) 与有关国际机构合作。1994 年马拉喀什部长级会议所做出的部长宣言,承认自由化在实现全球经济决策更为一致性方面所起的作用。为此,WTO 负责与国际货币基金组织、世界银行、联合国贸易与发展委员会以及其他国际机构进行合作,以便进一步促进对全球统一的经济政策的规定。

(6)提供技术援助和培训。WTO 对发展中成员,尤其是最不发达成员提供技术援助和培训。具体包括:与发展中成员的研究教育机构合作,开展有关 WTO 的教育培训,为发展中成员培养有关师资力量,通过互联网或电视开展远程教育等。WTO 在瑞士日内瓦常年举行培训活动,包括例常举办的为期三个月的贸易政策培训班和其他短期培训课程。这些培训课程的对象主要是各国驻 WTO 的外交官和发展中国家处理 WTO 事务的高级政府官员。

二、世界贸易组织的基本原则

WTO 为了实现其宗旨和目标,制定了一套为各成员方普遍接受的基本原则,包括:非歧视性原则(包括最惠国待遇与国民待遇原则)、市场准入原则、公平竞争原则、透明度原则、发展中国家更多参与原则等。这些基本原则构成了 WTO 各成员均应遵守的基本规则。

(一)非歧视性原则

非歧视性原则(non-discrimination principle)又称无差别待遇原则,是针对歧视待遇的一项缔约原则,它要求缔约双方在实施某种优惠和限制措施时,不要对缔约对方实施歧视待遇。根据非歧视性原则,WTO 一方成员对另一成员不采用任何其他同样不适用的优惠和限制措施。在 WTO 中,非歧视性原则由最惠国待遇和国民待遇条款体现出来。

1. 最惠国待遇

在 WTO 规则中,最惠国待遇(most favored nation treatment,MFNT)是指一方成员将在货物贸易、服务贸易和知识产权领域给予任何其他国家或地区的优惠待遇,立即和无条件地给予其他各成员方。最惠国待遇原则上意味着一方成员平等地对待所有其他成员,在不同成员之间实施非歧视待遇。

(1)最惠国待遇的概念

《关贸总协定1994》承袭了《关贸总协定1947》的规定,要求各成员之间应相互给予最惠国待遇。《关贸总协定1994》第一部分第 1 条第 1 款规定:最惠国待遇是指一方成员对于原产于或运往其他成员方的产品所给予的利益、优惠、特权或豁免都应当立即无条件地给予原产于或运往所有任一方成员的相同产品。换言之,一国(或地区)根据协定给予另一国(或地区)的利益、优惠、特权或豁免,无论在现在或将来,都不应低于其给予任何其他第三国(或地区)的各种优惠待遇。最惠国待遇原则的基本点是要求在 WTO 成员间进行贸易时,彼此不得实施歧视待遇,大小成员一律平等,只要其进出口的产品是相同的,则享受的待遇也应该是相同的,不能够附加任何条件,并且这种相互给予的平等的最惠国待遇应当是永久性的。例如,日本、韩国、欧盟都是 WTO 的成员,则其相同排气量的汽车出口到美国时,美国对这些国家的汽车进口要一视同仁,不能在它们中间搞歧视待遇。如果美国的汽车进口关税是5%,则这几个国家的汽车在正常贸易条件下,美国均只能征收5%的关税,不能对日本征收5%,而对韩国、欧盟征收高于或低于5%的关税。

（2）最惠国待遇的分类

最惠国待遇早在12、13世纪所签订的一些双边贸易条约中就已出现,并随着国际贸易的不断发展、双边贸易条约的不断增加而普遍流行起来,其适用范围也早已超出国际贸易领域,向国际运输、国际投资、领事职权和国际私法等方面延伸。

现代最惠国待遇体现着在缔约方之间消除差别待遇、在机会均等的基础上开展贸易竞争、推动自由贸易发展的基本理念和精神。它对现代国际贸易体制的形成和发展以及国际贸易交易活动的扩大,起了重要的作用。

WTO最惠国待遇原则是在货物贸易领域首先确立、完善和发展起来的,是一种无条件的多边最惠国待遇原则,它与双边贸易协定基础上的最惠国待遇有显著区别。了解WTO最惠国待遇的精神和宗旨,必须了解最惠国待遇的基本分类情况。

在长期的国际贸易实践中,逐渐形成了具有不同法律形式和法律效果的最惠国待遇。最惠国待遇通常可以分为下列几类:

第一类,有条件的最惠国待遇与无条件的最惠国待遇。无条件的最惠国待遇是指缔约一方现在或将来给予任何第三方的一切利益、优惠、豁免或特权应立即无条件地、无补偿地、自动地适用于缔约对方。无条件的最惠国待遇最早在英国与其他国家签订的通商条约中使用,因此又被称为"欧洲式"的最惠国待遇条款。有条件的最惠国待遇条款是指缔约一方已经或将来要给予任何第三方的利益、优惠、豁免或特权是有条件的,缔约另一方必须提供"相应的补偿"才能享有这种利益、优惠、豁免或特权。有条件的最惠国待遇最先是在美国与他国签订的贸易条约中采用的,所以又叫"美洲式"的最惠国待遇条款。由此可见,有条件的最惠国待遇和无条件的最惠国待遇的区别在于授予第三方的利益、优惠、豁免或特权是否附有条件,亦即受惠国享有利益、优惠、豁免或特权是否需要提供某种条件。因而"有条件的"最惠国待遇中的条件并不是有人认为的给予最惠国待遇是以对方给予为条件,你不给我,我也不给你,而是提供最惠国待遇是否以要求对方"相应的补偿"作为获得最惠国待遇的前提。如果缔约一方享受缔约方给予的各种优惠待遇时并不需要提供"相应的补偿",则为无条件的最惠国待遇;否则就是有条件的最惠国待遇。

第二类,无限制的最惠国待遇与有限制的最惠国待遇。无限制的最惠国待遇是指对最惠国待遇的适用范围不加任何限制,不仅适用于商品进出口征收的关税及手续和方法,也适用于移民、投资、商标、专利等各个方面。有限制的最惠国待遇是将其适用范围限制在经济贸易关系的某些领域,规定仅在条约规定的范围内适用,在此范围外则不适用。

第三类,互惠的与非互惠的最惠国待遇。互惠的最惠国待遇指缔约双方给予的最惠国待遇是相互的、同样的。非互惠的最惠国待遇则是指缔约一方有义务给予缔约另一方以最惠国待遇,即单方面给予,而无权从另一方享有最惠国待遇。

（3）最惠国待遇的特点

第一,最惠国待遇具有普遍性。所谓普遍性,是指最惠国待遇适用于一切符合规定的产品的贸易,适用于所有根据WTO成为贸易伙伴的成员间的相同产品的贸易。它主要体现在以下几个方面：

一是参加多边贸易条约的任何成员方给予另一方成员或与另一方成员有确切关系的贸易商或贸易货物的各种优惠待遇，都应立即、无条件地给予所有其他成员方或与其他成员方有确切关系的贸易商或贸易货物同等的优惠待遇。

二是多边贸易条约的任何成员方给予任何非成员方或与该非贸易条约成员方有确切关系的贸易商或贸易货物的各种优惠待遇，也应立即、无条件地给予所有其他成员方或与其他成员方有确切关系的贸易商或贸易货物同等的优惠待遇。

三是非多边贸易组织成员方可以通过与多边贸易组织任何一方成员签订含有双边最惠国待遇条款的贸易协定，要求对方将给予多边的贸易条约成员方或与这些成员方有确切关系的贸易商或贸易货物的各种优惠待遇，也提供给该多边贸易条约非成员方或与该非成员方有确切关系的贸易商或贸易货物。如在条约中另有特别规定的除外。

第二，最惠国待遇具有互惠性。互惠性是指最惠国待遇是贸易条约成员方之间相互给予的，不是单方面提供或享受的。最惠国待遇通常是通过双边或多边国际条约相互给予彼此在一定范围内，如贸易、投资、航海、服务等领域的利益、优惠、特权或豁免，而不是单方面只承担义务即只为对方提供各种优惠而不享受相应的权利。

第三，最惠国待遇具有优惠性。优惠性是指这种待遇的性质是以提供利益、优惠、特权或豁免为内容，得到最惠国待遇的国家或进出口产品可以为有关国家或企业带来利益。

第四，最惠国待遇具有无条件性。无条件性是指WTO最惠国待遇的提供应当不附加任何条件。这里的无条件的最惠国待遇是与有条件的最惠国待遇相对应的。这里的条件是指相应的补偿，换言之，受惠国若想要享受给惠国现在或将来给予任一第三国的各种优惠或特权，必须提供相应的补偿回报给惠国，否则就享受不到各种优惠和特权。而WTO的最惠国待遇原则强调无条件的最惠国待遇，即受惠国在享受各种优惠或特权时不需要提供相应的补偿，只要符合最惠国待遇原则的规定，就可以自动得到有关优惠或特权。

2. 国民待遇

（1）国民待遇的概念

国民待遇是国际上关于外国人待遇的最重要的制度之一，其基本含义是指一国以对待本国国民的同样方式对待外国国民，即外国人与本国人享有同等的待遇。传统的国民待遇所涉及的权利义务关系仅局限在民事领域，随着国际经济交往的日益频繁，其内容逐渐延伸到国际投资领域，并成为该领域普遍遵守的基本法则。作为对外国投资的待遇，国民待遇是指主权国家在条约或互惠的基础上，一国给予外国国民或法人在投资财产、投资活动及有关司法行政救济方面等同于或不低于本国国民或法人的待遇。国民待遇原则一般通过国内立法和国际条约来体现，由于该原则的适用直接关系到东道国本身的经济利益和经济安全，不同的国家会采取不同的对策。一般而言，发达国家既是资本输出国又是资本输入国，市场机制和经济发展水平较高，往往主张投资者平等竞争，普遍采取国民待遇原则。而发展中国家一般对国民待遇持比较谨慎的态度，更注重对外资政策和法律加以诸多限制。由于各方利益难以协调，国民待遇原则作为一项国际法上的普遍原则一直难以得到广泛适用。直至1994年,关贸总协定乌拉圭回合谈判达成《服务贸易总协定》和《与贸易有关的投资措施协定》,国民待遇原则才第一次以国际多边条约的形式引入国际投资领域。

国民待遇是对国民以一种平等的待遇,它是实行市场经济的基本条件,是平等竞争的基础。国民待遇原则在互惠原则的前提下逐步适用于某些经济贸易领域,这不仅体现在有关国家之间签订的双边条约或贸易协定中,更由于关贸总协定将其作为一项重要的基本原则而得到国际社会的认同。尤其是在关贸总协定乌拉圭回合的谈判中,国民待遇原则的适用范围得到了进一步拓展。在乌拉圭回合谈判达成的有关文件中,如《服务贸易总协定》《与贸易有关的投资措施协议》《与贸易有关的知识产权协议》中都规定了各缔约国之间应在互惠前提下遵守国民待遇原则。而取代关贸总协定的WTO在三个主要协议中都规定了国民待遇原则,即《关贸总协定》第3条、《服务贸易总协定》第17条以及《与贸易有关的知识产权协议》第3条。WTO国民待遇的基本含义是外国人在法律地位、诉讼程序以及投资等方面享有不低于本国人的待遇,从而消除给予外国人在货物贸易、服务贸易、投资、知识产权方面的歧视性待遇。

(2)国民待遇原则的适用

《关贸总协定1994》关于国民待遇原则的适用。关贸总协定体制的国民待遇的适用范围较小,仅适用于货物贸易,更具体地说,仅适用于对进口商品的国内税收和政府对进口商品的法规、规章等管理措施方面。《关贸总协定》第3条是"国内税与国内规章的国民待遇"条款。根据该条款的规定,每一成员对来自任何一个其他成员的进口商品所直接或间接征收的国内税或其他国内收费均不得高于其本国的同类产品;在进口商品从通过海关进入进口方境内至该商品最终被消费期间经过的销售、推销、购买、运输、分配或使用的法令、条例和规章方面,所享受的待遇应不低于相同的国内商品所享受的待遇。关贸总协定制定该国民待遇条款的目的,是防止政府实行保护主义、干预进口货物,保证各成员享受关税减让带来的利益,并保障进口商品与国内同类商品获得同等的竞争条件。

《关贸总协定》国民待遇条款具体适用于以下三个方面:

一是国内税收及其他各项费用。国内税收指政府对进口商品征收营业税、增值税、消费税及各种附加税等;其他各项费用指对处于流通过程中的进口商品应承担的仓储费、运费和保险费及有关服务费。按国民待遇条款的规定,各成员政府在对进口商品的征税和收费方面,都必须将适用于国内同类商品的税种、税率、征收方法、征收程序和减免税优惠等同样适用于进口商品。凡对进口商品设置了更高的税率或收费标准,或更繁琐的征收程序,或更为不便的征收方法的,都会提高进口的成本,使其与国内同类商品处于不平等的地位,导致不公平的竞争。

二是进口商品的混合或加工。某些进口商品进口后有必要经过混合或加工后才能投放市场,这就必然涉及原材料或配料的供应或购买。依国民待遇条款的规定,各成员不得制定条例以限制进口商品的混合或加工的原材料或配料的供应数量和供应渠道。违反了这一规定,即会对有关进口商品的进口形成数量限制。

三是进口商品流通的各环节。首先,在商品销售方面会涉及销售渠道、销售方式、销售价格等;其次,在推销环节上会涉及推销方式、推销手段等问题,其中包括广告的制作,如制作标准或要求及制作费用;再次,在运输方面会涉及运输工具的安排、装运要求、运费等;最后,在购买、分配和使用方面则会出现对购买行为的限制,商品的市场投向分配、市场数量分配、消费数量分配,或对使用某商品加以条件限制等现象。依国民待遇条款,各成员在对待进口商品的各流通环节中涉及的诸方面,均应与国内同类商品同等对待,即对国内商品与进口商品适用相同的规定或采用相同的措施,以避免对进口商品的正常流通形成各种障碍。

《服务贸易总协定》关于国民待遇的适用。经过长期的谈判和各方的妥协让步,《服务贸易总协定》终于将国民待遇原则作为其规定的具体承担义务部分。该条款规定:每一方成员应在其承诺表所列服务部门或分部门中,根据该表内所述任何条件和资格,给予其他成员方的服务和服务提供者,就所有影响服务提供的措施而言,其待遇不低于给予其本国相同的服务和服务提供者。

《服务贸易总协定》国民待遇的一个重要特征,就是将市场准入和国民待遇不作为普遍义务,而是作为具体承诺与各个部门的开放联系在一起,这样可以使分歧较小的国家早日达成协议,否则就加重了它们在服务贸易和国际收支中的负担,这是有悖于《服务贸易总协定》的宗旨的。因此,服务贸易中的国民待遇是以 WTO 成员间在平等的基础上通过谈判方式达成协议,在协议的基础上确定不同服务行业中不同程度地履行国民待遇。另外,服务贸易国民待遇原则的实施应本着"利益互惠"的原则,但这种利益互惠不应是绝对数量上的"对等优惠",而是"相互优惠",以符合水平不同国家的需要。

《与贸易有关的知识产权协定》关于国民待遇的适用。在乌拉圭回合谈判中达成的《与贸易有关的知识产权协定》的总则和基本原则中,明确规定了有关知识产权的国民待遇原则。它规定在保护知识产权方面,一方成员对其他成员方国民提供的待遇不得低于对本国国民所提供的待遇。这一规定将关贸总协定仅适用于外国进口产品的国民待遇扩大适用到包括商标权、专利权和版权等内容的知识产权领域。

《与贸易有关的投资措施协定》关于国民待遇的适用。在乌拉圭回合谈判中达成的《与贸易有关的投资措施协定》中明确而又具体地规定了使用关贸总协定的国民待遇原则,即任何成员方都不应使用与《关贸总协定》第 3 条或第 11 条不一致的任何与贸易有关的投资措施,并在该协议中列举了与国民待遇不相符的与贸易有关的投资措施,这些措施包括:要求企业购买或使用国内产品或来源于国内渠道供应的产品,不论这种具体要求是规定特定产品、产品数量或价值,还是规定购买与使用当地产品的数量或价值的比例;限制企业购买或使用进口产品的数量,或与其出口当地产品的数量或价值相联系。

(3) 国民待遇原则的精髓

最惠国待遇和国民待遇是关贸总协定的核心原则,也同样是 WTO 最主要的原则。相对而言,最惠国待遇原则较易于理解与操作,而国民待遇原则无论在理解上还是操作上都不是易事。然而,对国民待遇原则的准确理解与熟练运用,对于维护一国的经济利益具有极为重大的意义。

国民待遇与最惠国待遇相比,既有共性又有区别。其共性体现在两者都建立在非歧视原则的基础上,且有共同的目标,即减少或消除贸易障碍,实现国际贸易自由化。两者的区别在于各自肩负的使命不同,国民待遇原则的使命是保证成员国进口的外国商品与本国商品、外国的服务和服务提供者与本国的服务和服务提供者、外国国民的知识产权保护与本国国民的知识产权保护享有平等的待遇,即保证国内、国外的待遇平等;而最惠国待遇原则的使命则是保证一方成员给予所有其他成员完全相同的上述待遇,即保证外国间的待遇平等。简单地说,最惠国待遇原则要求一国给予 A 国的企业与产品的待遇,也必须同样地给予 B 国,即实现"外外平等"。相比之下,国民待遇原则要求一国给予本国产品或企业的待遇,也必须同样适用于本国境内的外国企业与产品,即实现"内外平等"。

国民待遇概念的实质可以通过以下两个关系来理解。第一,国民待遇原则与相互主义的关系。国民待遇是向外国的企业、产品、人提供与本国的企业、产品、人完全相同的待遇。同样,只要 A 国政府对本国的企业、产品、人等没有提供某项待遇,那么即使 B 国政府向 A 国的企业、产品、人提供了这项待遇,也不产生 A 国政府向 B 国提供该项待遇的义务。因此,国民待遇提倡的是"机会的平等",而不是"结果的平等"。相互主义则要求"结果的平等"。从《关贸总协定》导言中的"reciprocal and mutually advantageous"一语看,关贸总协定确实存在着类似于相互主义的概念,这与关贸总协定的对象主要是工业制品有关。关贸总协定的出发点是通过降低易于关税化的工业制品的关税来促进自由贸易,而相互主义的手法较能促进关税的减让谈判,这就是关贸总协定中的相互主义的概念,它并非是那种僵硬的相互主义,而更接近一种互惠、互让的精神。第二,国民待遇原则与"自由化"的关系。关贸总协定的宗旨是促进贸易自由化,但在原来的关贸总协定中,并未出现过"自由化"一词,理由很简单,因为在关贸总协定的框架下,一国是否推行贸易自由化,衡量的标准即是国民待遇原则。就是说,只要一国将赋予本国的企业、产品、人的待遇非歧视性地赋予外国的企业、产品、人,即被认为遵守了自由贸易原则、实施了"自由化"政策。在原来的关贸总协定中,国民待遇原则与"自由化"即是同义词,所以没有必要特意再加进该词。

(二) 市场准入原则

1. 市场准入原则的概念

市场准入原则是指各成员方通过减少和取消关税和非关税壁垒、对开放本国特定市场做出具体承诺和增强贸易政策的透明度等途径,保证各成员方市场开放程度的提高和市场开放范围的扩大。

2. 市场准入原则的主要内容

WTO 一系列协定或协议都要求成员分阶段逐步实行贸易自由化,以此扩大市场准入水平,促进市场的合理竞争和适度保护。主要表现在以下几点:

(1)《关贸总协定1994》要求各成员逐步开放市场,即降低关税和取消对进口的数量限制,以允许外国商品进入本国市场与本国产品进行竞争。这些逐步开放的承诺具有约束性,并通过非歧视贸易原则加以实施,而且一方成员要承诺不能随意把关税重新提高到超过约束的水平,除非得到 WTO 的允许。

(2) 其他货物贸易协议也要求各成员逐步开放市场。如《农产品协议》要求各成员将现行的对农产品贸易的数量限制进行关税化,并承诺不再使用非关税措施管理农产品贸易和逐渐降低关税水平。这类协议还包括《海关估价协议》《贸易的技术性壁垒协议》《动植物检疫协议》等。

（3）《服务贸易总协定》要求各成员逐步开放服务市场，即在非歧视性原则基础上，通过分阶段谈判，逐步开放本国服务市场，以促进服务及服务提供者间的竞争，减少服务贸易及投资的扭曲，其承诺涉及商业服务、金融、电信、分销、旅游、教育、运输、医疗与保健、建筑、环境、娱乐等服务业。

（4）有利于扩大市场准入的其他基本原则，即各成员还可利用争端解决机制，解决在开放市场方面的纠纷和摩擦，积极保护自己；同时，贸易体制的透明度也有利于扩大市场准入。

（三）公平竞争原则

1. 公平竞争原则的含义

WTO是建立在市场经济基础上的多边贸易体制。公平竞争是市场经济顺利运行的重要保障，公平竞争原则体现于WTO的各项协定和协议中。所谓公平竞争原则，是指WTO的成员方应避免采取扭曲市场竞争的措施，纠正不公平贸易行为，在货物贸易、服务贸易和与贸易有关的知识产权领域，创造和维护公开、公平、公正的市场环境。公平竞争原则主要体现在货物贸易领域、服务贸易领域和与贸易有关的知识产权领域。

2. 货物贸易领域的公平竞争原则

在货物贸易领域，为减少关税给外国产品带来的不利竞争影响，《关贸总协定1994》要求成员方逐步降低进口关税并加以约束；为使外国产品与本国产品处于平等的竞争地位，要求成员方取消数量限制，实施国民待遇；为使来自不同国家的产品公平竞争，要求成员方实施最惠国待遇。即使某些产品由国营贸易企业经营，包括将经营的专有权和特许权授予某些企业，这些企业的经营活动也应以价格、质量等商业因素为依据，使WTO其他成员方的企业能够充分参与竞争。

出口倾销和出口补贴一直被认为是典型的不公平贸易行为。倾销是指企业以低于正常价值的价格出口产品，对进口方相关产业造成损害。出口补贴是指政府对本国特定出口产品提供资助，人为地增加产品竞争优势，使进口方同类产品处于不平等地位，对其产业造成损害。《反倾销协议》《补贴与反补贴措施协议》允许进口方成员征收反倾销税和反补贴税，以抵消出口倾销和出口补贴对本国产业造成的实质损害。

尽管如此，受损害的进口国在征收反倾销、反补贴税时也应该遵循一定的程序。征收反倾销税和反补贴税的条件必须是有倾销或补贴的事实存在，并且倾销或补贴造成了进口国国内工业的实质性损害或实质性损害威胁，此时才能征收不超过倾销差额或补贴数额的反倾销税或反补贴税。同时WTO也反对各国滥用反倾销和反补贴工具，以达到贸易保护的目的。

另外，我们必须看到，出口补贴和出口倾销仍是国际贸易中的一种较为普遍的现象。在国际经济和贸易发展极不平衡的条件下，要根除倾销和补贴行为是不现实的。而且，在南北差距长期存在的情况下，完全禁止补贴和倾销也只能是形式上的公平、实质上的不公平。因此，无论是关贸总协定，还是WTO的有关文件，对于不同方式和来自不同国家的补贴、倾销分别规定了相应的规则和纪律。除了上述规定外，对货物贸易中可能产生扭曲竞争行为、造成市场竞争"过度"的情况，一方成员政府在WTO的授权下，为维护公平竞争，维持国际收支平衡，或出于公共健康、国家安全等目的可采取一定措施，以维护市场竞争秩序。如《农产品协议》在于给农产品贸易提供更高的公平程度；知识产权方面的协议将改善智力成果和发明的竞争条件；《服务贸易总协定》将进一步规范国际服务贸易的竞争环境，促进服务贸易的健康发展。这些构成了货物贸易领域公平贸易原则的例外。

3. 服务贸易领域的公平竞争原则

在服务贸易领域，WTO鼓励各成员通过相互开放服务贸易市场，逐步为外国的服务或服务提供者创造市场准入和公平竞争的机会。

对于本国的垄断和专营服务提供者，《服务贸易总协定》要求成员方保证服务提供者的行为符合最惠国待遇原则及该成员方在服务贸易承诺表中的具体承诺。如果上述服务提供者直接或间接参与提供其垄断和专营权之外的服务，且有关成员已就该项服务做出承诺，《服务贸易总协定》要求成员方保证服务提供者的行为不能违背该成员方的具体承诺，即不得滥用其垄断地位。为防止服务提供者的某些商业惯例抑制竞争、限制服务贸易，《服务贸易总协定》要求成员方在其他成员的请求下举行磋商，交流信息，以最终取消这些商业惯例。

4. 与贸易有关的知识产权领域的公平竞争原则

在知识产权领域，公平竞争原则主要体现为对知识产权的有效保护和反不正当竞争。《与贸易有关的知识产权协定》要求成员方加强对知识产权的有效保护，防止含有知识产权的产品和品牌被仿造、假冒、盗版。无论是本国国民的知识产权，还是其他成员方国民的知识产权，都应得到有效保护。

该协定还要求，为创造公平、竞争的市场环境，成员方应实施最惠国待遇，使来自其他不同成员方的国民享受同等的知识产权保护；同时，应实施国民待遇，使来自其他成员方的国民享受与本国国民同等的知识产权保护。

反不正当竞争也是知识产权保护的一个重要方面，一些限制竞争的知识产权许可活动或条件，妨碍技术的转让和传播，并对贸易产生不利影响。《与贸易有关的知识产权协议》专门对知识产权许可协议中限制竞争的行为做出了规定，允许成员采取适当措施，防止或限制以下商业做法，包括排他性返授条件、强制性一揽子许可等。公平竞争原则作为WTO的重要原则之一，在WTO的各项规则中都有所体现。它创造和维护了公开、公平、公正的市场环境，对整个WTO的稳定运行起着至关重要的作用。

（四）透明度原则

1. 透明度原则的含义

成员方所实施的与国家贸易有关的法令、条例、司法判决、行政决定，都必须公布，使各成员方及贸易商熟悉。一方成员政府与另一方成员政府所缔结的影响国际贸易的协定也必须公布，以防止成员方之间不公平的贸易，从而造成对其他成员方的歧视。

2. 透明度原则的要求

透明度原则是WTO的重要原则，它体现在WTO的主要协定和协议中。根据该原则，WTO成员须公布有效实施的、现行的贸易政策法规有：海关法规，进出口管理的有关法规和行政规章制度,有关进出口商品征收的国内税、法规和规章,进出口商品检验、检疫的有关法规和规章,有关进出口货物及其支付方面的外汇管理和对外汇管理的一般法规和规章,利用外资的立法及规章制度,有关知识产权保护的法规和规章,有关出口加工区、自由贸易区、边境贸易区、经济特区的法规和规章,有关服务贸易的法规和规章,有关仲裁的裁决规定,成员国政府及其机构所签订的有关影响贸易政策的现行双边或多边协定、协议,其他有关影响贸易行为的国内立法或行政规章。

透明度原则规定各成员应公正、合理、统一地实施上述有关法规、条例、判决和决定。统一性要求在成员领土范围内管理贸易的有关法规不应有差别待遇,即中央政府统一颁布有关政策法规,地方政府颁布的有关上述事项的法规不应与中央政府有任何抵触。但是,中央政府授权的特别行政区、地方政府除外。公正性和合理性要求各成员对法规的实施履行非歧视原则。

透明度原则还规定,鉴于对海关行政行为进行检查和纠正的必要,要求各成员应保留或尽快建立司法的或仲裁的或行政的机构和程序。这类法庭或程序独立于负责行政实施的机构之外。除进口商在所规定允许的上诉期内可向上级法庭或机构申诉外,其裁决一律由这些机构加以执行。

(五) 发展中国家更多参与原则

发展中国家更多参与原则即特殊和差别对待,允许各国给予发展中国家特殊减让而不需要给予全体成员同样的减让;允许发展中成员方用较长的时间履行义务或有较长的过渡期;允许发展中成员方在履行义务时有较大的灵活性。

第三节 国际商务运行规则的新趋势

一、国际贸易运行规则的新趋势

(一) 世界贸易组织的新发展

随着知识经济时代、服务经济时代和信息经济时代的到来,WTO 的谈判领域不断丰富,涉及 21 世纪国际经贸的诸多领域。2002 年年初全面启动的多哈回合谈判范围包括 8 个议题,即农业、非农业产品市场准入、服务贸易、规则谈判、贸易与发展、争端解决、知识产权、贸易与环境问题。

《服务贸易总协定》(General Agreement on Trade in Service, GATS)是乌拉圭回合的重要成果之一,于 1995 年 1 月 1 日正式生效。它是第一个综合覆盖自由贸易和服务行业投资的多边法律框架,为服务贸易国际化、自由化以及法制化奠定了基础。GATS 分为两大部分:第一部分是法律框架,第二部分是各 WTO 成员的服务贸易承诺表。服务贸易主要包括:金融服务、基础电信、海运服务、专家服务、自然人移动等。服务贸易谈判与农业谈判、非农业产品市场准入谈判并称为多哈回合的三大市场准入谈判。

《与贸易有关的投资措施协定》(Agreement on Trade-Related Investment Measures, TRIMs)是WTO管辖中的第一个综合覆盖与贸易有关的投资措施的多边法律框架。TRIMs的宗旨是促进投资自由化,制定为避免对贸易造成不利影响的规则,促进世界贸易的扩大和逐步自由化,并便利国际投资,以便在确保自由竞争的同时,提高所有贸易伙伴,尤其是发展中国家成员的经济增长水平。TRIMs的基本原则是各成员实施与贸易有关的投资措施,不得违背关贸总协定的国民待遇和取消数量限制原则。TRIMs由序言和9条及1个附件组成。TRIMs的附录《解释性清单》列举了与被禁止的贸易有关的5种投资措施的指示性清单,主要涉及那些要求购买或使用特定数额国产品的措施和把进口的数额限制在与出口水平相应幅度上的措施。TRIMs还规定在货物贸易理事会下设立与贸易有关的投资措施委员会,监督本协议的运行,磋商与本协议的运行和执行相关的事宜。

《与贸易有关的知识产权协定》(Trade-Related Aspects of Intellectual Property Rights, TRIPs)是第一个综合覆盖与贸易有关的知识产权保护的多边法律框架。在乌拉圭回合谈判之前,已经有一些保护知识产权的国际公约,例如《巴黎公约》《专利合作公约》《马德里协定》《伯尔尼公约》《罗马公约》等。但这些国际公约都或多或少地存在一些不足,不能有效地实现保护知识产权的目的。例如,没有专门保护商业秘密的国际公约;《巴黎公约》没有规定专利的最低保护期限;已有公约对假冒商品的处理不够有力;对计算机软件和录音制品缺乏国际保护;缺乏一个有效的争端解决机制来处理与贸易有关的知识产权问题。TRIPs在参考和吸收前述公约的基础上,进行了有效的补充和修改,成为世界范围内知识产权保护领域内涉及面广、保护水平高、保护力度大、制约力强的一个国际公约。

(二) 区域贸易协定的强劲发展势头

自WTO成立以来,以建立自由贸易区(Free Trade Areas, FTAs)为基本内容的各种区域贸易协定(Regional Trade Agreements, RTAs)的数量一直呈上升趋势。一方面,WTO多哈发展议程因坎昆部长级会议失败而停滞不前,另一方面,RTAs谈判的发展势头迅猛而强劲,并呈现出以下新特点:

第一,RTAs的数量急剧增加,超过了历史上的任何时期。根据相关资料的不完全统计,在2001年多哈发展议程启动后的两年内,有33项RTAs通知到WTO,其中21项涉及货物贸易,13项涉及服务贸易。仅2003年之内,就签署了12项RTAs,已启动谈判的就有9项,另有13项RTAs的建议。另据不完全统计,截至2013年,向世界贸易组织通报的区域贸易协定共计500个以上,已生效的有300个以上。

第二,世界上各个地区的国家普遍热衷于RTAs的谈判与缔结。目前几乎所有WTO成员都参加了或正在谈判加入RTAs。RTAs不仅起源于欧洲,而且集中于欧洲。如今,虽然欧洲—地中海地区仍然是RTAs最多的地方(目前正在生效的就有100多项),但是RTAs谈判活动的重心正在发生新的变化,亚太地区正在成为RTAs新的增长点。过去,像日本、韩国、中国、澳大利亚、新西兰、新加坡等国家对于以最惠国待遇为基石的多边贸易自由化"情有独钟",而如今也开始积极地寻求双边和区域自由贸易区的建立。

第三,RTAs 的内涵正在扩大。传统的 RTAs 旨在对货物贸易的关税进行削减和取消、对非关税壁垒的禁止和限制,现在的 RTAs 除了扩展到服务贸易自由化之外,还向投资规则、竞争规则、环境政策和劳工条款等与贸易直接或间接相关的领域迈进,一批新生代的 RTAs(New Generation of RTAs)正在形成之中。

第四,RTAs 的类型正在悄然繁衍。一些在 RTAs 方面已经积累了丰富经验且收获颇丰的国家或集团不安于现状,正在进行区域贸易协定类型上的新突破。首先,它们不再只是停留在自己所在的地区与相邻国家,或与相邻地区国家之间建立自由贸易区或关税同盟,而是致力于跨地区、跨大陆、跨大洋的双边自由贸易区的建立,如美国与新加坡之间的自由贸易协定。其次,它们正在探索跨大陆、跨地区的超大型自由贸易区的建立,如正在拟建的美洲自由贸易区和欧洲—地中海自由贸易区。最后,它们正在有计划地将现行的低级别的 RTAs 升级为一体化程度更高的区域体制。

(三) 世界双边自由贸易区(FTA)的主要特点和发展趋势

总的来看,多边贸易规则向双边 FTA 转变的世界性发展趋势,表明贸易自由化已推进到一个新的阶段。传统 FTA 以撤销关税为中心,主要偏重于货物贸易的自由化;与此同时,人们又担心传统 FTA 的统一会脱离贸易平等和贸易自由的原则,并担心经济日益区域化。此外,传统 FTA 选择参加国时往往以地理位置接近、经济发展阶段相似等为基准。而双边 FTA 则越来越重视投资效果及促进国内政策改革的效果,同时,现在人们开始对双边 FTA 在促进自由化方面发挥的作用予以高度评价。双边 FTA 常常是只要双方都有自由化的意愿,便不在乎上述的条件和基准。下文通过与多边贸易原则、传统 FTA 的比较,更系统深入地评价双边 FTA 的主要特征。从促进自由化的角度来看,双边 FTA 的特点和发展趋势主要有以下几点:

1. 双边 FTA 涉及的内容大大增加

WTO 拥有强有力的争端解决机制和手段,因此在政策贯彻方面具有强制力,但是另一方面,也正因为如此,越来越多的国家对 WTO 的约束范围扩大持慎重态度。双边 FTA 虽然以货物和服务贸易的自由化为中心,但是只要双边 FTA 缔约方达成协议,此协议还可以加进除此之外的各种内容。

1994 年以前的双边 FTA 绝大多数仅涉及货物贸易,近年来,双边 FTA 内容不仅包括服务贸易、知识产权,而且还包括了环境标准、投资、农业、竞争政策等敏感领域的各种内容,已经成为 WTO 多边贸易自由化以及进行更深入的经济统一的试验场。日新双边 FTA 和欧墨双边 FTA 都在上述敏感领域取得突破,从而把 WTO 多边贸易体制所追求的贸易自由化目标向前推进了一步。如在日新双边 FTA 下,内容涵盖面非常广泛,突破了传统货物和服务贸易的范围,除免除进出口关税和放宽双方的投资限制外,协定内容还包括在服务业、科技、广播、旅游业等多个行业以及人才交流上进行密切合作。

2. 双边 FTA 不再受地理位置等因素的制约

早期的双边 FTA 主要在毗邻或地理距离较近的国家或地区间缔结。近年来,有的双边 FTA 跨洋过海。如目前正在进行谈判的双边 FTA 中,有 1/3 是在不同地区的国家之间进行的。如欧盟与南非、新加坡、墨西哥、智利签订的双边 FTA,美国与约旦的双边 FTA,

以及美国正在与澳大利亚、新加坡、埃及商签的双边 FTA。我们还要看到,经济水平相差悬殊的国家间签署双边 FTA 逐步增多,如美国与约旦、欧盟与克罗地亚。这些情况使人们认识到,签署双边 FTA 的基础不一定是经济水平相近,双方经济有互补性就可以。此外,与传统 FTA 不同,双边 FTA 还可以与别的不同对象国在合适的时期签订协定。比如,某个国家已经同一个国家签订了双边 FTA,它还可以与别的国家以完全相同的内容商签双边 FTA。因为 FTA 有这样的性质,所以,现在许多国家如智利、墨西哥以双边 FTA 作为网络的联结点,积极展开双边 FTA 外交。以智利为例,截至 2005 年 2 月份,智利已与 21 个国家签署或达成了双边 FTA,与加拿大、墨西哥、萨尔瓦多、哥斯达黎加和欧盟签署的双边 FTA 已生效,2005 年与美国和韩国分别达成了双边 FTA 框架协议。智利政府还与委内瑞拉、哥伦比亚、秘鲁、玻利维亚、厄瓜多尔、阿根廷、巴西、巴拉圭和乌拉圭等 9 国分别签署了双边 FTA,并均已生效。

3. 双边 FTA 为处理与多边贸易规则的关系积累了新的经验

一个不争的事实是,传统 FTA 造成了协定内外 WTO 成员贸易待遇的不公平,在一定程度上形成了贸易保护主义,从而与 WTO 的非歧视性原则相背离,更有些传统 FTA 包含明显违背 WTO 有关规则的内容,如美加 FTA 第 104 条规定,除本协定另有声明以外,本协定项下的权利与义务优先于 WTO 下的权利与义务。这无疑是将双边 FTA 凌驾于 WTO 的多边贸易规则之上。双边 FTA 在创建过程中力求妥善处理与 WTO 多边贸易规则的关系,为两者在共存共生中走向自由贸易的目标积累了新的经验。由于双边 FTA 具有方便、灵活、快捷并可以同时与不同对象国签署等优点,在多边贸易谈判屡遭挫折和世界经济不景气的情况下,双边 FTA 往往就成为一些贸易大国热衷和重要的选择,甚至在东亚和拉美等地区也出现了这种情况。

相关案例 4-2

跨太平洋伙伴关系协议

《跨太平洋伙伴关系协议》(Trans-Pacific Partnership Agreement,TPP)又称《跨太平洋战略经济伙伴协议》(Trans-Pacific Strategic Economic Partnership Agreement),最早由新加坡、新西兰、智利和文莱等四个亚太经济合作组织(APEC)成员国发起,是旨在促进成员国间多边贸易自由化的一个贸易协议。TPP 从 2002 年开始启动,2005 年 6 月 3 日,四方签署了自由贸易协议(P4)。P4 协议的签署标志着一个跨亚洲、大洋洲和拉丁美洲的环太平洋范围囊括了货物贸易、服务贸易、知识产权以及投资等的新型自由贸易协议的产生。P4 协议要求智利、新加坡、新西兰(文莱为例外)到 2017 年实现彼此间货物贸易的关税降为零。基于自身利益的考虑,美国于 2008 年 11 月宣布加入 P4 协议的谈判。由于美国的推动,该协议转型为 TPP。加拿大、秘鲁、澳大利亚、越南、马来西亚、墨西哥陆续参加谈判。新的自由贸易协议采取开放的态度,欢迎原有 APEC 成员参与。该协议重要的建设目标之一就是建立以亚太为核心的范围广泛的自由贸易区。2011 年 11 月 10 日,日本决定加入 TPP 谈判。菲律宾、泰国和中国台湾地区也都表示出积极意愿,而中国没有被邀请参与 TPP 谈判。

TPP突破了传统的自由贸易协议框架,力图实现涵盖所有商品和服务在内的综合性、宽领域的自由贸易协议。TPP协议吸纳大多数APEC和东盟主要成员,无疑将对亚太经济一体化进程产生重要影响,俨然成为亚太地区的WTO。

1. TPP协议谈判进展

新西兰和新加坡在2006年5月1日批准跨太平洋战略经济伙伴关系协议生效,智利和文莱分别在2006年11月8日和2009年7月1日宣布加入。2008年9月,美国总统奥巴马决定邀请澳大利亚、秘鲁参与TPP谈判。随着墨西哥、马来西亚、越南、加拿大和日本的加入,TPP正式成员达到12个,一个以亚太为核心的区域自由贸易区逐步拓展了它的版图。TPP协议几乎囊括了TPP成员之间的所有贸易关系,被其成员誉为"21世纪真正的贸易协议",不仅强调解决传统领域存在的贸易壁垒等问题,还力图解决新型贸易问题。2015年10月,12个成员通过了TPP协定,TPP协定由此诞生。

2. TPP协议议题

自2010年3月在墨尔本启动TPP谈判以来,已经开展了多轮的谈判。TPP谈判启用闭门磋商的方式开展工作,谈判中不必对外公布各种技术文本和发布进展报告。议题涉及政府采购准入、知识产权保护、劳工标准、贸易争端解决、市场准入、动植物检验和检疫标准、通信、临时性人员入境、地理标志、服务贸易、保障措施、技术性贸易壁垒等。在TPP协议之前,这些成员间就签署了不少双边甚至多边协议,如《澳大利亚—新西兰更紧密经济关系协议》(1983年1月1日)、《美国—秘鲁贸易促进协议》(2009年2月1日)、《美国—新加坡自由贸易协议》(2004年1月1日)、《美国—越南双边贸易协议》(2001年12月10日)。由于成员方之间的FTA协议数量众多,如何处理原有FTA协议与TPP的关系是谈判的主要议题之一。对待已有的协议,各国的观点也有分歧,如澳大利亚和新西兰为进一步拓展优势产业出口,力挺在原有FTA协议基础上进一步强化贸易自由化,而美国则力主摆脱原有贸易协议的束缚,以全新的框架替换原有协议。

TPP成员最为关注的内容是实现关税减免,即成员间90%的货物实现零关税,全部商品关税在限定的时间内免除,并且在货物贸易、服务贸易、知识产权、国企以及金融投资等领域给予广泛优惠并加强合作。在诸多谈判议题中,农业是TPP谈判的难点和重点之一。澳大利亚、新西兰希望达成高质量的农业贸易协议,推动食糖、乳制品等农产品市场准入取得进一步突破。而美国国内不同产业对这个问题意见不一,部分农业企业倾向于新的贸易协议不能偏离原有贸易协议框架,但农产品加工业则支持全面开放农产品贸易。农产品贸易领域形成了国与国之间,以及一个国家内部不同产业之间的博弈。除了农业问题以外,还存在大量需要协调谈判的问题,比如澳大利亚、新西兰部分利益集团表达了对投资议题谈判的担忧。美国国内的不同利益集团也对投资进一步开放存在不同意见,认为进一步开放投资会弱化政府对跨国投资行为的约束力,进而弱化政府对经济的调控能力。对于政府采购的管制,TPP倾向于放松政府采购管制,开放其他成员的企业进入国内政府采购市场。对此,原来各个国家执行的政策不同,如马来西亚原有的国内相关立法就对政府采购项目有限制,在马来西亚同意按照TPP协议修订相关立法后,才被允许加入谈判。又如,在知识产权保护标准问题上,成员国之间立场迥异。发展中国家认为,过高的知识产权保护标准限制了本国制造业水平的提升,担心TPP协议中超越TRIPs协议的条款,会破坏TRIPs协议实现的微妙平衡。而以美国为代表的发达国家积极倡导推行超越TRIPs协议标准的知识产权保护,甚至要求专利保护期长达20年,并对强制许可的产品实现额外限制。

尽管存在上述种种争端,但是成员各方还是达成了一致的最终协定。在TPP的最终协定中,共分30章,内容涵盖货物贸易、海关管理及贸易便利化、卫生与植物检疫措施、技术性贸易壁垒、贸易救济措施、投资、服务、电子商务、知识产权、竞争力、争端解决等。

3. TPP 具有的优越性

TPP不仅包含传统贸易机制中的商品贸易、服务贸易自由化精神,还包括参照北美自由贸易区(NAFTA)的章程涵盖劳动合作与环境合作。TPP规定在实现贸易完全自由化方面,各成员方没有例外,必须完全实现贸易自由化和便利化。一旦这个机制获得广泛实施,区域内无论是发达国家、新兴市场还是不发达国家,竞争力强的产业都将获利丰厚,极大地刺激贸易增长。可以预期,在TPP所具备的这种特质的刺激下,区域内经济社会的发展将得到极大的促进,这无疑是TPP吸引各国积极参与的主要动因。

4. TPP 的不足

TPP谈判大有构建新型世界贸易规则的趋势,但是TPP设置的进入门槛有过高之嫌。不同社会经济发展水平的国家都要达到TPP规定的知识产权、环境保护、劳工标准、政府采购准入等方面的开放条件是非常困难的。事实上,一些社会经济发展水平与美国、加拿大、新西兰、澳大利亚等发达经济体差距很大的国家,如马来西亚、越南也加入了TPP谈判,导致谈判在一些关键问题上难以达成一致。原先东亚地区签订的双边或者多边的自由贸易协议中,除敏感领域外的大多数产品实现了低关税或零关税,但是TPP推行货物贸易和服务贸易完全自由化,即必须完全开放本国市场,而成员国原有的保护敏感领域与行业的政策就必须废弃,尤其在劳工标准、知识产权、环境等敏感领域的标准。这必定增加一些国家相关产业的成本,因而受到来自国内利益团体的反对。这对很多国家的政府来说是巨大的挑战,考虑到国内产业保护和政治稳定,一些国家在TPP协议面前犹豫不定。此外,TPP的构架中希望一揽子解决涉及政府采购、知识产权、劳工权利、环境保护等一系列问题,也存在多方达成共识的巨大阻碍和难度。

在亚洲,已经建立了多种形式的合作机制,双边或多边协议不计其数,TPP的推出无疑会形成大范围的重复。比如,韩国和东盟、美国、欧盟、秘鲁、中国等国签署了双边自由贸易协议,和与其经济利益密切相关的日本也将签订双边自贸协议。韩国基本实现了与主要经济体签署双边自贸协议,因此对TPP机制没有太多兴趣。短时间内TPP难以显现超越以往机制的显著改变,加上TPP条件严苛,各国围绕谈判而形成的国内各利益团体的博弈弱化了成员方政府参加谈判的主动性。就算是在美国国内,对于TPP的理解也各有不同,美国国会就曾经表示反对美国加入TPP,担心某些行业会受到其他成员优势行业的挤压,诸如越南这样的发展中国家的廉价劳动力会随着自由贸易给美国国内的就业带来损害。因此,推崇高质量和高标准的TPP机制难以在短时间得到区域内的广泛认同。跨区域经贸领域的问题势必和国家间的政治及意识形态联系在一起。美国在推动TPP时具有强烈的"重返亚太"的战略意图,使得TPP成为具有浓厚政治色彩的贸易机制。这不仅表现为遏制和边缘化中国,甚至将印度、欧盟也排除在外,吸纳越南也透露出美国在东南亚的政治布局。如果过分强调政治目的,将会扭曲正常的贸易机制,违背区域经济一体化机制的初衷,很难想象一个排斥像中国这样的区域经济大国的自贸机制将会有怎样的前景。

二、对外直接投资运行规则的新趋势

(一) 跨国企业并购成为对外直接投资增长的主要力量

在经济全球化的大背景下,各国政府深刻地认识到吸引国际投资对本国经济发展的促进作用,纷纷制定各种优惠政策以吸引跨国公司在本国的投资,在很大程度上降低或消除国际投资的投资壁垒。相应地,各国跨国公司在其全球化战略的指导下,在高额利润的驱使下,也纷纷加大向海外的投资。这直接导致了跨国公司在数量、规模和对外投资总额上的大发展。越来越普遍的跨国并购提高了发达国家对外投资的绩效,产生这一变化趋势的原因在于,跨国公司在经济一体化和投资自由化的背景下,要面对全球化和新技术变革带来的日趋激烈的竞争压力,而各国政府为吸引外资、发展本国经济也在逐步解除产业管制,这使得跨国公司在市场开放和投资壁垒降低的环境中,为了生存和发展,并且更好、更充分地利用世界市场的不同生产要素和全球市场的巨大容量,竞相扩大公司规模和进行多元化投资。随着全球经济一体化和投资自由化的迅速发展,跨国并购在 21 世纪将呈现出更好的发展态势。

(二) 国际投资行为日益多样化

为了适应日趋复杂的国际市场和激烈的国际竞争环境,顺利贯彻公司的一体化战略和全球化战略,跨国公司的国际投资行为日趋多样化,除了常见的独资经营和合资经营方式外,合作生产、技术转让、分包、许可证生产、特许专营等形式正得到广泛运用,甚至还出现了跨国公司间主要从事研究开发合作的战略联盟。同时,由于经济发展和产业结构升级,服务业(主要是运输、商业、银行、通信、保险、旅游等)在各国经济总量中所占比重不断提高,在世界经济和对外直接投资中的重要性日益凸显。跨国公司投资也与母国的产业转换和升级相呼应,并开始加快向服务业拓展的速度。高新技术产业也已成为跨国公司在全球范围内直接投资的热点,特别是电子技术、信息技术、光纤通信技术、生物工程技术和航天技术等更受跨国公司青睐。

三、国际金融运行规则的新趋势

(一) 新兴市场将更多地参与国际金融规则的制定

随着新兴市场和其他发展中国家对国际金融领域的参与越来越深,国际机构制定各种监管规则越来越离不开新兴市场和其他发展中国家的参与。因此,金融稳定理事会、国际货币基金组织、巴塞尔银行监管委员会、国际证监会组织、国际保险监管协会等官方和半官方国际组织需要新兴市场和发展中国家更多地、实质性地参与,所制定的规则要着眼于全球金融业共同发展、共同繁荣和共同防范风险的需要,不但要考虑发达国家的需要,也要考虑新兴市场和发展中国家的需要。因此,未来国际机构制定的国际金融规则的适用范围将更宽,通用性将更强,体系上将更趋于完整,技术上将更趋于完善,并将更具有前瞻性。

(二) 国际货币监督体系将实现对发达国家监督和对发展中国家监督的平衡

2008年的金融危机暴露了个别发达国家货币主导的国际货币体系的缺陷,国际货币体系正在进一步向多元化方向演进,新兴市场经济体货币的国际地位正在上升,个别新兴市场经济体货币成为主要国际货币之一的可能性正在出现,未来可能会出现主要发达国家货币和主要新兴市场货币共同支撑国际货币体系的局面。未来国际货币基金组织的改革应充分考虑经济格局变化和储备货币多元化的需要,进一步提升新兴市场经济体的份额和发言权,促进国际货币体系进一步多元化,进而实现在多元化基础上的平衡,实现规则制定的均衡以及对发展中国家监督和对发达国家监督的平衡。目前国际机构如国际货币基金组织对发达国家的监督不够,其监督主要是针对发展中国家的,对有问题、有困难的发达国家的救助缺乏足够资金和实力,对发展中国家的救助往往附加苛刻条件,导致主要储备货币发行不受约束,发达国家的金融风险得不到及时揭示和控制,个别发达国家债台高筑,最终酿成全球性金融危机。国际货币基金组织应进一步推动治理机构改革,主要发达国家应进一步向新兴市场转移份额,改变目前发达国家占份额50%以上、个别主要发达国家握有一票否决权的不合理现实,解决对发达国家尤其是主要发达国家监督虚化的问题。

(三) 全球范围内金融监管将修补危机中暴露出的缺陷

针对2008年金融危机中暴露出来的监管缺陷,未来全球范围内的金融监管将致力于完善金融机构的技术、严格监管标准、修补监管漏洞。目前全球关于未来加强和改进监管方面达成的主要共识有:构建宏观审慎政策框架,强化宏观审慎监管,减轻监管的逆周期效应;强化资本和流动性要求;加强场外衍生产品市场监管;加强对冲基金监管;加强信用评级机构监管;改革薪酬制度,减轻不合理的薪酬体系对金融机构过度投机的刺激;加强金融消费者保护。

(四) 金融监管标准的趋同化和协调性将加强

金融机构跨国经营活动的大量增加客观上需要跨国监管,那么是否会出现超主权的监管者呢?目前的监管还是以主权国家为基础,国际机构制定的标准和规则只是为主权国家所参考,只不过大多数国家和地区都接受了,因为在大多数国家和地区都接受共同规则的情况下,不接受者的金融机构将难以在国际市场上活动。随着跨国金融活动的增多以及影响的扩大,跨国金融机构对全球金融稳定的影响越来越大,金融监管协调的重要性也日益增强。欧盟实现了欧元区的货币一体化之后,正在实行金融监管标准一体化,但监管的执行权仍然主要保留在各个成员国内,未来欧盟层面的监管者有不断实体化(逐渐增加在市场准入、检查、处罚、市场退出等方面的实质性监管权力)的趋势。全球范围内,在金融稳定理事会框架下,已经成立了针对30个大型跨国金融集团的监管组,现阶段也只是实现信息共享,尚难以做到实体化,也做不到对大型跨国金融集团行使业务管制、检查、处罚、市场退出等方面的权力。超国家监管者的生存需要解决两个问题:一是权力来源问题,有关各国(地区)一致授权或通过国际会议授权某一机构具有超国家主权的实质性监管权;二是要解决超国家监管机构处置有问题金融机构时所需的资金来源。近期内解决这两个问题具有相当大的难度,但不管是否会出现全球性实体化监管机构,金融监管的跨国协调都将不断增强,监管协调的多边化将较双边化更加重要。相对于双边协定而言,多边协定的重要性将上升。金融监管跨国协调机构的实体化可能是一个趋势,金融稳定理事会经实体化后可能发展成为国际金融监管跨国协调的实体机构。国际社会还将吸取近几次国际金融危机的教训,充分发挥现有国际金融组织和各种协调机制的作用,切实加强全球性金融风险预警和危机预警,逐步建立全球性危机反应和应对机制。

复习思考题

1. 简述 WTO 的宗旨和主要原则。
2. 在服务贸易、国际投资领域以及知识产权领域内,发达国家和发展中国家有哪些不同的利益主张?
3. 有观点认为,发达国家在自身有竞争优势的领域就极力鼓吹自由贸易,而在自身不具有竞争优势的领域就打着公平贸易的幌子采取贸易保护。你如何看待自由和公平贸易?
4. TPP 对现有的世界贸易体系有何影响?中国是否有必要谋求加入 TPP?这对中国有何影响?
5. 对外直接投资的发展对发展中国家有哪些深远的影响?为什么一些国家反对对外直接投资的流入?

案例分析题

1. 举例说明中国加入 WTO 后产生的变化和影响。
2. 搜集中国目前所参与的主要 RTAs 的情况,并进行归纳和分类,讨论不同协定目前所处的一体化的阶段及其影响。
3. 股权融资中,私募日益重要和流行,你认为其根本原因是什么?请给出你观察到的中国企业国际私募案例并进行案例分析。

第五章 国际商务的竞争优势

【知识要点】
1. 国际竞争优势理论
2. 竞争位势
3. 异质性资源
4. 战略动力能力
5. 成本领先战略
6. 差异化战略
7. 集中战略

【能力要求】
1. 深入了解国际竞争优势理论的主要内容
2. 明确国际竞争优势的来源
3. 理解国际竞争的主要类型和国际竞争的发展趋势
4. 培养和提高学生对国际商务竞争优势的理解掌握能力

【内容提示】

在经济全球化的大背景下,企业能否生存并且顺利发展,已经不再仅仅取决于其是否具备基本的生产和销售能力,更重要的是取决于其是否拥有在国际商务活动中的竞争优势,即是否拥有充足的国际竞争优势。企业国际竞争优势的来源很多,而培养国际竞争优势往往是一个"干中学"的过程,需要企业通过日常经济活动不断训练。国际竞争的形式越来越多样化,国际竞争的发展趋势也将越来越表现出全面化、复杂化和激烈化的特征。企业需要在日趋激烈的竞争环境中尽快培养有效而持久的国际竞争优势。本章主要介绍国际竞争优势的主要理论、来源与国际竞争的类型、发展趋势。在此基础上进一步探讨国际商务活动中竞争优势的特征与发展态势。

【导入案例】

中国纺织业的国际竞争新篇章

在改革开放尤其是20世纪80年代以来,我国纺织业一直保持着良好的国际竞争优势,为国家出口规模与质量的提升做出了重大贡献。加入WTO后,纺织业依然没有受到国际竞争冲击的影响,始终保持良好的发展态势,充分体现了中国产品的国际竞争优势,谱写了纺织业国际竞争的新篇章。

加入WTO以来,被人们普遍看好的中国纺织业不孚重望,取得了不俗的业绩。其具体表现在三个方面:第一,产业竞争力增强,表现为纺织业工业总产值持续增长、产业发展规模扩大和固定资产投资增势良好。2003—2008年,按照当年价格计算,我国纺织业的工业总产值从7 730.9亿元持续增至21 272.5亿元,年均增长18.38%。截至2010年9月,我国纺织行业规模以上企业由2006年的3.94万家增至5.41万家;规模以上企业就业人数从2006年的1 030.25万人增至2010年8月的1 087.9万人。第二,纺织业贸易活力增强,表现为纺织品贸易结构优化、产品出口增速加快和出口全球占比逐年提高。加入WTO十年来,我国纺织品服装出口从2001年的532亿美元增至2010年的2 065亿美元,占全球纺织品服装贸易的比重从2000年的14.6%提升至2010年的32.7%。出口产品结构、贸易方式及重点产品出口竞争指数也得到了明显提升。

纺织业之所以能够取得如此骄人的国际竞争成绩,根本原因在于充分发挥了质优价廉的国际竞争优势,将成本战略、差异化战略和集中战略三种国家竞争战略应用于国际竞争范畴,从而巩固和发展了纺织业的国际竞争优势。成本战略主要体现为纺织业出口产品始终保持在国际市场同类产品中低价运行,从初级纺织品原料、简易加工成品到服装等纺织制成品都保证了一贯的低成本特征;差异化战略则主要体现在纺织业出口产品的质优与特色上。将中国文化元素融入纺织业出口产品中成为近年来企业生产的特点,而一直以来的质量上乘则是差异化战略得以顺利实施的保障;集中战略表现在众多纺织业出口公司逐渐形成合作与发展合力,在应对国际竞争挑战中逐渐形成团队,并且有针对性地进入某些特定市场,保证了集中优势产品各个击破国际市场的实现。

资料来源:张硕,《中国纺织业织出新篇章》,《中国商贸》,2011年6月。

在经济全球化的背景下,企业越来越多地受到来自国际市场竞争的挑战。无论本身是否从事出口贸易或跨国经营,企业在国际商务活动中遇到来自国际市场的压力都难以避免,因此培养企业的国际竞争优势,对企业生存发展而言至关重要。实践证明,企业在产出规模、组织结构、劳动效率、品牌、产品质量、信誉、新产品开发及管理和营销技术等方面具备的各种有利条件,将在很大程度上影响企业的生存时长和发展状况,而上述这些因素都是构成企业层面竞争优势的重要组成部分,企业在国际商务活动中所体现出的竞争优势也大体包含上述内容。更进一步地,从国家层面来说,一国企业整体的国际竞争优势取决于许多宏观条件,包括生产要素、需求因素、产业因素、企业竞争、机遇与政府政策支持,这些宏观条件可能强化也可能弱化企业层面的竞争优势,从而最终形成企业在国际商务活动中的综合竞争优势。因此,对于已经和即将从事商务活动的公司或个人来说,了解国际商务竞争优势的形成过程和组成部分,掌握国际竞争优势理论并在此基础上理解企业国际竞争优势的来源和发展特征,将帮助其更好地引导和培育竞争优势,适应国际范围内的竞争和挑战,从而最终达到维持良好发展水平的目标。本章主要介绍国际竞争优势理论的主要内容和国际竞争优势的来源,在此基础上分析国际竞争的类型,并阐述国际竞争的发展趋势和特点,以便更好地掌握培育公司竞争优势的方法与途径,灵活应对和克服企业在全球化背景下遭遇的挑战与困难。

第一节　国际竞争优势理论

一、竞争优势

竞争优势(competitive advantage)一般指的是竞争者在某些方面具有的有利于最终从竞争中胜出的特质。竞争优势与竞争力的概念有所不同。竞争力指的是竞争者拥有的综合竞争实力,而竞争优势往往关注竞争者某一方面的特质。如一个人具有更好的学习天赋和理解能力,就有可能在相同时间、面对相同的学习任务时,比他人更好地完成学习任务,因此这种天赋与能力有助于这个人最终胜出,这就是一种竞争优势;一个人具有更好的身体素质和耐力,就有可能在相同的工作负担面前保持相对他人而言更加充沛的精力,从而比他人更好地完成工作任务,这种素质也能够帮助这个人最终胜出,所以这也是一种竞争优势。因此,竞争优势是某种不同于竞争对手的独特品质,这种品质难以观察和测量,例如好的天赋和身体素质往往没有直接的衡量指标,但在竞争中能够明显地表现出来,或者脱颖而出。绝大多数竞争优势是在竞争中培育出来,也就是在日常工作中积累起来的,而并非随意或自然就能获得的,简单地说就是训练和培养的结果。

企业竞争优势(enterprise competitive advantage)就是以企业为主体的竞争优势,是指企业在产出规模、组织结构、劳动效率、品牌、产品质量、信誉、新产品开发以及管理和营销技术等方面所具有的各种有利条件。企业竞争优势是这些有利条件所构成的有机整体,如某企业的创新能力比其他企业强,那么它的新产品开发就更快,新产品的质量也更高,因而企业越有可能在新产品开发与生产方面具有令其最终胜出的特质;某企业的销售渠道比其他企业广泛,那么它的产品销售速度就更快,企业资金周转速率也可以得到很大程度的提高,因而企业就可能在产品的销售和资金周转方面具有令其最终胜出的特质。这些都被称为企业的竞争优势。企业竞争优势和其他竞争优势一样,大多也不是天然形成的,而需要通过日常的企业经济活动加以培育和积累,其中产出规模和组织结构往往取决于企业最初的发展特征,而劳动效率、品牌、产品质量、信誉和新产品开发及管理和营销技术方面的优势,则完全依靠企业长期经济活动中的训练积累,因而是一种"干中学"(learning by doing)过程。

企业的竞争优势虽然不能等同于企业竞争力,但它往往是企业竞争力形成的基础和前提条件,这里的企业竞争力是指企业设计、生产和销售产品和劳务,参与市场竞争的综合能力,它主要由企业自身所拥有的竞争优势所决定。20世纪90年代中期,美国信息技术战略家鲍尔(Boar)将企业的竞争优势归纳为五种类型:一是成本优势,这种优势能够使企业更廉价地提供产品或服务;二是增值优势,这种优势能够使企业创造出更吸引人的产品或服务;三是聚焦优势,这种优势能够使企业更恰当地满足特定顾客群体的需求;四是速度优势,这种优势能够使企业比竞争对手更及时地满足顾客的需求;五是机动优势,这种优势能够使企业比竞争对手更快地适应变化的需求。无论是这种五类区分法还是企业竞争优势定义中的概括,都表明企业竞争优势并不能够直接上升为企业的竞争力,但是企业拥有竞争优势却是企业最终获得竞争力的前提。

二、国际竞争优势理论

国际竞争优势理论是一个广义的概念,指的是通过借鉴新古典经济学和国际贸易理论,结合企业战略管理的相关思想,在分析企业竞争优势来源、特征和发展规律的基础上建立的用于描述和解释企业参与国际竞争所需优势的相关理论。最初国际竞争优势理论的概念主要指的是波特提出的国家竞争优势理论在国际企业层面的升华,近年来其他描述企业优势的理论也开始出现,并被纳入国际竞争优势理论的框架,从而形成了更加系统且内容丰富的理论集合。

(一) 国家竞争优势理论

国家竞争优势理论,又称国家竞争优势钻石理论或钻石理论,由哈佛大学商学院教授迈克尔·波特(Michael Porter)在其代表作《国家竞争优势》(*The Competitive Advantage of Nations*)一书中首次提出。国家竞争优势理论着眼于企业在宏观层面的竞争位势和竞争战略管理状态,因而也被称为竞争位势理论。国家竞争优势理论是国际竞争优势理论的最主要的部分,因而也是我们重点介绍的部分。

国家竞争优势理论着重探讨特定国家的企业在国际竞争中赢得优势地位所需要具备的各种条件,指出一国产业结构状况并不是一成不变的,各国产业发展具有很强的能动性和可选择性,固有的比较优势不应成为谋求增强国际竞争优势的障碍。因此,国家竞争优势理论认为,企业参与国际竞争的优势将来源于生产要素、需求、产业结构、企业竞争、机遇与政府政策五个方面,企业的综合国际竞争力也将取决于以上五个方面的综合作用。在此认识基础上,国家竞争优势理论进一步认为,国家经济发展可分为四个阶段:生产要素导向阶段、投资导向阶段、创新导向阶段和富裕导向阶段。

(1)在经济发展的最初阶段,几乎所有的成功产业都是依赖基本生产要素。这些基本生产要素可能是天然资源,或是适合作物生长的自然环境,或是丰裕且廉价的一般劳工。这个阶段中的国家和企业只有生产要素具有优势。在这种条件下,只有具备相关资源的企业才有资格进军国际市场。中国在改革开放初期能够进入国际市场的产业和企业往往正是具备了这些特征。

(2)在投资导向阶段,国家竞争优势的确立以国家和企业的投资意愿及投资能力为基础,并且越来越多的产业开始拥有不同程度的国际竞争力。企业有能力对引进的技术进行消化、吸收和升级,是一国达到投资导向阶段的关键所在,也是区别生产要素导向阶段与投资导向阶段的标志。中国现在正处于投资导向阶段,表现为一方面出口以资本密集型的机电产品为主,另一方面大量吸引高技术外资进入和鼓励本国企业"走出去",当然这一阶段在中国可能还需要持续很长一段时间。

(3)在创新导向阶段,企业在应用并改进技术的基础上,开始具备独立的技术开发能力。技术创新成为提高国家竞争力的主要因素。处于创新导向阶段的产业,在生产技术、营销能力等方面居领先地位。有利的需求条件、供给基础及本国相关产业的发展,使企业有能力进行不断的技术创新。在重要的产业群中开始出现世界水平的辅助行业,相关产业的竞争力也不断提高。从国家整体层面和产业中观层面来看,中国至今尚未到达这一阶段,但是某些出色的中国企业已经开始进入这一阶段,它们一方面能够较好地进行国际市场的开拓,另一方面已经初步具备较系统和完善的研发能力与自我培养能力。

(4)最后一个阶段是富裕导向阶段,在这一阶段,国家竞争优势的基础是已有的财富。企业进行实业投资的动机逐渐减弱,金融投资的比重开始上升。部分企业试图通过影响和操纵国家政策来维持原有的地位。大量的企业兼并和收购现象是进入富裕导向阶段的重要迹象,反映了各行业希望减少内部竞争以增强稳定性的愿望。富裕导向阶段出现的时间和财富积累的程度与质量,都取决于前三个阶段的发展质量。

在波特划分的这四个阶段中,前三个阶段是国家竞争优势发展的主要力量,通常会带来经济上的繁荣,表现为企业的国际竞争优势逐渐增强,而第四个阶段则是经济上的转折点,经济有可能因此而走向衰弱,表现为企业的国际竞争优势将逐渐减弱。当然波特也一再强调,国家经济发展的四个阶段并不必然对应着国家竞争优势的增强或减弱,也不必然对应着处于该阶段企业国际竞争优势的增强或减弱,竞争优势依然主要依靠企业在经济活动中的自行积累和培养。

专栏 5-1

波特简介

迈克尔·波特是哈佛大学商学院的"大学教授"("大学教授"是哈佛大学的最高荣

誉,在他之前该校历史上仅有三个人获此项殊荣)。波特在管理思想界被誉为"活着的传奇",他是当今全球战略权威,是管理学界公认的"竞争战略之父",在2005年世界管理思想家50强排行榜上位居第一。

波特出生于密歇根州的大学城安娜堡,父亲是位军官。波特在普林斯顿大学时学的是机械和航空工程,随后转向商业,获哈佛大学的MBA及经济学博士学位,并获得斯德哥尔摩经济学院等七所著名大学的荣誉博士学位。1983年,波特被任命为美国总统里根的产业竞争委员会主席,开创了企业竞争战略理论,并引发了美国及至世界的竞争力讨论。他先后获得过大卫·威尔兹经济学奖、亚当·斯密奖,五次获得麦肯锡奖,拥有很多大学的名誉博士学位。波特著作颇丰,其中最有影响的有《品牌间选择、战略及双边市场力量》(1976)、《竞争战略》(1980)、《竞争优势》(1985)、《国家竞争力》(1990)等。其中,《竞争战略》一书已经重印了53次,并被译为17种文字;另一本著作《竞争优势》,至今也已重印32次。波特博士的课已成为哈佛商学院的必修课之一。波特的三部经典著作《竞争战略》《竞争优势》《国家竞争优势》被称为竞争三部曲。

(二) 资源基础理论

波特的国家竞争优势理论全面分析了企业国际竞争所依赖的有利条件,并且能够将这些条件和国家的宏观经济发展特征联系起来,准确解释企业发展与国家经济发展之间的内在联系。但是,在波特的国家竞争优势理论中,依然存在新古典经济学的一个重要缺陷,就是将企业视为"黑箱",认为产业内企业是同质的,因此企业战略的选择仅仅取决于企业与外部力量的相互关系,未来企业的内部成长和自身力量的变化并不是现在企业制定战略所考虑的问题。换言之,不需要关注企业内部的运行特征与路径,只要给予不同企业相同的环境,企业最终都会获得相同的竞争优势,这显然违背了企业存在异质性的基本共识。此外,国家竞争优势理论的演化过程暗示,企业应该以追求高利润为唯一目标,这种追求甚至不需要企业基于最优化的选择,而是仅凭产业特征就可以确定,因此用该理论指导企业,很容易诱导企业进入一些看似利润高、但自身缺乏经验或与自身竞争优势毫不相关的产业,进行无关联的多元化战略。

针对波特理论的不足,20世纪80年代中期,一些学者摒弃主流经济学派的价格均衡分析方法,在以潘罗斯(Penros)倡导的"企业内在成长论"的基础上提出了基于资源基础的公司战略理论,尤其是伯格·沃纳菲尔特(Birger Wernerfelt)等提出的资源基础理论,很好地弥补了波特国家竞争优势理论的不足,进一步深化和丰富了国际竞争优势理论的内涵。资源基础理论的假设是,企业具有不同的有形和无形的资源,这些资源可以转变成独特的能力;资源在企业间不可流动且难以复制;这些独特的资源与能力是企业持久竞争优势的源泉,因此资源基础理论的基本思想可以概括为把企业看成是资源的集合体,将目标集中在资源的特性和战略要素市场上,并以此来解释企业的可持续的优势和相互间的差异。[①]

具体来说,资源基础理论的主要内容是:第一,企业竞争优势的来源是特殊的异质资

---

① 姜忠辉、赵德志,《企业资源基础理论述评》,《管理探索》,2007年第9期。

源,不同企业拥有不同的资源基础,因而其发展企业竞争优势的路径和结果也将千差万别。第二,企业竞争优势之所以存在持续性,是因为资源不可模仿。由于企业竞争优势根源于企业的特殊资源,这种特殊资源能够给企业带来经济租金,因此在经济利益的驱动下,没有获得经济租金的理性企业肯定会模仿优势企业,其结果则是企业趋同,租金消失。然而在现实经济活动中,绝大多数企业很难模仿一些出色企业的成功历程,原因在于异质资源由于存在因果关系含糊、路径依赖性和模仿成本等原因而难以被效仿。第三,企业培育竞争优势的有效途径应该是努力获取并管理特殊的资源。资源基础理论为企业的长远发展指明了方向,即培育、获取能给企业带来竞争优势的特殊资源,具体建议有组织学习、知识管理和建立外部网络。通过有组织的学习,不仅可以提高个人的知识水平和能力,而且可以促进个人的知识和能力向组织的知识和能力转化,使知识和能力聚焦,产生更大的合力。企业在经营活动中需要不断地从外界吸收知识,不断地对员工创造的知识进行加工整理,将特定的知识传递给特定工作岗位的人。企业处置知识的效率和速度将影响企业的竞争优势。因此,企业对知识的微观活动过程进行管理,有助于企业获取特殊的资源,增强竞争优势;对于弱势企业来说,仅仅依靠自己的力量来发展所需要的全部知识和能力是一件花费大、效果差的事情,通过建立战略联盟、知识联盟来学习优势企业的知识和技能则要便捷得多。来自不同公司的员工在一起工作、学习还可以激发员工的创造力,促进知识的创造和能力的培养。

当然,资源基础理论同样存在明显的缺陷。首先,与国家竞争优势理论相反,资源基础理论过分强调企业内部因素,夸大了企业内部结构和管理行为对企业培育竞争优势的作用,而忽视了培育竞争优势本身也是"干中学"的基本规律,这就必然导致企业过分追求稀有资源,而忽视对企业外部环境的分析和讨论,往往造成企业的竞争优势难以持续。其次,对企业不能完全模仿资源的确定过于模糊,操作起来非常困难,而且这种战略资源也极容易被其他企业所模仿。资源基础理论认为异质性资源难以被模仿,因此企业如果获得有效的异质性资源,就可以"安枕无忧",但这显然不符合经济发展的现实,许多战略资源同样可以被其他企业所模仿,这表明资源基础理论显然轻视了竞争对手模仿和学习的能力。尤其重要的是,正如其他学者批评波特的竞争位势容易被模仿一样,波特(1996)认为,由于大量企业管理咨询专家的存在,企业的这种专有资源同样容易被仿制,并且非常容易过时。

相关案例5-1

企业资源基础理论案例:云南白药

云南白药源于1902年,在1956年被列为国家保密处方和工艺。1979年、1984年、1989年三度获国家优质产品金质奖章,产品有传统瓶装和胶囊剂两种,被称为疗伤圣药"万应百宝丹",后称云南白药。云南白药至今已有100多年的历史,处方是中国政府经济知识产权领域的秘密。云南白药2013年营业收入达158.15亿元,较2012年同期的138.15亿元净增20亿元,增幅为14.47%;归属于上市公司股东的净利润为23.21亿元,较上年同期的15.83亿元增长7.38亿元,增幅为46.66%;各项主要经营指标全面超额完成预定目标,再创历史新高,公司经营规模、资产运行质量、收益率、市值等指标继续保持健康稳健发展。在2013年中,云南白药完成了对云南省药物研究所全部股权的收购,实现了研发资源的有效整合,解决了公司与控股股东之间存在同业竞争的情形。公司通过公开挂牌方式转让了云南白药置业有限公司的全部股权,实现投资收益6.37亿元,通过全面预算管理,在保证资金供给充足与安全的前提下,通过理财增加资金的利用效率,实现了资产的保值增值;资金预算电子审批系统不断深入,资金集中管理系统试运行,与银行合作推动电子票据推广,推动金融供应链。公司进一步优化、完善全面绩效管理工作,对考核流程制度进行改进、修订、完善了一系列考核标准。公司着重开展"绩效管理信息系统"建设,并于2013年内顺利上线双轨试运行。公司深化组织结构战略性重组,为推动组织的扁平化、网络化建设,在原有事业部制的基础上,明确划分出决策平台、核心业务平台、资源配置平台三大模块,以凸显市场的核心地位,业务支持部门的资源配置速度、服务功能快速提升。在云南省药物研究所的基础上成立了云南白药集团创新研发中心,确保云南白药的基础研究水平,并进一步提升研发的市场导向性。加快与国内外、省内外一流研究机构的合作,资源配置能力得到加强。整合文山公司、丽江公司、武定种源公司、中药饮片分公司,成立中药资源事业部,建立从种植到研发、生产、销售等环节的中药资源完整产业链,力求有效克服当前中药资源相对困窘局限的状况,从根本上保证了公司生产原材料的供给。与此同时,依托公司的资源、规模、品牌等相关优势,培育新的增长点。对采购流程进行全面优化,力求进一步完善采购平台以实现对上游原辅料成本的控制。上述调整使公司在云南白药产业链上的每个环节,都有优势经营,改变了单一经营制剂的局面,提高了企业的经营抗风险能力。截至2013年12月31日,公司雨花分厂已有片剂、胶囊剂、颗粒剂、散剂、丸剂、气雾剂、酊剂、软膏剂、栓剂、口服液、合剂、糖浆剂、注射剂等13个剂型、16个模块通过新版GMP认证;七甸分厂已有原料药(含中药前处理及提取)通过新版GMP认证。公司在坚持以伤科圣药为根基的同时,积极践行企业社会责任使命,不断拓展"新白药,大健康"战略内涵,通过一系列深度调整,在保持稳健增长的同时,贯彻落实国家产业转型升级的宏观政策要求,在创新研发和可持续发展方面取得了显著成效。

云南白药的成功不仅在于有价值、稀缺、难以模仿和不可替代的资源——国家保密配方,还在于企业能力的不断演化升级。简单地说,云南白药核心产品的演化历程就是资源和能力的演化过程。从能力演化动态模型的X维来说,云南白药已从资源演化到核心能力,并且随着外部市场的需求,创造了含药创可贴和云南白药牙膏等新产品,实现了"资源—核心能力"的动态循环,通过强强联合的政策,引入外部技术和知识,完成了从核心能力需求到资源需求的反向过程。1998年以前,云南白药系列产品以云南白药胶囊、散剂和云南白药气雾剂等为主,虽然产品发展趋于成熟,利润可观,但是由于产品结构单一,无法适应快速变化的市场环境,企业发展空间受阻。为了突破发展瓶颈,2000年云南白药做出了发展创可贴项目的决定,一方面成立上海透皮技术研究有限公司,独立完成创可贴的核心技术环节——添加云南白药成分的保护性复合垫的研发;另一方面,与在皮肤护理、伤口护理、技术绷带和黏性贴等具有全球领先技术优势的德国拜尔斯多夫公司合作。强强联合策略促使云南白药创可贴迅速完成市场导入。在2001—2003年公司管理架构重组阶段,云南白药创可贴分别实现销售回款3 000万元、6 500万元和5 800万元。无独有偶,公司在推出云南白药牙膏及后续的云南白药痔疮膏、云南白药急救包、云南白药面膜等产品的过程中也沿用了这种模式。目前,云南白药集团股份有限公司有透皮产品事业部、原生药材事业部、健康产品事业部和药品事业部,逐步形成了"中央产品、两翼产品"的体系。能力以资源为载体,作用于核心产品开发、组织结构调整,终端运营体制整合过程,不但实现了能力演化动态模型Y维中吸收、转移、整合、重组和创新能力的互动和演化,而且经历了Z维中建立、开发、成熟、变异、选择和保留各个阶段。2009年,云南白药被中国品牌研究院评为"国家名片"。云南白药以VRIN资源为基础,以"中央产品"为核心,不断发展创新"两翼产品",形成了产品簇群,在竞争中具有巨大优势。

资料来源:《云南白药集团股份有限公司2013年度报告摘要》;江积海、张贺梅,《企业资源基础观及能力的演化研究——云南白药案例研究》,《情报杂志》,2011年第3期。

(三)动力能力理论

1997年迪斯(Teece)为了弥补资源基础理论的不足,提出了动力能力理论,也称为核心能力理论。动力能力理论提出以后,很快成为继国家竞争优势理论、资源基础理论之后的第三大企业战略管理理论。动力能力理论实际上是资源基础理论关于能力动力性思想的进一步延伸,该理论认为企业的资源包括企业购买的生产要素和获得的公共知识,这是企业的基础,但因非企业专有,而不能作为企业的战略要素;企业的专有资产,如商业秘密、生产秘诀和特殊的生产工艺等,由于融入了企业的无形知识而非常难以复制和模仿;企业的组织与管理活动能将企业的生产要素和专有资产有机地整合起来,是企业长期生产经营过程中形成并固定下来的专有活动,使企业比市场更有效率。与竞争对手相比有显著优势的能力是企业竞争优势的来源。在当前剧烈变化的市场环境中,企业动力能力就成为最关键的能力。动力能力理论强调,为适应目前剧烈变化的外部环境,企业必须不断获取、整合,具有能确认内外部的行政组织技术、资源和功能性的能力。动力能力可以使企业在给定的路径依赖和市场位势条件下,不断获取新的竞争优势。

动力能力理论对企业健康发展具有重大的指导意义:首先,它兼顾了企业的内部和外部因素来考察企业战略问题,同时将一些新的资产——制度资产、市场资产也纳入研究的范围,因此企业可以利用动力能力理论准确地制定发展战略、发挥与维持企业的竞争优势,更重要的是企业可以通过学习获取和使用外部能力(市场中及其他企业的公共资源和部分战略资源),从而更好地保持企业竞争优势对市场环境的敏感性。其次,正是由于动力能力理论考虑到了制度、市场的资产性价值对企业培育竞争优势的重要作用,企业不再被认为是"黑箱",而是一个能够被清楚观察到内部运行、管理和组织结构的市场经济主体,基于这一理论的思想显然更有利于揭示企业发展过程中竞争优势产生、强化甚至消亡的发展趋势,从而更加准确地揭示企业国际竞争优势的形成路径。

20世纪70年代是战略管理与经济学相互融合的阶段。在这一历史时期,战略管理界出现的这三种理论从不同角度阐明了企业的性质、企业竞争位势的取得、利润的来源及企业成长的原因等有关企业发展的重大问题,为现代西方企业的发展起到了重要的指导作用,也为企业培育国际竞争优势的路径奠定了理论基础。这三种理论既存在重要差异,又相互依赖、互为补充,共同构成了当代国际竞争优势理论。这三种理论的相同之处在于:第一,它们都基于西方经济学"企业理性"的基本假设来考察企业竞争优势的来源、形成和发展路径,因而在理论发展的内在逻辑上是一致的。第二,它们的目标都是考察企业形成竞争优势的真正来源,并试图理解并指出企业培育竞争优势的最有效的路径。但是这三种理论也存在明显的差异:第一,从发展脉络上来说,资源基础理论是为了弥补国家竞争优势理论的不足,而动力能力理论又是为了弥补资源基础理论的不足,这就决定了这三种理论对企业竞争优势的关注重点差异很大。国家竞争优势关注的是企业的宏观竞争位势,即企业的宏观层面的竞争优势特征,而资源基础理论则主要描述企业不可模仿的异质性资源,动力能力理论在综合前两种理论的基础上进一步考察了制度和市场的重要性。第二,三种理论的经济学基础存在差异。虽然三者都基于"企业理性"的基本思想,但是国家竞争优势理论建立在新古典经济学的理论分析基础上,而资源基础理论和动力能力理论则建立在进化经济学基础上。两者的差异在于新古典经济学所认为的"企业理性"是"无限理性",即企业将不分条件、形势、行业、地区、时间地拥有理性,且这种理性是"数学式的精确",而进化经济学则认为企业只是存在"有限理性",认为企业的决策不可能是利润最大化原则,而是满意原则(即利润为正)。第三,国家竞争优势理论的分析方法是新古典经济学的均衡分析法,而资源基础理论与动力能力理论的分析方法则是进化经济学的社会生物演进分析法。不同的分析方法导致了它们对企业竞争优势的不同认识。例如,国家竞争优势理论认为企业是同质的,而资源基础理论与动力能力理论认为企业存在异质性;国家竞争优势理论认为只能通过战略性投资,如投入新产品开发(产品差异化战略)、扩大生产规模(低成本战略)来提高行业壁垒和打击竞争者,从而获得垄断利润,而资源基础理论认为企业专有资源具有特定的租金性质,是专有资源为企业带来价值。由于资源"异质化",各企业的获利程度也不同,拥有优势资源的企业能够获取超出平均水平的收益,因此产生这种租金的表现结果是效益差异。动力能力理论则更上升了一步,认为实质的市场竞争不是价格的竞争而是创新特别是能力创新的竞争,因此创新才是企业利润的真正源泉;国家竞争优势理论认为对租金的不断追求是企业成长的动力,它强调企业必须不断地增加战略性投资来维护其垄断地位,同时在垄断利润逐渐趋于零的现实下,企业又不得不选择新的发展领域,实行多元经营。在资源基础理论中,企业成长的动因被认为是企业本能的一种反应。在企业行政管理框架下,生产性资源在使用过程中与企业专有资源结合产生生产性活动,而生产性活动发挥作用的过程会推动企业经营知识的积累,为企业造就更多的专有资源打下基础,从而获得更多的利润,使企业有内在成长动力。动力能力理论摆脱了"资源"分析的定势,认为企业的成长动因是企业类似于"人"的主观能动反应。动力能力理论同样赞成资源基础理论的企业内生动力观,但因为经济不断进化,本能的反应是远远不够的,外部环境的不断变化迫使企业必须不断地进行能力创新。因此,环境的压力和企业的能动学习,使企业不断获得创新租金,这就是企业成长的动力。

(四)国际竞争优势理论对我国企业发展的启示

上述三种主要的国际竞争优势理论虽然基于不同思路、从不同角度分析了企业的竞争优势来源和特征,但它们都是在抓住企业发展特点、结合现实经济活动中企业运行路径的基础上进行阐述的,对我国企业培育和发展竞争优势具有重要的启示意义。

首先,企业发展应该同时充分考虑到内生因素和外生因素。国家竞争优势理论指出的那些影响企业竞争优势形成的宏观经济因素,包括政府政策和机遇等,都对企业发展具有重要影响,企业在培育竞争优势的时候需要充分了解这些因素,分析这些宏观外生因素的积极和消极影响,从而统筹安排、合理应对,争取强化积极因素,削弱甚至最终消除消极因素。但是与此同时,企业自身的发展因素,包括企业内部组织管理结构、企业拥有的内生资源和创新动力,甚至制度和市场特征也同样不能被忽略。我们反复强调企业培育竞争优势的过程本质上依然是"干中学"的过程,这表明培育竞争优势、实现综合竞争能力提升的最根本、最有效的途径还是立足企业自身,通过日常训练和经营强化竞争优势,因此同样应该重视企业发展的内生因素。

其次,企业发展应该兼顾战略性与经济性。对于企业而言,市场竞争其实有两类:一类是自然竞争,另一类是战略竞争。自然竞争是缓慢、渐进的过程,按照"优胜劣汰、适者生存"的规律进行,企业只有满足经济性要求,才能在自然竞争中获得永久发展。而战略竞争是指企业主动地集中优势资源、抢占先机、压缩自然竞争时间,迅速改变力量对比,因此战略性的比重大一些。但自然竞争是一切竞争的基础,也就是说只有"优等企业"才能长久生存下去,才具备考虑进行战略竞争的前提。因此,战略管理的战略性和经济性是企业战略的两个重要内容,但经济性应该更是基础。对于中国企业,过分地强调市场占有和竞争位势,各大企业竞相挑起价格战,以图以短期的损失获得长远垄断优势的做法,虽然可以按照优胜劣汰的市场规律淘汰掉劣势企业,但优势企业也会被拖垮。毕竟到了最后优秀企业之间需要进行更高层次的战略竞争。因此,企业战略应兼顾战略性与经济性,以经济性为本,以战略性为重。

再次,企业要增强制度与技术创新能力。资源基础理论告诉我们企业的竞争位势是在专有资源与公共资源相结合后,由企业异质性造成的,而专有资源的不易模仿和高效在这一过程中具有关键的作用。同时,动力能力理论阐明了企业成长的动因是类似于人的主观能动反应。因为经济是不断发展的,市场环境随着经济的发展时刻发生着变化,企业必须主动地不断学习以满足市场的需要,只有这样企业才能不断地获得创新佣金。对于我国企业来说,加入WTO后面临着越来越激烈的国际市场竞争。在新的形势下,为了获得持久竞争优势,企业就必须不断进行技术创新和制度创新。技术创新和制度创新是企业在市场竞争中主观能动性的表现,通过技术创新、制度创新,企业才可获得更多的战略性资源,才能更加充分地保持竞争力对市场环境的敏感性,这也正是企业长久发展的主要动力。

最后,企业需要重视树立优良的企业文化。通过对战略管理理论的比较分析,我们知道企业市场竞争力在机制上主要表现为对资源的整合和对要素的协调与组织。对于我国企业来讲,一方面要侧重于组织协调、整合的技术与方法,另一方面要侧重于调适、权衡、整合人们的价值追求和责、权、利关系,即要注重企业文化的建设。企业的很多资源之所以能够整合起来,一方面固然有组织规划、战略安排的功劳,但很重要的一方面是拥有优良的企业文化。企业文化是企业战略资源的重要组成部分,优良的企业文化可以培育和增强员工的忠诚度。成功的企业都理解一个规则:企业的发展战略要同员工的人生价值追求结合起来。如果不能把企业追求的目标同员工追求的目标整合起来,就很难激发员工的忠诚度。反之,员工与企业追求的目标越一致,企业在竞争中获胜的几率就越高。

第二节 国际竞争优势的来源

国际竞争优势的来源是指企业在国际竞争中所体现出的强于其他企业的特质的组成因素。国家竞争优势理论、资源基础理论和动力能力理论从不同角度分析了企业竞争优势产生的源泉,也指出了企业国际竞争优势的不同来源,概括来说分别是竞争位势、异质性资源和战略动力能力。

一、竞争位势

波特的国家竞争优势理论之所以也被称为"竞争位势理论",是因为它指出了企业的竞争优势主要来源于企业的竞争"位势"。"位势"一词来源于物理学,简单来说,代表的是事物所处的位置与形势,当然这种位置与形势并不是简单孤立的处境状态,而是与其所处环境互动所形成的特定态势。国家竞争优势理论认为,企业的国际竞争优势最终来源于企业与其所处的中观和宏观环境所形成的相对稳定而持久的态势,即企业的"竞争位势"。竞争位势具体包括以下五个方面:

(一) 生产要素

生产要素主要包括人力资源、自然资源、知识资源、资本资源和基础设施。在国家竞争优势理论看来,生产要素分为初级要素和高级要素两类。初级要素是指一个国家先天拥有的自然资源和地理位置等,是企业形成竞争优势的最基本且难以改变的基础因素,因为企业一旦在一个国家建立起来,这些国家层面的基础要素就将一直伴随企业始终。高级要素则是指社会和个人通过投资和发展而创造的因素,这些因素会直接影响到企业的人力资源和知识资源的质量。高级要素是可以不断改变的,但是要整体全面优化高级要素则难度较大。企业要想在国际竞争中占据优势地位,高级要素远比初级要素重要。

(二) 需求因素

需求因素是特定产业是否具有国际竞争力的另一个重要影响因素,对企业来说,需求因素往往直接决定了企业能否生存下去。波特认为,国内需求对竞争优势的影响主要是通过三个方面产生作用的:一是本国市场上有关产业的产品需求若大于海外市场,则拥有规模经济,有利于该国建立该产业的国际竞争优势,因而有利于国内从事该产业生产的企业良性发展。二是若本国市场消费者需求层次高,则对相关产业的企业取得国际竞争优势有利。因为老练、挑剔的消费者会对本国公司产生一种改进产品质量、性能和服务的压力。三是如果本国需求具有超前性,那么为它服务的本国厂商也就相应地走在了世界其他厂商的前面。欧美国家企业生产率和科研创新能力的领先,在很大程度上是因为欧美市场的需求层次高、消费超前性强。

(三) 产业因素

产业因素指的是与企业有关联的产业和供应商的竞争力。一个企业的经营要通过合作、适时生产和信息交流与众多的相关企业和行业保持联系,从中获得并保持竞争力,如果这种接触是各方的主观愿望,那么产生的交互作用就是成功的。一个国家要想获得持久的竞争优势,就必须在国内获得在国际上有竞争力的供应商和相关产业的支持。例如,本章导入案例所提到的纺织业,在这种中国传统优势产业中发展的企业往往拥有更加有利的培育竞争优势的机会,因为产业发展比较成熟,企业之间容易形成对外竞争合力,减少不必要的内部竞争与消耗。

(四) 企业竞争

企业竞争是指一国国内支配企业创建、组织和管理的条件。各类企业作为国民经济的细胞,有其不同的规模、组织形式、产权结构、竞争目标、管理模式等特征,这些特征的形成和企业国际竞争力的提高在很大程度上取决于企业所面临的各种外部环境。此外,国内市场的竞争程度,对该国产业取得国际竞争优势有重大影响。国内市场的高度竞争会迫使企业改进技术和进行创新,从而有利于该国国际竞争优势地位的确立。当然企业竞争对企业国际竞争优势的影响存在两面性:一方面,激烈的国内或国际市场上的企业竞争可以迫使企业改良生产效率,改进技术方法,提高获利能力,从而提升竞争优势;另一方面,过于激烈的企业竞争也可能造成企业无效成本提高,获利空间缩小,从而破坏竞争优势。如何使企业竞争能够更好地为促进企业竞争优势提升服务,应该是企业需要长期研究的重要课题。

(五) 机遇和政府因素

除上述四个因素外,一国的机遇和政府的作用,对形成该国的国际竞争地位也起辅助作用,有时候甚至是非常重要的辅助作用。机遇包括重要发明、技术突破、生产要素供求状况的重大变动(如石油危机、金融危机)以及其他突发事件(如战争)。好的机遇往往是可遇不可求的,而坏的机遇有时候也难以事先预料。因此,企业培育竞争优势依然需要始终立足于前面提到的这些稳定因素,但是一旦有机遇,就需要能够较快地趋利避害,所以训练企业应对突发状况的能力非常必要。

政府因素是指政府通过政策调节来创造竞争优势。无论是在欧美发达国家,还是在中国这样的发展中国家,政府对经济的干预都是不可避免的,也是非常必要的。尤其是在中国,社会主义市场经济体制决定了政府政策调节的必要性,因此政府因素对企业培育竞争优势也会起到重要作用。企业需要学会如何与政府打交道,学会利用和争取政府的政策支持,从而最大限度地提升自己的竞争实力。

波特认为以上影响竞争优势的因素共同发生作用,促进或阻碍一个国家的企业国际竞争优势的形成,是企业国际竞争优势的主要来源。其中前四个因素是企业国际竞争优势的主要来源,而机遇和政府因素虽然只是辅助来源,但有时候也非常重要。

二、异质性资源

资源基础理论认为,具有行政组织结构的企业之所以赢利,是因为它们拥有企业特有的稀缺资源,它们可以产出成本显著低或质量非常高的产品,即有效益的产品。这种资源依附于企业内在组织中,具有无形性和知识性,难以模仿,为企业专有,因此企业的竞争优势并不是在波特所指的市场中,而是在企业内部,依赖于企业的异质性的、非常难以模仿的、效率高的专有资源,并且企业有不断产生这种资源的内在动力,保持企业的竞争优势在于不断地形成、利用这些专有的优势资源。从这里可以看出竞争优势是内生的,同时存在路径依赖(path depend)。

在资源基础理论看来,企业国际竞争优势的来源是特殊的异质资源,这种异质资源必须具备以下五个条件才能成为企业竞争优势的源泉:有价值、稀缺、不能完全被仿制、其他资源无法替代、以低于价值的价格为企业所获得。这五个条件中,有价值和稀缺两个条件是异质性资源被称为"资源"的必需条件,因为如果资源并没有价值或者并不稀缺,那么企业使用这样的资源也将无助于生产和销售的发展,因而无助于企业国际竞争优势的培养。不能完全被仿制和其他资源无法替代两个条件保证了异质性资源优势的可持久性,因为如果企业拥有的资源能够完全被仿制,或者即使不能被仿制也能够寻找到其他可替代的资源,那么其他并不拥有该资源的企业同样能够找到应对该种资源竞争优势的有效方法,从而削弱乃至最终消除该种异质性资源的竞争优势,那么来源于这种异质性资源的国际竞争优势就无法持续。以低于价值的价格为企业所获得并不是必要条件,但是如果一个企业能够以相对较低的价格获得异质性资源,将在很大程度上增强企业培养国际竞争优势的能力。异质性资源主要可以分为外部异质性资源和内生异质性资源两类。

(一) 外部异质性资源[①]

外部异质性资源是指企业从外部获取的异质性资源。由于金融资源没有异质性,这里只讨论自然资源、人力资源和组织资源。其中,人力资源和组织资源都包括经验、知识、技能、行为规范和文化品质与社会关系,因此可以认为它们在企业依靠异质性资源培养国际竞争优势方面发挥着相同的作用。外部异质性资源的一个重要组成部分是有利的地理位置,即靠近消费者、原材料以及优质劳动力的地理位置,从而使企业可以节约产品和原材料运输以及向外招聘劳动力的成本。外部异质性资源的另一个重要组成部分是企业控制了某种非再生性优质资源如煤炭、石油、水域等,对这种非再生性优质自然资

---

① 秦志华、刘传友,《基于异质性资源整合的创业资源获取》,《中国人民大学学报》,2011 年第 6 期。

源的控制事实上起到了纵向一体化的作用,从而克服一定的交易成本。此外,以上这两类自然资源都具有供给的非弹性,因此企业能够据此获取绝对地租式的超额利润,同时由于这些资源具有优质性,它们能够给企业带来李嘉图(Ricardo)租金。

外部人力资源和组织资源指的是那些异质性企业可以在人才市场上招聘到的具有异质性经验、知识和技能的人才,也包括可以从其他企业吸引具有异质性经验、知识和技能的人才。如果这些异质性的人力资源可以直接使用,企业就可以节省重新培植这些资源的成本。另外,异质性人力资源具有稀缺性,可以给企业带来李嘉图租金。企业可以通过收购、兼并和建立战略联盟的方式从其他企业中获取具有异质性的组织资源。同样,如果这些异质性组织资源包括的知识、技能和行为规范与组织文化能够被企业直接使用,企业就可以节省重新培植这些资源的成本,异质性组织资源具有供给的非弹性,因此企业能够据此获取绝对地租式的超额利润。

企业从外部获取异质性自然资源、人力资源和组织资源的一个前提是企业认识到而竞争者和原来的所有者没有认识到这些资源的价值,否则原来的所有者会向购买企业索取相当于这些资源潜在价值的价格,这样购买企业就不可能获得由这些资源带来的超额利润。那么为什么购买者能够认识到而竞争者和原来的所有者不能够认识到这些资源的潜在价值呢?这是由于信息的不对称分布,使得购买者能够率先认识到这些资源的潜在价值而将它们购买并控制。当然,如前所述,这并不是异质性资源最终有效的必要条件,即使企业花费等于价值甚至高于价值的价格获得这些资源,只要能够在拥有这些资源后通过优化配置,最大限度地发挥这些资源的优势与获利能力,就依然可以最终将其培养成企业的国际竞争优势。

(二)内生异质性资源[①]

内生异质性资源包括非自然性物质资源、人力资源和组织资源,由于非自然性物质资源是人力资源和组织资源运用的结果,可以将其归入人力资源和组织。新生的人力资源和组织资源包含的具体内容都是经验、知识、技能、行为规范和文化品质与社会关系。经验是没有系统化的知识,技能是经验和系统化知识的熟练应用,因此我们将经验、知识和技能都称为知识。行为规范和文化品质的载体是知识,只有行为主体理解了这些知识,它们才能够被执行和保持,因此行为规范和文化品质的性质由这些知识的性质决定。新生社会关系产生于企业内外部成员之间新的交往活动,新的交往活动的性质决定新生社会关系的性质,新交往活动的性质由新生的生产性知识资源和新生的规范性知识资源的性质决定,因此新生社会关系的性质由新生生产性知识和新生规范性知识的性质决定。总之,内生的物质资源、人力资源和组织资源的性质由它们包含的或影响它们的内生新知识的性质决定。

内生异质性资源的培养就是一个典型的"干中学"过程,因为诸如企业文化、企业人力资源整合与优化、企业组织资源的配置等都需要经历较长的时期,并且在企业不断进行经济活动的过程中才能逐渐形成最优的组合。但是一旦内生性、异质性资源形成以

[①] 陈寒松、朱晓红,《新创企业异质性资源、资源获取与创业绩效关系研究——基于创业机会的视角》,《企业管理研究》,2012年第3期。

后,就不容易被其他竞争者夺走,因为企业文化和人力组织资源的最优配置一旦形成,将会伴随企业生存始终,并且最终升华和凝结成企业精神,这种无形的资产是很难与企业本体分离的,因而内生异质性资源往往是企业国际竞争优势的最为可靠和持久的来源。

相关案例 5-2

新创企业的异质性资源优势利用:早期创业成长的阿里巴巴

1999年3月,由一位教师出身的创业者马云在中国杭州成立的阿里巴巴公司,最初是一家为国际用户服务的中英文网站。通过不断地公司内创业,目前它已经发展成为集个人电子商务网站"淘宝网"、在线支付系统支付宝、搜索性公司中国雅虎以及商务管理软件阿里软件等多项业务为一体的综合类网络公司。2007年11月6日在香港上市的阿里巴巴公司也成为市值超过1 500亿港元、全球领先的B2B电子商务网上贸易平台。

1988年,阿里巴巴创始人马云从杭州师范学院外语专业毕业后进入了杭州的一所大学任教。1994年到1995年,他为中国访美政治经济代表团担任翻译期间,看到了互联网的巨大潜力,回国后他帮助创办了一家名为中国黄页的在线公司。这是中国第一批用于商用的网站之一。从1997年到1999年,马云一直与当时的对外经济贸易合作部合作,建设了外经贸部网站和一个为潜在的国外投资者和贸易伙伴提供中国产业状况、贸易法规和消息的信息网站,这为他今后的创业打下了良好的基础。1999年2月底,马云离开北京搬到杭州的一所公寓,组建了一个16人团队的阿里巴巴网络公司。1999年10月,阿里巴巴开始第一轮融资,并最终融得资金450万美元,其中大部分来自高盛。富达(Fidelity)、新加坡科技发展基金、汇亚和Investor AB也是阿里巴巴的第一轮投资人。而软银则成为阿里巴巴第二轮融资中的最大投资人。

在10年间,马云领导创办的这家小企业成长稳定,逐步成为一个具有世界级交易量的电子商务帝国。2007年11月6日,阿里巴巴旗下的B2B业务在香港联交所上市,成为全球历史上仅次于Google的互联网IPO。以淘宝网的交易为例,在用户数方面,淘宝网注册用户已超过3 000万,年增长超过100%。就交易量而言,仅2008年第一季度,淘宝网交易额就突破了188亿元人民币,相比2007年同期增长了170%,远高于2007年第一季度123%的增速,也高于2007年全年156%的增速。此成交额已经接近于2007年沃尔玛在中国市场的全年成交额213亿元,充分显示出了极其良好的行业增长前景和商业模式运作前景。

高效的创业团队通常呈现一些共同的基本特征,主要包括共同的愿景和目标、互补的技术及商业技能、团队间的充分信任、高效的领导才华以及充分的授权等。而在创业团队的资质中,创业者的资质似乎是最重要的,其核心资质条件包括冒险、毅力以及不畏失败的创业精神,为团队规划愿景、鼓舞团队士气的领导能力,概念技能、对行业远景及未来机会识别的能力等。在阿里巴巴的众多成功要素中,马云领导的优秀团队尤其值得聚焦。在阿里巴巴四人核心团队里面,主要成员不仅在技术及商业技能上互补,而且在各自的商业领域都是事业有成。马云汇聚人气的领袖魅力从管理层中精英荟萃也可看出。例如,软银的孙正义和前WTO总干事萨瑟兰是公司的顾问,管理层中聚集了来自16

个国家和地区的网络精英,而且许多顶尖级大学,包括美国哈佛大学、斯坦福大学、耶鲁大学的优秀人才也涌向了阿里巴巴。

自称一点都不懂网络技术的马云最终将阿里巴巴打造成一个全国最大的电子商务平台,不能不说这是偶然的创业机运和必然的互联网发展机遇相契合的产物。1995 年,马云当时是受人之托到美国催一笔客户款,在西雅图当地的英文报纸上认识了互联网。他认为机遇就在身边,于是毅然创办了"海博网络",功能定位是为企业制作网络主页。随着中国国内的人们逐步认识到互联网以及国内技术的飞速发展,马云的网络公司也逐步发展起来。生于杭州的马云开始"天然地"接触浙江地区众多的中小企业集群,在充分了解了以互联网为平台容易为中小企业提供发展的服务之后,马云终于创办了"阿里巴巴",一家专为中国中小企业服务的电子商务公司。公司内创业的成果之———淘宝网的诞生也是一个很巧合的机缘。2003 年,当时的"非典"肆虐全中国,阿里巴巴全公司的人都回家网上办公,此时的马云开始秘密筹建淘宝网。在 Alexa 2004 年排名中,刚创办两年不到的淘宝网在全球网站综合排名中居然已经位居前 20 名,在中国 C2C 网站中排第 1 名。阿里巴巴也一下子成为当时企业最可信赖的商务平台。这在普通商业活动难以进行的"非典"时期显得尤为显眼,电子商务同时也突显出其交易成本低、可实现远距离沟通的优势,这期间阿里巴巴业务量增长了 5.6 倍。阿里巴巴把灾难变成了机遇。善于抓住这些机会窗口并结合强大的执行力,阿里巴巴在后来实现了一次又一次的公司创业,也使企业时时保持着创新精神。

资料来源:任荣伟、林显沃,《新创企业早期成长中的异质性资源的塑造与整合分析——以阿里巴巴公司的早期创业成长为例》,《技术经济与管理研究》,2008 年第 6 期。

三、战略动力能力

根据动力能力理论,企业的竞争优势来源于四个层次的资源与能力。

(一) 公共资源

公共资源是企业购买的生产要素和获得的知识,严格地说是指那些没有明确所有者,人人都可以自由获得的公共社会资源。公共资源仅仅是企业购买获得的,具有外部性和非排他性,例如购买的科技研发人员,所研发出的产品技术很可能由于外部性而被其他竞争者获得,或者由于非排他性而被其他竞争者"挖走",因此公共资源虽然也是企业竞争优势的来源之一,但是并不能够保证持久的竞争优势。

(二) 专有资源

专有资源主要指的是如商业秘密、专利技术这些无形资产,它们属于战略性资源。专有资源是具有排他性和竞争性的,因为从法律角度来说,商业秘密、专利技术这些无形资产可以排除他人使用的可能,而竞争性则意味着别人如果使用这些无形资产,将大大影响所有者使用这些无形资产获得的利润。专有资源的这种特点决定了其属于战略性资源,完全可以成为企业竞争优势的稳定和持久的来源,而且一些重要的商业秘密和专利技术甚至成为支撑企业成功的主要因素。

(三) 组织与管理能力

组织与管理能力是指能让企业的生产要素与专有资源有机结合起来的组织与管理能力,这是企业在长期生产经营过程中积累形成的一种无形资源。迪斯(Teece)认为,正是企业的这种能力大幅度地降低了交易费用,而科斯的交易成本理论中,企业代替市场降低的交易费用只是很小的一部分,因此这种资源是企业竞争优势的主要来源。交易费用一直是企业面临的主要成本来源之一,如果能够大幅度降低交易费用,显然可以显著提高企业的市场竞争力,而良好的组织与管理能力既能减少企业内部的摩擦成本,又能保证企业与外部环境的良好互动,因而能够显著降低交易费用,强化竞争优势。

(四) 创新能力[①]

动力能力理论认为,针对当今高新科技产业的飞速发展和瞬息万变的市场环境,企业必须具有创新能力,创新能力是企业发展最为关键的能力。企业创新能力是指通过各种方法手段,应用知识和人的智力,使企业满足或创造市场需求,增强企业竞争的能力。创新能力包含以下几个层面:一是在技术上,企业能否将科学的概念转化成为用户开发的产品,并且生产、制造和提供给消费者;二是企业提供的产品能否被用户认可,企业能否有效地说服用户接受自己的产品;三是企业能否有效地管理这一过程,并获得一定的财务回报。

企业创新能力又可以进一步细化为创新资源投入能力、创新管理能力、创新激励能力和创新实现能力。

创新资源投入能力是指投入创新资源的数量和质量。知识经济强调,知识是最重要的经济资源,然而,知识的重要性不只是在于对知识的拥有和控制,更重要的是蕴藏在知识背后的能力及其发挥程度,而且企业的利润主要归结于对知识和智力的大量投入带来的递增收益。所以在后工业社会,资源投入的数量和质量衡量就更加复杂,主要是从企业的经营效率和效益来体现其差异性。

创新管理能力表现为企业发展和评价创新机会、组织管理创新活动的能力。一个善于管理创新的企业应具有明确可行的创新战略和有效的创新机制。由于组织化是现代企业创新的基本特征之一,有效的创新机制即指企业创新人员得到合理安排使用,企业内部研究开发、生产、营销与综合管理部门存在畅通的联系渠道,有良好的沟通方式,部门间能够开展旨在实现创新的协调和具有良好的激励机制,企业与外部在组织、信息、人才等方面都有很好的交换方式和制度。此外,没有创新愿望,一切创新活动都不会产生。企业创新不是单纯的企业守业活动,而是企业员工追求卓越、积极进取的过程,是企业文化中首创精神的体现。

创新激励能力就是使企业产生创新愿望,鼓励将愿望变成现实的能力,是使员工具

---

① 王立新、高长春、任荣明:《企业创新能力的评价体系和评价方法研究》,《东华大学学报(自然科学版)》,2006 年第 3 期。

有创新主动性和前瞻性的能力。

创新实现能力是相对创新过程而言的。从技术创新过程来看,基本上经过几个阶段,即由基础研究与应用研究得到设想或新的思想,然后经过研究开发出模式、样品或实验数据,经过中试过程,最后生产出新产品投入市场,并在营销中取得创新的效益。由创新过程,可以认为创新实现能力包括企业研究开发能力、生产能力和营销能力。

企业的创新能力是企业国际竞争优势的最为重要和持久的来源,正如江泽民同志在1995年全国科学技术大会上指出的那样:"创新是一个民族进步的灵魂,是国家兴旺发达的不竭动力。"创新也是一个企业进步的灵魂,是企业生存、发展、壮大的不竭动力。如果企业希望能够长期生存发展并且最终走向壮大和成功,就必须提高创新能力,培养创新意识,这是企业国际竞争优势的根本和主要来源。

第三节　国际竞争与战略的主要类型

一、国际竞争的主要类型

国际竞争主要类型的分类标准主要有两个:一是竞争参与者类型(例如是否有跨国公司介入、跨国公司在其中是否占据主导地位等),二是竞争参与方式(如进出口贸易在生产销售中所占比例的大小)。根据这两种分类标准,可以将国际竞争分为四种类型:全球市场竞争、多国市场竞争、大宗贸易市场竞争和纯国内市场竞争。虽然国内市场也是国际市场的一部分,但是其不具备国际市场的很多特征,因此大多数情况下我们认为纯国内市场竞争不属于国际竞争,本节主要研究的国际竞争的主要类型为全球市场竞争、多国市场竞争和大宗贸易市场竞争三种。

(一) 全球市场竞争

全球市场竞争的特点是跨国公司在该市场竞争中的地位很重要,且进出口贸易在生产、销售中的比重很高。在全球市场竞争中,产品以技术与资金密集型为主,产品寡头竞争激烈,产品的研—产—销在世界范围内统筹规划,行业决策具有很强的政治影响力。全球市场竞争是所有竞争类型中最为激烈的,原因在于有大量跨国公司跻身其中,且进出口贸易规模巨大,进出口行为频繁,因此在该产业的竞争往往是全方位、高水平的。此外,更为重要的是,参与全球市场竞争的企业必须在新产品研发、产品生产和产品销售上进行全球范围内的统筹规划,客观上要求企业拥有国际化视野和长期发展规划,因此对参与竞争的企业要求很高。当然,企业进行全球市场竞争往往不能脱离企业母国的政策支持,事实证明企业母国的政策支持和国家经济发展实力在很大程度上会影响企业全球市场竞争的实力与结局。因此,准备参与全球市场竞争的企业必须与国家政府部门拥有良好的互动关系,对国家的相关产业政策做到熟知和掌握。

(二) 多国市场竞争

多国市场竞争和全球市场竞争虽然都很重要,但是全球市场竞争中进出口贸易在生产、销售中的比重很低,大多数生产和销售过程往往是跨国公司在东道国和母国各自完成的,因而多国市场竞争往往以直接投资的方式为主,市场管理技术成为竞争优势的重要来源,发展中国家往往处于劣势。

国际直接投资是指一国的自然人、法人或其他经济组织单独或共同出资,在其他国家的境内创立新企业,或增加资本扩展原有企业,或收购现有企业,并且拥有有效管理控制权的投资行为。从母子公司生产经营方向是否一致可以分为水平型投资(同样或相似的产品,一般用于机械制造业、食品加工业)、垂直型投资(可以是同一行业的不同阶段的产品投资,如汽车、电子行业,也可以是不同行业有关联的产品,如资源开采加工行业)、混合型投资(生产完全不同的产品);从投资者是否新投资创办企业可以分为绿地投资(创办新企业)、控制外国企业股权;从投资者对外投资的参与方式可分为合资企业、合作企业、独资企业三种形式。国际直接投资与其他投资相比,具有实体性、控制性、渗透性和跨国性的重要特点,具体表现在:第一,国际直接投资是长期资本流动的一种主要形式,不同于短期资本流动,它要求投资主体必须在国外拥有企业实体,直接从事各类经营活动。第二,国际直接投资表现为资本的国际转移和拥有经营权的资本国际流动两种形态,既有货币投资形式又有实物投资形式。第三,国际直接投资是取得对企业经营的控制权,不同于间接投资,它通过参与、控制企业经营权获得利益。

在多国市场竞争中,市场管理技术成为非常重要的竞争优势来源。因为多国市场竞争涉及企业的多国市场布局,而在不同国家市场进行生产销售客观上要求企业能够适应不同国家的市场特征,以达到整体市场利润最优化的目的。市场管理技术娴熟的企业能够较好地掌握不同国家市场之间的差异,合理配置针对不同市场产品研发、生产和销售的资源布局,从而保证企业的竞争优势得以维持和增强。一些跨国公司虽然实力很强,但是如果没有良好的市场管理技术,就可能在多国市场竞争中疲于奔命,在应付不同国家市场的时候捉襟见肘,最终削弱其原本占优的竞争优势。正是由于市场管理技术的重要性逐渐凸显,在多国市场竞争中,发展中国家的企业往往处于劣势,原因在于发展中国家的跨国公司即使拥有一定的国际竞争力,但是较之发达国家跨国公司而言,在管理技术方面大多显得初级和不成熟,在多国市场竞争中就会暴露出短板。此外,由于多国市场竞争主要以直接投资为主,发展中国家的企业利用本国比较优势进行国际贸易,与发达国家的企业抗衡的途径就很难实现了,这在客观上进一步削弱了发展中国家企业的竞争优势。

(三) 大宗贸易市场竞争

跨国公司在大宗贸易市场上作用有限,生产厂商中甚至基本没有大型跨国公司,但是与此同时国际贸易在生产和销售中占据较大比重。因此,大宗贸易市场竞争往往以资源与劳动力密集型产品为主,例如农产品和纺织品的市场竞争就是典型的大宗贸易市场竞争。从理论上来说,相比于全球市场竞争和多国市场竞争,大宗贸易市场竞争更有利于发展中国家企业,但是事实上发达国家的企业近年来逐渐重视大宗贸易市场竞争,大量优秀的发达国家企业进入大宗商品领域,与发展中国家企业抢夺市场,对发展中国家传统的资源和劳动力优势构成了重要挑战。此外，大宗贸易市场竞争的政治敏锐性较高。我们从 WTO 的多边谈判中往往可以发现这样的规律——最能达成多边或双边协议的大多是针对大宗商品，尤其是农产品，因此在大宗贸易市场竞争中国家政治的作用非常突出。中国企业要想在大宗贸易市场竞争中占据有利地位，除了自身竞争优势的充分发挥以外，熟知和配合国家关于大宗商品的相关政策措施也极为重要，从这个意义上说，企业的政治敏锐度也是企业竞争优势的来源之一。

二、企业战略的主要类型

无论企业处于何种竞争形势下，采取合理的竞争战略都是至关重要的。当然不同企业在不同竞争条件下，采取的战略是多种多样的，我们很难将所有的竞争战略一一介绍。下面只介绍基于波特的国家竞争优势理论的三种最常见的竞争战略，许多企业竞争战略都是由这三种战略转化衍生而来，或者说本质上都是这三种战略之一或其中几个的不同组合。

（一）成本领先战略

成本领先战略也可以称为低成本战略，指企业通过一系列具体的策略和措施，使本企业成本与同行业其他企业成本相比很低，从而取得在行业中的成本领先地位。成本领先战略的作用在于：第一，低成本可以抵御竞争对手的抗争。较低的成本可以迫使那些成本较高的竞争对手无法在市场上立足或市场份额大幅度缩小，从而使企业最终获得竞争优势。第二，低成本能对抗强有力的买主。企业在产品销售时比较担心遇到所谓"买方垄断"的问题，如果一个买方过大或拥有过强的购买实力，则它将能够购买企业生产的绝大多数产品，因而产生压价购买的可能。如果企业拥有低成本的实力，就可以保证其他买方也能够进入市场，从而削弱买方垄断，保证企业利润空间。第三，低成本能抵御强大的原料供应方的攻击。企业需要担心的另一个问题是原料供应方漫天要价，因此大型企业都希望自己能够控制上游生产的大多数环节。如果一个企业拥有低成本的优势，就可以保证比原料供应方价格更低的生产成本，就可以彻底摆脱原料供应方的攻击。第四，低成本通常使企业在面对替代品竞争时所处的地位比其他竞争对手更有利。由于生产成本降低，企业可以提供比竞争对手更低的产品价格，这将使企业在类似产品的竞争中占据有利地位。

成本领先战略成功实施的前提是提高管理效率，提高产品合格率，加强成本与管理费用的控制，回避易拖欠货款的客户，尽量减少用于研究、开发和销售、服务及广告等方面的费用，并利用丰富的经营管理经验，有效地降低成本。此外，企业还往往需要拥有较大的市场份额作为保障。

（二）差异化战略

差异化战略也可以称为差异性战略，指的是企业大力发展别具一格的产品线或经营项目，以争取在产品或服务方面比竞争者有独到之处，从而取得差异优势，使顾客甘愿接受较高的价格。根据微观经济学的消费者行为理论,消费者总是偏好差异化的产品,差异化战略就是利用客户对品牌的忠诚以及由此造成的对价格的敏感性下降使企业避开竞争,这样可使利润增加却不必追求低成本。客户的忠诚以及某一竞争对手要战胜这种"独特性"所需付出的努力构成进入壁垒,具有差异优势的企业在对付替代品方面也比竞争者处于更为有利的地位。当然,差异性战略是建立在成本与竞争对手产品成本相近的基础上的,但是企业获得差异优势可能与取得较大市场份额之间存在着矛盾,因为差异化的产品之间既然存在"差异",就表明其将丧失原有产品的部分市场,那些忠诚于原有产品的消费者必然不会选择新产品,因而要想获得较大的市场份额将比较困难。

(三) 集中战略

集中战略是指企业采取一种集中的、为一组特定用户服务的战略。这种战略的目标就是为特定的、较窄的目标市场提供最有效的和最好的服务,这样就使企业既具有实现差异化战略的优势,从而能更好地满足特殊需要,又能以较低的成本取得竞争的有利地位。集中战略非常像军事战略中"集中优势兵力、各个歼灭敌人"的思想,即放弃追求广大消费者的认同和普适的产品特征,专注于发展特定消费人群,从而争取在这个特定人群中获得广泛认可。集中战略的典型例子是一些奢侈品的销售理念。

相关案例 5-3

三种国际竞争战略的实例:娃哈哈、贝因美和联合利华

杭州娃哈哈集团有限公司创建于1987年,是中国最大、全球第五的食品饮料生产企业,在资产规模、产量、销售收入、利润、利税等指标上已连续11年位居中国饮料行业首位,成为目前中国最大、效益最好、最具发展潜力的食品饮料企业,2010年全国民企500强排名第8位。娃哈哈能够获得持续成功的核心奥秘就在于坚持不懈地实施低成本战略。

娃哈哈的低成本战略可以概括为以下几点:第一,生产制造中的低成本。追求生产设备高效化,追求后向一体化,追求规模效益,最大限度地降低生产原材料成本。第二,配送的低成本。娃哈哈提出了"销地产"战略,即在每个产品的主要销售区域直接设生产分厂,就地就近生产,每个生产基地的配送范围控制在500公里以内。第三,渠道运作的低成本。十余年来,娃哈哈坚持以经销商为中心的"联销体"政策,网罗并培养了大量资金实力雄厚、覆盖和配送能力强大的经销商群体。第四,市场推广中的低成本。娃哈哈几乎不与广告代理商打交道,而直接与各大电视台广告部直接签订广告合同。第五,原材料、行政管理等方面的低成本。娃哈哈很早就实施大宗原辅材料招标政策,全国100家生产型公司的大宗原材料必须由集团公司统一集中采购,以最大限度地获得最优惠价格。

贝因美创立于1992年,总部设在杭州。贝因美以"关爱生命、热爱生活"为宗旨,全方位服务于中国婴童事业,致力于婴幼儿食品及婴童产业的研究与国际性合作。主营事业以婴幼儿食品、婴幼儿用品、育婴咨询服务、生命科学和母婴保健、育婴工程、爱婴工程六大块架构而成。其中,婴幼儿食品为主导项目,全面涵盖代乳品、断奶期食品和辅助食品三大类,是华东地区最大的断奶期食品生产基地和中国三大婴幼儿基本营养食品专业生产企业之一,产品覆盖全国。

贝因美实施差异化战略,其差异化战略内容可以概括为:第一,产品成分与包装的差异化。在包装上寻求新的突破,选定有封口的立袋作为袋装奶粉的包装。第二,重点营销区域的差异化。贝因美锁定的目标客户分布在国内外大品牌相对不集中的二三线城市和富裕的乡镇。第三,市场推广的差异化。用终端导购的推广策略对于没有巨额广告投入的贝因美来说是一个有效的方法。第四,产品定位的差异化。贝因美定位于国产高端奶粉品牌,而价格略低于外资品牌,给人以"相同品质、更加实惠"的感觉。

联合利华集团于1929年由荷兰Margrine Unie人造奶公司和英国Lever Brothers香皂公司合并而成,总部设在荷兰鹿特丹,是全球第二大消费用品制造商,年营业额超过400亿美元,是全球获利最佳的公司之一。

联合利华实施集中化战略,其集中化战略内容可以概括为:第一,企业集中化。1999年,集团把14个独立的合资企业合并为4个由联合利华控股的公司,使经营成本下降了20%,外籍管理人员减少了3/4。第二,产品集中化,果断退出非主营业务,专攻家庭及个人护理用品、食品及饮料和冰淇淋三大优势系列,取得了重大成功。第三,品牌集中化。虽然拥有2 000多个品牌,但在中国推广不到20个,都是一线品牌。第四,厂址集中化。2010年5—8月通过调整、合并,减少了3个生产基地,节约了30%的运行费用。

资料来源:《三种国际竞争战略的实际案例分析》,百度文库。

第四节 国际竞争的发展趋势

随着经济全球化和国际经济一体化进程的加速,现代企业的国际竞争发展呈现出更多特点。对于企业而言,如果不能把握国际竞争发展的最新趋势,就很容易在国际竞争中处于不利地位,最终被国际市场淘汰,影响企业的生存和发展。

20世纪80年代以来,经济全球化已经成为全世界经济发展不可回避的现实话题,虽然伴随着经济全球化发展趋势,质疑经济全球化和反全球化的浪潮从未平息,但是经济全球化的大趋势已经不可逆转,这是不争的事实。与企业发展相关的经济全球化概念主要是指各国企业的经济活动超越国界,通过对外贸易、资本流动、技术转移、提供服务、相互依存、相互联系而形成全球范围的有机经济整体。不仅表现在商品、技术、信息、服务、货币、人员等生产要素的跨国、跨地区的流动,更表现在企业在全球范围内参与国际竞争、争夺国际市场、统筹配置全球资源等。应当承认,经济全球化有利于资源和生产要素在全球的合理配置,有利于资本和产品在全球的流动,有利于科技在全球的扩张,有利于促进不发达地区经济的发展。全球化是人类发展进步的表现,是世界经济发展的必然结果。但全球化对不同国家来说,是机遇还是挑战,其影响大不相同。例如,对于经济实力薄弱和科学技术比较落后的发展中国家来说,面对全球性的激烈竞争,它们所遇到的风险、挑战将更加严峻。而对于发达国家而言,全球化可能提供了更加合理和有利的获取超额利润的途径。对企业而言也是如此,那些实力雄厚的跨国公司可以借助经济全球化进一步增强其竞争优势,拓展生产销售市场,而那些实力不足的中小型企业可能由于遭受更加激烈的国际市场竞争而最终倒闭。

伴随着经济全球化的大趋势,企业国际竞争发展呈现出如下特点和趋势[①]:

第一,国际竞争越发激烈,且逐渐摆脱生产要素的自然限制,知识、信息等高级生产要素的创造机制和有效利用成为现代国际产业和企业竞争的焦点。最初的企业竞争往往集中于初级资源、劳动力等低级生产要素,这些生产要素的特征是存在自然限制且呈现边际收益递减的特点,因而客观上限制了企业竞争的激烈程度。无论是发达国家实力雄厚的国际企业,还是发展中国家的中小企业,如果仅仅是关注资源和劳动力生产要素的竞争,由于资源供给存在天然限制,而普通劳动力的边际收益递减,当产量和生产效率达到一定程度后,进一步提高产量和生产效率将受到这些生产要素条件的限制,这与企业是否实力雄厚或是否来自发达国家无关。因此,在客观上限制了企业之间竞争的激烈程度,发展中国家企业在这种竞争形势下,即使处于劣势也能够获得喘息之机。然而随着经济全球化和国际分工的进一步推进,现代企业的国际竞争越来越集中于人力资源、知识技术、信息品牌等高级生产要素。这些生产要素一方面没有自然限制,因为虽然劳动力存在自然生育的限制,但是人力资源由于凝结了劳动力的生产效率和智力能力,可以被大幅度提升,从而突破自然生育限制发挥作用;而知识技术、信息品牌等因素则更不存在自然限制,且可以超越边际收益递减规律,形成规模经济。在这种情况下,发达国家企业由于市场经济发展较为完善,市场机制成熟,往往在这些生产要素上拥有显著优势,更容易形成强大的规模效应,对发展中国家企业造成很大压力。此外,这些高级生产要素由于没有相应的供给限制,基于它们的国际竞争激烈程度将不受限制,从而造成国际竞争越来越激烈。

第二,国际竞争越来越高技术化和信息网络化,从而大大节省了交易成本,便利了企业经济活动。信息技术的广泛渗透改变了产业发展的形态和国际产业及企业竞争的模式,信息技术的突飞猛进和广泛的应用,促进了经济活动的信息化和网络化,并以其广泛的渗透性和系统带动性,极大地促进了生产力的发展,推动了合作多赢竞争模式的发展。早年的企业活动主要是纸质化和当面化,商务谈判需要双方针对纸质合同当面交流,如果企业分属不同国家地区,还需要支付来往的许多成本,这本身就增加了交易费用。随着技术水平的发展和信息网络化进程的加速,无纸贸易、视频谈判已经成为现代企业交流的常用手段,不同国家的企业完全可以省去长途跋涉而实现当面谈判,因此大大节省了交易成本。

第三,国际竞争的主体越来越集中在跨国公司,大公司在国际竞争中优势明显。跨国公司是世界经济中集生产、贸易、金融、技术开发和转移于一体的经济实体,它的迅速发展及灵活的全球性经营体系,推动了世界范围内的资源优化配置、生产要素的最佳组

---

① 高怀、刘晓:《现代企业国际竞争发展的趋势分析》,《冶金经济与管理》,2004年第2期。

合和社会生产力的发展。跨国公司具有强大的规模经济效应,业务范围广阔,对不同国家文化的适应能力强,因而在当今激烈的国际竞争中脱颖而出,成为国际竞争的主体和支柱力量,这对于全球产业经济的布局和调整产生了重要影响。在以知识、科技进步和资本流动为中心的经济全球化的发展中,跨国公司通过采取全球一体化、分散经营的战略,将决定国际产业分工与贸易的比较优势纳入组织体系的竞争优势之中,有目的地控制、协调和转移知识、技术和资本的跨国流动,在全球范围内有效地配置人力资源、自然资源和顾客资源等,以实现依托专业化的优势和全球协作网络的优势来整合全球价值链,利用组织优势以内部的、非完全市场的交易来取代正常的市场交易,获得转移定价及交易费用降低的利益。跨国公司在全球经济的广泛渗透,一方面推动着国际市场垄断势力的进一步加强,使许多行业逐步呈现全球寡头垄断的市场结构,另一方面也在不断地强化国际市场竞争,从而极大地推动了产业内贸易和公司内贸易的快速发展。国际竞争改变了传统意义上的劳动密集型产业和资本密集型产业分工的格局,形成了产业内分工、公司集团内分工,甚至同一产品价值链上不同环节之间水平分工并存的新局面,导致一国的产业、企业的竞争优势主要体现在某一特定产业或某一特定产品的某一价值链的环节上,促进了产业的分化、融合与重组。

第四,企业国际竞争的背后,国家的支持力量和政治博弈越发关键。经济全球化带来了世界经济格局的深刻变化,国家之间的经济利益开始重新分配,争夺国际市场和经济生存空间的形势越发激烈,因此本国企业在很大程度上成为国家发展经济实力、争夺国际市场的重要手段之一。国际市场上不同国家间的企业相互竞争,表面看来是企业之间常规的经济活动,实际上不能忽视其背后所包含的国家力量,包括国家制定的相应支持政策和针对外国企业设置的各种壁垒,都展示出了这种国家力量。此外,经济博弈逐渐掺杂和上升到国家间的政治博弈,企业间的竞争越来越多地带上背后国家的政治角逐色彩,这表现为政治关系良好国家的企业之间竞争更加平和度,而政治关系较差国家的企业之间竞争更加激烈。

第五,WTO 和双边自由贸易协定对国际竞争的影响越来越显著。WTO 规则涵盖的范围不仅从货物贸易扩展到服务贸易,还扩展到国际直接投资和知识产权,为跨国公司在全球的扩张创造了条件和提供了保证。随着 WTO 规则约束程度的加强,各国政府对本国产业和企业发展的保护性政策措施的作用将大大削弱,区域市场分割的状况也将得到改善,并出现了国内市场和区域市场国际化的趋势。这使人们认识到只依靠政府特殊的保护性的产业政策、贸易政策、财政政策、货币政策或简单地依赖国际分工的转移就能解决本国产业和企业的竞争力是不现实的,在发展市场经济和对外开放的过程中,只有与各国企业开展竞争与合作才是唯一的出路。双边自由贸易协定是 WTO 多边体制的有力补充,甚至在很大程度上有部分替代 WTO 的趋势,而双边自由贸易协定的签订一方面紧密联系了成员国企业之间的经济关系,另一方面由于关税和非关税壁垒的减轻与消除,也使得成员国企业之间的竞争越发激烈。贸易、投资、金融自由化是经济发展的必由之路,作为有国际视野的企业,有必要从现在开始充分认识到,接受并适应双边和多边体制下的国际竞争新规则、新方法将十分必要。

总之,企业必须掌握和深刻理解国际竞争的发展趋势,才有可能在适应国际竞争的基础上充分发挥竞争优势,在越来越激烈的国际竞争中立于不败之地。

复习思考题

1. 国家竞争优势理论的主要内容是什么？
2. 比较三种国际竞争优势理论的异同。
3. 国际竞争的主要类型有哪些？
4. 简要阐述国际竞争的发展趋势。

案例分析题

百度"走出去"能否效仿

近日,2008"中国企业国际化"国家战略论坛暨2007"中国企业走出去"国家贡献奖评选在京举行。百度获大会最高奖项——"中国企业走出去"国家贡献奖。

这多少有点让人吃惊,不过想想也在情理之中。"走出去"的口号喊了多年,走出去的企业不少,可究竟有多少企业是靠"技术"出去打天下？大会主办方认为,百度在获得本土市场绝对优势之后,打破中国企业以低成本优势进军海外市场的常规,直接以核心搜索引擎技术参与目前国际上技术最前沿和竞争最激烈的信息服务领域,从根本上提升了公司竞争力,对提升国家产业布局声望也有着极大贡献。

1年前,百度正式宣布"走出去",并将日本作为国际化战略的第一站。经过短短1年发展,百度已经在日本开发出视频搜索、博客搜索等富有特色的产品,从流量方面成为日本第四大独立搜索引擎,在速度、运行稳定性方面也全面赶超海外市场主要竞争对手。

2008年1月,知名互联网市场研究公司ComScore发布了2007年全球十大搜索引擎排名研究报告。报告显示,来自中国的搜索引擎百度,以超过IT巨头微软2.3个百分点的优势居于全球搜索引擎排行榜第三名,彻底打破了美国互联网公司一统天下的局面。

全球目前只有4个成功的搜索引擎:美国的Google称霸全球,而中国的百度、韩国的Naver和俄罗斯的Yandex成为仅有的3个在本土击败过Google的搜索引擎,它们手中掌握着最为核心的互联网技术。

中国独特的互联网环境,给予了百度技术持续提升的巨大推动力。根据相关统计,2007年9月,中国网民的搜索请求已经超过100亿次,同期美国搜索引擎市场的搜索请求为94亿次,中国已成为全球首个搜索请求过百亿次的国家,创下了全球互联网的世界纪录。

而根据相关数据显示,目前中国网民数量已经超过美国。成为全球互联网人口最多的国家。百度首席科学家威廉·张曾表示,由于中国互联网用户、流量和内容的增长,百度至少每年需要提高3倍的技术服务能力才能够满足用户需求。

在"中国互联网人口最多"这样一个大背景下,百度无疑被种类繁多的海量用户需求推向互联网搜索技术和产品开发的最前沿。显然,这个优势是其他任何国家的互联网公司所不具备的。

环顾中国的整个经济环境,中国虽然已经成为世界工厂,但廉价却是中国产品的代名词。由于廉价,出口8亿件衬衫的利润才能买一架A380空客飞机。同时,成为"世界工厂"的背后依靠的也是"人口红利"。

根据美国战略及国际研究中心CSIS测算,中国的劳动力供应高峰在2015年前后来临,但紧接着便是收缩,"人口红利"已近尾声。前有狼,后有虎,在中国的周边,印度、越南等国家也正开始用更便宜的劳动力来吸引全球投资者的眼光。曾经是我们的优势的低成本劳动力已不存在。

欧洲最大的IT咨询公司发布报告称,"印度制造"将在今后5年内成为下一个全球经济奇迹,并挑战中国的全球制造业中心地位。印度意图成为下一个中国,那么,面对经济全球化的趋势,中国的下一步又该是什么?

在后工业时代,每一个商业运作、每一次社会活动都基于对信息的接受和处理。而更为重要的是,信息革命已成为经济全球化的动力,不仅能促进国际分工的新发展、推动经济活动全球化的深入,更能使世界经济真正实现全球范围的有机结合。在这种全球化趋势之下,中国能否抓住以互联网为代表的信息革命,已经成为中国逐鹿全球市场的关键。

案例来源:西平,《中国经济时报》,2008年4月23日。

讨论与分析:

请用竞争优势理论分析百度的成功原因。

第六章 国际商务的战略选择

【知识要点】
1. 国际战略
2. 多国战略
3. 全球战略
4. 跨国战略
5. 跨国并购
6. 跨国战略联盟
7. 国际市场营销产品战略
8. 国际市场分销战略
9. 国际市场促销战略

【能力要求】
1. 理解国际商务战略的概念与特征
2. 掌握国际商务战略的四种模式
3. 了解国际目标市场选择与进入战略
4. 掌握国际市场营销战略
5. 掌握国际市场风险防范战略

【内容提示】

国际商务是一种以企业为主体的跨国经营与管理活动,涉及一系列资金、人员、技术、信息等生产要素及商品和服务的国际间流动。要使这些活动在复杂多变的国际经济环境中取得成功,使企业在国际市场竞争中立于不败之地,实现利润的不断增加和最终经营目标,企业必须根据自身特点及所处的国际政治经济环境,对国际商务活动进行深入分析,长远谋划,制定和选择切实可行的国际商务战略。本章主要介绍国际商务战略的基本内容,包括企业的国际化进程战略、国际目标市场选择战略、国际市场营销战略和国际风险防范战略。

【导入案例】

新兴市场跨国企业的国际化战略

新兴市场的跨国企业是指总部位于新兴市场,而运营地点超过一个国家的公司。在最近的十几年间,新兴市场国家的跨国企业迅速崛起,成为国际贸易与投资的一支重要力量。2014年《财富》杂志发布的全球500强企业排行榜中,仅来自中国的企业已达到100家,这些企业中大部分都是跨国企业。当前,新兴市场已不乏在国际上享有盛誉的品牌,如印度的信息系统技术公司(Infosys Technologies)、维普罗公司(Wipro)和塔塔公司(Tata)在外包软件与信息咨询领域名声显赫;南非啤酒公司SAB Miller PLC已成为世界第三大啤酒公司,直逼美国百威公司;巴西航空制造公司已成为全球最大的航空器制造商之一;中国大陆地区的联想和台湾地区的宏碁分别是全球第四大和第三大个人电脑制造商。此类来自新兴市场的国际品牌不胜枚举。

新兴市场的跨国企业之所以能在短时期内异军突起,固然与20世纪八九十年代以来新兴市场国家或地区经济的快速发展密不可分,但更为重要的是这些跨国企业都高度重视国际商务战略的制定与调整,将海外市场扩张、商业模式和战略的多样化作为跨国竞争的核心。由于这些企业所处的政治经济环境、特有优势及不足各不相同,它们采取的国际商务战略和模式也各有特点。

注重生产的国际化。 一些新兴市场国家的跨国企业抓住了国际垂直专业化分工的有利机遇,以成本和技术优势顺利嵌入了全球产业分工链条的低端,然后不断攀升,从而进入更高附加值的生产和服务提供环节。

注重品牌的国际化。 一些新兴市场的跨国企业重视目标市场的选择和品牌营销战略,它们通过将本土品牌推广为国际品牌、购买国外品牌、针对不同市场偏好适当改变品牌、贴牌设计制造(ODM)等,成功实施了国际品牌战略。

技术的国际化。 新兴市场的跨国企业往往通过将国内技术优势在全球范围内革新转化,或直接在国外设立研发机构来实现技术的国际化。

特色产品及优势资源密集型产品的国际化。 一些新兴市场国家的跨国企业立足本国市场优势和资源禀赋,顺利地寻找到了被现存跨国公司所忽略的市场和产品,在单一产品市场上成为国际领导者。

商业模式的国际化。一些新兴市场的跨国企业在本国发展了优秀的商业模式,并将这一业务模式在不同市场复制,并加以改良,迅速占领了目标市场,成为卓越的国际企业。

第一节 国际化进程战略

一、国际商务战略的概念与特征

(一)国际商务战略的概念

战略一词在古今中外被广泛应用。英语中的战略(strategy)一词源于希腊语中的"strategos",意为军事将领、地方行政长官,后来演变为军事用语,意指军事将领指挥军队作战的谋略。在我国古汉语中,战略是指用兵的方略或战争的韬略。近代以来,战略一词被广泛地应用于社会科学的各个领域中,意指指导或决定全局的策略与谋划。在经济学和管理学中,战略可以按照微观、中观与宏观三个层次分为企业战略、产业战略和国家战略。由于国际商务主要是企业跨国界的经济交易活动,此处国际商务战略是指跨国企业根据国内外政治经济环境及企业内部资源和能力的状况,为求得企业生存和长期稳定的发展,在国际经营中不断获得新的竞争优势,对企业发展目标、达成目标的途径和手段的全局性、长远性的谋略和规划。国际商务战略客观上要求把握企业的未来发展方向和经营目标,在全球范围内实现有效的市场选择与进入,针对不同国家或地区的市场获得竞争优势,并为之恰当安排企业内部资源的配置。

(二)国际商务战略的特点

国际商务战略既有一般企业战略的共性特征,又有其独特之处,概括起来,国际商务战略具有以下特点:

1. 全球性

国际商务战略要求企业在全面分析国际市场和资源的基础上,制定面向全球的资源配置和生产布局等方面的安排。因此,企业决策所涉及的地理范围打破了国家与民族的边界,扩展至全球市场。同时,国际商务战略的有效贯彻要求跨国企业分布在世界各地的分支机构和子公司按照母公司的战略部署,在相对独立经营的同时,充分协调与配合,以共同实现企业的战略目标。

2. 全局性

国际商务战略关乎企业在国际市场上的生存与发展,涉及面广。这就要求在制定国际商务战略时,相对于一般战略而言,应更注重全局性,正确把握个体与全体、局部与全局之间的关系,要求企业的各个子公司、分支机构和职能部门在个体利益和整体利益发生冲突时,服从战略的全局安排。

3. 前瞻性

国际商务战略必须具备一定的战略远见,能对国际政治经济的发展方向、不同国家的经济及市场变化情况具有一定的预测和把握。国际商务战略的制定需要以对未来发展趋势科学预测为前提。在保证战略前瞻性的同时,要注意兼顾当前与长远的关系,否则,片面地追求利益或只顾描绘理想的未来,都会给企业的国际商务活动带来不利影响。

4. 纲领性

国际商务战略对企业的国际化进程、目标市场的选择、经营方向等战略性规划做出原则性、概括性的规定,是一个在较长时期内统领企业各部门、各地区、各种行为的指南。企业的国际商务活动都应将其作为行动纲领,并据以制定具体的地区和部门战略规划。

5. 应变性

国际商务相比于国内商务活动,面临着更多的复杂性、不确定性,其风险也较大。随着国际政治经济环境的变化,跨国企业应根据变化了的外部环境和内在条件,对已制定的国际商务战略进行适当调整,具有一定的应变性。

二、国际化战略的基本模式

国际商务战略为跨国企业提供进入和参与国际市场竞争、获得竞争优势的指导方法。在国际商务竞争中,跨国企业往往要面对两种竞争压力:降低成本的压力和地区调适的压力。降低成本的压力要求企业尽量将其单位成本最小化,地区调试的压力则要求企业对不同的国家提供差异化的产品与营销策略,以满足各国不同的市场环境。根据降低成本的压力和地区调适的压力的程度差异,企业国际商务战略可以分为四种模式:国际战略(international strategy)、多国战略(multinational strategy)、全球战略(global strategy)和跨国战略(transnational strategy),这四种战略的选择如图6-1所示。

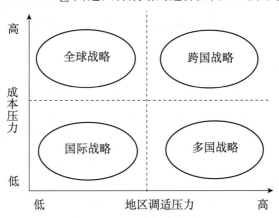

图6-1 国际商务战略的四种基本模式

（一）国际战略

当跨国企业面临低成本压力和低地区调适压力时，往往采取国际战略，先根据本国市场的需求，为国内市场提供产品，再根据其他地区的情况稍加调整，将产品销往世界各地。这种战略是一种以母国为中心的战略，依靠母国市场的强大需求及资本、科技实力进行产品研发与创新，再依据产品生命周期规律，将产品战略转移至海外市场，提高海外分支机构及子公司的竞争地位。这种战略的核心是确立母公司在产品研发与技术创新上的竞争优势，以及在产品生命周期的哪个阶段采用何种方式将产品的销售与生产转移到国外市场。国际战略确立了母公司向海外分支机构及子公司的产品、技能及专业知识的输出和控制，使母公司在全球价值创造、产销决策及技术水平上处于领导者的地位。

国际化战略的优点是可以集中管理，节约成本支出，在国际市场上能够较轻易地获得可观的利润。但以母公司为核心的战略决策也会造成海外分支机构和子公司对当地市场的低回应，产品和服务的本土化水平较低。世界范围内一些具备核心竞争力、其产品和服务较易满足普适需求的跨国公司往往采取这一战略，如施乐、微软、宝洁等公司。

（二）多国战略

当跨国企业面临低成本压力和高地区调适压力时，往往采取多国战略。该战略根据不同国家的不同市场，提供能满足当地市场需要的产品和服务，又被称为本土化战略。

多国战略的重点是最大限度地考虑东道国市场差异，对企业产品或服务依据当地市场消费偏好进行调整，以刺激当地需求的持续增加、扩大产量、获得当地市场的规模经济效应。多国战略的核心是确定各个东道国市场的需求特征，以此为中心调整当地分支机构或子公司的组织结构、人力资源、经营方式等，增强分支机构或子公司对东道国经营环境的适应能力。

多国战略的益处在于跨国企业对东道国市场需求的适应能力强、市场反应速度快，可以较好地适应当地消费者需求和竞争等方面的要求，其品牌、营销方式等容易被东道国所接纳。多国战略的缺陷是企业整体资源分散化，产生大范围的管理、设计、生产、营销活动的重复，造成运营成本上升。同时，子公司在战略决策中的自主性增强，还可能对跨国企业全球价值链的协调产生负面影响，损害跨国企业形象的统一性。如果跨国企业对快速回应本地需求的能力要求高、对通过全球整合降低成本的要求低，则多国战略非常可行。

（三）全球战略

当跨国企业面临高成本压力和低地区调适压力时，往往采取全球战略。全球战略从全球资源整合的角度出发，利用不同国家或地区的区位优势，把价值链的各个环节加以分散和配置，以降低运营成本，获得长期利益。全球战略的核心是根据母国和东道国的市场特征，确定全球产品和服务，在全球范围内合理配置这些产品和服务的价值链，实现全球规模化经营，有效协调和控制全球运营成本，提高企业的盈利能力。

全球战略将世界看成一个统一的市场，认为不同国家的消费者的偏好基本相似，即使有差别，消费者也可能放弃其偏好，选择物美价廉的商品。全球战略的价值创造强调用最低的成本创造适合世界市场的产品和服务，遵循成本领先的原则。

全球战略的益处是在全球范围内按照区位优势配置价值链中的生产、营销和研发活动,增强了企业全球运营的灵活性,有效地降低了成本。但在这种战略下,母公司需设定全球统一的运行标准,负责全球价值链各个环节的协调和顺畅运行,这就增加了企业的管理成本。另外,母公司决策的过度集中化会损害当地子公司的经营动力,全球产品和服务的标准又会降低对当地需求的调适性。目前,一些具备高成本压力和低地区调适压力的行业中的跨国企业正在实施全球战略,如在半导体工业中,全球标准已经形成,为标准化的产品创造了巨大的世界市场需求。因此,像英特尔、德州仪器和三星、联想等公司都采取了全球化战略。

(四)跨国战略

当跨国企业面临高成本压力和高地区调适压力时,往往采取跨国战略。跨国战略可以看成是以上三种战略的一种综合,既注重成本的节约,又注重当地市场的差异化需求,要求跨国企业能够充分挖掘不同国家或地区的区位优势,协调和配置价值链,获得核心竞争力,并保证价值链能够直接对当地市场需求做出回应性调适。

跨国战略的核心是合理配置资源以及各种生产、管理和经营能力,同时在适应能力、全球性经营效率和创新能力三个方面建立竞争优势。采取该种战略的企业通过区位经济、规模经济和学习效应获得低成本,通过区域市场方案解决地方差异化问题以实现产品差异化,通过母子公司及子公司之间的技术交流获得技术扩散效应。在组织结构上,跨国战略通过内部依赖使全球资源成为一个整体,在母子公司之间、子公司之间建立价值链上的垂直和水平联系。

跨国战略的优势体现在既协调价值链活动以发挥公司核心竞争力,又关注回应当地市场的压力,但是由于标准化生产以获得规模经济和差异化生产以适应当地需求的两难冲突,跨国战略在具体实践中存在诸多困难。一些面对成本控制和回应本地市场双重压力,而又有较强的核心竞争力的跨国企业较为成功地采取了这种战略,如通用汽车等。当前,国际竞争形势和经营环境越来越有力地刺激更多的企业重新布置价值链,实施跨国战略。

三、国际商务战略的新模式

20世纪90年代以来,科技革命的日新月异、区域经济集团化和全球经济一体化的并行不悖、世界政治经济格局的多元化潜移默化地改变着跨国企业的国际商务活动,跨国企业的国际商务战略也逐步发展出了一些新的模式,其中跨国并购和跨国战略联盟是两种主要的模式。

(一)跨国并购

企业"并购"(M&A)是"兼并"(merger)与"收购"(acquisition)的统称。兼并,是指两家或两家以上独立的企业合并组成一家企业,通常是由其中居于主导地位的一家企业吸收其他企业。兼并又可以分为吸收兼并(consolidation merger)和创立兼并(statutory merger)两种类型。前者是指参与合并的一家企业吸收其他企业而成为存续企业,存续企业保持原有的企业名称,而且有权获得被吸收企业的资产和债权,同时承担其债务,被吸收企业从此不复存在。后者是指两家或两家以上的企业通过合并同时消失,而在此基础上形成一家新设企业,新设企业接管参与合并企业的全部资产和业务,新组建董事机构和管理机构等。收购(acquisition)则是指一家企业通过购买另一家企业的全部或部分资产或股份,获得该企业控制权的行为。按照内容,收购可分为资产收购和股份收购。前者是指买方企业收购卖方企业的全部或部分资产,使之成为买方的一部分;后者则指买方企业直接或间接购买卖方的全部或部分股票的行为。

跨国并购(cross-border M&A)是企业国内并购行为在国际范围内的延伸,是一国企业为了实现特定的目的,通过购买另一国企业的全部资产或足以行使经营控制权的股权,以实现对该企业的产权和经营权的控制的行为。

跨国并购可以根据不同划分标准进行分类。按并购双方所属行业的相互关系划分,跨国并购可以分为横向并购(horizontal M&A)、纵向并购(vertical M&A)和混合并购(conglomerate M&A);按并购企业和目标企业是否接触,可以分为直接并购和间接并购;按目标企业是否是上市企业,可以分为私人公司并购和上市公司并购。

跨国并购主要通过股票替换、债券互换、现金收购以及这三种方式的综合使用来实现。股票替换是指并购企业重新发行本企业股票,以新的股票替换目标企业的原有股票,以此完成股票收购。股票收购的特点是目标企业的股东并不因此而失去其所有权,而是被转移到并购企业,并随之成为并购企业的新股东。债券互换是指增发并购企业的债券,用于代替目标企业的债券,使目标企业的债券转换到并购企业。债券的类型包括担保债券、契约和债券式股票等。凡不涉及发行新股票或新债券的企业并购,都可以认为是现金收购,包括以票据形式进行的收购。在这种收购中,购买方企业支付了议定的现金后,即取得目标企业的所有权,而目标企业的股东一旦得到其所有股份的现金,即失去所有权。

跨国并购战略主要被发达国家的跨国企业所采用,并购主要发生在一些资本密集型和技术密集型行业,以同行业内的企业并购居多。随着发展中国家经济的崛起,发展中国家的跨国企业也开始采用这一战略来实现商务活动的国际化。

(二)跨国战略联盟

跨国战略联盟(transnational strategic alliances)是指由两个或两个以上有共同战略利益的跨国企业,为达到拥有市场、共同使用资源等战略目标,通过各种协议、契约而结成的优势互补、风险共担、生产要素双向或多向自由流动的一种松散的战略合作模式。跨国公司通过缔结战略联盟,在全球价值链的各个环节上广泛开展经营合作,以求得自身发展或巩固自身在价值链中的领导地位。

1. 跨国战略联盟的形式

跨国战略联盟有多种表现形式,不同形式的跨国战略联盟中,双方的联系紧密程度、竞争程度以及合作态度是不同的,主要有以下两种表现形式:

(1)以非股权为主的联盟。这是一种契约式的联盟,是指企业之间决定在某些具体的领域进行合作,而签订协议来保护自身利益或约束对方行为。这种联盟类型主要发生在非直接性竞争的企业之间,如果联盟协议不能有效率地贯彻,参与企业可以随时中止这种联盟。

(2)股权式国际战略联盟。这种形式的联盟是由各参与企业作为股东出资共同创立,联盟拥有独立的资产、人事和管理权限。股权式联盟中一般不包括各成员的核心业务,具体又可分为交叉持股型战略联盟和国际合资企业。交叉持股型战略联盟中,联盟成员为巩固良好的合作关系,长期地相互持有对方少量的股份。与合资、合作或兼并不同的是,这种方式不涉及设备和人员等要素的合并。国际合资企业是指合资生产和经营的项目分属联盟成员的局部功能,双方母公司各拥有50%的股权,以保持相对独立性。

2. 跨国企业采用国际联盟战略的原因

(1)企业应对国际竞争,提升竞争力的需要。经济全球化和世界市场的激烈竞争,使企业认识到在国际商务活动中单个企业势单力薄,只有通过多个企业的联盟与合作,才能应对市场竞争,获得规模经济、范围经济和技术进步的好处,增强抵御市场风险的能力,求得生存和发展,达到既定的战略目的。

(2)区域经济集团化。当代各种类型的区域经济集团化在对内实现自由的同时,也加强了对外的保护。区域内企业在市场扩大和竞争加剧的推动下,通过战略联盟,展开更大规模的生产和销售,增强竞争优势,而区域外的企业为了绕过区域集团设置的关税和非关税壁垒,也谋求与区域内企业结成跨国联盟,以维持和扩大其在区域集团内市场上的发展。

(3)技术创新的推动。新技术的研发与创新对跨国企业的生存和发展至关重要,而当代科技创新的综合性和集成性越来越强,即使是科技、资金实力雄厚的企业也面临巨大的研发风险。通过形成战略联盟,跨国企业可以汇集更为充足的科技与资金投入,做到优势互补、分散风险,共享研发成果。

(4)资源的稀缺。资源的稀缺是世界经济发展的重要制约因素,随着经济的发展,各国企业对原材料、劳动力、资本、技术、信息等资源的需求也在迅猛增长。因此,企业在注重内部资源的开发、利用和积累的同时,也必须积极寻求外部资源,以维持与创造竞争优势。建立跨国战略联盟,联盟各方就可以通过共同行动,利用协同与合作效应,在资源的交叉、融合中创造出高附加值的结合效果,增加市场份额和盈利机会。

相关案例6-1

联想:专注于核心领域的国际化战略

联想集团是一家信息产业内多元化发展的国际大型企业集团。1994年,联想在香港联合交易所上市,从1996年开始,其电脑销量一直位居中国国内市场首位。2004年,联想以17.5亿美元的价格收购IBM的PC事业部,并获得5年的IBM品牌使用权,其后,联想的国际化发展迅速。

1. 国际化起步

联想最开始是给国外著名IT公司做代理,积累了广阔的市场渠道。1988年4月,联想在香港合资成立"香港联想科技有限公司",初期主要以电脑及配件贸易为主营业务。

同年 8 月，联想在香港收购了具有生产能力的 Quantum 公司，成立研发中心，并在 1989 年 3 月成功研制 Q26 I 型个人电脑主机板。1989 年 6 月，香港联想公司在深圳成立"深圳联想"，持股 70%，建成低成本生产基地，从此香港联想开始批量生产和出口主机板。

到 1994 年，联想主机板出口 500 万套，占全球市场的 10%，进入最大生产厂商前 5 名之列，在国际市场上的崭露头角让联想初步尝到了国际化的甜头。1994 年，联想在香港联合交易所成功上市，标志着以资本要素国际化起步的联想国际化的开始。

2. 并购开启国际化道路

在联想集团发展 20 年之后，联想集团的海外业务只占联想集团总营业额的 5%—7%，并且所谓的海外业务主要是生产加工及产品出口业务，没有真正意义上的品牌业务。2004 年 12 月 8 日，联想宣布以 17.5 亿美元收购 IBM 全球 PC 业务，迈出了其国际化的关键一步。联想有限公司与 IBM 签署了一项重要协议，根据此项协议，联想集团将收购 IBM 的 PC 事业部，成为一家拥有强大品牌、丰富产品组合及领先研发能力的国际化大型企业。IBM 是一个技术领先的公司，IBM 的客户和合作伙伴多集中在一些比较高端的客户和产品市场上，而联想的客户多集中在中低端市场，二者在这方面可以形成较强的互补优势。除此之外，联想在国内是以渠道见长，在中国市场上具有完善的市场销售体系，而 IBM 在国际市场上享有极高的 PC 销售网。联想拥有的领先 PC 技术收购 IBM 的 PC 部门有利于联想吸引国际和国内市场上的高端企业用户，而这正是联想近年来的主要发展方向。此次收购帮助联想跻身于具有国际知名品牌的国际企业行列，晋升为全球第三大 PC 厂商，占全球市场份额 9%，一跃成为世界 500 强的全球性公司。收购 IBM 全球 PC 业务后，联想发展成为在全球 160 个国家开展海外业务、海外收入超过总营业额 60% 的一家全球化企业。

资料来源：上海财经大学 500 强企业研究中心，《联想：专注于核心领域的国际化战略》，《上海国资》，2014 年第 1 期。

第二节 国际目标市场选择战略

一、国际市场细分

市场细分（market segmentation）的概念是由美国市场学专家温德尔·史密斯（Wendell Smith）于 20 世纪 50 年代中期首次提出来的，指从事市场营销的企业根据市场需求的多样性和购买行为的差异性，把整体市场划分为若干个具有某种相似特征的顾客群或子市场、细分市场，以便选择确定自己的目标市场。经过市场细分的子市场之间消费者具有较为明显的差异性，而在同一子市场之内的消费者则具有相对的类似性，所以，市场细分是一个同中求异、异中求同的过程,是企业进行市场营销必不可少的过程,对企业市场活动至关重要,可以说"如果不细分市场就必将在市场中消亡"。

国际市场细分(international market segmentation)是在市场细分的基础上发展起来的,是市场细分概念在国际商务中的运用。与国内市场相比,国际市场购买者更多,分布范围更广,跨国经营企业由于自身实力的限制,往往更难满足全球范围内顾客的需要。为此,就需要对国际市场按照某种标准进行划分。所谓国际市场细分,就是指企业按照一定的细分原则,把整个国际市场划分为具有不同营销组合特征的小市场或分市场。国际市场细分被视为企业进入国际市场的一种有效手段。

(一) 国际市场细分的重要性

对于国际化企业来讲,面对庞大且多变的国际市场、不同国家的商业运营制度、不同消费者群体的消费偏好的差异性,盲目进入必将导致企业国际化战略的失败,给企业的发展造成巨大损失。企业只能根据自身的比较优势和竞争优势,依据一定的标准对国际市场进行细分,有选择地进入适合自己产品的市场进行营销,在营销过程中,亦可以根据不同的目标市场采取不同的进入策略和营销策略。具体来讲,国际市场细分的重要性主要体现在以下几个方面:

1. 有利于企业发现国际市场机会

通过对国际市场的细分,企业可以对每一个细分市场的购买潜力、满足程度、竞争情况等进行分析对比,寻找到有利于本企业的国际市场进入机会,使企业及时做出生产、销售决策或根据本企业的生产技术条件编制新产品国际市场开拓计划,进行必要的产品技术储备,掌握国际市场上产品更新换代的主动权,以更好地适应国际市场的需求。按照熊彼特的创新理论,国际市场细分正是企业"发现一个新市场"的前提,是企业创新的一种方式。

2. 有利于获取局部竞争优势

当代国际市场中买方市场特征明显,企业的生产和销售取决于各子市场需求的程度和特征。如果某一市场具有较大的潜力,需求旺盛,不可避免地会吸引诸多企业参与竞争。通过国际市场细分,选择适合自己的目标市场,集中企业的人力、物力和财力到特定目标市场,可以避免无谓竞争,获得局部市场的竞争优势。

3. 有利于企业调整国际市场营销策略

国际市场范围广阔,各个区域的消费者需求和竞争者状况不断变化。企业通过国际市场细分,可以有针对性地观察和收集细分市场的信息,掌握各个细分市场的消费者需求特征和竞争者营销策略的变化,并据此制定和及时调整本企业的营销策略。

4. 有利于企业分配国际营销预算,提高国际营销效益

企业在对国际市场进行细分后,可以根据各细分市场的营销前景、竞争状况来合理分配国际营销预算,使得在每个子市场的投入都能得到相应合理的回报,从而提高企业的国际营销效益。

(二) 国际市场细分的步骤

国际市场细分的目的是通过对国际市场中的消费者进行分类和归并,使企业更好地

把握各个子市场消费者群体的特征,并依据企业的生产和营销优势,选择目标市场,采用恰当的进入方式,在目标市场中获得高的市场占有份额或收益。但国际市场范围广泛、复杂多变,且市场细分的标准多样,因此,有效的国际市场细分必须遵循一定的科学步骤。一般来讲,国际市场细分的步骤可以分为以下三点:

1. 国际市场调研阶段

在这一阶段,国际化企业应设计调查方案,运用多种调查手段,有目的地、系统地搜集一切与国际市场营销活动相关的信息,对所搜集到的信息进行整理与分析,把握国际市场的变化规律,为国际市场细分做好资料准备。企业应搜集的资料包括:各国的自然环境、人口数量和基础设施状况;各国所处的经济发展阶段、经济规模、市场体系完备程度和市场功能发展状况;各国的政治、法律环境和社会习俗;各国消费者对特定商品的需求特征和当前的满足程度;各国消费者对产品、价格、分销、促销等营销因素的敏感程度。

2. 国际市场分析阶段

在这一阶段,国际化企业主要是对上一阶段所搜集到的资料、数据进行整理和分析。重点在于发现各国消费者在需求上的共性、差别,对于在某一特征上具有明显共性的消费者,可以将其归并为一个子市场,依据不同的特征可以得到不同的市场细分。

3. 细分市场的描述阶段

在调查与分析的基础上,企业得到了国际市场的各种细分类型。为了使这些细分更为明确,有必要对各个细分市场给出更为具体的描述。如每一细分市场的大小、预期增长率、购买频率、顾客忠诚度、长期销售量和潜在的利润大小等。基于这种更进一步的细分市场描述,企业可以进行目标市场的选择,制订有针对性的营销方案。

(三) 国际市场细分的标准

国际市场细分有不同的标准。按照国际市场细分的层次标准,国际市场细分包括宏观层面的细分与微观层面的细分。在微观层面细分中,又可以进一步细化为消费品市场的细分和工业品市场的细分。

1. 国际市场宏观细分

国际市场宏观细分是指企业决定在世界市场上选择哪类国家或地区作为拟进入的市场。这就需要根据一定的标准将整个世界市场划分为若干子市场,每一个子市场具有基本相同的营销环境,企业可以选择某一组或某几个国家作为目标市场。国际市场宏观细分的标准有地理标准、经济标准、文化标准和组合标准。

(1) 地理标准,即企业根据消费者所在的地理位置、地理环境来细分市场。这一细分的标准的依据是同一地理区域具有相似的自然条件、人文社会制度和相似的生产生活方式,因而在消费行为和购买动机方面有很大的相似性。如按地理标准可将国际市场细分为北美、拉美、非洲、西欧、东欧、东亚、南亚、中东和澳洲市场等。

(2) 经济标准,即企业根据各国的经济发展所处阶段、经济发展规模水平等来细分国际市场。这一细分标准的依据是经济发展阶段和水平相同或相似国家的消费者,其收入水平大体接近,需求偏好大体相似,消费结构存在很大重合,因而可以将其划分为一类市场。如可将国际市场细分为发达国家市场和发展中国家市场,或工业化国家、中等收入国家和低收入国家市场,还可以细分传统社会、起飞前准备阶段、起飞阶段、趋于成熟阶段和大众高消费阶段市场等。

（3）文化标准，即企业根据各国种族、宗教、语言、文化、教育及社会价值观等来细分国际市场。这一细分标准的依据是社会文化标准作为一种环境变量会对国际商务活动产生重要的影响，相似文化背景国家的消费者在商品认同和消费方面具有相似性。如可将国际市场细分为基督教文化国家市场、伊斯兰教文化国家市场和佛教文化国家市场等。

（4）组合标准，即企业根据国家的国家潜量、竞争力和综合风险三个方面进行综合评级，对各国市场进行不同排列组合和细分。按照该标准创立者里兹克拉（Rizkallah）的定义，国家潜量是指企业的产品或劳务在一国市场上的销售潜在量，可通过人口数量及分布、经济增长率、人均国民收入等衡量；竞争力包括企业自身的资源条件、在一国市场上的表现、一国市场中同业竞争程度、替代产品的竞争等；综合风险指该国所面临的政治风险、经济风险、财务风险以及各种影响理论和经营结果的风险。这一细分标准更为全面、实际，但在采用这一标准进行国际市场细分时，需要企业掌握大量信息，增加了企业市场调研的成本。

2. 国际市场微观细分

国际市场微观细分类似于国内市场细分，即当企业决定进入某一海外市场后，会发现当地市场顾客需求仍有差异，需进一步细分成若干市场，以期选择其中之一或几个子市场作为目标市场。根据最终消费者的不同，国际市场微观细分又可以分为消费品市场细分和工业品市场细分。

（1）消费品市场微观细分。受消费者年龄、性别、生活方式、购买行为、收入水平等因素的影响，不同的消费者具有不同的需求特征。这些不同的需求特征为消费品市场微观细分提供了依据。消费品市场微观细分中的因素可以概括为地理因素、人口因素、心理因素和行为因素。

（2）工业品市场微观细分。工业品市场上的消费者主要是企业，购买的目的主要是生产产品或提供服务，这种市场上的消费行为具有购买数量大、次数少、购买者地理位置集中、专业化程度要求高等特点。因此，工业品市场细分的标准除与消费品市场细分标准有相似之处外，还包括以下因素：购买者所处的行业或部门、购买者的规模与购买力、购买者的组织特点等。

二、目标市场的选择

国际市场细分是企业选择国际目标市场的前提和基础，企业在进行国际市场细分后，要根据一定的标准，评估和比较各个细分市场，从若干细分市场中选择一个或多个细分市场作为自己的国际目标市场。

（一）选择国际目标市场的标准

选择国际目标市场的标准是要能充分地利用企业的资源以满足该子市场上消费者的需求，具体标准有以下四个：

(1) 可测量性,指国际目标市场的销售潜量及购买力的大小能被测量。企业可以通过各种市场调研手段和销售预测方法来测量国际目标市场当前的销售状况和未来的销售趋势。

(2) 需求充足性,指企业所选择的国际目标市场应当有较大的市场潜量,有较强的消费需求、购买力和发展潜力,企业进入这一市场后,有望获得充分的营业额和较好的经济效应。

(3) 可进入性,指企业所选择的国际目标市场是垄断竞争的市场,不存在太多的进入障碍。企业凭借自身的资源条件、营销经验以及所提供的产品和服务在所选择的国际目标市场上有较强的竞争力。

(4) 易反应性,指企业所选择的国际目标市场能使企业有效地制订国际营销计划、战略和策略,并能有效地付诸实施。同时,企业在国际目标市场上还能便利地调整其营销战略和策略,以应对各种可能的市场变化。

(二) 选择国际目标市场的过程

企业为了给某种特定的产品或服务选择国际目标市场,首先需要对各个细分市场进行初步的筛选,缩小选择的范围。在筛选出少数几个子市场后,对于这些子市场,企业还需要进一步做出分析,评估市场潜量、可预期利润与经营风险,最终选定目标市场。上述选择过程可以分为以下具体步骤:

1. 分析目标市场的消费特征

通过对现有或潜在的消费者消费行为和特征进行分析,企业可以选择有利于充分发挥企业竞争优势的市场作为目标市场,利用较为集中的营销资源投入,迅速、有效地占领目标市场。对消费者特征的分析包括消费者的年龄、性别、收入水平、消费结构、消费者所处的社会阶层及其生活方式的特点。对工业品用户特征的分析包括使用产品的行业特征、典型客户的规模和组织结构,本企业提供的产品或服务属于潜在客户价值链的哪个环节。

2. 估计目标市场的潜在规模

对目标市场潜在规模的估计是企业利用所能获得的统计与调研数据,找出影响目标市场前景的各项因素,并通过市场需求预测的直接估计方法与间接估计方法,预测出未来一定时期内企业产品在目标市场的销售潜量。

3. 评价目标市场得分

完成上述两步的分析和初步筛选后,企业需要对欲进入子市场按一定标准进行评分或赋权,计算各个子市场的得分,选择评分较高的子市场作为最终的目标市场。具体过程是:首先确定影响企业在某细分市场上销售前景的影响因素,然后赋予其相应的权重并对各影响因素的现有状况进行评分,最后以各子市场的加权得分作为目标市场选择指数,选择得分较高者作为企业的国际目标市场。

假设企业面对的欲进入子市场有 n 个,每个市场有 m 个影响市场销售前景的因素,则市场选择指数的计算公式可表示为: $C_k = \sum_{i=1}^{m} a_i X_{ik}$, $k = 1, 2, \cdots, n$。其中, C_k 为第 k 个细分子市场的市场选择指数; a_i 为第 i 个影响市场销售前景的因素的权重,且

$\sum_{i=1}^{m} a_i = 1$；X_{ik} 为第 k 个细分子市场中第 i 个影响市场销售前景因素的评分，且 $0 \leqslant X_{ik} \leqslant 100$。

例如，某生产企业欲为一项创新产品选择国际目标市场，现有三个细分市场备选，即A、B、C三国市场。影响该创新产品在每个细分市场销售前景的因素均有三个，通过市场调研得到各影响因素的权重和评分如表6-1所示。

表6-1 目标市场选择指数计算表

影响市场销售前景的因素	权重	市场细分评分			加权市场细分评分		
		A国	B国	C国	A国	B国	C国
市场潜量	0.5	40	60	30	20	30	15
人均国民收入	0.3	60	80	40	18	24	12
市场竞争状况	0.2	90	70	70	18	14	14
合　计	1.0	—	—	—	56	68	41

在表6-1中，根据计算可以得出，B国的市场选择指数最高，A国次之，C国最低，因而该企业可以优先考虑将B国市场作为企业创新产品的国际目标市场。

三、目标市场的选择战略

在对各细分市场进行评分、筛选并最终确定目标市场后，企业需要为各个目标市场制定进入战略。一般来讲，企业可供选择的目标市场战略有三种，分别是无差异性营销战略、差异性营销战略和集中营销战略。另外，企业还应关注影响目标市场选择战略的一些因素。

（一）目标市场选择的三种战略

1. 无差异性营销战略

无差异性营销战略是指企业以同一种商品去适应市场细分后各个目标市场的共同需要。企业采用这一战略时，不考虑细分市场的差异性，采取大规模、批量化生产和标准化作业，生产出统一的无差异产品，在营销过程中建立固定、广泛的渠道，制定统一的广告宣传内容，试图在消费者心目中树立鲜明的品牌或企业形象。这种营销的实质是企业只着眼于消费者需求的同质性，对消费者需求的差异性忽略不计。无差异性营销的典型案例是福特汽车和可口可乐公司。20世纪初，亨利·福特采用流水线批量生产单一品种、黑色T型汽车，广受大众欢迎。他的论述"只要车是黑色的，他们就可以使车成为任何他们想要的颜色"，成为无差异性营销的至理名言。20世纪60年代以前，可口可乐公司曾长期以单一的口味、单一的容量、单一的产品包装和统一的广告宣传占领世界饮料市场。

采用无差异性营销战略的优点是，大批量的生产、储运和销售，生产成本低，有利于以价格优势扩大消费群体。其缺点是不能满足不同消费者之间的差异化需求偏好，难以适应市场需求的发展变化,而且容易造成市场竞争和饱和。因此,现实中只有少数生产和销售需求弹性较低产品的企业采取这种战略。

2. 差异性营销战略

差异性营销战略是指企业在市场细分的基础上,针对不同的目标市场生产不同的产品,实行不同的营销组合方案,以适应不同的需求,提高市场份额。实行差异性营销战略的企业将目标市场分为两个或两个以上的细分市场,根据内外部条件,同时在所选择的细分市场上从事营销活动,为不同的细分市场设计生产不同的产品,并根据每种产品分别制定相应独立的营销组合战略。如针对不同的目标市场,设计不同的品牌,制定不同的价格,实行不同的分销渠道,采用多种形式各异的宣传手段,以满足不同消费者的多样化需求。当前,大部分生产家电、汽车、化妆品等制成品的企业都采用差异化营销战略。如宝洁公司的多种品牌经营战略不是把一种产品简单地贴上几种商标,而是追求同类产品不同品牌之间的差异,从而形成每个品牌的鲜明个性,为公司带来巨大利益。通用汽车采取差异化营销战略与福特汽车相抗衡,确立了其在世界汽车业的领先地位。

差异性营销战略的优点是能够塑造差别产品的形象,满足不同类型消费者的需要,还可以减少经营风险,增强企业的应变能力,是一种多元化经营。其缺点是多品种、小批量生产,导致企业的生产、营销成本和管理费用大大增加,企业的经营收益会受到影响。因此,只有少数采用高度分权化管理的大企业才有能力采用这种战略。

3. 集中营销战略

集中营销战略是指企业在细分市场后的众多子市场中,选择某一个或少数几个子市场作为目标市场,组织营销,集中满足市场消费需求,获得竞争优势,占有较大甚至领先市场份额的一种目标市场营销战略。采用这种战略的多是资源有限的中小型企业,它们通过集中营销,可以集中优势力量,与大企业在小市场上展开竞争,获得一席之地甚至该细分市场的领导权。海信集团在空调的生产和销售上采用集中营销战略,以变频为主线,新产品开发与营销活动紧密围绕变频概念展开,短短几年已跻身国际变频空调生产企业前列。

集中营销战略的优点是适应中小企业资源有限的特点,可以集中力量迅速进入和占领某一特定细分市场。生产和营销的集中性使企业经营成本降低,有利于营销效果的快速实现。其缺点是目标市场高度集中,经营风险增大,一旦市场行情有变,如价格迅速下滑、消费者兴趣转移或者出现强有力竞争对手,将导致企业陷入经营困境。

(二) 影响目标市场选择战略的因素

企业在做出目标市场选择时,市场和企业自身的特征可以用于确定最有效率的战略类型。

1. 企业资源

资金和技术实力雄厚,管理能力较强,人力、物力和财力等资源丰富的大型企业,可以根据产品的不同特性选择差异性或无差异性营销战略。而对于资源和能力有限,或处于成长期的中小企业,因其无力顾及多个目标市场,可以选择集中营销战略。

2. 产品性质

对于需求弹性较低、需求差异不大的同质产品,如农、矿产品等劳动和资源密集型产品,宜采用无差异性营销战略,以低廉价格和优质服务吸引消费者。对于需求弹性较高、需求差异较大的异质性产品,如家电、服装、化工和汽车等资本与技术密集型产品,宜采用差异性营销战略或集中营销战略,以品质、品牌、花色品种、特色售前售后服务等吸引消费者。

3. 市场特点

对具有需求无差异、同质性高、各次购买数量相近,消费方式相近等特点的市场,企业可以选择无差异性营销战略。而对于需求差异特点明显的市场,企业则应选择差异性营销战略。

4. 产品生命周期

企业在产品生命周期的不同阶段应采用不同的目标市场选择战略。对于处于导入期和成长期的创新产品,品种规格单一,消费者尚不熟知,缺乏竞争者,宜采用无差异性营销战略或集中营销战略。对于处于成熟期的产品,消费者对产品需求的差异性偏好已经显现,市场竞争加剧,企业应转而采用差异性营销战略,以品牌、品种的多样化和营销渠道的多元化来扩大目标市场的占有率。对于处于衰退期的产品,为保持市场占有率、延长产品市场生命、集中力量对付竞争者,企业应采取集中营销战略。

5. 竞争者的目标市场选择战略

如果竞争对手实力雄厚,已采取无差异性营销战略,为保存实力、凸显独特优势,企业应采用差异性营销战略。如果竞争对手已采用差异性营销战略或集中营销战略,企业应进行更为细致的市场细分,寻找市场潜在机会与突破口,实行更为有效的差异性营销战略或集中战略,抢占市场份额。在竞争对手较少,或实力薄弱时,企业也可以采用无差异性营销战略或集中营销战略。

相关案例 6-2

格力空调的国际目标市场选择战略

格力电器建于 1991—1993 年间,由海利空调厂和冠雄塑胶厂合并而成。从 1994 年开始,格力以抓质量为中心,提出了"出精品、创名牌、上规模、上世界一流水平"的质量方针。1997 年,公司狠抓市场开拓,独创"区域性销售公司",成为公司制胜市场的"法宝"。2001 年重庆公司投入建设,巴西生产基地投入生产,格力的生产能力不断提升,形成规模效益。2005 年,公司家用空调销量突破 1 000 万台,实现销售世界第一的目标。目前,格力已成为全球最大的专业空调生产基地,其产品已远销欧洲、亚洲、非洲、南美洲及北美洲等 150 多个国家和地区,产品质量、品牌已经能和世界著名品牌同台竞争。

格力选择国际目标市场主要有以下标准:第一,企业现有产品或未来开发产品能适应的市场;第二,有条件进入的容量大的市场;第三,能充分发挥企业优势的市场;第四,对其他市场有重大影响的市场;第五,企业在该市场已享有较高的声誉。基于上述五条标准,格力空调首先选择了对其他市场有重大影响的市场,在 1993 年利用质量好、制造成本低的竞争优势,获得了松下、大金等众多国际知名品牌的代工订单,出口家电产品强国日本,开始打入国际主流市场,并因其在日本市场具有质量和成本上的竞争优势,迅速拓展了国际市场。1994年年底,格力空调拿到国内第一张欧盟CE认证证书,从此打开了通往欧洲市场的大门,这一方面是考虑到格力空调有条件也有能力进入欧洲这个容量相对较大的国际市场,另一方面也是由于格力空调的技术保证了其现有产品和未来开发产品能够适应欧洲这个对产品质量要求较高的市场,且能够达到较高的市场占有率。同时,日本和欧洲国际市场的打入,对其他市场具有较强的影响力,推动了格力空调的国际化进程。

资料来源:程文琪,《论中国企业的国际目标市场选择战略——以格力电器(空调)为例》,《商贸纵横》,2013年第6期。

第三节 国际市场营销战略

一、国际市场产品战略

国际市场营销是与企业国际化经营相伴随的过程,是国内市场营销的延伸与扩展。但国际市场营销面对各国不可控的环境因素,其营销战略更为复杂,难度更大。就产品战略来看,首先,产品营销需要区别标准化产品营销与差异化产品营销;其次,企业产品营销需要形成具有国际竞争力的品牌;最后,随着市场环境的变化,企业需要不断创新和研发新产品,以满足市场多变的需求。

(一)产品标准化与差异化战略

国际市场营销中的产品不单纯指由物质部门生产的有形物品或非物质生产部门提供的服务,而是一个广义性和整体性的概念,即产品是指能够提供给市场,被购买者使用和消费,能满足购买者需求和欲望的物体或劳务,是购买者所获得的多种满足感的集合。它包括实物、服务、包装、商标、组织、观念等各种直接与间接、有形与无形的可以满足消费者需求的载体。现代营销学集大成者菲利普·科特勒(Philip Kotler)曾将产品定义为"为留意、获取、使用或消费以满足某种欲望和需要而提供给市场的一切东西"。

产品一般可以分为三个层次,即核心产品、形式产品、延伸产品。核心产品是指产品的核心功能,即整体产品提供给购买者的直接利益和效用;形式产品是指产品在市场上呈现的物质实体外形,是核心产品的物质载体,包括产品的品质、特征、造型、商标和包装等;延伸产品是指整体产品提供给顾客的一系列附加利益,包括运送、安装、维修、技术指导、质量保证等在消费领域给予消费者的好处。

进入国际市场的产品必须树立整体产品的观念,因为产品的整体观念对企业的国际营销活动有着深远的影响,核心功能相同的产品完全可以通过多层次的产品差异化战略来满足不同目标市场的需求,从而扩大企业的销售规模和经济利益。

企业开展国际营销、制定产品战略时,首先需要做的就是确定产品的标准化与差异化战略,即企业向国际市场提供的是标准化的产品还是差异化的产品。

1. 标准化产品营销战略

国际产品的标准化战略是指企业向国际范围内不同目标市场都提供相同的产品。全球经济日趋一体化是企业实施标准化产品营销战略的前提。全球化过程中随着各国经济交往的日益密切,各国市场日益开放,相互依赖日益加强,各国消费者消费需求越来越具有诸多共性特征。因此,在统一开放的世界市场上,企业可以提供性能良好、物美价廉的全球标准化产品。

企业实施标准化产品营销战略,可以带来的好处是多方面的,对于企业获得国际竞争优势意义重大:第一,可以节约营销成本并对营销活动进行有效控制;第二,可以获得生产和营销活动中的规模经济效应;第三,可以形成统一的技术标准和企业形象。

企业应根据产品的市场需求特点、生产特点、竞争条件来确定是否采用标准化产品战略。

(1)产品的需求特点。在国际市场上具有相似需求的产品,或无差别的共性需求占主导地位的产品,宜采用标准化产品战略。一般来讲,大量工业品(如各种原材料、零部件和生产设备)、消费品中的部分产品(如饮料、洗涤用品、体育用品等),以及具有地方或民族特色的产品可以采取标准化产品战略。

(2)产品的生产特点。从产品生产的角度看,技术标准化产品(如白色家电)以及研发成本高的技术密集型产品(如医药产品、商用客机等)可以采取标准化产品战略。

(3)产品的市场竞争条件。在国际市场上没有竞争对手、竞争对手较少的产品,或者竞争虽然激烈但企业掌握有独特生产技艺的产品,可以采取标准化产品战略。

2. 差异化产品营销战略

国际产品的差异化战略是指企业向国际市场上不同的目标市场提供不同的产品,或经过变革的产品,以适应不同目标市场消费者的特殊需求。国际市场按照不同的标准细分后,各细分市场由于地理、经济、政治、文化及法律方面的差异而存在需求的多样性和差异性,因此,企业应通过对产品及营销活动进行调整和变革来适应不同目标市场的需求,突出自己与竞争对手产品之间的差别,从而达到吸引消费者、控制市场的目的。

差异化产品营销战略能促使企业的生产以需求为导向,更好地满足不同目标市场消费者的个性化需求,有利于企业开拓国际市场、提高销售额、抵补产品调整成本、增加企业利润。差异化产品营销战略是目前国际市场上占主流地位的产品战略。但差异化产品战略要求企业在生产上进行不断的调整,使研发支出和生产成本增加,多品种、多系列、小规模的生产难以获得规模经济效应。在营销过程中,还要求企业进行大量的国际市场调研,营销成本往往很大。

标准化产品营销战略与差异化产品营销战略各有利弊,企业在实际运用时必须根据产品、市场特征,在成本—收益分析的基础上做出恰当选择。实际上,许多企业在国际营销的过程中,往往将标准化与差异化战略组合起来加以运用,有时偏重标准化战略,有时则偏重差异化战略。

(二)产品品牌战略

1. 品牌的作用

品牌是由文字、图形、符号或其组合所构成的,用以区别不同生产者或经营者的产品或服务的标记,是销售者向购买者长期提供的一组特定的产品、利益和服务的总称。良好的品牌向消费者传递了质量保障和潜在价值。

品牌是一个综合体,包括品牌名称、品牌标志和商标三个部分。品牌名称是品牌中可以用语言称呼的部分。品牌标志是品牌中可以被识别,但无法用语言称呼的部分。商标则是指以文字、图形、字母、数字、三维标志和颜色组合或以上诸要素的组合而形成的,用以区别商品或服务来源的标记。经国家核准注册的商标称为注册商标,受到法律的保护。

品牌是消费者对企业及其产品、服务、文化价值的一种评价和认知,是一种信任。对企业来讲,品牌是一项重要的无形资产,能够带来价值增值。恰当的品牌战略可以扩大企业在市场上的占有率,树立企业的良好形象。因此,企业在国际营销的过程中创建自己的国际品牌有着非常重要的意义。

2. 国际品牌设计原则

国际品牌一般是指在国际市场上知名度、美誉度高,能引领市场发展方向,辐射全球的品牌。国际品牌的设计除遵循一般的设计原则外,还应注意以下原则:①品牌设计应遵守目标市场所在地的法律、法规,尊重当地文化与社会习俗;②品牌应力求反映企业或产品的特色与优势,对国外消费者具有吸引力,能很好地维护顾客忠诚度;③品牌应长期稳定,不宜频繁变更。

3. 国际品牌战略

企业在国际市场营销中使用品牌战略,有助于对外宣传,帮助消费者识别本企业及其产品,但也会使企业增加相应的品牌创建成本。国际市场营销中,企业首先应考虑是否使用品牌。一般来讲,需求弹性和替代弹性较低的产品、无差别产品、无统一技术标准的产品及消费习惯上不依赖品牌的产品,都无须设计品牌和采用品牌战略。

对于需要采用品牌战略而又实力不够雄厚或新进入市场的企业,可以采用中间商的品牌,进行"定牌"生产。借助于经销商的品牌,可以快速打开企业产品的国际销路,但不利于企业通过营销建立自己的品牌和商誉,限制了企业在国际市场上的进一步发展。

对于实力雄厚、正处于市场开拓阶段的企业,为了扩大市场影响力、树立良好的企业形象,一般倾向于创建自己的品牌。此种情况下,企业可供采取的品牌战略主要有以下几种:

(1)统一品牌战略,即企业生产和销售的各种产品都采用统一品牌。采用此策略的企业常常具有较强的竞争实力,已获得国际市场的认可,具有一定的知名度,同时应具有较高的相同质量标准。

(2)个别品牌战略,即企业根据不同的产品采用不同的品牌,在不同的目标市场上采用不同的品牌。这一战略适用于那些经营的产品线和种类较多,而各产品线和种类间关联性较小的企业。这一战略使企业最大限度地满足市场差异化需求,为各品牌的独立发展提供了广阔空间,分散了企业营销风险。但这一战略会导致企业的营销成本大幅攀升,也不利于企业形成统一的国际形象。

(3)统一品牌与个别品牌相结合的战略,即企业针对不同的产品线或档次的产品采用不同的品牌,而对于统一产品线或档次的产品则采用同一品牌。这一战略兼具上述两种战略的优点,一些规模庞大、实力雄厚的企业在国际营销中倾向于采用这一品牌战略。

(三) 产品创新战略

国际市场营销中的产品存在着一定的生命周期,即产品从投入国际市场到最终退出市场的全过程可以分为产品的导入期、成长期、成熟期和衰退期四个阶段。产品生命周期的存在表明任何产品的国际市场生命都是有限的,产品的新陈代谢不可避免。在产品生命周期的不同阶段,产品的国际市场占有率、销售额、利润额都是动态变化着的。这一方面要求企业必须认真分析和识别产品所处的生命周期的具体阶段,根据产品生命周期不同阶段的特点,采取相应的营销策略;另一方面要求企业根据自身资源状况、技术水平和目标市场的特征,不断推陈出新,实施产品的创新战略,以保持企业国际竞争力的不断提升。

1. 产品创新及其意义

国际市场上的产品创新是指采用新原理、新技术、新材料等对未曾有过的产品进行研究开发和制造生产,或对原有产品在结构、材质、技术等某一方面或某些功能的明显改进,是一个以从新产品构想出发到市场成功实现为基本特征的经济活动。因此,产品创新实质上是指对整体产品所进行的任何变革,如新产品的发明、产品质量的提升、产品型号与款式的改进、产品包装的变化和新品牌的采用等。通过产品创新,企业主动向目标市场提供了能满足某种消费需求的新产品。

根据产品创新的程度,可以将创新产品分为以下几类:

(1)全新产品,即采用新原理、新结构、新技术、新材料生产的前所未有的产品。全新产品的研发是科学技术新成果的应用,对国际市场消费者的消费模式会产生深远的影响。但全新产品开发难度大、成本和风险较高,在市场上并不是经常能出现的。

(2)改进型产品,即在原有整体产品基础上进行的改进,包括产品改进和营销手段改进。通过这种改进,原有产品在质量、功能、结构、品种、款式、包装及销售方面将具有新的特点和新的突破。改进型产品能够更好地满足消费者的新需求,且与原有产品较为接近,易被消费者接受,有利于产品在国际市场上的扩散。

(3)仿制新产品,即企业仿制市场上已经研制出来的新产品。这种创新是一种模仿型创新,一般只是对国内外已有的新产品在局部进行改进,其生产的基本原理和产品结构与原有产品相同。仿制新产品一般成本投入和风险都较小,但对仿制企业来说仍然是一种新的突破。

(4)市场再定位型新产品,即以新的市场或具体细分市场为目标市场的现有产品。对企业来说,向新市场或具体目标市场首次投放现有产品,是市场再定位的过程,也是产品创新的过程。

企业在国际市场上进行产品创新具有重要的意义:

(1)产品创新可以适应市场不断变化和增长的需求,更好地满足国际市场上消费者的现实与潜在、当前与未来的需求。随着国际社会经济的发展,消费者对产品的要求不断提高,新的、不同层次的需求不断出现,这就要求企业不断创新产品,适应市场发展。

(2) 产品创新有利于提高企业声誉,增强企业国际竞争能力。国际市场上的竞争集中体现在产品销售方面,企业要在竞争中占据优势,获得市场认可,就应不断研发新产品,以取代销售疲软的旧产品,保持市场销售份额的动态增长。

(3) 产品创新有利于充分利用企业资源和生产能力,提高经济效益。企业可以通过产品创新,解决产能过剩、企业家才能过剩及资源利用不充分的发展难题,提高效益水平。

(4) 产品创新有利于开拓新市场、扩大销售量、保持或增加企业利润。创新是企业价值增加的源泉,企业利润的增长,关键在于研发新产品、开发新市场。

2. 产品创新的步骤

作为企业的一项重要战略,产品创新在人、财、物方面的耗费较大,且风险较高,盲目的产品创新将给企业带来极大损失,因此企业在产品创新过程中应遵循科学的步骤,这样才能增加创新成功的可能性。

第一步,新产品创意的形成。国际市场产品创新首先要寻找创意,即能满足目标市场某种新需求的设想和构思。往往许多个创意和构思才能最终变成一件正式上市的产品,因此,企业必须广泛征集产品创新的构思和创意。一般来讲,企业获得产品创新的构思及创意的渠道主要包括:顾客意见、竞争对手的产品信息、中间商和分销商提供的意见、研发部门提供的设想。除此之外,国内外媒体关于新发明和新专利的报道、市场分析与咨询机构、科研院所等也是产品创新构思的主要来源。当前,越来越多的跨国公司正在以全球市场为目标,将其研发机构广布于世界各地,特别是目标市场国家,旨在近距离接触目标市场,通过多种渠道,形成符合市场要求的研发创意和构思。

第二步,产品筛选与分析。经过产品创新构思与设想的征集后,企业要进行构思与创意的筛选和可行性分析。筛选的目的是把没有价值的构思进行第一轮淘汰。在筛选时企业要防止两种失误:误舍与误取,筛选的标准包括新产品能否与现有产品很好地契合与协调、新产品的盈利大小、市场潜力、适销性及潜在竞争力等。经过上述筛选后,企业应对剩余的构思进行科学的评价与分析,进行第二轮淘汰,分析的方法有多种,如加法评分法、预先测试法等。经过筛选与分析,企业可以获得可行的产品创新构思。

第三步,试制新产品。产品构思必须经过研制才能变成实体产品。试制新产品包括以下几个步骤:第一,研制样品。研制的样品必须具备产品构思分析中所确认的属性和特点,同时在经济上、技术上具有可行性。样本一般需要多次试制比较,才能最终定型。第二,消费试用。样品制造出来以后要交由消费者试用,在获得消费者反馈信息的基础上对样品进行改进,以提高可销性。

第四步,市场试销。样品经过消费者试用后,企业即可制造一定数量的正式产品,投入目标市场进行试销。试销的目的是收集目标市场的反馈信息,进一步评估新产品的潜在需求、销售额、成本和利润等,以此作为新产品能否大量投产上市的决策依据。试销的方法有全面市场试销、微型市场试销等。

第五步,新产品市场化。如果新产品在市场试销阶段市场反应良好,能够达到预期的目标,企业就可以组织批量生产,并正式投放市场,实现新产品的最终市场化。

二、国际市场分销战略

国际市场分销是企业国际市场营销战略的重要组成部分。作为跨越国界的营销活动,国际市场分销比国内市场分销更为复杂,对于企业其他营销决策有着直接的影响。国际市场分销战略的重点是分销渠道的组成与选择问题。

(一)国际分销渠道的组成

国际市场分销是指产品或服务从生产企业向国外消费者或用户转移的过程,其转移的途径或方式被称为国际分销渠道。同国内分销一样,国际市场分销也包括制造商、中间商和最终消费者三个基本要素。其中,制造商和消费者分别处于分销渠道的起点和终点。当企业采取不同的分销战略进入国际市场时,产品或服务从生产者向消费者的转移就会经过不同的营销中介机构,从而形成不同类型的分销渠道。国际分销渠道由两个部分组成,第一部分是企业进入国际市场的分销渠道,第二部分是出口国和进口国国内的分销渠道。典型的国际分销渠道结构如图6-2所示。

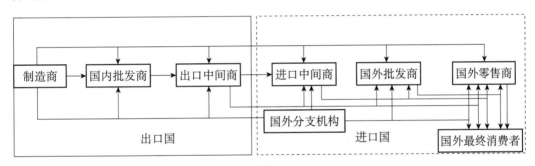

图6-2 国际分销渠道

由图6-2可以看出,当企业选择国外中间商进入国际市场时,这类渠道称为间接分销渠道;当企业经过国内中间商、国外分支机构或直接向国外市场销售时,这类渠道称为直接分销渠道。这两种渠道各有优点。间接分销渠道可以借助国外中间商来减少交易次数、提高交易效率、节省流通费用,而且还有利于企业从国外中间商的营销过程中学习营销方法和积累营销经验。直接分销渠道是最短、最直接的国际分销渠道,可以排除中间商对企业产品销售利润的分享,由企业直接控制营销业务,迅速获得市场反馈信息,有利于企业根据市场变化及时调整营销策略,并实现直接的营销经验积累。各种分销渠道就其组成来看,主要包括以下几类主体:

1. 国内中间商

国内中间商与企业同属于一个国家,由于相同的法律制度、社会文化背景,彼此更容易交流、沟通与信任。一些规模较小的企业或刚刚进入国际市场的企业,因为缺乏国际市场营销经验或人力、物力、财力资源不足,没有实力同国外中间商或最终消费者交易,此时通过国内中间商进入目标市场是一条成本低、风险小、操作简便的途径。选择国内中间商进入目标市场的缺点是企业与目标客户的联系接触是间接的,企业对市场的控制程度较低,或根本无力控制,不利于企业在国际市场上建立自己的声誉,也不利于出口规模的扩大和企业的长远发展。

根据国内中间商是否拥有商品所有权可以将其分为两类:出口商和出口代理商。凡是对出口商品拥有所有权的,称为出口商,常见的出口商有出口行、采购行等;凡是接受企业委托,以委托人身份买卖货物,而不拥有商品所有权的,称为出口代理商,常见的出口代理商有综合出口经理商、制造商出口代理商、出口经纪人、出口管理公司等。

2. 国外中间商

企业也可以选择国外中间商进行分销。国外中间商与最终消费者属于同一国家,熟悉市场环境和消费者的消费习惯,掌握国外市场的第一手信息资料,有丰富的在本国市场营销的经验,对分销活动的控制力强。因此,为进一步扩大出口规模和企业的长远发展,越来越多的制造商选择国外中间商。根据是否拥有商品的所有权,国外中间商也可以分为进口经销商与进口代理商。凡是对商品拥有所有权的外国中间商,称为进口经销商,常见的进口经销商有进口商、经销商、批发商和零售商等;凡是只接受出口国卖主的委托,代理进口,收取佣金,不拥有商品所有权的国外中间商,称为进口代理商,常见的进口代理商有经纪人、制造商代理人、经营代理商等。

3. 制造商设立的国外分支机构

对于资金实力雄厚、经常大批量出口的企业来说,在国外建立自己的分支机构进行直接分销是一种更为合理的选择。因为在大批量、多次交易的过程中,通过建立隶属于本企业的国外分支机构可以大大节省搜寻交易对象、订立交易契约及执行契约的交易成本,降低由于国内外市场信息不对称而造成损失的风险。此外,还可以使企业在销售方面集中全部精力致力于开拓产品销售市场,增强企业对国外市场的控制力量。但设立国外销售分支机构或子公司需要耗费大量的资金,并需要持续的直接费用,因此,只有大型制造商或在国际市场经营多年、资金雄厚的企业才会建立国外销售办事处、国外销售分公司等国外分支机构,以实现直接分销的目的。

(二) 国际分销渠道的选择

1. 长分销渠道与短分销渠道

国际市场分销渠道的长度是指产品或服务从生产者到最终消费者所经过的渠道层次数。产品或服务从生产企业流向国际市场最终消费者的过程中,每经过一个中间商就形成一个层次。层次越多,分销渠道越长;层次越少,分销渠道越短。国际市场分销渠道的长短是相对而言的,最短的渠道是没有中间商的直接渠道,即企业直接向国外市场销售或通过国外分支机构向国外市场销售,也称为"零级渠道"。仅有一个中间商的间接渠道称为"一级渠道"。一般情况下,"零级渠道"和"一级渠道"可称为短分销渠道,二级以上的渠道称为长分销渠道。

企业应综合考虑自身因素、产品特征、进出口条件、目标市场需求及容量、中间商销售能力等,选择采取长分销渠道还是短分销渠道。分销渠道越短,企业介入营销活动的程度越深,对自身营销资源的要求也越高,对市场的反应就越灵敏,从营销活动中获得的利润就越多。反之,使用的渠道越长,企业介入营销活动的程度就越低,虽然可以借助中间商在销售渠道、成本、经验上的优势,将产品销往目标市场,但企业获得的利润也相对有限。

从世界范围来看,总的趋势是减少分销渠道的中间环节,尽可能使产销直接衔接,或至少使制造商和分销渠道的关键环节建立直接联系。随着信息科学技术的飞速发展,越来越多的跨国经营企业开始采用直接销售渠道。

2. 宽分销渠道与窄分销渠道

国际分销渠道的宽度是指企业在分销的各个层次中使用的中间商的数量。制造商在同一层次选择较多的同类型中间商,如较多的批发商或零售商分销其产品的策略即为宽分销渠道策略;反之,则为窄分销渠道策略。企业在国际市场分销渠道的宽度上有以下三种可供选择的具体策略:

（1）广泛性分销渠道策略

广泛性分销渠道策略又称密集性分销渠道策略,是指生产企业在同一分销层次使用尽可能多的中间商销售其产品,使渠道尽可能加宽。在国际市场上,对价格低廉、购买频率高、单次购买数量少的产品,如日用消费品、工艺品中的标准件、通用小工具及需要经常补充和替换的产品多采用此种策略。企业选择广泛性分销渠道策略的好处是可以迅速开拓并最广泛地占领目标市场,提高市场销售份额。但广泛性分销渠道策略在同一层次使用的中间商数目众多,企业无法控制渠道行为,因此增加了企业营销费用,可能会给企业带来不利影响。

（2）选择性分销渠道策略

选择性分销渠道是指企业在特定市场上选择少数符合要求的中间商经销本企业的产品。选择性分销渠道策略一般适用于消费品中的选购品和特殊品,以及专业性强、用户比较固定、对售后服务有一定要求的工业产品。这一分销渠道策略往往继广泛性分销渠道策略之后被企业所采用。在企业进入国际市场初期,先采取广泛性分销渠道策略,随着企业和产品声誉度的提高,企业转而实施选择性分销渠道策略,对所采用的中间商进行重新评估和调整,逐步淘汰作用小、效率低的中间商。这种分销渠道策略虽然使企业对市场的渗透力减弱,但由于企业优选中间商,提高了分销效率,降低了销售成本,增强了企业的声誉和市场控制力。对于缺乏国际市场营销经验的企业,在进入市场的初期选择几个中间商进行试探性销售,待企业积累了一定的经验,或其他条件具备以后,再调整市场分销策略,可以减少营销风险。

（3）独家分销策略

独家分销是指企业在特定时期、特定目标市场只选择一家中间商销售其产品。这种分销策略要求企业在同一地区不能再授权其他中间商,同时,也要求被授权的中间商不能再经营其他企业的同类竞争性商品。这类分销方式适用于贵重、高价和需提供特殊服务的商品以及一些名牌商品。采取独家分销,对企业来说,可以提高对渠道的控制能力,刺激中间商为本企业服务。但这种分销方式对企业风险较大,如果中间商选择不当,则有可能得不偿失,从而失去某一目标市场。

3. 影响企业国际分销渠道选择的因素

企业的分销渠道策略需根据企业的发展、目标市场的变化等多重因素而做出调整。

一种渠道的建立和采用需要耗费大量的企业资源,一旦舍弃,又不容易恢复,因此,各种分销渠道的采用有一定的稳定性。企业在选择分销渠道时应充分考虑影响分销渠道选择的多种因素,慎重做出决策。影响企业国际分销渠道选择的因素有以下几个方面:

(1)成本。包括开发渠道的投资成本和维持渠道运行的维护成本。分销渠道的成本高低决定了企业产品进入国际市场的规模,因此,最优的分销渠道成本应满足分销的基本需求,同时也有利于企业整体经营目标的实现。企业可以通过对分销渠道长度和宽度的调整,降低分销成本。

(2)资本。这是指建立一个分销渠道所需要的资金规模。资本的高低决定了企业分销渠道选择的类型及与渠道成员的关系。如果企业资金雄厚,就可以建立属于自己的分销渠道,增强对市场的控制力。如果使用中间商,企业可以减少投资,但有时却需要向中间商提供资金上的支持。

(3)控制。这是指企业对分销渠道的控制力。企业自己建立国际分销渠道,最有利于对渠道的控制,但无疑会增加渠道投资成本。企业采用的中间商越多,越会弱化企业对渠道和市场的控制力。一般来讲,渠道越长、越宽,企业对价格、销售量、促销的控制力越弱。

(4)覆盖面。这是指分销渠道所能涵盖或影响的市场范围。分销渠道必须因地制宜,才能获得足够的市场覆盖面。而且,分销渠道的覆盖面并非越广越好,主要是要看其是否合理、有效,能否给企业带来最好的效应。由于企业的分销渠道由不同的主体构成,企业在考虑市场覆盖面时,还应充分考虑各中间商的市场覆盖能力。

(5)产品特性。这是指分销渠道必须与产品特性相符合。产品的性质、标准化程度、价格等直接影响企业分销渠道的选择。一般对于大众消费品、标准化产品、价值较低的商品宜采用长而宽的分销渠道,对于技术复杂、专用性强、价值高、对售后服务要求高的产品宜采用短而窄的分销渠道。

(6)连续性。这是指分销渠道的持续性发展过程。分销渠道的连续性会受到中间商持续性经营状况、市场竞争激烈程度和营销技术创新等因素的影响。因此,企业应恰当选择中间商,对已进入企业分销系统的中间商给予不断的支持与激励,培养中间商的忠诚度,并时刻关注竞争者的渠道策略、技术进步及消费者购买习惯的变化,以实现分销渠道的不断优化和连续性。

三、国际市场促销战略

国际市场促销是企业为了扩大产品在国际市场上的销售,促使已有和潜在的顾客购买其产品或服务的一系列沟通与说服活动。国际市场促销是企业国际营销的一个重要组成部分,其实质是企业与国际客户之间的信息沟通。企业通过促销向顾客传递产品的存在及其性能、特征,帮助顾客认识产品所能带来的利益,从而引起顾客的兴趣,激发顾客的购买欲望及购买行为。国际促销的主要形式有人员推销和非人员促销,前者是指企业派出或委托推销人员向国际市场顾客和潜在用户面对面地宣传产品、促进顾客购买。

后者则是企业通过国际广告、销售推广、国际公共关系等来促进顾客购买。

（一）国际广告策略

国际广告策略是指企业在综合分析环境因素、目标市场、产品特征、媒体受众、政府控制、广告目标及成本收益的基础上，对国际广告活动的开展方式、媒体选择和宣传重点的总体原则做出的决策。国际广告促销是大部分企业国际促销的主要形式。国际广告策略包括国际广告的形式策略和国际广告的内容策略两个方面。

1. 国际广告的形式策略

国际广告的形式策略包括标准化广告策略和差异化广告策略、形象广告策略与产品广告策略、满足基本需求广告策略和满足选择性需求广告策略、推动需求广告策略与拉引需求广告策略。其中，标准化广告策略和差异化广告策略是两种主要的策略。

企业进行国际广告促销首先需要确定采用何种形式，即采用国际标准化广告还是差异化广告。国际标准化广告是指企业在不同国家的目标市场上进行广告宣传时，都使用相同的广告主题或广告形象。国际标准化广告策略的采用可以为企业树立全球统一的形象和良好声誉，如美国的埃克森石油公司采用标准化广告策略，其"在你的邮箱里放一只老虎"的广告主题闻名全球。饮料业巨头可口可乐和百事公司，运用标准化广告策略在世界100多个国家和地区从事促销活动，取得了极大的成功。企业采取标准化广告策略的优点是：第一，可以降低企业国际广告促销的成本；第二，有利于设计出一流、新颖、高质量的广告主题，产生一致的广告效果；第三，有利于树立企业和产品统一的形象，提高消费者的品牌忠诚度，提升企业在消费者心目中的品牌地位。标准化广告策略的缺点是没有考虑各国市场的特殊性，因而广告的针对性差，广告效果也可能不尽如人意。

国际差异化广告策略则是指企业针对各目标市场的特性，向其传送不同的广告主题和广告信息。国际差异化广告策略的采用可以促进企业产品在某些细分市场的销售。例如，雀巢在世界各地雇用了150多家广告代理商，为其在40多个国家和地区的市场做各种主题的咖啡广告宣传，这使之成为全球速溶咖啡的领导者。企业采取差异化广告策略的优点是可以适应不同文化背景的消费需求，对目标市场和潜在消费者的针对性强。其缺点是费用高昂，也不利于企业树立全球统一的产品形象。

当前，许多跨国公司为了控制国际广告成本而又兼顾不同市场的特性，倾向于采取以标准化广告为主，辅以差异化广告的折衷策略，即由母公司制定一套经典的广告模式，各子公司都以其为蓝本，但可以根据所在市场改变具体的表达方式，以适应东道国的具体情况。

2. 国际广告的内容策略

国际广告的内容设计是一项复杂的工作，既要具有科学性，又要体现较高的艺术性，而且必须与广告目标紧密相连，为实现广告目标服务。国际广告的目标是广告设计的指导思想，广告创意是广告目标的信息传递和体现形式。国际广告的内容的设计包括以下几项决策：

（1）以强调情感为主，还是强调理性为主。两者的区别决定了诉求的方式和重点不同。当前，大多数国际企业的广告都采取情感和理性诉求兼顾，以其中之一为主的策略。

（2）以对比为主，还是以陈述为主。对比广告是将企业产品与同类竞争产品进行对比分析,以突出本企业产品的独特之处。但受各国有关商品广告法律法规的限制,对比广告的应用较少。陈述性广告主要陈述企业产品的性能、优点和给消费者带来的潜在利益,不带有比对性,较易被各国消费者和所在国法律法规所接纳。

(3)以正面叙述为主,还是以全面叙述为主。正面叙述是指在广告中只强调产品的优点,而全面叙述则既讲产品优点,也讲产品缺点。一般对于奢侈商品、高级商品的广告,应仅强调其优点和长处。而对于消费者有疑虑的商品,则应采用全面叙述性广告,促使消费者消除疑虑和偏见。

(4)广告内容长期不变还是经常变更。同一广告主题的重复传递能增强受众的印象,强化其购买行为,但也容易使受众产生视觉、听觉疲劳,造成企业产品老化的偏见。因此,企业应根据情况的变化适时调整广告主题。

(二) 国际人员推销策略

人员推销是一种古老但却很实用的促销方式,是指企业派出人员或委托推销人员向国际市场顾客和潜在客户面对面地介绍、宣传企业产品,促进销售的促销方式。尽管当今的通信技术已经高度发达,各类广告媒介广泛发展,但是人员推销在国际市场营销中依然十分流行。某些独特商品如生产设备或需要大量解释和描述的产品,仍然主要依靠人员推销来促销。

与其他促销方式相比,人员推销的主要优点是:第一,可以与顾客进行面对面交流,培养双方感情,建立一定的客户友谊;第二,能获得市场和消费者的最新诉求,并及时反馈给企业,促使其调整产品生产和营销策略;第三,可以根据顾客的需要,解释和说明产品功能、使用方法,消除顾客的疑虑,必要时还可以现场展示样品,使顾客更全面地了解产品。其缺点是要实现良好的推销效果,对推销人员的素质要求必然很高,推销人员必须具备良好的外语、专业技术水平。另外,人员推销的费用较高、促销覆盖面较小。

1. 国际市场人员推销的类型策略

国际市场人员推销通常包括以下四种类型:

(1)企业经常性派出推销人员。这是国际人员推销的一般形式。企业推销人员定期到国际市场调研、考察和访问客户,但由于企业派出人员与客户在文化、语言方面的差异,效果往往不佳,越来越多的企业开始转向雇用目标市场国的当地人员从事对客户的推销工作。

(2)企业临时性派出推销人员。当目标市场出现特殊情况或突发问题时,或企业拟进入一个潜力巨大的细分市场时,企业有必要派出专门人员集中解决问题或集中推销。

(3)企业在国外分支机构的推销人员。在国外设立分支机构的企业在东道国一般有自己的专门推销人员,人员构成既有本企业人员也有雇用的当地推销人员。

(4)利用国际市场的代理商和经销商推销。由于国际中间商与企业经营目标不一致,采取这种类型时,企业应对代理商和经销商的推销进行适当的监督和调控。

2. 国际市场人员推销的结构策略

国际市场人员推销的结构,指推销人员在国际市场的分布和内部构成。一般包括以下四种类型:

(1)地区结构类型。这是指按国际市场的不同区域来安排推销人员,每个推销人员负责一两个地区内本企业产品的推销业务,这种方式目标明确,便于考核推销人员工作业绩,节省推销费用。但当区域市场差异性较大时,推销人员不易了解众多顾客的需求,影响推销效果。

(2)产品结构性。这是指按照产品类别配备推销人员,每个推销人员专门推销一种或几种产品,而不受国际市场区域限制。如果企业产品种类多、分布范围广、技术性能差异大,采用这种推销结构效果较好。

(3)顾客结构型。这是指按照不同的顾客群体来组织推销人员结构。如按顾客的个体特征、顾客的经营规模、顾客与企业的关系等来划分群体并组织相应的人员推销。

(4)综合结构型。这是将以上三种结构综合运用来组织国际市场人员推销。如当企业规模大、产品线多、目标市场范围广、顾客较分散时,任何单一结构的人员推销都无法达到最佳推销效果,此时可以采取综合结构型人员推销。

(三) 国际销售推广策略

国际销售推广指企业为直接引导、启发和刺激国外消费者需求,提高中间商经营效率,改善中间商合作态度,鼓励推销人员的积极性而采取的除广告、人员推销以外的各种短期促销活动。国际销售推广通过为消费者和经销商提供特殊的购买条件、额外的赠品和优惠的价格,可以起到迅速扩大销售的目的。这是一种介于广告和人员推销之间,用来补充和配合广告及人员推销,并将二者紧密结合起来的促销方法。

1. 国际销售推广的类型策略

企业在国际市场上可以采用三类销售推广策略。

(1)直接对消费者或最终用户的销售推广。如通过发放免费样品、优惠券、有奖销售、折扣、各种形式的减价、分期付款等使一部分消费者的购买欲望高涨,然后进一步驱动更多的消费者进行购买。

(2)直接对中间商的销售推广。这类销售推广以参与交易的进口商、代理商、经销商、批发商、零售商等为对象,通过购货折扣、销售奖金、合作广告、联合展销等形式,鼓励中间商增加进货、积极推销。对于进入国际市场不久或在国际市场知名度不高的商品,这种销售推广能起到很好的宣传与扩大销售作用。

(3)直接对推销人员的销售推广。这类销售推广以本企业的推销人员、企业在国外分支机构的人员、出口商或进口国中间商的推销人员为对象,给予其销售红利、利润提成、高额补助等优惠条件,鼓励推销人员更加积极地开拓市场、发展客户、推销产品。

2. 国际销售推广策略的制定

销售推广要取得预期效果,必须结合产品、市场等多方面因素,慎重确定销售推广的鼓励规模、鼓励对象、持续期间、途径、目标和预算等。

(1)销售推广的鼓励规模。销售推广面并非越大越好,其规模必须适当。合理的鼓励规模,应通过推广方法、推广费用和销售额的相互关系来确定。

(2)销售推广的鼓励对象。销售推广鼓励的对象通常是商品的购买者和消费者,但为了取得好的效果,企业可以有意识地限制那些不可能成为长期顾客的购买者或购买量过小的购买者参加,当然限制条件也不能过严,否则会排除潜在顾客的加入。

(3)销售推广的持续期间。企业的销售推广应根据产品、市场的情况适时推出,才能取得较好的效果。推广期间过短,潜在购买可能未来得及转化为实际购买,达不到预期目的;推广期间过长,又会增加费用,甚至得不偿失。

(4)销售推广的途径,即企业以何种途径向国际市场消费者展开销售推广。企业必须结合自身内部条件、市场状况、竞争动态、消费者购买动机等来选择最有利的销售推广途径。

(5)销售推广的目标。销售推广的目标通常是增加产品销售,但有时是为了给产品营造声势,应付竞争者的挑战。销售推广的目标必须依据企业的国际市场营销战略来制定。

相关案例6-3

多芬真美运动

多芬,作为联合利华旗下的品牌,是一家全球经营、具有传奇色彩的消费品跨国公司。它在快速增长的发展中国家拥有强势地位,并在为当地市场订制产品方面享有盛誉。例如,在印度,女人往往在洗头发之前先在头发上抹一层油,这样西方国家没有去油功效的洗发水就卖得不好,而多芬为印度重新设计洗发水配方并赢得了当地市场的领导地位。甚至在中国内地和香港这两个沐浴习惯都相似的市场,多芬也采用不同的配方。

多芬以不同的市场定位在不同国家销售。2004年10月,"多芬真美运动"(Real Beauty Campaign)正式拉开帷幕。这项运动旨在启发女性认真思考关于美丽的问题,比如社会对美丽的定义问题、要求完美的问题、美丽和身体吸引力之间的差别、媒体塑造美丽形象的过程和手法。其表现形式是,拓宽目前模式化的美丽观点,让所有人都认识到,真实的美丽比目前流行的狭隘定义更加多样化,真实的美丽存在于各种外形、身材、年龄和肤色当中。

2005年1月,有关"真美"的宣传推广活动扩展到了欧洲。在3个多月的时间里,这场关于什么是"真美"的大辩论席卷了整个欧洲大陆,有5亿人次参与到此项活动中。真人广告一经推出,产品销售数量就大幅增长,在英国销售量急升700%,德国上升300%,荷兰上升220%,创下历史纪录。这一举措立即成为人们谈论最多,也是最为有效的营销决策之一。

2005年2月,多芬委托国际独立调查机构Research International公司,在亚洲10个国家与地区对2 100位年龄介于18—45岁之间的女性进行"多芬美丽白皮书"亚洲大调查,解读亚洲女性的美丽密码。2005年6月,多芬真美行动席卷亚洲市场,包括中国、韩国、日本、印度尼西亚、新加坡、泰国、越南、菲律宾和马来西亚等国家,引发了围绕亚洲人传统审美观和西方2004年潮流观念对照分析的新辩论。根据"多芬美丽白皮书"亚洲调查数据显示,在中国,只有4%的女性会用"美丽"这个词来形容自己。这表明,中国女性普遍缺乏对自己美丽的认识与欣赏。

2005年10月,"多芬真美运动"正式进入中国。由《新闻晚报》与联合利华多芬品牌组联合主办的"多芬真美百分百"寻找100位真美女人活动全面展开。活动的招募主题文案是:就算没有赵薇那样水汪汪的双眼皮大眼睛,你的眯眯眼照样可以电倒一片;就算没有梦露那样玲珑附凸的身材,你的挺拔纤细照样能吸引一批观众;就算你已经年过五十,你端庄优雅的成熟风韵,照样能让所有人眼前放亮;没有超级名模般的标准三围,没有广告明星般的花容月貌,那又如何？女人有多少样,美丽就有多少样！简单而真实的化身,就是多芬正在寻找的真美女人。如果你对自己有信心,或许,你自己就是一个"真美"的好样板呢？而在中国地区,多芬发现,女性受"美丽模式"的负面影响并不如西方地区强烈。多芬在海外的营销理念在中国的国情和消费者心理之下,存在一定的接受障碍,简单的复制将无法获得预期效果,必须找到一个具有中国特色的情感诉求点。因此,多芬携手电视剧《丑女无敌》树立了核心理念——"多芬,看见更美的你",缔造了品牌奇迹。

多芬这种市场营销策略鼓励女性消费者在发现自身之美的同时,通过努力,进一步地发扬这种美,从而完成"发现—肯定—完善"的自我进化。这种传播思路是逆向的:使女人的自我感觉更为良好,从而购买多芬产品。不可谓不大胆！

资料来源:《简单而真实的美——多芬真美运动案例》,《中国广告》,2010年第3期。

第四节 国际风险防范战略

一、企业国际经营中的风险因素来源

随着企业生产经营活动的国际化,企业所面对的风险会变得更加复杂和深刻。一方面,企业国内经营过程中的原有风险会发生变化和延伸;另一方面,由于企业的对外贸易和投资活动,国际政治经济环境的诸多不确定性又会给企业带来新的风险。面对各种风险,国际化企业应采取相应的策略进行化解。概括来讲,企业国际经营中可能面临的风险主要来自政治和经济两个方面。

（一）国际政治环境的不确定性

国际化经营的企业,其经营范围突破了一国国界,在与本国政治体制、法律体系等不完全相同的国家进行产品和服务的销售及投资活动时,不可避免地要受到东道国政治稳定性及政局变化的影响。各国都将本国的主权完整与安全、政局稳定作为本国政治的最高目标。为此,各国在诸多领域和行业上保持着对外国投资者及经营者的高度敏感。国际企业在东道国市场与本土企业直接展开竞争,争夺东道国国内市场,很容易被视为潜在的威胁。另外,在一些关系国计民生的重要行业,如国防、医疗、能源、信息、基础设施建设和原料等行业,各国都制定有相应的政策法规,对外国投资者和经营者进行严格的监督和管制。这些政策法规往往随着东道国国内外政治经济环境的变化而变化,一旦政

策法规发生变化,国际企业将面临很大的经营风险。在国际范围内,政权和政党的更迭、政治和武装冲突、宗教对立、民族主义等也严重影响着国际企业所面对的政治环境,带来很大的经营风险。

(二) 国际经济环境的不确定性

自工业革命以来,各国贸易和投资活动的不断发展将独立的国内市场连在一起,形成世界市场。在世界市场中的任何企业都面对着变化无常的国际经济环境。首先,受生产技术水平、资源禀赋差异的影响,各国经济增长表现出很大的发散性,经济的周期性波动表现出非一致性,造成国际市场商品和服务供需的经常性失衡,给企业的生产经营决策带来风险。其次,国际资本流动规模的增大和流向的多元化,容易放大一国资本市场中的风险,造成全球范围的金融危机,增加国际市场的不确定性,给企业的国际化经营带来风险。再次,各国货币间的汇率变动,使企业的国际债权债务结算面临非常大的外汇风险。最后,一国宏观经济政策的变动会对其他国家的经济稳定产生冲击,使企业经营风险增大。

基于以上两个原因,国际化企业在经营过程中经常面临的风险有政治风险、外汇风险、生产风险、营销风险、投资风险和技术风险等。

二、企业国际经营中的政治风险防范

(一) 政治风险的种类

政治风险是指国际化企业在经营活动中,由于东道国政局或政策的不稳定以及政府干预经济的行为而在该国遭受损失的不确定性。

政治风险产生的根源是东道国的政府行为,是企业无法抗拒的外部政治势力。这种政府行为作用于企业,可能直接导致企业丧失对海外投资的所有权控制,造成企业的海外资产受损害,使企业的经营目标难以实现。政治风险对企业跨国经营的不确定性影响表现为资产或要素转移的不确定、经营前景的不确定和所有权控制的不确定。政治风险主要包括以下四点:

1. 总体政局风险

总体政局风险是东道国政治制度前景的不确定性,使国际化企业很难把握其未来的变化,由此而产生的风险。政局风险包括政府和政党的更迭、政治冲突、政府态度和政策的连续性、宗教对立、民族主义等因素。这些因素的短期急剧变化,会使东道国总体政局不稳定,因而给企业国际化经营带来不确定性,影响企业经营的决策和在东道国经营目标的实现。

2. 所有权风险

所有权风险产生于企业对东道国政府注销或限制外国企业经营行为认识的不确定性。政府没收、征用、本土化和国有化都属于这一类风险。

(1) 政府没收。这是指东道国无偿占有企业的财产,是最为严重的政治风险。

(2)征用。这是指东道国政府对其所占有的外国资产给予一定的补偿。被征用的投资通常被收归国有,成为东道国的国家经营实体。

(3)本土化和国有化。这是指东道国通过制定一系列政府法令,规定外国企业中的当地所有权比例或更多的东道国参与要求,逐步将外国投资置于东道国控制之下,甚至收归国有。

3. 经营风险

经营风险产生于东道国政府对企业产生的负面影响。这种风险主要表现为东道国对外国企业生产、销售、财务、人员雇用等经营职能方面的限制,目的是加强对外国企业的控制,引导其发展方向。

4. 转移风险

转移风险主要产生于东道国政府限制外国企业经营利润和资本汇出的不确定性。这种风险主要表现为东道国制定严格苛刻的外商投资企业利润再投资限制政策或对国际资本流动进行严格的管控。

(二)政治风险的评估

政治风险的评估是指国际化企业对东道国的政治不确定性进行预测,以确定和评价政治事件对企业未来经营决策的影响。对政治风险的评估通常分为宏观和微观两个层面。宏观层面衡量国家政局和政策的稳定性,即对政府当前的能力、政治行为的类型以及稳定程度做出评价。微观层面则衡量特定产业和行业风险的可能性,通过分析企业产品和经营特点,对发生政治风险的概率做出预测。

1. 宏观层面的评估

首先,评估母国与东道国的关系。母国与东道国的政治关系会直接或间接地影响跨国公司的贸易与投资。在企业进入东道国市场时,应当追溯本国与东道国政府之间的历史渊源,并预测未来两国关系的走势,从而分析企业可能面临的风险大小。

其次,评估东道国的政府体制和政党制度。东道国政府系统内部行政权力的划分,政府机构的设置以及运行,执政党和在野党的政策倾向等都会影响到企业在东道国的经营决策。

再次,评估东道国的政治局势。一国政治局势包括政治环境的稳定性、政府的国际形象、政策变化的连续性、对外国投资者的态度、行政管理程序、民族主义和宗教状况。

最后,评估东道国政府的影响。东道国政府除作为合资者直接参与外国企业的经营活动外,还经常会对外国企业采取各种措施进行干预,对外国企业设置歧视性政策。

2. 微观层面的评估

首先,评估企业产品的政治敏感性。东道国政府特别关注政治敏感性商品,因为此类商品容易影响东道国国家与经济安全、公民健康、环境保护,对社会舆论易产生引导。

其次,评估企业经营的本土化。本土化运作是当前国际企业进入东道国市场的普遍选择,通过雇用当地劳动力、资本要素,与东道国上下游企业结成产业链,营销组合当地化等,加强与东道国市场的融合。企业本土化策略更易于规避东道国的政治风险,易被东道国居民所接受。

最后,评估企业本身的外在条件。这包括企业的知名度、规模、选址等。企业在东道国的知名度越高、规模越大,越容易遭受东道国的政治风险,而在东道国大城市选址又比在小城市选址的政治风险更高。

3. 评估方法

在对政治风险进行评估时,可以采取的评估方法主要有以下几种:

(1)实地拜访法。由国际化企业的高层管理者出访东道国,了解当地的政治、法律、社会习俗等,拜会当地政府管理人员和有关部门,对东道国市场状况及政治环境进行调研、访查,然后进行主观判断。这种方法的好处是简便易行,但准确性较差。

(2)国别评估报告法。这种方法是对特定目标国的政治、社会及经济状况进行综合性评价,从多个方面感知东道国潜在的政治风险。该方法主要是评价目标国政府更替是否顺利、政策制定及执行效力、政局是否稳定、国内经济运行是否市场化、对外金融状况是否良好等。

(3)评分定级法,即运用一组固定的评分标准将考察对象国的各个因素加以衡量,给出风险分值,进行国家间风险比较,最终确定投资目标国的方法。

(三) 政治风险的防范

在对政治风险进行详细评估之后,国际化企业应通过各种技术手段尽可能地规避政治风险,将其对企业的不确定性影响降到最低。

1. 投资前的预防措施

投资前的预防措施主要包括以下几项:

(1)详细地掌握东道国的投资法规。在选定投资国后,国际化企业的管理者应充分收集东道国有关投资的法律法规,并向专业咨询机构咨询,尽可能地投向符合东道国法律法规要求和受东道国政府鼓励的投资项目。

(2)与东道国签订协议。国际化企业可以在与东道国政府签署的协议中提及以下几方面的内容:资金汇回的范围和方式、转移价格或划拨价格的定价方法、有关公司所得税的法律与法规、东道国对投资企业的日常经营管理范围、争端解决方式等。

(3)办理投资担保和保险。在一些经济实力较强的国家都设有国际投资担保公司,对私人海外投资提供政治风险的担保与保险服务,国际化企业可以向其投保。

2. 投资中的防范措施

投资过程中,有以下措施可以防范政治风险:

(1)控制专利与技术。投资者将专利、技术诀窍控制在手中,可以使外国子公司在遭遇政治风险时,企业的无形资产损失最小。

(2)控制分销渠道。通过控制出口产品营销的中介机构、产品的运输流通,减少企业被征用的风险。

(3)在东道国筹资。使东道国资本参与进企业的生产经营,形成共同利益,可以减少东道国政府对公司经营的限制。

(4)雇用当地员工。公司员工的本土化可以为东道国劳动者提供就业岗位,增强公司在当地的认同感,从而减少政治风险。

三、企业国际经营中的外汇风险防范

（一）外汇风险的类型

外汇风险，也称汇率风险或外汇暴露，是指国际化企业在一定时期内的对外贸易和投资运营中，以外币计价的资产和负债因外汇汇率的突然变动而遭受的意外损失或所得的意外收益。

外汇风险一般包括两个因素：货币和时间。如果没有两种不同货币间的兑换或折算，也就不存在汇率波动所引起的外汇风险。同时，汇率波动总是与时间相对应，没有时间因素也就不存在外汇风险，时间越长，汇率变动的可能性越大，外汇风险相对也就越大。

国际化企业在一段时期的跨国经营活动中收付大量外币，或持有外币债权债务，或以外币标示其资产、负债价值。由于各国使用的货币不同，货币与货币间的折算比率可能会发生变动，在国际收付结算时，就会产生外汇风险。外汇风险是由汇率波动造成的，汇率波动对企业国际经营产生的影响，按其性质可以分为以下三种类型：

1. 交易风险

交易风险是指在约定以外币计价的交易中，企业由于实际结算时的汇率与交易发生时即签订合同时的汇率不同而引起损失或盈利的风险。

交易风险是一种常见的外汇风险，一般在以下几种情形下发生：

（1）在以即期或延期付款为支付条件的商品或劳务的进出口中，在货物装运和劳务提供后、货款或劳务费用尚未收付前，由于外汇汇率变化而产生的风险。

（2）以外币计价的国际信贷活动中，在债权债务未清偿前，由于外汇汇率的变动而产生的风险。

（3）对外筹资中，借入一种外币资金而又需换成另一种外币使用，筹资人可能承受借入货币与实际使用货币之间汇率变动的风险。

（4）待履行的远期外汇合同，约定汇率和到期即期汇率变动而产生的风险。

2. 折算风险

折算风险也称为会计风险、账面风险或转换风险，是指企业在进行会计处理和进行外币债权、债务结算时，将外币折算为本币的过程中因汇率的变化而引起的账面损益的差异。

例如，跨国公司一般需编制合并会计报表以统一反映企业集团的财务信息并评价其经营成果，在将海外各子公司会计业务所使用的不同计价货币折算为母公司所使用的计价货币时，因汇率在一定时期内发生非预期的变化，就会引起企业集团合并报表账面价值蒙受经济损失的可能性。由于国际金融市场汇率变动频繁，因汇率变动而造成的会计风险极其普遍，这时虽然并未发生资产和负债的真实增减，但外币折算的损益对公司财务业绩的表现有很大影响，一定程度上会影响股东和金融机构对公司财务状况的评价。因此，折算风险对企业的发展也有重要影响。

3. 经济风险

经济风险也称为运营风险,指由于外汇汇率的非预期变动使国际企业在将来特定时期的收益发生变化的可能性,是反映外汇汇率变化对国际企业未来现金流量折现值影响程度的一个指标。与前两种风险相比,经济风险衡量的是外汇汇率发生变化以后在未来一段时期内对企业的经营成果和投资收益的总体影响。

(二)外汇风险的评估

1. 评估影响东道国外汇汇率变动的因素

对东道国汇率变动的科学评估有利于降低国际企业面对的外汇风险。影响东道国汇率变动的因素有多种,其中经济方面的因素主要有以下几点:

(1)东道国的国际收支状况。如果东道国国际收支长期顺差,其本币倾向于升值;反之,如果东道国国际收支长期逆差,其本币倾向于贬值。

(2)东道国的通货膨胀水平。如果东道国国内通货膨胀率较高,以该国货币表示的外币价格也就越高,其汇率将下降。

(3)东道国的利率水平。当东道国的利率高于其他国家时,往往引起大规模短期资本的流入,使该国外汇市场暂时出现本币升值、外币贬值的压力。

(4)东道国经济增长状态。一般来讲,如果东道国经济增长相对快于其他国家,会使该国对外汇的需求相对于外汇的供给趋于增加,导致该国货币贬值,外币升值。

(5)东道国经济政策。东道国的经济政策包括货币政策和财政政策,不同的政策会对其汇率产生不同影响。

(6)东道国的国际货币储备。东道国国际货币储备越多,表明该国政府干预外汇市场、稳定外汇汇率的能力越强,因而有助于该国汇率上升;反之,则该国汇率将趋于下降。

2. 评估东道国外汇汇率变动的方法

对东道国汇率变动的科学评估方法有以下两种:

(1)以调查资料为基础的经验判断,即依靠国际化企业管理者的经验及判断能力,根据已经掌握的相关资料,对东道国外汇汇率变动的未来趋势做出评估。这种方法简便、灵活、节省费用,但精确度低。

(2)以统计资料为基础的分析计算,即利用东道国外汇汇率变动的历史统计资料,结合当前形势进行计算及回归分析,并做出未来汇率变动的预测。用这种方法预测得到的未来汇率变动趋势较为准确,对企业决策具有较好的参考意义。

(三)外汇风险的防范

国际化企业可以针对以上三种外汇风险,采取恰当的措施进行防范,这也是国际化企业财务管理的重要组成部分。企业的外汇风险防范措施可以分为事前防范措施和事后防范措施。

1. 事前防范措施

(1)选择对具体业务有利的计价货币。在国际外汇市场上,有硬币和软币之分。硬币是指其汇率趋于上升的货币,软币是指其汇率趋于下跌的货币。在贸易磋商和签约时,企业的出口业务应尽量选用硬货币计价,进口业务则应尽量选用软货币计价。现实中,进出口业务计价货币的选择是交易双方磋商的一个焦点,最终计价货币的选取是交易双方折衷的结果。如果企业在出口业务中不得不采用软货币,对于因计价货币贬值而可能带来的外汇风险,可适当提高出口销货价格来进行转嫁。反之,如果企业在进口中不得不用硬货币计价,则应通过尽可能压低进口价格的方法来进行化解。此外,企业也可以通过组成结算"货币篮子"的方法,尽可能地降低外汇暴露。

(2)在商品交易合同中加列汇率风险分摊条款。在交易磋商时,双方确定了采取某种计价货币后,可以在合同中加列外汇汇率风险分摊条款,规定如果合同货币到期支付日汇率发生变化,可以以汇率变化幅度的一半重新调整货价,即调整后的货价＝原合同价格±(原定货价×汇率变动幅度)/2,由买卖双方分摊汇率变动带来的损失或收益。采取汇率风险分摊条款时,在确定商品交易计价货币的同时,还需要确定参照货币,明确签约时两种货币的比率,以保证能够在到期日正确计算调整后的商品交易价格。

(3)提前或延后结算。企业在交易时,通过提前或延后外币结算的日期,可以避免和防范外汇风险。提前结汇是指在合同货币预期将要贬值时提前收回应收外汇账款,而在合同货币预期将要升值时提前支付应付外汇账款。与之对应,延后结汇则是在合同货币预期将要升值时推迟收取应收外汇账款,而在合同货币预期将要贬值时推迟支付应付外汇账款。

2. 事后防范措施

(1)套期保值。企业为规避外汇风险,在签订合同买进或卖出实际货物的同时,在期货市场上卖出或买进同等数量的期货,经过一段时间,当汇率变动使现货买卖上出现亏损时,可由期货交易上的盈余得到抵消或弥补,在即期和远期之间建立一种对冲机制,以使汇率风险降到最低。

(2)期权交易。交易双方按商定的汇率就将来在约定的某段时间内或某一天是否购买或出售某种货币的权利达成一个协议。期权的买方通过支付一笔费用,可获得购买或出售一定数量的某种货币的权利。但这种权利不是买方必须履行的义务,当行市有利时,买方有权买入或卖出这笔外汇资产;当行市不利时,可以选择不执行期权。而期权的卖方则必须在买方要求执行期权时,卖出或买入这笔外汇资产。外汇期权交易具有一定的灵活性,到期可以选择执行外汇交割,既能避免汇率向不利方向变动带来的损失,又能从有利变动中获得好处。因此,通常为大型外贸企业所采用,以规避外汇风险。

(3)采用"福费廷"业务。对于经常从事大型成套设备销售的企业来说,可以采用"福费廷"业务规避外汇风险。出口商可以把经过进口商承兑并经进口国银行担保的远期汇票,通过交纳一定贴现息,无追索权地出售给贴现行、大型金融公司或出口国银行,提前取得外汇资金现款,规避远期外汇风险。"福费廷"业务集融资、结算服务于一体,对企业防范外汇风险有较大的作用。

国际化企业只要在交易前做出有效安排,交易后采取恰当方法,就可以达到规避外汇风险的目的。大型跨国企业应设立专门的部门或机构,负责外汇风险的管理与防范,提高企业的获利水平。

相关案例 6-4

中信泰富澳元巨亏案

中信泰富有限公司(CITIC Pacific Limited,以下简称"中信泰富")是一家香港证券市场上久负盛名的老牌蓝筹公司。2007年,公司全年净利润较前一年上升了31.08%,达108.43亿港元;每股收益较2006年增长30.24%,达4.19港元;每股净资产较2006年增长27.62%,达27.03港元,受到投资者的热烈追捧。

然而,2008年10月20日,中信泰富却发布了一条令世人震惊的公告:公司于2008年7月1日,为降低澳大利亚铁矿项目面对的货币风险,签订了若干份杠杆式澳元衍生品交易合约,合约总金额达到94亿澳元。由于9月之后澳元对美元的汇率大幅下挫了1/3,这些合约已经酿成逾百亿港元的亏损;截至2008年10月17日,合约的已变现部分亏损为8.07亿港元,合约的未变现部分按公允价值计亏损为147亿港元,二者共计亏损155.07亿港元。消息传出,引发市场的强烈反应,10月21日中信泰富的股价大跌55.1%,报收于6.52港元,一天之内市值从318.4亿港元暴跌至不足143亿港元,市值蒸发超过一半。随后,花旗、高盛、摩根大通等国际著名评级机构纷纷将中信泰富的评级下调至卖出或减持,中信泰富的蓝筹股地位受到严重威胁。

为了挽救上市公司,重拾投资者信心,事发后中信泰富的大股东中信集团公司及时伸出了援手,除为中信泰富紧急安排15亿美元的备用信用额度之外,还将中信泰富名下的杠杆式澳元衍生品合约转至集团公司,为其"兜底",使中信泰富的损失锁定在156亿港元左右。然而,事情并没有到此为止,由于澳元汇率继续下跌,这些杠杆式澳元衍生品交易的亏损仍在继续扩大。有专家指出,如果澳元对美元汇率下跌到2001年的0.5水平,那么中信泰富杠杆式澳元衍生品交易的亏损总额可能扩大到260亿港元。由于中信集团出面兜底,这意味着中信集团可能承担多至上百亿港元的损失。为此,一向稳健的中信集团公司的基础信用将受到影响。11月18日,穆迪投资者服务公司将中信集团公司的基础信用风险评估等级由"11"调整至"12",长期外币高级债务评级由Baa1下调至Baa2。

资料来源:陈咏英、尹美群、李伟,《汇率波动下跨国企业避险研究——基于中信泰富澳元巨亏事件的思考》,《财会通讯》,2009年第8期。

复习思考题

1. 国际商务战略具有哪些特点?
2. 国际化战略的基本模式和适用条件有哪些?
3. 企业在国际市场分销渠道的宽度上可供选择的具体策略有哪些?
4. 企业应当如何制定风险防范战略?

案例分析题

小米手机首跃全球十大畅销榜　国际化营销不足现隐忧

2010年4月,小米科技公司在北京成立,短短四年间,小米从默默无闻到一匹黑马,再到现在全球十大手机畅销榜榜上有名,正展现出强大的竞争力。据香港市场调查公司Counterpoint Technology Market Research(CTMR)的一份最新报告称,2014年2月,在全球十大畅销智能手机机型中,小米的红米和小米3分别位列第7位和第10位。这也是小米科技公司第一次杀入全球畅销手机榜前十,并且一次上榜两款产品。小米的上榜表明了本土手机品牌在各自国家内的销量排行榜上的排名不断上升,这也是硬件和软件商品化的结果。进一步说,国产手机的崛起,最大的价值是为用户提供了高品质、低价格的产品,这是国外品牌同样品质和配置的产品无法企及的。近年来,国产手机无论是设计、品质都有了巨大进步,但很多人还停留在"国产手机=低端机"的印象里,本能地认为国产手机就是不好。究其原因是国产手机的品牌价值与国外品牌还存在一定的差距,如何加强品牌建设是国产手机未来发展的重要看点。

2014年2月,小米宣布进军新加坡市场,此次登陆新加坡也被认为是小米进军中华区以外市场的第一步。但是,尚普咨询行业分析师指出,品牌影响力不强、附加值不高等问题已经开始制约我国手机企业的进一步发展。

关于品牌,在手机业界里有这么一种说法:"品牌"是企业在市场竞争中的重要战略资源,是企业产品定义和设计能力、技术和商业模式创新能力、产业链整合能力、市场营销能力的综合体现。在第二届中国电子信息博览会上,孙文平会长表示:"中国手机的品牌溢价不高,而国外品牌手机的利润空间就很大。比如苹果,它的硬件生产就在深圳,自己主要研究软件系统,提升用户体验,做品牌。它的硬件成本不到两千(元),但它就能卖到四五千(元)。中国的手机品牌做(和苹果)一样的产品,就(只能)卖两千多(元),这就是品牌的价值。"这也就不难理解近期工信部发布的《关于加快我国手机行业品牌建设的指导意见》,明确提出了手机发展的总体目标和主要任务。

因此,不管是对大红大紫的小米科技还是对整个国产商而言,国内手机厂商往往走的是按原材料采购成本定价的高性价比战略,品牌附加值并不高。国产手机只有在做好产品质量的基础上,提升用户体验,加强品牌打造,才能有效提升利润率,从而进一步加快国产手机向外开拓的步伐。

资料来源:林政伟,《小米手机首跃全球十大畅销榜 国际化营销不足现隐忧》,《通信信息报》,2014年4月9日,第B7版。

讨论与分析:
请为小米科技设计国际化品牌战略。

匹克品牌国际化成功经验

福建匹克集团有限公司是一家集制鞋、鞋材、服装、包袋等体育运动专业装备器材于一体的外向型企业集团,已经具有17年的专业制造与销售经验。集团现年产值近10亿元人民币,主导产品匹克牌专业运动鞋服,在中国的授权经营零售网点数目已达到7 224个,出口业务遍及欧洲、美洲、亚洲、非洲、澳洲五大洲。

  自2005年起,匹克全面加速"品牌国际化"战略,通过赞助欧洲篮球全明星赛、斯坦科维奇杯洲际篮球赛等国际一流赛事,并先后与休斯敦火箭队、迈阿密热火队、圣安东尼奥马刺队等多个顶级NBA球队合作,结盟NBA、国际篮联(FIBA)、国际女子网球联合会(WTA)等顶级国际赛事组织,先后签约了肖恩·巴蒂尔、托尼·帕克等超过20位NBA顶级球星,以及包括奥尔加·加沃尔索娃及嘉琳娜·沃克斯波耶娃在内的20多位国际女子网球选手,同时,匹克还支持塞尔维亚、澳大利亚等十多个国家的篮球协会及新西兰、斯洛文尼亚等多个国家的奥委会,一举成为中国体育用品品牌中国际资源丰富的体育品牌。此外,匹克已经在北京、广州、泉州以及美国洛杉矶设立了四个研发中心,匹克美国子公司的成立及两家美国旗舰店的开业,更为匹克的市场国际化迈出了里程碑式的一步。

资料来源:根据匹克官网资料编写,匹克官网:http://www.peaksport.com/introduction.php。

讨论与分析:
匹克品牌国际化战略成功的关键是什么?

第七章 国际商务的运行方式

【知识要点】
1. 企业国际化
2. 进出口贸易
3. 国际经济合作
4. 国际外包
5. 跨国公司
6. 国际直接投资

【能力要求】
1. 理解企业国际化的类型、动因与方式
2. 掌握国际经济合作的作用与具体形式
3. 掌握国际生产服务外包的类型
4. 掌握跨国公司对外投资的基础理论
5. 理解跨国公司对外投资的动因

【内容提示】

国际商务活动具体体现在企业的国际化经营过程中。受多种因素影响,企业国际化过程有不同的类型,表现出一定的渐进性,就其方式而言,主要包括商品出口、契约交易和对外直接投资。20世纪六七十年代后,国际经济合作成为一种重要的国家间合作形式,国家政府间、企业间的各类跨国经济合作迅速展开。同一时期,随着科技的进步和国际分工的深化,企业开始将部分非核心业务流程进行离岸外包,以增强国际竞争力,这带动了国际生产服务外包的迅速发展。在国际商务运行中,跨国公司始终是最有力的推动者,由其主导的国际直接投资正在深刻地改变着世界经济和国际商务的运行。本章主要介绍企业国际化与进出口贸易、国际经济合作与生产服务外包、跨国公司与国际直接投资等国际商务的主要运行方式。

【导入案例】

华为技术有限公司的国际化之路

华为技术有限公司1987年成立时仅是一家生产用户交换机(PBX)的香港公司的销售代理。如今,华为已是全球领先的信息与通信解决方案供应商,专门从事通信网络技术与产品的研究、开发、生产与销售,为电信运营商提供固定网、移动网、数据通信网和增值业务领域的网络解决方案。2013年,华为全球销售收入接近400亿美元,其中65%的销售收入来自海外市场,欧洲、中东、非洲片区以及亚太、美洲是其海外销售收入的主要来源地。也是在这一年,华为超过爱立信,成为全球最大的电信设备提供商。"从海拔最高的珠穆朗玛峰到地球最远的北极圈,从广袤的农村山区到密集的大都市,从新兴发展中的亚非拉到发达的欧洲,华为正在构建无处不在的宽带,所到之处,打破疆域,消弭隔阂。"华为轮值CEO徐直军如是说。

华为在成立之初,其业务主要面向小企业和农村市场。20世纪90年代后期,华为一方面将业务向城市市场拓展,另一方面开始进行国际化布局。1996年,华为与香港"和记电信"合作,使华为的产品和服务更加接近国际标准,成为华为国际化运作的肇始。华为的产品战略也开始从"引进产品、国内推广"的贸、工、技型向"强化自主研发、消化吸收、发展中高端、与先进技术接轨"的技、工、贸型转变,以迎合日益激烈的市场竞争。

华为在国际化进程中有重点地推进全球合作。2003年,华为与3Com合作成立合资公司,专注于企业数据网络解决方案的研究;2004年,华为与西门子合作成立合资公司,同时获得荷兰运营商Telfort价值超过2 500万美元的合同,首次实现在欧洲的重大突破;2005年,华为海外合同销售额首次超过国内合同销售额;2007年,华为与赛门铁克合作成立合资公司,与Global Marine合作成立合资公司,提供海缆端到端网络解决方案,并于该年成为欧洲所有顶级运营商的合作伙伴;2010年,华为在英国成立安全认证中心;2011年,华为以5.3亿美元收购华赛;2012年,华为持续推进全球本地化经营,加强了在欧洲的投资,并在法国和英国成立了本地董事会和咨询委员会;2013年,华为全球财务风险控制中心在英国伦敦成立,监管华为全球财务运营风险,确保财经业务规范、高效、低风险地运行。

华为在国际化进程中充分认识到技术创新与领先优势在信息通信行业竞争中的重要性,每年所投入的研发支出占销售收入的比重都在10%以上。华为已在德国、瑞典、美国、印度、俄罗斯、日本、加拿大、土耳其等地设立了16个研究所,与全球领先通信运营商成立了28个联合创新中心,进行产品与解决方案研发的人员约7万名。近年来,华为在通信产品领域已全面转入3G、4G,在未来5G通信、网络架构、计算和云存储方案的研发上处于国际领先地位。

资料来源:http://baike.baidu.com。

第一节 企业国际化与国际贸易

一、企业国际化的概念与动因

(一)企业国际化的概念

1. 企业国际化的概念

企业国际化是指伴随着全球经济一体化,国内企业积极参与国际分工,在国际市场上整合、利用各种资源,在世界范围内从事生产、销售、投资和研发活动,并逐渐发展成为国际企业或跨国公司的过程。

企业国际化实质上是一个企业由国内企业向国际企业转变的过程,强调的是企业以其全球战略为指导,对国际市场资源与机遇的充分利用。当企业的经营活动和国际市场发生某种联系时,企业国际化过程就开始了。这种联系既包括生产要素方面的,如资金、技术、人力资本等,也包括中间产品、服务和最终产品方面的,还包括各种海外投资经营活动等。在经济全球化的进程中,任何企业的生存和发展都离不开国际市场,都或多或少地参与国际竞争。当今大多数知名跨国企业都经历了从国内小企业到国际化大企业的发展过程。

2. 企业国际化的类型

企业国际化是一个双向演变的过程,包括外向国际化和内向国际化。从市场的角度看,外向国际化是"国内市场国际化",内向国际化是"国际市场国内化"。

外向国际化又称跨国经营,其主要形式包括直接或间接出口、技术转让、国外各种合同安排、国外合资合营、建立海外分支机构、并购外国企业等。外向国际化是企业首先立足国内市场,逐渐培育竞争优势,然后通过出口、投资等活动,逐步参与国际市场经营的过程。企业的外向国际化大体包含三个步骤:首先是最初的跨国经营学习过程。企业在国内经营的同时,开始通过间接或直接的出口了解国际商务环境,打入海外市场,从市场竞争实践中学习国际化经营运作方式,形成系统分析与处理国际市场信息的能力。其次是国际市场的渗透过程。企业逐渐熟悉并掌握了国际商务运作,开始扩大出口,扩张国际市场份额,从局部的目标市场渗透到全面的国际市场,企业开始对组织结构进行调整,逐步适应国际化发展。最后是全球优化组合过程。在上一步成功的基础上,企业制定完备的全球化战略,在国际市场统一谋划,以多种方式推进国际业务,以增强企业全球架构的整体优势。

按照外向国际化的经营内容,企业要想在国外市场获得竞争优势,就必须通过东道国市场获取各种东道国本土知识与资源,通过经营的本土化培育和发展核心竞争力,靠本土化战略制胜。这主要包括:第一,借鉴各类国际企业本土化经营模式和跨国公司本土化战略的经验,深入研究国际市场的知识和差异;第二,通过跨国联盟与并购实施本土化学习战略,利用跨国联盟与并购对企业核心能力的短板进行弥补;第三,开展具体的功能性本土化学习战略,如本土化的国际营销措施、本土化品牌建设与竞争力提升、本土化人力资源的开发与积累、本土化特征的研发活动等。总之,企业外向型、全方位的国际化就是实现不同国家、地区市场本土化知识和因素的融合。

内向国际化是指企业在本国市场中参与国际化经营活动,其主要形式包括进口、技术引进、三来一补贸易、原始设备制造商(original equipment manufacturer,OEM,又称贴牌生产)、原始设计制造商(original design manufacturer,ODM,又称定牌生产)、原始品牌制造商(OBM)、国内合资成为外国公司的子公司或分公司等。就我国企业内向国际化而言,进口、技术引进、三来一补、国内合资合营成为外国跨国公司的子公司或分公司是我国企业运用较早的内向国际化形式,而贴牌生产和定牌生产则是当前我国企业内向国际化的重要形式。

按照内向国际化经营的内容,本土企业可以通过与国际企业的互动获取知识与经验,积累和培育核心竞争力。这主要包括:第一,引进外资中的知识转移与整合。合资企业是本土企业与外国企业不同战略目标下的动态结合,企业可以以较低的成本获得外国资本中蕴含的先进知识和管理经验。第二,与外国企业竞争中的知识传递。本土企业应积极加强与外国企业的战略互动与学习,合理瞄准竞争对手展开竞争,在"干中学"的过程中获得竞争经验。第三,外资并购中的知识管理策略。企业可以通过与国外公司合作、参与跨国公司购并,系统地了解应对外资并购的知识管理策略。

从动态的角度看,内向国际化和外向国际化贯穿于企业国际化的整个过程,二者相互促进、相互影响。

3. 企业国际化的渐进性

从大多数成功跨国企业的经验来看,企业国际化是企业对国际市场、国际经营的参与程度不断加深的过程。企业的国际化往往是一个从国内经营到跨国经营逐步演变、从被动到主动、从量变到质变的渐进过程。企业国际化的渐进性表现在两个方面:一是企业国际化目标市场选择的渐进性,二是企业国际化经营方式选择的渐进性。

企业在国际化进程中,对目标市场的选择和进入大都遵循"由近及远、先熟悉后陌生"的模式。按照企业国际化进程中市场地理范围的扩张顺序,大多采取"本地市场—地区市场—全国市场—邻国市场—国际市场"的进入策略。例如,华为技术有限公司目前业务已遍及世界170多个国家,是我国最为成功的电信国际化企业。其在市场扩张过程中先以我国内地农村市场为主,再拓展到内地城市市场,然后于1996年涉足香港地区市场,正式开始国际化征程,最后形成亚太、欧洲、美洲、中东、非洲市场为主的国际市场占有格局。由此可见,企业走出国门的第一个海外市场通常是与其相邻的国家或地区的市场。选择市场条件、文化风俗、政治制度、语言等与母国相近的国家,才能使企业产品或企业的经营管理不必做根本性的调整,在市场认同的基础上,以最低成本、最小风险,成功迈出国际化第一步。之后,企业再选择走向语言、文化、习俗相近,但地理相隔较远的市场。最后,走向文化、地理相去甚远的全球其他市场。

企业国际化的渐进性同时表现在跨国经营方式的选择上。绝大多数的企业在选择跨国经营方式时,采取了"先易后难、逐步转变"的策略。按照企业跨国经营方式演变的顺序,企业国际化通常遵循"单纯国内经营—通过中间商间接出口—企业自行直接出口—设立海外销售公司—设立海外子公司跨国生产"的策略。成立于1990年的李宁体育用品有限公司在1997年建立了全国自营分销网络,当时其主要业务还只在国内市场,部分产品通过间接或直接出口的方式供给世界市场。1999年李宁公司与SAP公司合作,成为中国第一家实施企业资源计划的体育用品企业,为大规模海外销售做好准备。随后,李宁公司不仅在海外设立了形象店、旗舰店,还设立了全球设计中心。可见,大多数企业从单纯国内经营向跨国经营发展的过程中,通常先通过间接或直接出口的方式进行"试探性"的跨国经营,如果经营良好即可在海外市场设立销售公司,直至投资建立集生产与营销为一体的海外子公司。

(二) 企业国际化的动因及影响因素

1. 企业国际化的动因

企业进行国际化的原因是十分复杂的。一方面,现实中的各个企业在规模、技术水平、生产效率、资金实力、人力资源等各方面存在差异,由此所决定的企业经营目标、组织结构、发展战略及所采取的具体措施千差万别。另一方面,各个国家和国际政治经济环境变化多端,企业必须采取有效措施灵活应对。因此,企业内部和外部一系列多元化诱发因素导致不同的国际化动机,企业国际化的动因体现在多个方面。

(1) 推动因素。推动因素是指迫使企业进行国际化的国内动力。推动因素包括国内市场中存在的各种迫使企业探索国外市场机遇的不利趋势,如国内市场生产成本上升、需求减少,或竞争加剧,或主导产业进入生命周期的成熟期等。这些因素使企业在国内市场的获利空间缩小,技术难以进步,市场份额固化。为了摆脱国内经营的困境,企业不得不向国际市场寻找出路,进行国际化。

(2) 拉动因素。拉动因素与推动因素一起构成企业国际化的初始动力。拉动因素包括国际市场中存在的各种吸引企业进行国际化扩张的有利条件,如国外市场存在更为廉价的投入要素、潜在的快速增长的收益、政府激励外国企业发展的措施,或国外市场存在向竞争对手学习的机会等。这些因素为企业带来的潜在好处,能使企业在更广阔的市场中得以发展壮大。在企业具有某些特有优势而又面对国内推力与国外拉力时,企业的国际化进程便随之展开。

(3) 偶然因素。企业的首次国际化可能源于偶然因素。许多企业最初的国际化扩张并没有经过精心的谋划,只是由于历史的偶然使这些企业进入了国际市场。之后,国际市场丰厚的回报、广阔的发展空间使企业做出更为主动的国际化行为。例如,一些企业由于偶然的机会参与了国际展销或博览会,与国外客户签订了第一笔订单,之后的订单便源源不断,国际化进程由此开启。

(4) 成本与收益的权衡。企业要进行国际化就必须投入足够的人、财、物等资源。与国内经营相比,国际化经营意味着更大的成本、更高的风险、更深的复杂度,因而利润更大,但利润的实现周期也更长。企业经营者承担风险的偏好决定了企业对国际化初始投资的力度和对延迟收回投资成本的承受力。在进行国际化经营的风险和收益分析后,经营者做出继续国内经营、邻近国家市场经营和国际市场经营的决策。风险厌恶型经营者就可能会放弃高风险、高收益的国际化经营,而继续坚持国内经营,或将业务拓展到邻近国家,进行最低限度的国际化经营。

2. 企业国际化的影响因素

在具备上述动因后,企业的国际化进程便会开启。在这一过程中,企业参与国际市场的程度和方式又会受到多种因素的影响。概括来讲,影响企业国际化的因素既有企业外部的因素,也有企业内部的因素。

影响企业国际化的外部因素主要有目标国家的市场状况、生产因素、综合环境及本国的宏观经济因素等。

(1) 目标国家的市场状况。目标国家当前和未来的市场规模、市场结构、市场管理等会影响企业进入该国的方式和程度。当目标国家的市场规模较大、竞争充分、市场法制化治理较好时,企业会更为主动地大规模进入该国市场,在进入方式选择上也会以直接出口、契约交易或直接投资等成本更为高昂、整体收益更大的方式为主。

(2) 目标国家的生产因素。目标国家的生产因素涉及该国生产要素的禀赋、技术水平和基础设施等。目标国家的能源、原材料和劳动力等要素的成本、质量及可得性直接影响了产品的成本与质量,因而对企业进入该国市场的方式有直接的影响。低廉而又高质量的生产要素往往是企业对东道国投资的基础条件。对于企业来讲,通过在高技术水平的目标国家设立分支机构或研发中心,可以便捷、低成本地获得当地的技术外溢。而目标国家良好的交通、通信、公共服务设施条件,可以大幅降低企业进入该国市场的固定成本。

(3) 目标国家的综合环境。目标国家的综合环境包括政治环境、地理环境和文化环境等。目标国稳定的政局、对外国企业的友好政策降低了企业进入后的政治风险,有利于企业更大规模地向该国直接出口,增加对该国的直接投资。目标国家地理位置的远近及优越与否,是企业进入该国时要考虑的直接因素。目标国家在社会结构、文化语言、制度习俗等方面与企业母国的差异越大,意味着企业进入后的不确定性和风险以及获取信息的费用也越大,因此,企业一般会采取间接或直接出口、契约交易的形式进入该国。

(4) 本国的宏观经济因素。国内市场的容量与竞争状态、生产成本、政府发展战略导向也会影响企业的国际化程度。国内市场容量与竞争状况影响着企业在国内的发展空间与难易程度。一般来说,市场容量大、竞争不激烈、生产成本低的国家的企业缺乏国际化的推力,企业国际化程度就低;反之,市场容量小、竞争激烈、生产成本高的国家的企业就会为了谋求生存,积极进行海外市场扩张,一般在初期采用对外贸易方式,具备一定规模后迅速转向对外投资。政府的发展战略如果是外向型的,其国内企业就容易以出口方式或投资方式进入国际市场；反之，如果政府发展战略是内向型的，企业参与国际化的制度成本就高，企业的国际化水平就较低。

影响国际化的内部因素则主要包括企业的经营目标、产品特征、风险管理水平及海外控制力要求等。

（1）企业的经营目标。企业选择何种方式进入国际市场，首先取决于企业经营目标。对于刚刚尝试进入国际市场的企业来说，其经营目标仍是稳固国内市场利润，而对于国际市场，只是想通过试探性的介入，来掌握市场信息和知识，因此，企业一般会以间接出口的方式进入目标国家。对于正在发展壮大、经营目标的重点已经转向国际市场的企业来说，通过契约交易、跨国联盟或直接投资进入目标国家将是最好的选择。

（2）企业的产品特征。企业产品特征是指企业产品的要素密集程度、特殊性质、市场适应性、售后服务的要求等。如果企业生产的商品技术密集程度高，企业或者选择出口方式，或者选择直接投资方式进入目标市场，而如果企业产品是标准化的劳动力密集型产品，企业会选择以契约交易的方式进入目标市场；如果企业产品具有某一方面的独特性，企业为了保持独特优势，大多会选择出口方式。如果企业的产品必须根据国外市场的要求进行改良以适应市场，企业为更及时、便利地获得市场信息，会选择以直接投资的方式进入目标市场。如果产品对售后服务要求高，企业会更倾向于采用当地生产、当地提供的方式进入海外市场。

（3）企业的风险管理水平。企业对各类风险的管理、控制水平及承受能力不同，国际市场进入方式也会有所不同。一般来说，间接出口或契约方式风险小，对企业资金和管理能力要求较低，对于缺乏国际运营经验、风险管控能力较小的企业较为适用。而对外投资方式要求企业具有较高的分散外汇风险、政治风险和经营风险的能力，较适用于国际运营经验丰富、资金实力雄厚、风险管控能力较高的大型企业。

（4）企业的海外控制力要求。企业对海外控制力的要求，是由企业经营领域的特性、经营规模、海外经营战略等决定的。如果企业属于技术密集型行业，对国际市场营销渠道有较高控制要求，则企业为了保护生产的技术、专利和诀窍及建立海外营销渠道，会倾向于选择直接出口或设立东道国子公司。如果企业技术陈旧、营销资金有限，在国际化时更倾向于选择间接出口或契约交易方式。

二、企业国际化的主要方式

（一）商品出口

出口贸易是一国企业将本国生产的产品输出到外国市场的销售行为，是最简单、最易于采用的国际化方式。一般地，出口贸易是企业国际化的最初形式，是企业国际化的起点。由于出口贸易的国际化方式具有进入门槛低、风险小的好处，最容易受中小企业的青睐。随着出口的不断进行，企业会获得"出口中学"效应，积累国际化经验，逐步转向更为复杂的国际化方式。从宏观经济的角度来看，由于出口有利于国家赚取大量外汇收入、增加国内就业、拉动总需求、促进产业升级，各国政府都鼓励企业的出口贸易活动。

依据企业出口的具体形式,商品出口又可以分为间接出口和直接出口。

1. 间接出口

间接出口是指企业通过本国中间商或者其他国内代理机构来从事商品出口的行为。在间接出口的方式下,企业与国外市场无直接联系,也不涉及国外营销活动,无须承担过多风险。但是,间接出口不能有效获得国际经营的经验和国际市场信息,无法对商品销售的整个过程进行控制。这种进入方式比较适合中小企业和刚刚涉足国际市场的企业。

间接出口的主要渠道有以下几类:

(1) 专业国际贸易公司和专业代理商。它们是专门从事国际商品贸易的中间商。专业国际贸易公司先购买生产企业的产品,然后按照自己的贸易方式进行出口。专业出口代理商是依据委托企业的授权,以委托企业的名义,向第三方招揽生意、签订合同及办理其他与交易有关的各项事宜的代理中间商。与贸易公司相比,专业代理商不是通过购买并再售商品来获利,而是按照代理协议的规定收取一定的佣金来获利。

(2) 国外驻本国的采购机构、分公司或其他分支机构。国外一些大型批发商、零售商在世界各地设立有采购机构。出口企业将商品直接出售给这些外国采购商,再由这些外国采购商发运、出口。

(3) "挂拖车"出口。"挂拖车"出口是指一个企业利用另一个企业已经建立的国外销售渠道和经营能力出口。其中,承担全部海外营销活动的企业称为"车头"企业,依靠"车头"企业出口的企业则称为"拖车"企业。这种出口形式常常出现在与其他企业的产品具有相关性、配套出口更容易占领市场以及通过合作出口更能发挥国际营销网络作用的情形下。

2. 直接出口

直接出口是指企业不通过国内中间商,直接将产品销往国外市场,或通过目标国家的中间商来从事产品出口的方式。与间接出口相比,直接出口需要更多的资金投入,要设立专门的贸易部门,承担国际市场风险。但直接出口方式可以使企业对国际营销活动具有主动权,加强对营销活动的控制,积累国际营销经验,更有效地实施出口战略。直接出口是出口贸易的一般形式,由间接出口逐步演化而来。一些实力较为雄厚的大中型企业或具有较好国际经营经验的企业会选择直接出口。

直接出口的主要渠道主要包括以下几类:

(1) 企业专门的出口部门。这是国际化企业组织结构中的一个重要部门,专门负责国际市场信息收集和企业的进出口业务。

(2) 企业驻外销售机构。这是企业设立在进口国的分支机构,负责企业产品在进口国的销售,并收集进口国的市场信息,承担产品的售后服务。

(3) 直接销售给最终用户。这种方式通常适用于大型设备或专有技术产品的出口,是一种直销行为。

(4) 国外中间商。包括进口国市场中的贸易公司、代理商和批发商等。

(二) 契约交易

契约交易是指在不涉及股权的条件下,本国企业与外国企业通过达成契约的方式,允许外国企业获得其知识产权或专有技术等无形资产的各种契约安排。契约安排的主要形式有授权经营和合同安排。

1. 授权经营

授权经营是指通过签订合同的方式,企业向合同另一方授权在一定时间内使用其无形资产的经营方式。被授权人要向授权人支付一定的费用或报酬。授权经营也是一种出口,但它所出口的不是有形商品而是无形的技术等资产。授权经营又可以分为两种方式,即许可经营和特许经营。

(1)许可经营是指企业在规定的期限内将自己的无形资产,如专利、技术、商标、生产诀窍等,通过契约转让给外国企业,以获得授权费或其他补偿。在许可经营的方式下,企业转让的不是无形资产的所有权,而是使用权。因此,在许可经营合同中,应规定使用的期限、范围和限制条件及授权费等。

(2)特许经营是指企业将自己的无形资产通过协议方式转让给外国企业,被特许的外国企业在特许人的名义下按照特许协议的规定从事经营活动,接受特许企业的监督和帮助。该种方式与许可经营的区别主要是,在特许经营中,许可方需要监督和帮助被许可方的经营,以确保特许品牌在国际市场中的质量和声誉。

2. 合同安排

合同安排是指企业与外国合作者签订合同,以承包商、代理商、经销商、经营管理和技术人员的身份,通过承包工程、经营管理、技术咨询等形式开辟市场、取得利润的经营方式。根据合同的内容不同,合同安排可以分为国际工程承包合同、国际管理合同、国际生产合同和国际分包合同等。

(1)国际工程承包合同是指企业通过投标或其他途径接受外国业主委托,为其建造工程项目或进行其他经济活动,而与外国业主签订的合同。国际工程承包合同主要有分项工程承包合同、"交钥匙"工程承包合同、"半交钥匙"工程承包合同、"产品到手"工程承包合同、"建设—运营—移交"合同等。国际工程承包合同是企业利用技术、要素及管理等全面进入国际工程建设项目的一种国际化形式。由于国际工程项目建设时间长,企业可以获得较丰厚的利润,但也会面临较大的风险,尤其是政治风险。

(2)国际管理合同是指企业与外国企业签订合同,在规定期限内负责该外国企业的全部或部分管理,并依此获得管理报酬。管理合同实际上是企业跨国转移管理资源与技能的一种方式。企业以国际管理合同的形式进入国际市场,风险较小,无需投资便可取得国外企业的管理权,并通过其管理资源为企业带来收益,但这也要求企业必须具备丰富的跨国管理经验、技能和人才。

(3)国际生产合同是一种国际生产合作方式,是企业与外国企业达成合同,要求外国企业在规定时间内生产符合合同规定的数量、技术和质量标准的产品,并交由本企业销售的行为。这种方式使企业可以利用外国企业的生产能力,当地生产、当地销售,节约关税和运输费用,迅速进入目标市场。但其缺点是难以找到理想的外国企业,并且还需向对方提供生产技术、工艺等,企业只能赚取销售利润而不能获得生产利润。

(4)国际分包合同是指一国的总承包商向另一国的分包商订货,后者负责生产部件或组装产品,最终产品由总承包商在其国内市场或第三国市场销售。国际分包合同与国际生产合同比较相似,不同之处在于国际分包合同中,目标市场国企业只承担生产过程的一部分,而非完整的产品,如根据发包人的订单加工制造零部件、元件等。

(三) 对外直接投资

对外直接投资是企业为取得国外企业经营管理上的有效控制权而输出资本、设备和管理技能等有形和无形资产的经济行为。对外直接投资是企业国际化的高级形式,对企业的综合能力要求很高,如当前世界500强公司在全球各地广泛进行对外直接投资,其中有490多家已在中国投资。对外直接投资的形式包括跨国并购、合营和新建投资等。

1. 跨国并购

跨国并购是企业国内并购行为在国际范围内的延伸,指企业通过收购另一企业的全部资产或足以行使经营控制权的股权,实现对该企业的所有权与经营权的控制行为。跨国并购包括跨国兼并和跨国收购两种行为,但实际上,跨国并购主要是指跨国收购而非跨国兼并。因为跨国收购是通过对目标企业资产或股权的购买,来实现对被收购企业的经营控制。而跨国兼并意味着两家或两家以上的企业合并组成一家企业,这种情况在现代跨国并购中较少见。

跨国并购有利于企业迅速进入目标市场,获得资金融通,廉价购买资产,壮大规模,降低企业发展的风险和成本。但跨国并购要求的资金规模比其他的国际化方式更大,因此只有大型企业才能选择此种国际化方式。

2. 合营

合营是国际直接投资的重要形式,也是企业国际化的重要方式。合营可以分为合资经营和合作经营。

(1) 合资经营是指一国企业以股权参与的方式与目标国企业,乃至第三国企业共同组建新的企业,并就地生产和经营,以实现市场渗透和拓展的国际化方式。合资经营可以使企业借助当地合资伙伴对东道国的市场状况、竞争程度及商业体制等充分了解,降低打开东道国市场的成本与风险。合资经营的缺点是企业的技术控制权可能会通过合资行为被对方所掌握,合资双方的经营目标往往随时间推移而变化甚至出现分歧。

(2) 合作经营指企业以合作契约为基础,与另一国企业共同从事产品的研究、制造或销售,或者某个项目的经营。合作者之间按照合同约定投入资金、技术或设备以及劳务,并依合同分享权益和分担风险。这种企业国际化方式与合资经营极为相似,但比合资经营更加灵活、简便易行。

3. 新建投资

新建投资也称绿地投资,是指企业在东道国境内,依照东道国法律,投资设立新企业或新工厂,形成新的经营单位或新的生产能力的经济行为。与其他的直接投资方式相比,新建投资方式下,企业可以按照自己的意愿来决定经营项目、经营范围、设置管理组织、培育全新品牌,而不受并购或合营企业的影响。

三、企业国际化中的进出口贸易

(一) 企业进出口贸易的磋商

如前所述,不论是内向型国际化还是外向型国际化,进出口贸易都是企业参与国际市场运行、进行国际化的重要方式。通过进口,企业可以获得生产过程中所需的原料、元件和中间投入,学习进口商品中蕴含的先进生产技术。通过出口,企业可以为产品在国际市场打开销路,并逐步了解国际市场的运行规则和信息,为更高级的国际化做好准备。企业在进行对外贸易时首先要在国际市场搜寻交易对象,做好进出口贸易前的准备,然后与选定的客户进行交易磋商,待双方就交易达成一致意见、订立合同后,企业便按照一定的程序履行进出口合同,完成进出口交易。

1. 交易磋商前的准备

企业进出口交易磋商前的准备主要包括国际市场调研、选择市场和客户、制订经营方案、组织和落实货源等活动。

企业进行国际市场调研的目的是通过搜集、整理与分析有关国际市场的各种基本情况及影响因素,恰当地选择目标市场和产品,制订有效的进出口经营方案,实现货物的进出口经营。国际市场调研主要包括对国际市场环境、营销情况、商品情况及国外客户情况的调研。对国际市场环境的调研是要了解主要国家的经济发展水平及前景、产业结构、就业水平、收入分配状况、政府的重要经济政策、政府对对外贸易的鼓励或限制措施,有关对外贸易的法律法规及文化、语言等方面的信息;对国际市场营销情况的调研是要了解有关商品的销售渠道、中间商的经营能力、广告宣传方式和效果、竞争者市场占有率及分销情况;对国际市场商品情况的调研是要了解国际消费者对商品的需求品种、数量、质量要求,国际市场商品供求、竞争及价格变动情况,国外生产厂家生产能力及其库存情况;对国外客户情况的调研是要了解客户的政治背景、与政界的关系及其政见倾向,客户的资本和信用状况,客户的经营范围及主要业务,客户的经营能力等。

企业在国际市场调研的基础上,可以选择政局稳定、与本国政治经贸关系友好、国内市场需求旺盛的国家作为目标国家,并选择资信状况良好、经营时间较长、规模较大的企业作为目标客户。选定目标客户后,企业要根据国家的经贸政策、法律法规对所经营的进出口商品做出业务计划和安排,恰当确定一定时期内进出口商品的数量和金额、增长速度、采用的贸易方式、支付手段、结算办法、销售渠道及运输方式等;为了保证进出口业务的正常进行,企业还要组织和落实好货源。就出口贸易而言,如属企业自己生产的产品,要安排好生产计划,严格把控产品的品质、性能、包装及产量;如属代营出口,企业应做好货物的收购及调拨。企业还要组织安排好出口地与产地之间的货物调运、保管和仓储。

2. 交易磋商的环节和合同订立

企业进出口贸易的磋商是企业为订立进出口贸易合同,对有关的贸易条件进行洽谈协商的全过程。按照国际商务活动的惯例,贸易磋商一般要经过询盘、发盘、还盘和接受四个环节。

（1）询盘。被询盘有时也被称为询价，是贸易的一方希望购买某种商品，在国际市场上向贸易的另一方发出购买这种商品贸易条件的询问。询盘可以只询问商品的价格，也可以询问全部的交易条件，如商品的规格、品种、包装、可供数量等，有时还可以索要样品。在企业的实际进出口业务中，询盘一般由买方以口头或书面的形式发出。

从整个磋商过程来看，询盘只表明企业的一项购买意愿，因此询盘人不需要承担必须买卖的义务；同样，被询盘的一方也不负必须报盘的责任。但从交易当事人长远利益的角度出发，被询盘方一般都会迅速做出答复，即便本次交易不能达成，也会为进口的货物买卖打下良好的基础。当然，询盘对双方都无法律上的约束力，所以并不是每笔交易都必须经历的环节。有时，企业也可以直接向对方发盘。询盘不限定对象，不指向特定的主体，可以同时向多个客户发出，根据回复的贸易条件择优进行下一步的磋商。

（2）发盘

发盘也称为报盘、发价、报价，是企业为买卖商品在国际市场上向另一方企业提出的贸易条件，并表示愿意按照这些条件订立合同达成交易的意思表示。在法律上发盘被称为"要约"。一项发盘一旦被收盘人以一定的形式表示接受，则发盘人就必须按所提出的贸易条件履行义务。因此，与询盘不同，发盘在法律上对发盘人具有约束力。发盘可以由买方发出，也可以由卖方发出，由买方发出的发盘称为购货发盘(buying offer)，由卖方发出的发盘称为售货发盘(selling offer)。发盘有实盘与虚盘之分。

实盘(firm offer)是指对发盘人有约束力的发盘。实盘提出了一项合同成立所必须具备的主要贸易条件，这种实盘被受盘人收到后，在有效期内不经受盘人同意，不得随意撤销或修改其中的贸易条件。

有法律约束力的实盘，需具备以下四个条件：第一，向一个或一个以上的特定受盘人提出。发盘若不指向可能表示接受的受盘人，只能被视为邀请发盘，发盘人不受法律约束。第二，明确表明发盘人在得到接受时订立合同的意旨。发盘人在发盘中必须明确表示，一旦该发盘在有效期内被受盘人接受，发盘人则按发盘条件与受盘人订立合同。第三，发盘的内容必须十分确定，发盘中的交易条件必须明确、完整和无保留。明确是指发盘中的交易条件已准确表达，完整是指基本交易条件要完整，无保留是指发盘一经受盘人接受，便立即受到发盘条件的约束。第四，发盘必须传达到受盘人。发盘在传达到特定的受盘人时才实际生效，如果由于某种原因受盘人没有收到发盘，则发盘无效。

实盘在发出后都有有效期，实盘规定了有效期，在有效期内被接受，发盘人不得单方面修改或撤销发盘，有效期对发盘人和受盘人都具有约束力。如果超过了有效期，实盘失效。除此之外，如果实盘的受盘人还盘或拒绝，或在受盘人发出接受通知之前，发盘人做出有效的撤销，则实盘失效。

虚盘是发盘人可以根据情况和需要而随时修改或撤销的发盘，虚盘不具有法律约束效力。虚盘的主要贸易条件不完整、不明确或带有保留条件，虚盘不规定有效期，发盘人订立合同的意思表示不明确。

（3）还盘。还盘是特定受盘人对发盘中的交易条件不完全同意，提出修改、限制、增加新内容的意思表示。还盘一经做出，原发盘即告失效，还盘实际上可以视为受盘人对发盘拒绝后做出的新发盘。在企业的进出口交易中,还盘可以进行多次,双方在不断的还盘过程中逐步达成一致的交易条件,最后由一方做出接受,磋商结束,进出口合同订立。

(4)接受。接受是受盘人在发盘有效期内,无条件地同意发盘中所提出的各项交易条件,愿意按这些条件和对方达成交易的意思表示。接受在法律上称为"承诺"。一项法律上有效的接受必须具备三个条件:第一,接受必须由发盘的受盘人做出。接受只能由发盘的特指受盘人做出。第二,接受必须以一定的形式明确表示出来。接受可以以口头或书面做出,或用行动表示,如发运货物或开立信用证等。第三,接受应当是无条件的。接受时对发盘内容表示完全同意。若接受中有对发盘内容的增加、限制或修改,称有条件接受,仍可视为还盘。但若双方交易往来频繁,且接受中的增减条件又是非实质性的,此种接受仍有效。

经过发盘和接受之后,企业与国际市场中的另一方已构成一项货物买卖合同。但在国际贸易实践中,买卖双方往往还需要签订一份正式的合同,以作为合同成立的证据、合同生效的条件和合同履行的依据。国际贸易中的合同形式有口头和书面两种,其中书面合同使用最广。进出口双方企业可以采用正式的商品购销合同、购销确认书、协议,也可以采用备忘录以及订单或委托订单。从内容来看,国际购销合同一般包括三个部分,即约首、本文和约尾。约首部分列明合同的名称、编号、签订日期和地点、双方当事人的名称和地址等;本文部分是合同的主体,列明一般交易条件和主要交易条件;约尾部分包括合同份数的说明及双方的签名等。

(二)企业进出口贸易的一般程序

1. 出口贸易的一般程序

企业与国外客户间签订的出口合同多为 CIF 合同,采用信用证结算方式,故在履行合同时需做好"货""证""运""款"四个基本环节的工作,这四个环节的工作相互衔接,构成出口贸易的一般程序。其中,"货"涉及备货和报验,"证"涉及催证、审证和改证,"运"涉及托运、报关和保险,"款"涉及制单结汇工作。

(1)组织货源。卖方根据合同或销货确认书的规定,按时、按质、按量准备好出口货物。如属企业自己生产的货物,需通知仓库打包、改装和发货,或下达生产任务,及时生产,按时完工交货。如属企业外购货物,应与供货单位签订购货协议,要求其按期提交协议规定的货物。

(2)商品检验。凡出口国家法定检验的货物、合同及信用证规定由出口方提供出口地商检机构出具的商品检验证明的货物,在货物发运前,出口商必须向商品检验机构申报质检,检验合格后,商检机构按合同或信用证中的具体要求开具商检报告,以符合单证一致的要求。

(3)托运、订舱、保险和报关。出口企业可以委托有权受理对外货运业务的单位办理货物的托运,也可以直接向承运单位订舱。安排货物运输的同时,出口企业如需办理货物保险,需向保险机构投保。在上述工作结束后,出口企业必须向海关申报出口,报关时需提供出口货物的有关单据。

(4)缮制单据。出口企业需缮制的单据包括商业发票、装箱单、商检证明书、原产地证明书、提单或运单、保险单、出口货物报关单、出口收汇核销单等。这些单据在办理报关时,必须向海关提供。

(5) 装船通知。按照国际惯例,货物装运后出口企业必须将装运情况及时通知进口方。发出装船通知是出口企业应履行的基本义务,以便进口方及时掌握货运动态,安排货物的转售、分拨,对货款的支付早做准备。

(6) 审单。出口企业在将单据提交银行议付前须将合同或信用证规定的各种出口单据集中起来进行全面审核,核查全套单据是否完整,做到单单一致、单证一致、证同一致、单货一致。

(7) 交单、议付、结汇和核销。出口企业将信用证规定的单证及需要的份数在规定期限内交议付行议付。出口企业得到外汇收入后按外汇牌价兑换成本币,并向外汇管理机构办理收汇核销,出口程序即告完成。

2. 进口贸易的一般程序

企业与国外客户间签订的进口合同多为 FOB 合同,采用信用证结算方式。在签订这类进口合同后,企业需要履行的一般程序包括以下几项:

(1) 开立信用证。进口企业应在合同规定的期限内按合同条款向开证行申请开立信用证,并将外汇存入开证行,银行审核后开立信用证。

(2) 安排运输。进口企业要选择恰当的时间委托货运代理公司或自行联系承运单位办理货物运输。运输工具落实好后应及时发出到船通知,卖方据此做好发货前的准备工作,并与承运人的当地代理人安排装运事宜。

(3) 投保。采用 FOB 贸易条件,需由进口方办理货物运输保险,卖方有义务在货物发运后将装船通知及时发给进口企业,进口企业据此向保险公司投保。

(4) 付款赎单。信用证项下的货运单据经进口方银行审核后送交进口企业,进口企业审核认可后,银行对出口企业付款。

(5) 进口报关。货物运达指定目的地后,进口企业应凭进口贸易合同、进口发票、装箱单、运输单据、进口货物报关单等副本向进口地海关申报进口。海关查验后,核定进口关税,进口企业缴纳关税后即可凭正本运输单据或有关证明向承运单位提货。

(6) 检验。货物到达后,进口企业应抓紧时间做好进口货物的检验工作。属于国家法定检验的货物,必须由国家规定的商检机构检验,在合同索赔有效期内取得商检证明书。列入国家规定的动植物检疫范围的进口货物,还应申请动植物卫生检验检疫。

(7) 索赔。进口货物经过检验,如发现与合同不符,需在合同索赔有效期内向卖方提出索赔。

相关案例 7-1

奇瑞汽车的出口策略

奇瑞汽车股份有限公司成立于 1997 年,是我国改革开放后通过自主创新成长起来的最具代表性的自主品牌汽车企业之一。公司成立以来,始终坚持自主创新,逐步建立了完整的技术和产品研发体系,其系列产品在国内家喻户晓,而且出口到海外 80 多个国家和地区,在全球范围内具备了一定的品牌知名度。截至2014年上半年,公司累计销量已达450余万辆,其中,累计出口超过100万辆,总销量和出口量均位居中国乘用车企业第一。

打造"国际品牌"是奇瑞的长期战略发展目标。首先,在"无内不稳,无外不强"发展理念的推动下,公司注重开拓国际、国内两个市场,积极实施"走出去"战略,成为我国第一个将整车、CKD散件、发动机以及整车制造技术和装备出口至国外的轿车企业。其次,公司近年来全面推进全球化布局,实施从"走出去"向"走进去"扎根发展的转变,通过实施产品战略、属地化战略和人才战略,不断加深与海外市场的深层次合作。最后,整合全球优势资源,在全产业链上与跨国公司展开合作,截至目前,奇瑞已与16家世界500强企业展开了业务合作。

资料来源:根据奇瑞汽车官网资料编写,奇瑞汽车官网:http://www.chery.cn/。

第二节 国际经济合作与生产服务外包

第二次世界大战后,科学技术的迅速发展、国际分工的日益深化在推进商品贸易、服务贸易和生产要素跨国流动的同时,也使国家间在各个领域和层次的经济联系更加紧密,国家间各种形式的经济合作不断涌现,有力地推动着全球商务活动的进行。目前,跨国经济主体间的国际经济合作业务涉及国际直接投资、国际间接投资、利用外资与对外投资、生产服务外包、国际工程承包、国际劳务合作、国际发展援助、国际技术转让、项目可行性研究、国际租赁和国际税收等。

一、国际经济合作概述

(一) 国际经济合作的内涵与作用

1. 国际经济合作的内涵

国际经济合作是指不同国家或地区政府、国际经济组织和超越国家界限的自然人与法人,基于平等互利的原则,主要在生产领域内展开的以生产要素的国际流动和重新合理配置为主要内容的、较长期的经济协作活动。

国际经济合作的主体包括主权国家、国际经济组织、企业和个人。各类经济主体之间的合作超越国界,涉及不同的国家体制、法律制度、语言文化和社会习俗。这明显不同于一国内部各个地区间的自然人、法人间的经济协作,会存在更大的政治风险、运营风险以及不确定性。国际经济合作的基本原则是平等互利,合作各方在经济交往中,根据自己的需要,自愿参与、互惠互利,不存在强迫与剥削。国际经济合作的范围一般是生产领域,也包括各国间的经济政策协调,其内容是各种要素的跨国移动与优化配置。国际经济合作对国民经济发展具有重要作用,通过跨国资本、劳务及技术的交流合作,可以深化本国社会分工、直接获得先进技术与管理经验、促进产业结构升级和经济发展。

2. 国际经济合作的作用

国际经济合作打破了以商品贸易为主的国际经济交往格局,为国际经济联系增添了新的内容。国际经济合作的开展不仅会对直接参加合作的各国经济起到积极作用,而且会对整个世界经济的发展产生良好的作用。其主要作用表现在以下几个方面:

(1)国际经济合作可以改善世界经济运行的环境。通过各国在生产领域的友好合作以及各国宏观经济政策的协调,国际经济环境将更为开放、竞争和稳定,各国和平互利发展的空间将大大拓展。

(2)国际经济合作可以提高生产要素的利用效率。通过国际经济合作,一国可以从其他国家或地区直接获得本国稀缺的生产要素,解决各自经济发展中诸如资金和技术"瓶颈"问题、劳动力和资源短缺问题,实现各国资源禀赋的差异性的互补。生产要素的国际流动还会缩短要素价格均等化的进程,提高资源配置及利用效率。

(3)国际经济合作可以扩大国际贸易的规模和范围,破除国际贸易壁垒,影响和改变国际贸易的流向。例如,资本和技术的国际移动会导致原材料、中间投入品和机械设备等货物贸易量的增加。一国将从国外输入的生产要素投入到出口部门,会推动出口贸易的扩张。国际工程承包能带动和扩大与之相关的设备、材料等商品的出口。生产要素的跨国移动还会增加世界服务贸易总量。

(4)国际经济合作可以产生较大的规模经济效应。通过国际经济合作,一国可以从他国或地区获得自己稀缺的要素,并将自己所拥有的优势生产要素与其他国家的优势生产要素结合,扩大产品生产规模,这不仅可以避免某一要素相对丰裕带来的边际生产率递减,还能实现产出扩大的规模经济。

(二) 当代国际经济合作的发展趋势和基本特征

1. 当地国际经济合作的发展趋势

国际经济合作最初是在传统的国际经济联系形式的基础上产生出来的,随着科学技术的进步和国际分工的深化,当代国际经济合作的内容已经十分丰富。各国在参与国际经济合作的过程中,根据自身的特点,不断创新出各种类型的、符合本国需要的合作形式,表现出一些共同的发展趋势。

(1) 各类要素普遍参与国际经济合作。生产活动中最普遍使用的生产要素包括资本、劳动力、土地、技术和企业家管理才能。这些要素在当代都已实现了跨国移动,普遍参与到了国际经济合作当中来。资本通过国际直接投资和间接投资而移动,劳动力通过国际劳务输出与合作而移动,技术通过国际技术转让而移动,企业家才能通过国际管理咨询、境外人事与管理参与而移动,土地要素通过土地合作开发而移动。

(2) 国际经济合作形式多样化、综合化。近年来,新型的国际经济合作不断出现,这些新型合作形式融生产要素移动、国际贸易与投融资于一体,其综合化程度也越来越高。如非股权的国际直接投资、"建设—运营—移交"(BOT)项目、新产品的联合研究与开发、劳务支付的补偿贸易、综合型经济特区等。

(3) 国际经济合作与竞争日益激烈。为了吸引更多的资本流入本国,各国往往会给予外资较优厚的条件,营造良好的投资经营环境,激烈争夺资本要素。在劳动力要素市场上则呈现出卖方竞争的趋势,劳动力输出国之间激烈地争夺劳务输出市场。在高新科技领域,各国为缩小与技术领先国的差距,积极寻求技术转让与合作开发,竞争也很激烈。

(4) 集团化趋势明显。由于生产要素的国际合作较易在经济发展水平相似的国家之间进行,这些国家为进一步谋求整体竞争优势,加快要素流动与联合开发利用,往往建立区域经济一体化集团。同时,生产要素报酬在发达国家与发展中国家之间的差异引起了这两类国家间要素的双向流动,促进了经济发展水平不同的国家间的集团化。

(5) 各国经济政策协调经常化、制度化。各国宏观经济政策的协调也是国际经济合作的重要内容。世界各国经济结构的差异性和经济周期的非一致性,导致各国为稳定本国经济而制定的宏观政策可能会对别国产生负面效应。为此,当代各国积极通过各种国际组织与渠道谋求宏观经济政策的相互协调,在保持政策独立性的同时也开始注重政策的一致性与协调性。

2. 当代国际经济合作的基本特征

第二次世界大战后,国际经济合作在发展的过程中,表现出一些基本的特征,这些特征可以归纳为以下几个方面:

(1) 国际经济合作是主权国家间的合作。国际经济合作中反映出来的是相互尊重国家主权、以平等互利为原则的新型国家关系。在平等的基础上,双方根据自己的需要和可能,自行决定合作的方式与内容,在合作过程中既考虑自己的利益也兼顾对方的利益,各自以己方占优势的要素参加合作,在合作过程中产生的矛盾、纠纷按照国际惯例和有关法律协调解决。

(2) 国际经济合作的宽领域、持久性、多方式的特征。当代各种类型的国家都或多或少地参与了国际经济合作,其合作的时间受到合作项目特征的影响,往往较长。国际经济合作的领域具有广泛性,几乎遍及生产、贸易、金融、科技、政府政策等各个方面。国际经济合作的主体可以是国家政府、区域组织,也可以是企业,还可以是自然人,其合作方式多种多样。

(3) 国际经济合作是一揽子国际转移。由于国际经济合作涉及多方面,综合性程度高,大多数情形下,国际经济合作是资本、劳动力、技术等要素的复合式、一揽子转移。

(4) 国际经济合作是一个竞争、矛盾、协调与合作并存的过程。各方合作的目的是实现一定的经济利益,在追逐利益的过程中,合作各方必然会遇到目标不一致的问题,产生矛盾、摩擦与冲突。此时,各方往往需要共同解决所面对的问题与矛盾,实现合作的继续与深化。

二、国际经济合作的具体形式

(一) 国际投资合作与国际劳务合作

1. 国际投资合作

国际投资合作包括国际直接投资合作和国际间接投资合作。国际直接投资是企业为取得国外企业经营管理上的有效控制权而输出资本、设备和管理技能等有形和无形资产的经济行为。国际直接投资包括跨国并购、合资经营和新建投资。跨国并购是企业国内并购行为在国际范围内的延伸，指企业通过收购海外另一企业的全部资产或足以行使经营控制权的股权，以实现对该企业的所有权与经营权的控制行为。国际合资经营是两个或两个以上的国家或地区的投资者，在选定的国家或地区投资，并按照选定国家或地区的有关法律组织建立以营利为目的的企业或实体，由投资人共同经营、共同管理，并按照股权投资比例共担风险、共负盈亏的投资行为。新建投资也称绿地投资，是指企业在东道国境内依照其法律投资设立新企业或新工厂，形成新的经营单位或新的生产能力的经济行为。

国际间接投资与国际直接投资的根本区别在于对投资项目的经营活动有无控制权。除此之外，国际间接投资通常以证券、信贷为媒介，通过货币形式进行资本转移，且主要以短期盈利为目的，资本流动性强，对风险敏感度高，投资灵活性大。国际间接投资的形式主要包括国际证券投资和国际信贷投资。国际证券投资以国际股票和国际债券为投资对象，以货币价值增值为目的，其投资的有价证券包括海外上市公司的股票、存托凭证、欧洲股权、外国债券、欧洲债券、全球债券等。国际信贷投资又称国际信用，是发生在国家间的一种资金借贷关系，即由一国或多国的政府、银行或国际金融组织向第三国政府、银行、法人或其他自然人提供信贷资金。国际信贷按资金来源可以划分为政府贷款、国际金融组织贷款、国际银行贷款、联合贷款和混合贷款。按信贷的性质，国际信贷可以划分为贸易信贷和资本信贷；按信贷资金的特定用途，可以分为项目贷款、出口信贷、福费廷和承购应收账款等。

2. 国际劳务合作

国际劳务合作也称国际劳务输出，是一国的各类技术和普通劳务，到另一国为其政府机构、企业或个人提供各种生产性或服务性劳动服务，并获取报酬的活动。提供劳务的一方称为劳务输出方，也叫受聘方。接受劳务的一方称为劳务输入方，也叫聘请方。国际劳务输出提供的劳务主要有技术服务、普通劳动服务和管理服务。

国际劳务合作对输出方和输入方都有积极的作用。对于输出方来说，通过劳务输出可以缓解国内的就业压力，增加本国的外汇收入，以劳务的输出带动商品的出口和国外先进技术、理念的输入。对于输入方来说，国际劳务合作可以弥补本国劳动力不足或个别行业劳动力的结构性短缺，解决本国因管理经验和技术水平不高而制约经济发展的难题，且外籍劳务一般不受本国最低工资水平的限制，使产品生产成本下降，产品竞争力提高。

国际劳务合作的方式主要包括：第一，通过对外承包工程输出劳务。由于国际工程承包是一项系统工程，在实施的不同阶段可以输出不同技能水平的劳动力，例如在项目的考察、设计阶段可以派出管理人员和专门技术人员，在项目的勘探、施工、安装和调试阶段可以派出一般技术工人和普通劳动者。第二，通过技术和设备的出口输出劳务。技术和设备进口后，进口国家往往需要出口国家的技术人员对本国的实际应用和操作人员进行培训，对于出口国家来说，这就存在着技术人员的劳务输出。第三，通过对外直接投资带动劳务输出。投资国在境外设厂、创办企业的同时，也会派出一些技术和管理人员，如果东道国没有劳务输入限制,甚至可以向东道国派出普通劳动工人到创办企业从事生产活动。第四,直接的劳务出口。通过与输入国有关机构签署劳务输出合同,输出国可以直接向输入国派出各类劳务人员,如专家、管理人员、技术工人、普通劳动者等。

(二) 国际技术合作与国际管理合作

1. 国际技术合作

国际技术合作也称国际技术转让,指一国技术拥有方把生产所需的技术和有关权利,通过贸易合作、交流等方式提供给另一国的技术需求方的经济行为。国际技术转让是技术从一国向另一国的转移,其主要形式就是国际技术贸易。

国际技术转让对于技术输出方来说,可以起到通过出口技术获得利润、弥补技术研发耗费、代替商品出口、克服贸易壁垒的作用;如果是即将过时的技术,还可以起到促进技术更新、保持技术领先的作用。对于技术的输入方来说,可以通过引进他国技术,节省研发耗费,快速形成生产和出口能力,赚取外汇收入,促进产业结构和产品结构的升级,缩短与技术领先国的差距。

国际技术转让的基本内容是知识产权,包括工业产权和著作权。前者如专利权、商标权,后者如计算机软件等。除此之外,国际技术转让还包括专有技术和商业秘密。国际技术转让有非商业性技术转让和商业性技术转让之分。非商业性技术转让是无偿的技术转让,包括国家间的技术交流和联合国等国际机构或不同国家政府机构提供的国际技术援助。商业性技术转让是有偿的技术转让,也就是国际技术贸易,即技术供需双方按照一般商业条件,达成技术转让协议或合同而进行的转让。

国际技术合作的方式包括以下几类:

(1) 技术许可贸易。技术许可贸易是技术供应方将其交易标的的使用权通过许可证协议或合同转让给技术的受让方,允许受让方按照合同约定的条件使用该技术,制造和销售合同产品,并支付一定技术转让费的贸易方式。技术许可贸易是技术贸易中最基本和使用最广泛的形式,许可内容包括专利许可、商标许可、专有技术许可、商业秘密许可和计算机软件许可等。

(2) 国际合作生产。国际合作生产是指合作双方或多方利用各自拥有的技术共同完成有关的生产项目或共同开发有关的生产计划。

(3) 技术咨询服务。技术咨询服务是一国咨询机构根据另一国委托人的要求,利用自己的技术、人才、经验和信息等资源优势,提供解决特定技术问题的方法与方案,或提供委托人需要的情报信息与技术资料的经济行为。

(4) 与其他贸易方式及投资相结合的技术转让,如与补偿贸易、加工贸易、租赁贸易、合资经营、合作经营相伴随的技术转让。

2. 国际管理合作

国际管理合作是自然人、法人的管理能力、管理信息在各国间的相互交流与合作。国际管理要素的跨国移动过程中,对于输出管理能力的一方来说,有助于扩大海外投资规模,带动商品和其他要素的出口,增强与输入国的经济交往。对于另一方来说,管理要素的输入有助于改善企业或公司的生产经营状况,提高劳动生产率,增加企业产出与收益,优化本国劳动力、资本、技术和土地等要素的配置效率,充分发挥各种要素的功用,提高经济发展水平和实现管理现代化。

国际管理合作的形式主要有以下几种：

(1) 境外人事参与与管理参与。人事参与指一国企业向其他企业派遣自己的高层管理人员兼任董事，或通过各种合同派遣技术管理人员参与对方企业的决策。管理参与指一国企业与另一企业通过签订管理合同及其他经营管理服务协议等方式参与对方企业的管理活动，如提供管理技术服务、参与计划制订及方案设计等。

(2) 向境外企业提供管理咨询。国际管理咨询的业务范围包括企业的战略或组织发展、市场销售、生产管理和行政管理、人力资源管理等的咨询服务。

(3) 聘请国外管理集团或管理专家。这是企业通过签订国际间的聘用合同方式，聘请多人组成的管理集团或个别管理专家为本企业管理服务的一种国际管理合作形式。

(4) 举办短期的国际管理学习班、进行短期的国际管理考察等。

(三) 国际工程承包和国际 BOT 合作

1. 国际工程承包

国际工程承包是指一国承包商通过投标或其他途径接受另一国的政府部门、公司、企业、工程业主或发包人的委托，按规定的条件承担完成某项工程任务，并依据合同收取费用的一种综合性的国际经济合作方式。

国际工程承包是一项综合性、耗时长、风险高、政策性强的国际业务。其特点表现在以下几个方面：

(1) 国际工程承包的内容多种多样。国际工程承包的内容既有工程设计、勘探、施工、安装、调试等，也包括技术、机器设备、建筑料件的进出口，还包括工程承包过程中的资金融通和人员培训，内容庞杂。各项工程又有着一些独特的工作内容，互不相同。

(2) 国际工程承包业务的综合性强。国际工程承包签约各方属于不同国别，涉及多国的不同法律制度和各类国际惯例，项目涵盖物资、技术、资本、劳务等多项内容。整个业务涉及工程、贸易、金融、法律、管理、外交等各方面事务。

(3) 国际工程承包风险较大。国际工程承包历来被公认为是一项"风险事业"，其规模大、投资多、施工长，与国内工程相比风险大得多，如政治风险、经济风险、自然条件的风险、经营管理失误的风险等。

国际工程承包按承包商所负责任的不同，可以分为总包、分包、转包和联合承包等。

(1) 总包方式。承包人单独承揽全部外国企业、个人的建造工程或其他工程项目，对业主负完全责任，保证项目建设质量、按期完工，包括设备安装、调试及初步操作顺利运转后，即将该工厂或项目所有权和管理权依合同完整地交付业主，有时也称为"交钥匙"工程。

(2) 分包方式。分包是指在整个工程项目中承包人只承包单项工程或其子项。分包可以指由业主将整个工程分为若干子项目，分别交给各个承包人承建，也可以指总承包人承包一项工程后，经业主或其委托人同意，将工程的一部分项目分包给其他承包人，即二包。

(3) 转包方式。转包是指原承包人因特殊原因无法继续建设承包项目，经业主或其委托人同意,在不改变以前合同的条件下,将工程项目的全部或部分转让给另一承包人。

(4)联合承包。联合承包是指两家或两家以上的公司以合同方式组成联营或合营公司,共同参加某工程项目的资格审查和投保,中标后共同签约承建该工程项目。

20世纪90年代以来,国际工程承包在国际经济合作中得到广泛应用,市场规模不断扩大。目前,已形成亚太、欧洲、美洲、中东和非洲五大国际工程承包市场。

2. 国际BOT合作

BOT是"build-operate-transfer"的缩写,即"建设—运营—移交"项目。国际BOT项目自20世纪80年代以来成为国际经济合作的一种重要形式,是指国家或者地方政府通过契约授予外国企业以一定期限的特许专营权,允许其融资建设和经营特定的公用基础设施,并允许其通过向用户收取费用或出售产品以清偿贷款、回收投资并赚取利润,特许权期限届满时,该基础设施无偿移交给当地政府。

国际BOT项目的优势主要体现在以下几方面:

(1)BOT有助于缓解项目所在国家基础设施建设资金不足的困境,改善项目所在国的基础设施条件。BOT建设所需资金由项目公司筹措,项目所在国政府只是转让一定时期项目的经营权,经营结束后回收项目为本国所有,资金投入甚少。

(2)BOT有助于项目所在国产业结构升级和获得先进技术、管理经验。BOT项目的投向主要是公共基础设施,这些设施是不同产业发展和升级的基础,在BOT建设和营运过程中,外国投资者的生产技术或管理经验易被项目所在国学习和吸收。

(3)BOT项目降低了参与人面临的风险。BOT项目参与者通过签订合同或协议,共享收益、共担风险与责任,资金来源大多通过国际银团贷款,降低了经营风险、金融风险等各类风险。

国际BOT项目是一种涉及多方当事人、以融资和建设为主的复杂项目。它既不同于一般的融资项目,也不同于国际工程承包。其特征主要有:

(1)BOT投资项目的建设周期长、规模庞大。BOT投资项目一般由多个国家或企业参与其中,从项目的谈判,到可行性研究报告,到项目建设、运营,再到最后的交付,往往历时几年甚至十几年,时间较长。

(2)BOT是一种项目融资。BOT所需资金全部由外国投资者或国内投资者通过融资、贷款解决。融资过程中,承包商以授权期内营运项目的收费或销售项目产品所带来的收益为担保获得贷款,是一种无追索权或有限追索权的融资。

(3)BOT投资项目难度大。BOT所需资金规模巨大,参与其中的当事人众多,涉及多国法律法规,建设营运需要各类投资与技术,难度相当大。

(4)BOT建设需要多方通力合作。BOT项目的当事人包括政府、项目公司、建设公司、营运商、贷款人、保险公司、招标代理、施工单位等,还涉及项目所在国的许多社会公共部门。所以一项BOT投资能否成功,不仅取决于参加方能否积极承担各自责任、分担各自风险,还取决于有关各方能否给予强有力的支持。

世界银行的《世界发展报告》指出,国际BOT项目的一般形式有三种:

(1)BOT,即build-operate-transfer(建设—运营—移交)方式。这是最基础的形式,采用这种方式的项目,项目公司没有项目的所有权,只有建设权和经营权。

（2）BOOT，即 build-own-operate-transfer（建设—拥有—运营—移交）方式。项目在建成后，政府允许在一定的期限内由项目公司拥有项目的所有权，并由项目公司运营该项目，在特许经营期届满后将项目免费移交给政府，这种方式明确了项目公司对项目一定时期的所有权。

（3）BOO，即 build-own-operate（建设—拥有—运营）方式。投资者根据政府赋予的特许权，建设并经营某项目，但是不将此项目移交给公共部门，而是继续经营。这种方式的目的主要是鼓励项目公司从项目全寿命期的角度合理建设和经营设施，提高项目建设、项目产品或服务的质量。

在以上三种方式的基础上，在实践过程中又发展出了一些 BOT 项目的变形。如 BLT（build-lease-transfer，建设—租赁—移交）方式；BOOST（build-own-operate-subsidy-transfer，建设—拥有—运营—补贴—移交）方式；BTO（build-transfer-operate，建设—移交—运营）方式；BT（build-transfer，建设—移交）方式；IOT（investment-operate-transfer，投资—运营—移交）方式等。

三、生产服务外包

（一）外包的定义与发展动因

20 世纪 80 年代以来，随着科学技术的进步和国际分工的不断深化，生产和服务流程在全球范围内的可分离性不断增强，企业为降低生产经营成本，将整体的业务流程分割为若干前后衔接的环节，并将这些环节配置到国内外最具比较优势和规模经济的地区进行生产和提供，由此带来了全球外包的迅速发展。外包正在成为继国际贸易、国际投资之后最重要的国际经济合作形式，以及未来世界及各国经济发展的重要推动力量。

1. 外包的定义和分类

外包（outsourcing），也称资源外包、资源外置，是指企业整合利用其外部优秀专业化资源，达到降低成本、提高效率、充分发挥自身核心竞争力、增强企业对环境的迅速应变能力的一种商业管理模式。

外包的称谓有多种，如多阶段生产（multi-stage production）、分散化生产（fragmented production）、全球生产分享（global production sharing）等，其实质都是企业寻求外部资源的最佳利用，是企业在内部资源有限的情况下，为取得更大的竞争优势，仅保留其最具竞争优势的功能，而把其他功能借助于整合、利用外部最优秀的资源予以实现。这样，企业内部最具竞争力的资源和外部最优秀的资源的结合，能产生巨大的协同效应，使企业最大限度地利用各类资源，获得竞争优势，提高对环境变化的适应能力。

从价值创造的角度来看，外包是企业将不直接创造价值的后台支持功能剥离，专注于直接创造价值的核心功能，也就是将企业的一部分业务转移出去。根据转移对象的不同，外包可以分为生产外包和服务外包：转移对象是加工制造零部件、中间产品活动的，属于生产外包；转移对象为服务活动或流程的，就是服务外包。根据业务外移的地域界限的不同，外包可以分为国内外包和离岸外包：前者指将业务交给本国的其他企业，外包业务在境内完成;后者是指将业务交给其他国家的其他企业,外包业务需跨境完成。根据发包方式的不同,外包可以分为项目外包和职能外包:采用一次性项目合同方式的技术开发与支持的外包,通常需寻求第三方公司的专业服务,这种外包形式称为项目外包;除此之外,通过订立长期合同方式进行的其他服务外包活动,需交给专业外包公司承担,称为职能外包。

2. 外包的发展动因

全球外包在20世纪80年代以来的迅速发展是经济全球化、产品技术复杂化及专业化、竞争激烈化、交通通信及贸易成本下降等因素共同作用的结果。

(1)经济全球化。全球化给企业带来发展的机遇与压力。为谋求发展,企业必须充分利用和整合内外部资源,既要考虑企业内部资源的重新组合,又要构建与外部相关企业的战略合作。企业将非核心的业务进行外包,注重相关企业之间的横向和纵向合作关系及对其资源的利用。

(2)产品技术复杂化和专业化。现代科技在生产和服务领域的应用使产品和服务生产过程复杂化、迂回化,也使产品生产和服务提供的流程延长。由企业单独完成整个产品和服务提供的业务流程耗费很大,通过外包,企业把自身不擅长的业务流程以合同或契约的形式发包给更加专业、知识化、系统化的外部企业去完成。这样能实现最终产品或服务生产上的通力合作、互惠互利,获得长期的利润提升和市场竞争优势。

(3)国际市场竞争激烈化。全球经济发展方式正在发生着巨大的变革,技术进步和快速创新推动了生产力的发展,市场的快速变化使得经济关系日渐复杂,企业间的竞争进一步加剧。传统的"内部一体化"模式已经不能适应国际市场竞争,企业必须更加注重自身的核心竞争力,进行横向、纵向的非一体化合作生产。

(4)交通、通信及贸易成本下降。新的科技革命使交通及通信条件不断改善、成本不断下降,多边贸易谈判大幅降低了贸易成本,这些为企业业务外包战略的推广和运用提供了机遇,使得许多以前不能分离或分离成本很高的业务环节也能轻易外移,全球外包得以发展。

(二)生产外包和服务外包的运行

1. 生产外包的运行

生产外包(production outsourcing)又称为制造外包,是企业将产品生产的部分环节委托给外部的专业化生产厂商进行生产的经济行为。生产外包是最基本的外包形式,是企业间的委托加工或制造,即代工生产。

按照外包制造产品的完整性,可将生产外包分为整件外包和部件外包两种形式。整件外包是指外包企业委托代工企业生产制造完整的、可供消费的最终产品,即生产外包企业将整个生产环节外包给代工企业。部件外包是指生产外包企业将最终产品的生产环节进行分割,分别外包给不同代工企业进行生产和完成最后的组装。

按照外包涉及产品研发的程度,可将生产外包分为OEM和ODM。OEM(original equipment manufacturing),原意为原始设备制造商,是指发包企业不直接生产产品,而是利用自己掌握的核心技术负责设计和开发新产品,控制销售渠道,具体的加工生产任务则通过合同外包的方式委托给国外接包企业,待产品生产出来后,再将所订产品低价买断,直接贴上自己的品牌商标进行销售。ODM(original designing manufacturing),原意为原始设计制造商,是指发包企业委托接包企业,由接包企业负责产品设计和生产,最终产品贴上发包方的品牌,并由发包方负责销售的生产方式。

生产外包的实施步骤一般包括以下几个阶段:

(1)制订外包方案。企业根据自身需求和技术特征,制订某项产品或制造环节的外包方案,规定外包业务的数量、金额、质量及技术要求。

(2)确定接包企业。根据市场调研寻找到若干待选接包企业后,评价其有无完成外包过程的能力,包括产品质量保证能力、过程控制能力、设备技术能力、人员管理能力等。对于承担重要业务的接包方,应对之进行现场考察,以确认外包方的能力。

(3)签署外包合同或协议。为了明确发包方和接包方的职责,双方应签订外包合同或协议,特别要明确对接包方的要求。

(4)样品认证。发包方向接包方提供制造要求和流程,接包方生产少量样品,发包方进行质量、技术检查认证,如果通过则进入正式生产,如果不通过则要求其再提供样品进行认证或中止外包合同。

2. 服务外包的运行

服务外包是指企业将本来自身执行的非核心服务提供职能,通过建立可控制的离岸中心或国外分公司,通过合同方式发包、分包或转包给本企业之外的服务提供者,以提高自身的资源配置效率。服务外包是在生产外包的基础上发展起来的,采用现代通信手段进行交付,使企业通过重组价值链、优化资源配置,来达到降低成本和增强企业核心竞争力的目标。

服务外包按业务领域,可以分为信息技术外包(information technology outsourcing,ITO)、业务流程外包(business process outsourcing,BPO)和知识流程外包(knowledge process outsourcing,KPO)三类。信息技术外包是指企业以长期外包合同的方式委托信息技术服务商向其提供部分或全部的信息功能。常见的信息技术外包涉及信息技术设备的引进和维护、通信网络的管理、数据中心的运作、信息系统的开发和维护、备份和灾难恢复、信息技术培训等。业务流程外包是指企业将一些重复性的非核心或核心业务流程外包给供应商,并由供应商对这些流程进行重组,由其完全管理、提供并运作的一种外包形式。常见的业务流程外包有需求管理、企业内部管理、业务运作管理、供应链管理等。知识流程外包是业务流程外包的高智能延续,是指企业将具体的知识型、技能型业务承包给外部的专门服务提供商,将业务流程外包从简单标准过程的执行过程推进为高级分析、专业知识的提供过程。常见的知识流程外包业务有市场研究与分析、工程和设计服务、检测检验等。

全球服务外包在近年来获得了突飞猛进的发展,表现出如下一些特征:

(1)全球服务外包发展潜力巨大。随着全球服务业的发展和生产外包的加快,服务外包的供需旺盛、潜力巨大。据《2013年全球服务外包发展报告》的数据显示,2012年全球服务外包总合同金额已达9 910亿美元,按地域来看,欧洲、中东及非洲的服务外包总额为4 860亿美元,美洲服务外包总额为3 750亿美元,而亚太地区总合同金额达到1 300亿美元,呈现出快速增长的趋势。

（2）发包方与接包方仍比较集中。全球服务外包的发包方主要集中在美、欧、日等发达国家和地区。一些发展中国家和新兴市场国家由于具有较高的国民教育和较低的工资水平、较稳定的经济环境和政局成为主要的接包方，中国、印度、爱尔兰、菲律宾和俄罗斯等接包方优势明显。

（3）高科技含量服务外包所占比重不断增加。随着技术的进步，服务外包已完成维持系统的可供性到企业日常业务流程外包，再到专业知识密集型流程外包的转变。目前，包括先进应用程序、风险管理、金融分析、研究开发等在内的高科技含量、高附加值的服务外包业务正在蓬勃发展。

（4）承接服务外包的竞争越来越激烈。当前，许多国家和地区认识到离岸服务外包行业巨大的潜在市场规模及其对经济发展的促进作用，因此根据自身优势竞相进入该领域，力争成为领先的离岸服务外包目的地。爱尔兰、东欧国家与发包方具有地域接近性；中国、印度、菲律宾拥有大量低成本人力资源；澳大利亚与发包方的语言文化相似，基础设施完备。越来越多的国家或地区将承接服务外包确定为产业发展的重点，使承接服务外包的竞争更加激烈。

相关案例7-2

富士康的发展特点

富士康科技集团是专业从事计算机、通信、消费性电子等产品的研发、设计、制造商。自1974年在台湾地区成立，1988年投资中国大陆以来，富士康迅速发展壮大，目前已成为全球最大的电子产业科技制造服务商。2013年进出口总额占中国大陆进出口总额的5%，旗下14家公司入榜中国出口200强，综合排名第一。2014年位居《财富》全球500强第32位。

富士康成立之初以制造用于电器的树脂模具为主。此后，在台湾电脑配件制造业的成功趋势下，富士康也开始积极涉足连接器制造，借助电脑连接器业务，富士康开始和康柏等个人电脑厂商合作，在主流台式个人电脑制造业崭露头角。进入大陆市场以来，富士康的主要业务是电子代工，以及承包电子产品的最终组装业务。利用大陆的低劳动力成本优势，富士康采取了积极接受多家一流公司订单的方针，广泛接受戴尔、惠普、索尼、诺基亚、摩托罗拉、苹果、西门子等企业的生产外包，代工生产，成为中国最大的加工出口企业。

在持续增强代工优势的同时，富士康开始注重研发设计，提出"两地研发、三区设计制造、全球组装交货"的发展战略，并注重核心技术的研发应用和跨领域科技整合。目前富士康已在纳米科技、精密光学、环保照明、平面显示、自动化、半导体设备、云端运算服务等领域取得丰硕成果。富士康已超越了一般的电子代工企业形象，正在向高新科技企业发展。

资料来源：根据富士康官网资料编写，富士康官网 http://www.foxconn.com.cn。

第三节 跨国公司与国际直接投资

第二次世界大战以后,特别是20世纪50年代后期以来,随着主要发达国家经济的发展及其对外直接投资的迅速增长,作为资本和生产国际化的重要组织形式——跨国公司有了迅速而广泛的发展。跨国公司通过引起贸易方式、贸易结构、国际投资规模和流向等的变动,对世界经济及国际商务活动的发展产生了深刻的影响。

一、跨国公司的定义与分类

(一)跨国公司的定义

跨国公司又称多国公司、国际公司、超国家公司和宇宙公司等。1974年后联合国统一了跨国公司的称谓,将跨国公司定义为"在它们的基地之外拥有或者控制着生产和服务设施的企业",这一概念比较宽泛。联合国1977年又给出了较为具体的跨国公司定义:"跨国公司是股份制的或非股份制的企业,包括母公司和它们的子公司。母公司的定义为一家在母国以外的国家控制着其他实体的资产的企业,通常拥有一定的股本;子公司则是一家股份制的或非股份制的企业,在那里一个其他国家的居民的投资者对该企业管理拥有可获得持久利益的利害关系。"

各国关于跨国公司的定义,有不同的标准和尺度,大体上可以概括为三种标准下的定义。

(1)结构性标准。凡采用企业的跨国程度、企业的所有权、经理人员的国籍和企业的组织形式等作为划分跨国公司的标准与尺度的,都属于结构性标准。

(2)营业实绩标准。跨国公司营业实绩标准是指,公司的国外活动在整个公司业务活动中,其资产额、销售额、生产值、盈利额和雇员人数应占若干百分比以上才算是"跨国"。

(3)行为标准。行为标准是指一个跨国公司应具有全球化的目标和动机。公司按照全球目标公平处置世界各地出现的机遇与挑战,公司经营活动由一国走向多国,直至定位于全球化目标,一般需要经历民族中心、多元中心和全球中心三个阶段。公司只有进入全球中心,才称得上是真正的跨国公司。

上述各标准都只是从某个侧面来说明跨国公司,存在不全面性。根据1986年联合国《跨国公司行为守则》(UNCCTC)对跨国公司的定义,跨国公司应具有三个基本要素:第一,是在两个或两个以上国家从事生产经营活动的经济组织,母公司通过股权或其他方式对国外的实体进行控制;第二,这个组织有一个中央决策系统,组织内部各单元的活动都是为全球战略目标服务的;第三,组织内部各单元共享资源、信息等权利,共担责任和风险。

(二)跨国公司的分类

跨国公司可以从不同的角度划分为不同的类型。如按其规模大小,可以划分为大型跨国公司和中小型跨国公司;按其经营项目,可以划分为资源开采公司、加工制造业公司、贸易公司和服务公司、投资公司等;按其经营结构,可以划分为横向型公司、垂直型公司和混合型公司三大类。

1. 横向型跨国公司

横向型跨国公司主要从事单一产品的生产和经营,母公司和子公司很少有专业化分工,但公司内部转移生产技术、销售技能和商标等无形资产的数额较大。

2. 垂直型跨国公司

垂直型跨国公司的母公司与子公司之间在经营内容上可以分为两种:一种是母公司和子公司生产和经营不同行业但相互关联的产品,它们是跨行业的公司,主要涉及原材料、初级产品生产和制造加工行业。另一种是母公司和子公司生产和经营同一行业的不同加工程度或生产工艺阶段的产品。

3. 混合型跨国公司

混合型跨国公司经营多种产品和业务,母公司和子公司生产不同的产品、经营不同的业务,且它们之间互不衔接,没有必然联系。

二、跨国公司的基本特征

跨国公司的跨国性决定了它是以母国为基地,将其实体分布于不同的国家或地区,在母公司的统一决策体系下在多国从事生产和经营活动的。跨国公司的经营有以下几个主要特征:

(1)跨国公司战略的全球性和管理的集中性。首先,跨国公司的战略是以整个世界市场为目标,总公司对整个公司集团的投资计划、生产安排、市场分布、利润分配、研制方向等的重大决策实行高度集中统一的管理,以使整个公司在全球的利益最大化。其次,跨国公司内部各实体之间,具有密切的联系性。公司在海外设立的大量子公司受控于母公司,在集中管理体制下进行分工协作,公司内部各单位的业务相互交融、相辅相成。

(2)跨国公司利用直接投资争夺世界市场。跨国公司对外扩张有两条途径:一是商品出口,二是海外投资和海外生产。为了扩大商品输出,初始时,跨国公司在海外设立销售公司,随着国际竞争的加剧,这种方式已满足不了跨国公司争夺世界市场的需要,跨国公司越来越多地采用海外直接投资的方式建立商品的生产、加工工厂以代替直接的商品输出。

(3)跨国公司拥有先进技术,保持竞争优势。跨国公司以研究和开发新技术、新工艺和新产品为其经营的主要特征,并且影响所在国家的有关产业部门。科学技术的进步又加强了国际分工与协作,促进了跨国公司的发展。跨国公司十分重视在研究与开发上的投资,据统计,世界500强跨国公司中,研发费用约占它们年销售额的5%—10%。

(4)跨国公司向综合性多种经营发展。20世纪70年代以来,综合性多种经营的跨国公司迅猛发展,其业务经营范围几乎无所不包。通过综合性多种经营,跨国公司的经济实力得以增强。

简言之,跨国公司从全球利益出发,把世界市场战略、技术转让战略和产品多样化战略有机地结合起来,力图获得最大的经济利益。

三、跨国公司内部贸易与转移定价

(一) 跨国公司内部贸易

跨国公司的全球战略和公司内部"一体化"战略,不仅促进了跨国公司与其他公司贸易的发展,而且促进了跨国公司内部贸易的迅速增长。

跨国公司内部贸易是指在跨国公司内部进行的产品、原材料、技术与服务的流动,主要表现为跨国公司的母公司与子公司之间、国外子公司之间在产品、技术和服务方面的交易活动。跨国公司内部贸易既具有国际贸易的特征,又具有公司内部商品调拨的特征,因此,它是一种特殊形式下的国际贸易。在当代国际贸易中,跨国公司的内部贸易已占世界贸易额的1/3以上,随着跨国公司的发展,这种内部贸易在世界贸易中所占的比重将越来越大。

跨国公司内部贸易产生的原因主要有以下几点:

(1)内部贸易是技术进步和国际分工发展的结果。跨国公司把生产加工的不同阶段分设在不同国家,或者各子公司专业化生产整个产品的某种特定部件,促进了跨国公司内部贸易的扩大。

(2)内部化是跨国公司追求利润最大化的必然结果。公司内部贸易可以大幅度减少通过外部市场交易所付的费用,节约交易成本,增加利润。公司还可以借助内部转移价格中的转移高价和转移低价,谋取高额利润。

(3)贸易内部化可以防止技术优势的扩散。对技术的垄断是跨国公司的特有优势,也是其存在和发展的关键。通过知识、技术的内部贸易,跨国公司将知识、技术的外部性内部化,既节约交易成本,又规避了知识、技术的外溢。

(4)内部交易可降低外部市场造成的经营不确定风险。受市场自发力量的支配,企业经营活动面临着诸多的风险,如投入的供应数量不确定、质量不确定、价格不确定等,公司内部贸易可以大大降低上述各种经营不确定性的风险。

(二) 跨国公司转移定价

跨国公司转移定价,又称跨国公司内部贸易价格,即跨国公司总公司与子公司、子公司与子公司之间在进行商品和劳务交换时所实行的价格。转移定价在一定程度上不受市场供求关系的影响,因为它不是独立的各方在公开市场上按"自由竞争"原则确定的价格,而是根据跨国公司的全球战略目标,以谋求最大利润为目的,由总公司管理层制定的价格。

1. 跨国公司转移定价的目的

(1)减轻税负。跨国公司的子公司分布世界各地,其经营所得须向东道国政府缴纳所得税,同时子公司的进出口贸易须向东道国缴纳关税。但各国所得税税率和关税税率高低差别较大,税则也不统一,跨国公司往往利用这一点,通过转移价格人为地调整母公司与子公司的利润和进出口数量与金额,以此来规避高税率东道国的税收。

(2) 调配资金。跨国公司从事对外直接投资,进行多国性经营,需要利用众多的资本市场,并实现资金的自由调拨与配置。但东道国往往对资金的调出加以限制,如限制汇回利润等。跨国公司可采取由各子公司分担集中开发的开支、以高利贷名义将资金以利息方式调回等转移价格的形式,在跨国公司内部调配资金流向。

(3) 调节利润。跨国公司利用高税区与低税区的判别通过对转移价格的调高或调低来影响国外子公司的利润水平的高低。一般说来,发达国家处于高税区,发展中国家处于低税区。由高税区向低税区调低转移价格,便可以达到调低子公司的进货成本、提高其利润的目的。反之,采用调高转移价格的做法,可以达到提高高税区子公司进货成本、降低其利润的目的。这种转移价格的方式,最终减少了整个公司的税负,增加了利润。

(4) 规避风险。跨国公司从整体利益出发,出于对东道国投资环境、投资政策、外汇管理等诸多方面的考虑,往往利用转移价格,通过多种方式增加子公司的经营成本,从而将投资利润从东道国转移出去,保证其风险降至最低。

2. 跨国公司转移定价的商品种类和定价体系

跨国公司实行转移定价的商品归纳起来可以分为两大类:一类是有形商品,如机器设备、半成品或零部件;另一类是无形商品,如出口技术、提供咨询服务等。这两大类商品的转移定价原则是不同的。

有形商品的转移定价基本上可以归纳为以内部成本为基础的定价体系和以外部市场为基础的定价体系两种。无形商品的转移价格,如专利费和管理费等,由于缺乏外部市场的可比性价格,没有可靠的定价基础,多根据需要,考虑相关因素酌情定价。

总之,转移定价是跨国公司弥补外部市场结构性和交易性缺陷的重要措施,已成为跨国公司建立内部市场的主要手段以及跨国公司内部贸易的有力支撑点。转移价格在跨国公司全球经营活动中扮演了关键角色,为跨国公司获取高额利润、增强全球竞争力做出了重大贡献。

四、跨国公司对外直接投资的主要动机

跨国公司对外直接投资的最终目的是获取比在国内经营更大的收益,这种收益既可以是直接的物质利益,也可以是潜在的无形收益。小岛清将跨国公司对外直接投资的动机分为三种:自然资源导向型、市场导向型和生产要素导向型。邓宁将跨国公司的对外直接投资动机归结为四种:资源导向型、市场导向型、效率导向型和战略资产导向型。此外,还有一些研究认为,跨国公司的投资动机主要是增加利润、增加市场份额、克服贸易壁垒、实现规模经济等。综合来看,跨国公司的对外直接投资动机主要有以下几种:

1. 资源导向型投资动机

资源导向型投资是指跨国公司为了获得稳定的资源供应和成本低廉的生产要素而进行的对外直接投资。跨国公司通过对外直接投资获得的资源主要有两类：一类是自然资源，如矿山、土地等；另一类是人力资源，如高技能工人与管理者等。日本跨国公司的对外直接投资就很重视这两种资源的获得。

2. 市场导向型投资动机

市场导向型投资是指跨国公司在国内市场的"推力"和国外市场的"拉力"作用下，为了开辟海外市场而进行的投资。有的跨国公司在某一时期尚未进入某个目标市场，为了开辟和逐步占有该目标市场，而进行直接投资。有的跨国公司为了避开东道国设置的贸易壁垒，增加在东道国市场的产品销售，而进行直接投资。有的跨国公司为了与竞争者争夺海外市场，采取策略性跟随投资战略，随竞争者的步伐而进行投资。

3. 效率导向型投资动机

效率导向型投资是指跨国公司为降低成本、提高价值增值的效率而进行的投资。跨国公司为了获得国外具有特定优势的生产要素，或通过市场扩张实现规模经济和范围经济而进行的投资，从而提高经营效率和价值增值效率。

4. 风险分散型投资动机

风险分散型投资是指跨国公司在国际经营过程中为分散种种风险，如经济风险、经营风险、政治风险等而进行的投资。通过对外直接投资，与国际市场上各类企业展开竞争与合作，公司可以提高适应国际市场环境的能力，并学习其他企业的先进经营经验，降低潜在风险。

5. 高技术研发型投资动机

高技术研发型投资是指跨国公司为获取产品生产的先进技术，在技术领先国家进行直接投资，设立研发中心或高技术产品开发公司，将研发、学习、模仿的新产品交由母国的母公司进行生产，再销往外国市场。这类跨国公司的对外直接投资可以缩短新产品的开发周期，获取最新技术。

相关案例7-3

海尔——中国跨国公司的佼佼者

海尔集团创立于1984年，从创立之初的一家资不抵债、濒临倒闭的集体小厂发展成为全球最大的白色家电制造商，海尔始终坚持以用户需求为中心的创新战略体系驱动企业持续健康发展，积极应对国际市场挑战。经过名牌战略发展阶段、多元化战略阶段、国际化战略阶段、全球化品牌战略阶段和网络化战略发展阶段，海尔成功地发展为享誉世界的中国跨国公司。2012年，海尔集团全球营业额为1 631亿元，占世界市场白色家电销售量的7.8%。

在国内企业疲于应对跨国公司大举进入之时，海尔已认识到走出国门、进行对外投资的重要性。海尔CEO张瑞敏曾说道："在全球化时代，我们不能把国内市场和国际市场隔离开来，我们不得不学会如何同通用和惠普在他们家的草坪上竞争，否则我们连在中国的市场也保不住。"应对跨国公司的挑战,最好的办法就是使自己成为跨国公司。海尔的对外投资首先从亚太国家开始,逐步进入欧美市场。1996年海尔在印度尼西亚雅加达建立了第一家以生产电冰箱为主的合资企业——海尔沙宝罗(印度尼西亚)有限公司。之后,海尔陆续在菲律宾、马来西亚设厂。在北美,海尔于1999年在美国南卡罗来纳州建立美国海尔工业园区,2002年在纽约设立北美总部,在北美市场扎下坚实根基。在欧洲,面对本土家电技术优势,海尔知难而进,于2001年并购意大利迈尼盖蒂冰箱工厂,加之海尔在法国里昂和荷兰阿姆斯特丹的设计中心、在意大利米兰的营销中心,海尔在欧洲真正实现了设计、制造与营销的"三位一体"本土化经营。截至2012年,海尔集团已在全球建立了21个工业园、5大研发中心、19个海外贸易公司,全球员工超过7万人,成为中国跨国公司的佼佼者。

资料来源:根据海尔官网资料编写。

复习思考题

1. 简述企业国际化的三种方式。
2. 简述当代国际经济合作的基本特征。
3. 简述服务外包的类型。
4. 简述跨国公司对外投资的动因。

案例分析题

三星电子的国际化阶段

三星集团成立于1938年,早期业务主要是将韩国的干制鱼、蔬菜和水果等出口到中国。1950年初,三星成为韩国头号贸易公司。朝鲜战争后,三星开始从国际贸易领域进军生产领域,先后生产白糖和布料。到20世纪60年代末,三星已经成为韩国最大的企业,成功实现了纺织品经营从原材料到终端产品生产的一体化,并开始在石化、造船、航空、金融和重化工等几大主要工业领域扩张。1969年,韩国政府实施《电子工业振兴法》,三星抓住时机,做出重要决策,于同年成立了三星电子,从此进入快速发展时期。20世纪80年代以后,三星先后进入美国和欧洲市场,并把亚洲作为其生产基地。1993年,三星发起以变革为核心的"新经营"运动,强调质量重于数量,进行了事业结构、人才培养、产品设计和生产、流程控制等各个方面的变革,并确立了国际化和复合化的方针。三星的国际化进程主要分为三个阶段:出口贸易阶段、对外投资阶段和高端品牌建设阶段。

第一阶段,出口贸易阶段。三星集团采取了零星出口、通过独立代理商出口和建立海外销售机构三种模式,并通过为日本企业生产来学习国际化经营和管理经验。1969年,三星以OEM方式使用三洋电气的商标生产12英寸黑白电视机,向三洋公司学习半导体等技术。20世纪70年代初期,三星开始生产电视机、录像机等家用电器并开始进入国际市场。三星在低档市场的优势因劳动力成本相对较低和日本公司的逐步退出而加强。1977年,三星专门设立了对外贸易部门。1978年,三星电子黑白电视机的产量超过日本松下,成为世界第一。为了扩大出口市场,1979年后,三星开始在世界主要市场设立海外销售子公司。

第二阶段,对外投资阶段。从20世纪80年代开始,三星加快了在海外投资设厂的步伐,先后在美国、欧洲和亚洲建立了自己的生产基地。由于在国际化经验、资金、技术实力和营销模式等方面缺乏足够的积累,同时也由于看到低端领域有巨大的利润空间,三星采取了低价扩张策略,定位于生产和销售低价、低技术含量的产品来参与国际竞争。这一阶段三星积极开展对外直接投资,谋求资源开发、使用廉价劳动力成本和引进高科技与现代管理手段。

第三阶段,高端品牌建设阶段。经过几十年的国际化实践,三星集团积累了丰富的国际化经验。开始于1993年的"新经营"运动使三星从一个单纯模仿他人技术的低端产品制造商逐步向一个拥有自己核心技术的创新领导者转变。进入21世纪以来,三星不断重视自有品牌的研发与价值创造,2004年,三星品牌价值达125亿美元;2013年,三星荣登《福布斯》杂志"全球最有价值品牌"榜单第9名,其品牌价值已达295亿美元。

资料来源:根据中国三星官网整理编写。

讨论与分析:

三星电子是如何渐进地推进其国际化的?在每个阶段有怎样的特点?

第八章 国际商务的经营管理

【知识要点】
1. 生产管理
2. 财务管理
3. 跨文化管理
4. 人力资源管理

【能力要求】
1. 深入了解国际商务管理的基本内容
2. 理解企业国际生产战略以及对生产系统的运营和控制
3. 明确企业跨国经营面临的文化差异及对应的跨文化管理策略与方法
4. 认识国际商务活动的财务管理和人力资源管理需要注意的问题及应对策略

【内容提示】

实现组织既定目标,需要企业管理者通过计划、组织、指挥、协调、控制及创新等手段,综合利用企业的人力、物力、财力、信息等资源。因此,对任意企业而言,生产管理、财务管理、人力资源管理等都是实现目标的重要手段。与单纯的国内商务活动相比,企业的跨国经营要考虑文化差异、汇率波动、语言障碍、政治风险等不确定性因素,由此导致跨国公司在管理内容和管理手段上都有自身的特点。本章主要介绍国际生产管理、国际财务管理、跨文化管理和国际人力资源管理等的内容,具体涵盖各自的概念、特点、实现策略以及需要注意的问题,不仅从理论上深化对上述概念的认知,而且从方法上为具体的国际商务活动提供借鉴。

【导入案例】

欧洲迪士尼乐园:法兰西位于何处

1955 年,迪士尼公司在美国加利福尼亚州阿纳海姆市开办了第一家主题公园——迪士尼乐园。迪士尼乐园的开办取得了巨大的成功,成千上万的人来到乐园里,在他们熟悉的卡通角色的引导下观看米老鼠表演、倾听美人鱼的歌声。乐园的开办真正如乐园的主题曲所说的一样:兜售一种美妙无比的美国幻境,让游人既能放心欣赏各种异国文化,又容易产生那种生活在大家庭之中的热乎乎的感情。迪士尼公司的这种成功一直延续到了 20 世纪 70 年代在美国佛罗里达州和 80 年代在日本新开的主题公园。事实证明日本人喜欢米老鼠的程度并不亚于美国人。

在日本旗开得胜之后,迪士尼公司计划再建一个主题公园。这一消息一经透露,立即引来了亿万人的关注:全世界超过 200 个地区的行政官员诚挚地恳求并且用巨额现金奖励来吸引迪士尼公司将乐园建在自己的家乡以创造魔术般的奇迹。但是迪士尼公司最终把目光投向了欧洲并且把绣球抛给了巴黎,公司主要是从人口统计学及财政补贴方面考虑的。公司的管理者考虑将欧洲迪士尼乐园设在人口众多的欧洲中部地区,而巴黎正是这样一个理想的地方。大约 1 700 万欧洲人居住在离巴黎不到两小时汽车旅程的地方。还有 3.1 亿人用不到两小时或更短的时间就可飞到巴黎。此外,法国政府为了把迪士尼公司吸引到巴黎来,给迪士尼公司提供了超过 10 亿美元的各种奖励。法国政府期望这个项目能给法国创造 3 万个就业机会。

然而迪士尼公司千虑一失。他们并没有,可以说从未意识到要将文化这一特定因素考虑到公司的跨国经营中去。他们认为,只要把美国或者日本的迪士尼主题公园搬一个到巴黎去就算完事了。可事实并不是他们所想象的那么简单。公司管理者对文化差异方面的认识的缺乏,从一开始就初现端倪。1986 年年底,迪士尼公司深陷于和法国政府的谈判之中。由于谈判比预期要长得多,以乔·夏皮罗为首的迪士尼公司谈判代表失去了耐心,在谈判的过程中,夏皮罗先生居然冲向房门用脚不断地大踢房门,而这正是迪士尼公司和法国政府官员进行谈判的房间。这一不得体的举止被当成迪士尼公司管理者"牛仔作风"的实例,广泛见诸法国媒体。

接下来,迪士尼公司又遭到来自法国知识分子的无情中伤,他们将移植迪士尼梦幻世界到巴黎说成是对法国文化的侮辱。一位知名学者甚至称其为文化上的切尔诺贝利核灾难。法国的文化部长甚至公开宣布将抵制开幕式，并且声称欧洲迪士尼乐园是美国的陈旧货色和为消费社会所不欢迎的象征。这显然是迪士尼公司所没有想到的。米老鼠和巴黎塞纳河左岸地区的知识分子不能和谐相处，而法国又很看重本国知识分子。人们把欧洲迪士尼乐园看成是文化上的切尔诺贝利核灾难，这一观点不仅引起了法国知识分子，而且引起了法国中产阶级许多人（这些人正是迪士尼公司的昂贵旅馆想要吸引的客户）的共鸣。

迪士尼公司的经理们的另一个错误发生在经营上。迪士尼公司规定，在乐园内不提供酒精饮料，但法国人的习惯与此相反，他们中餐要喝一杯酒。迪士尼公司的这一规定引起了法国人的恼怒。公司经理们基于简单的特性描述就对欧洲人的文化习惯妄加猜测，也使公司遇到了不少的麻烦。例如，迪士尼公司认为星期一游客最少而星期五游客最多并按这种想法安排人手，但实际情况却恰恰与此相反。另一个出人意料的不愉快事件是旅馆早餐一片混乱。公司经理只是听说欧洲人不吃早餐就因此压缩了餐厅的面积。但结果却是每个人都来吃早餐，公司不得不在只有350个座位的餐厅里招待2 500个吃早餐的人。迪士尼公司遇到的另一个麻烦来自其欧洲雇员。迪士尼公司在美国和日本均采用团队工作模式，但这种模式在法国却行不通。美国和日本的员工干活干净利落又重视工作，这同那些懒散又不听话的欧洲雇员有着天壤之别。欧洲迪士尼乐园开业后前9周内就有大约1 000名雇员（这些人占雇员总数的10%）辞职不干，这给公司的管理工作带来了极大的麻烦。

最后，最大的麻烦来自迪士尼公司对欧洲人游园时间的估计错误上。迪士尼公司认为欧洲人会像美国人和日本人一样，会为在主题公园里待上几天而感到很快乐。但实际情况是，大多数游客只在乐园里玩1—2天。欧洲中产阶级度假时只想远离周围的一切而到海滩或山区去。这对迪士尼公司来说是一个巨大的打击。公司投资数十亿美元在乐园附近建造了豪华旅馆，但一日游的顾客不需要旅馆，因而在大多数时间里，旅馆都半空着。更糟的是，法国游客低于预期数目，在1994年只有40%的游客是法国人。结果，到1994年年底，欧洲迪士尼乐园累计亏损额已达20亿美元。

资料来源：胡正明、张喜民，《国际市场营销学》，山东人民出版社2001年版。

由于国际经营环境的复杂性、文化的差异性以及市场的不确定性，跨国经营管理活动比国内业务更困难。同时，在跨国经营过程中，国际企业内部的管理环境与国内公司的管理环境也有很大差异。在这样的背景下，管理的基本特征也在不断变化，这种变化与企业管理环境的变化是相辅相成的。虽然国际企业在国际惯例中依然要执行计划、组织、领导、激励、沟通和控制等管理的基本职能，但这并不意味着它们只把一般管理过程简单地运用到国际经营管理活动中就可以达到管理企业的目标，因为国际管理比一般管理增加了一个极其重要的情景变量——文化。由于不同国家和地区的文化差异，国际企业的管理环境、管理任务和管理方法与国内企业有很大差别,国际管理过程的各个环节都因处于国际经营环境之中而变得更加复杂。因此,当国际企业在国际经营环境中执行管理的基本职能时,相应地就形成了国际战略管理、国际组织管理、国际人力资源管理、国际领导、国际控制等职能,一般管理过程就转化为国际管理过程,管理学中所阐述的一般管理理论和方法就需要向国际商务管理延伸。

第一节 国际商务活动的生产管理

一、国际生产管理的含义和特点

国际生产是指企业利用全球资源,实现研究开发、生产制造、采购销售、优化配置的国际价值增值活动的区位安排。在生产全球化的背景下,生产活动不再仅限于一国的范围内,而是综合考虑价值链中不同环节的分布,以全球市场为操作平台,从各国生产要素的成本和质量差异中获得好处,以改变成本构成,降低总成本,提高产品质量和功能,从而增强市场竞争力。例如,由美国福特汽车公司牵头,德国负责设计的庞蒂亚克·莱曼汽车,其零部件产自七个国家,最后在韩国组装成车,并销往全世界。该品牌汽车被人们称为21世纪世界工厂的产物。简单来说,国际生产就是以世界为工厂、以各国为车间的全球化生产模式。其特点主要包括以下几点:

(1) 全球化合理配置资源。企业国际生产走专业化道路,集中资源以加强核心竞争力。一方面,加强技术创新、技术标准的制定与推广、新产品的开发与升级;另一方面,开拓产品销售渠道,在品牌管理、市场营销、售后服务等环节上不惜重金。

(2) 关注核心业务生产,其他业务实现外包。企业重新定位,截取企业价值链中的高利润部分,重新配置企业的各种资源,集中于企业优势领域,提高企业的灵活性,使企业获得持续发展的能力。

(3) 通过合同制造商开展国际生产业务。合同制造商是根据供货合同,为客户提供商品和服务的企业。与贴牌生产商不同,合同制造商能同时为不同的客户提供产品和服务,并具备一定的技术创新能力,在具有较高的设备利用率和效率的同时,还可为客户提供新产品,并承担与产品制造相关的其他业务,如物流和订购、产品的售后服务等,与核心生产企业形成供应链系统的利益整体。

这种全球化生产模式是企业为适应全球经营环境的变化而做出战略调整的结果。总体上看,有三大要素直接促进了企业的国际生产:一是全球范围内的贸易、投资以及金融管理自由化趋势的不断蔓延;二是信息技术革命的不断发展,改变了企业的竞争方式,企业开始利用信息技术彼此对抗,企业间的竞争趋向快速、灵活、自动化、全球化;三是企业间竞争的加剧,迫使企业朝着灵活、高效、反应迅速的方向不断变革,各国企业不断探索提高经济效益的新方式,合理安排生产区位,根据经营需要实行不同的管理模式,加强供应链管理,提高国际战略联盟的广度和深度。

二、国际生产战略

随着经济全球化的进程加快、自由贸易的推进、电子信息技术的飞速发展,国际企业逐步建立国际化的生产战略,把产品生产过程的不同环节在全球部署,以充分利用不同国家和地区在生产要素成本、资源、物流和市场方面的差别。这种全球化部署主要覆盖研发、采购、生产、销售、服务五个方面。国际企业根据东道国的不同条件及比较优势,在全球范围内有组织地安排研发和采购活动,围绕一件产品,将该产品的零部件进行专业化分工,按照各环节所需要的要素优势找寻其最优区位,并在各区位进行投资,或外包给最优区位的其他企业。这种全球范围配置资源以实现价值增值的过程对实现国际企业的战略目标有重要的意义。对生产经营活动的各方面进行审慎的计划安排,将有助于公司降低生产成本或是开发为实施差异化战略所必需的新产品或产品特色。在诸多关键的战略性影响因素中,管理人员必须考虑以下几个问题:生产能力、工厂选址、生产过程以及工厂布局的计划。

(一) 生产能力计划

生产能力计划是指对公司生产足够产出以满足市场需求的能力进行评估的过程。公司必须尽可能准确地估计全球市场对其产品的需求。如果目前的生产能力大于预计的市场需求,生产规模就必须下调。例如,减少某些工厂的工人人数或轮班次数。不过,不同国家对雇主裁员的行为有不同的法律规定。因此,根据不同国家的规定,公司可能需要或者不需要提前通知工人被解雇或工厂倒闭的事实。相反,如果市场需求持续增长,管理者就必须决定哪些工厂要扩大生产或者是否需要引进新设备来提高生产能力。实际上,在新设备投入生产之前,公司宁可与其他厂商合作来满足额外的市场需求,也不愿意错过潜在的销售量。

生产能力计划对于服务型企业来说同样重要。例如,一家打算进入新地区开拓市场的连锁宾馆必须估算出新宾馆应有的房间数量;同时,它还必须考虑新宾馆是否要用于会议用途,如果要的话,会议室的数目又应该是多少。倘若当地的潜在客户要求能够随时与遍布全球的公司经营活动保持联系,宾馆还要考虑安装视频会议装置。

(二) 工厂选址计划

公司可以从全球范围内的许多潜在地点中选择从事生产、研究、开发或者其他活动的地点。工厂选址计划要考虑各国商务环境的诸多方面,包括劳动力、管理人员、原材料、零部件和能源等资源的成本和可获得性。其他关键的因素还包括政治的稳定性、官僚作风和管制的程度、经济发展水平以及当地的风俗习惯,如人们对工作所抱有的信念以及一些比较重要的传统观念等。

利用其他国家的低工资来降低生产成本对于保持公司产品的竞争性价格来说至关重要。这一点在劳动力成本占全部生产成本比重较大的产业中尤为突出。但是,公司必须在劳动力的最低工资与可能出现的低生产效率之间权衡利弊。同发达国家相比，大多数发展中国家及新兴市场国家工人的生产效率都偏低。图 8-1 显示出不同国家的法定最低工资存在明显差异，即使在欧盟内部，差距依然明显，例如最低的爱沙尼亚仅为卢森堡的 1/4。

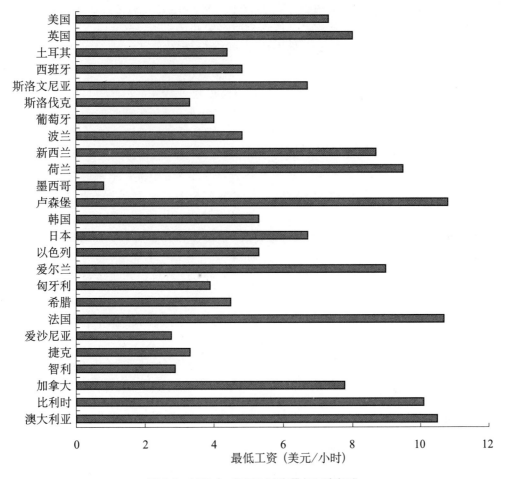

图 8-1　2013 年 OECD 国家最低工资标准

资料来源：OECD 数据库，http://stats.oecd.org/。

尽管大多数服务型企业都将生产地点设在离客户较近的地方，但在选址时它们也要考虑各种不同的顾客需求。交通的便利和将服务地点设在业务量大的地方对顾客来说重要吗？这种位置对于某些公司来说通常是非常重要的，例如餐饮、银行和电影院等。但对于其他一些服务型公司，如咨询机构或公用事业单位来说，地理位置上的便利性就没有那么重要。

相关案例 8-1

在中欧制造汽车

中欧是一个拥有百余年历史的地缘政治学术用语，在东西欧被割裂开来的冷战时期,这一术语用得较少。现如今,捷克共和国、匈牙利、波兰、罗马尼亚和斯洛伐克又一次被集体贴上了中欧的标签。自 1995 年以来,汽车制造商已在此注入了超过 240 亿美元的对外直接投资,将这一区域改造成世界上最新的汽车之都,又名"东方底特律"。奥迪、菲亚特、福特、现代、起亚、欧宝(通用汽车的德国子公司)、标致雪铁龙集团、雷诺、铃木、丰田、大众——每一家想在这个行业中有所作为的企业都已来到。这条从华沙到布达佩斯的走廊的中心就是微型国家斯洛伐克,人口仅 540 万。斯洛伐克每年可以生产近 100 万辆汽车,大约每 6 个居民就能生产一辆。该国因而拥有世界上最高的人均汽车输出量。到 2010 年,中欧将制造约 380 万辆汽车,约为西欧产量的 20%。

这种集聚所产生的优势是巨大的。首先,中欧每小时 3—6 美元的劳动力成本明显地低于西欧。其次,东部地区的职业道德感更强,规章制度也更为灵活。在大众汽车原属于东西方阵营的工厂里,斯洛伐克工人每周工作 40 个小时,德国工人却只工作 28 个小时。在斯洛伐克,如果汽车制造商需要满足一波需求浪潮,可以安排新的轮岗工人通宵生产。而在德国,与工会谈判增加工作时间可能需要 6 个月之久。优越的劳动力成本和积极性高的工人,使大众汽车在斯洛伐克布拉迪斯拉发的工厂成为大众全世界 42 家工厂中盈利能力最强的一家。最后,"东方底特律"的缓缓升起向汽车制造商同西欧工会的交涉施以强有力的援手。尽管在西欧还没有出现大规模的工厂倒闭,但当面对如此现实的威胁时,没有一位工会领导要求加薪。此外,当第一辆中国生产的本田汽车进入西欧时,竞争将会更加白热化。"这不是斯洛伐克和德国之间的竞争,而是中国和西欧的竞争。"一位大众汽车的职员说,"这对欧洲来说能与之对抗的唯一机会是利用中欧提供的优势。"

资料来源:选自彭维刚(Mike W. Peng)著,刘益、谢恩、王伟龙译,《全球商务》,中国人民大学出版社 2011 年版,第 204—205 页。

在选址计划中与供应相关的问题同样重要。无论采用何种运输方式,生产工厂与目标市场之间的距离越远,顾客为获得商品所需的等待时间就越长。也就是说,公司为了防止交货的延误,只能在目标市场上保持大量存货,而存货又意味着更高的存储和保管费用。当生产活动不在目标市场进行时,运费是一个很大的支出。在钢铁业的全球化生产过程中,运输成本是一个很大的推动力。钢铁的运费是每吨 40—50 美元,而钢铁的价格为每吨 400—500 美元,运费在价格中所占的比重很大。如果在目标顾客所在国建造钢铁厂,公司便可以节约相当可观的运费。

对于生产管理人员来说,一个重要的问题就是决定是进行集中生产还是分散生产。集中生产是指把所有厂房设施集中于某一地点。而分散生产则是将厂房设施分布在不同地区,甚至是在每一个产品销售市场所在国都建立厂房设施——这是遵循多国战略的公司经常采用的一种策略。公司选择集中生产是为了追求低成本,并充分利用规模经济,这是实行全球战略的公司所采用的典型策略。公司通过在同一个地区生产大量相同产品而降低了单位产出的成本,进而降低了总成本。

运输成本和自然环境也会影响"集中生产还是分散生产"的决策。因为厂商通常在所有的市场上销售无差异的产品,所以低成本的竞争者通常不需要在销售市场附近设厂以及时发觉消费者偏好的变化。这就是低成本厂商经常选择那些生产和运输成本综合起来最低的地区办厂的原因。但是,即使是这些公司,也必须权衡在生产过程中投入的成本与将产品运往目标市场的运费之间的关系。自然环境中影响货物运费的关键因素是各种港口、机场或其他运输中心的便利程度。

与此相反,销售差异化产品的公司往往更倾向于分散化生产。通过在不同市场附近建立工厂,他们就可以随时和顾客保持联系,并迅速对客户的偏好变化做出反应。由于研发与生产之间的密切合作对于有效的差异文化策略至关重要,这两种活动通常都在同一个地方进行。但新技术的产生也给公司进行分散化经营提供了更大的自由度。如今,通信的快捷也使相隔遥远的子公司与母公司能够进行自由沟通。

(三) 生产过程计划

生产过程计划是指公司决定采取何种生产过程来生产产品。公司的生产过程通常是由事业部的战略所决定的。例如,追求低成本的公司会倾向于扩大生产规模,因为生产者可以利用规模经济来进一步降低生产成本。如为普通的乒乓球爱好者生产乒乓球拍的公司通常会引进自动生产线进行标准化大规模生产。然而,产品的差异化往往要求生产者为消费者提供一些与众不同的东西,如高质量、附加功能或具备特有的品牌形象等。因此,为国家队专业乒乓球运动员生产球拍就更多地依赖于经验丰富的工人而非机器化生产,公司为每一位运动员设计生产专用的球拍,以适应他们各自的习惯和特殊需求。

确定公司生产过程计划中的另一个重要的问题是,公司应当在所有市场上实行标准化生产还是针对不同的市场实行差异化生产。例如,具有低成本领先优势的公司的管理者通常会选择技术含量低的自动化、标准化、大批量的生产方式。这种批量生产方式可以大大降低生产的单位成本,同时还能弥补早期在自动化设备上的高额投入。工人在生产过程中不断学习,使技术越来越熟练,从而不断减少失误和浪费,这样就可以使成本进一步降低。

但是,差异化战略要求公司具备根据目标市场消费者偏好的变化迅速调整生产过程的能力。差异化的产品通常为满足某一国家或地区,甚至某一特殊消费群体的需求,因而生产规模较小,也就不能利用规模经济降低生产成本。如果将客户的一些特殊要求添加到产品中,会进一步增加生产成本。因此,经过专业设计而具有特殊样式和特征的产品,其研发费用通常也会很高。

(四) 工厂布局计划

工厂布局计划是指决定各个生产工厂内部的空间安排。例如,考虑到日本、新加坡、中国香港等市场存在的土地供给有限且价格昂贵的情况,公司在这些国家或地区办公,就必须设计出紧凑的设备布局以充分利用厂房空间;相反,在美国、加拿大、中国内地,土地相对丰裕,厂商在厂房设计过程中的样式选择就更加灵活。

更加重要的是,工厂内部的布局安排取决于厂商所选择的生产过程,而生产过程又取决于业务层面的战略。例如,康柏公司参与竞争的方式是收到订单后进行个性化生产,而不是生产出大量的电脑存放在仓库。为更好地实施这一战略,公司决定用若干三人小组来取代以往的批量装配线。在公司设在苏格兰的一家分公司所进行的生产试验中,新的生产小组的产量要比批量装配线高出23%,此外,每平方英尺的产量也增加了

16%,这在生产效率方面具有重大意义。

三、获取有形资源

（一）自制还是外包

企业在进行国际生产决策时经常面对的一个问题是：是自己从事某种价值创造活动，还是把业务外包给其他企业？长期以来，大部分外包决策主要集中在有形产品的制造上。例如，在汽车工业中，一辆典型的汽车由 10 000 多个元件组成，所以汽车企业经常面临零部件来源决策，即确定是在企业内部垂直一体化生产零部件，还是将这些零部件的生产外包出去。丰田在其装配流水线上生产的价值还不到其汽车价值的 30%，其余 70%（主要是零部件生产和复杂的零部件装配）来自独立的供应商。在运动鞋行业中，零部件来源决策走向了另一个极端，耐克和锐步之类的公司自己根本不从事生产，所有的产品均来自外包，主要在低工资国家生产。近年来，外包决策逐渐扩展到无形的服务领域。例如，许多美国公司——从信用卡发行商到电脑公司——都把其客户电话服务中心外包给了印度。它们"外购"了客户电话服务中心功能，同时在本国"自制"产品的其他部分。印度之所以成为众多外包的中心，是因为那里广泛使用英语，劳动力受教育情况良好，尤其在工程领域，而且工资比美国低得多（印度的电话接线员每月工资是 200—300 美元，只是美国同类工人的 1/10）。

外包在给企业的国际生产提供机遇的同时，受国家政治经济的多变性、汇率变动、相对要素成本的变化等的影响，也给跨国公司提出了很多难题。接下来，我们将分别考察对于企业自制和外包的各种观点，并考虑这些决策中的权衡关系。

1. 自制的优势

（1）降低成本。如果一家企业比其他任何企业生产同样产品都更有效率，那么企业继续生产自己的产品或者零部件是有利的。

（2）促进专业化投资。有时为了与其他企业合作，公司不得不进行专业化生产。专业化生产是指价值根据所维持的某种特定关系而定的资产。当一家跨国公司研发设计出一个性能更好的零部件时，该零部件的生产需要公司进行专业化投资，公司就会在自制还是外包中进行选择：自制会提高公司的经营成本。外包则一方面受包方可能利用新元件与其他竞争对手开展业务，以寻求更优惠的条件，另一方面该元件的生产需要专业设备投资，其他没有进行设备投资的零部件供应商没有生产能力，这会导致发包方过度依赖受包方。同时，从受包方的角度来看，一旦接受发包方的新零部件外包业务，就必须进行专业化投资，而由于发包方是该产品的唯一接受者，就会造成自身过度依赖于发包方，将对方置于一个强有力的讨价还价的地位，发包方可能利用这种优势地位进一步压低新元件的价格。因此，当一个元件的生产需要大量专业投资时，发包方和受包方潜在的相互不信任会使跨国公司选择自制而不是外包。

（3）保护专利产品技术。专利产品技术是一个公司特有的技术。如果它能使公司生产出功能更好、性能更卓越的产品，就能增强公司的竞争能力。如果跨国公司选择将这项技术外包出去,它就会冒风险——那些供应商可能将这些技术据为己有或者卖给其竞争对手。因此,为了保持对该技术专利的控制,公司会选择自制该产品或零部件而不是外包。

(4) 积累动态能力。竞争优势不是一个静态的概念,企业生产产品和服务的能力与效率是随着时间的推移而逐渐累积起来的。通过经验的学习,企业能够降低生产成本,增强研发设计能力,提高产品性能。因此,企业选择自制能够在动态学习的过程中不断增强自身的竞争优势,获取动态积累能力。

例如,20世纪90年代早期,在史蒂夫·乔布斯的领导下,苹果公司聘请了一大批优秀的行业设计人员,并赋予他们在产品研发设计方面的重要发言权。起初,这些人员主要负责苹果公司的台式电脑与手提电脑的设计。在这一过程中,该团队逐渐形成了为消费者设计部件的能力。后来,苹果公司就利用这一能力设计出一系列巧妙的产品,如iPod、iPhone以及iPad。

企业在考虑自制还是外包时,一个关键的问题是企业对业务活动的性质界定,即该部分生产活动在企业中处于什么样的位置,将这部分活动外包出去是否会影响企业的核心竞争力。如果一项生产活动对企业保持长期竞争优势至关重要,那么企业就不应该为了短期的成本节约而将这部分业务外包出去。如果波音把它的787喷气式飞机的机翼生产外包出去,尽管从短期来看降低了成本,但损害了波音公司在民用飞机机翼这一关键部件的动态积累能力。

(5) 改变相邻工序的时间安排。对于有即时存货系统的公司而言,对相邻工序的时间安排进行有效协调、计划,是降低生产成本的重要途径。这部分公司往往将生产的上下游环节逐渐由外包转向自我生产。如20世纪20年代,福特公司由于紧密的协调和调度,使得钢铁铸造、铁矿石运输和采矿的向后垂直一体化成为可能并从中获利。大湖区福特铸造工厂能使铁矿石在24小时内变成发动机缸体,这就免除了保存过多铁矿石的存货需要,福特的生产成本得以大幅降低。

2. 外包的优势

(1) 战略灵活性。向独立供应商购买零部件或者整个产品的一大优势是能够保持公司战略的灵活性,即当外部环境变化时,生产商可以在不同供应商之间转移订单。这在国际市场上尤其重要,因为汇率的波动、贸易壁垒等因素能改变一个供应商的吸引力。而很多公司从不同国家的供应商那里购买相同的零部件,主要是为了规避要素成本、汇率等因素的不利变动。

相关案例 8-2

北京工业大学图书馆流通业务部分外包成功案例

北京工业大学(简称北工大)图书馆流通部2007年有8名正式职工退休,人员一下子变得非常紧缺,而图书馆每年进人指标又很有限,而且新进的又大多是硕士,不愿干低技术含量的工作,因此,2007年12月,北工大图书馆开始将流通业务部分外包。图书馆同时聘用了两家公司——书尚图书公司和德赛数据公司。根据图书馆的新进书量、阅后回架书量、借还书量、工作内容、馆藏规模等，书尚公司和德赛数据公司共派9人到流通部来整理书架、上书、倒架、顺号等。流通业务部分外包后，北工大图书馆流通部不再进正式职工，原有的8名临时工也不再聘用。图书馆的业务由公司自己培训，培训期为半个月，其中一周在公司接受理论培训，另一周在外包图书馆进行实践培训。上岗人员必须考试通过才能录用。

一、外包工作职责和工作要求

1. 工作职责

负责图书馆第三、四层社科书库图书上架、整架工作；负责图书馆第三、四阅览室的日常管理、秩序维护及图书利用率的统计；负责图书馆第五、六层样本书库及第五、六阅览室图书上架整架；负责图书馆第七阅览室日文、俄文图书及第八阅览室英文影印图书的上架整架工作；负责读者还回图书、阅览后图书的上架；负责每周新书的上架等。

2. 工作要求

要求图书排列有序、架位整齐；还回图书、阅览后图书两小时内上架；图书排架错误率在3%以下；保证阅览桌椅、书架等排列整齐；读者零投诉；遵纪守法、遵守相关工作制度并能胜任图书馆的工作。

二、流通业务部分外包的优势

1. 省钱

外包公司往往具有规模经营及高度效率化的特点，通过他们提供的服务，公司可以节约人事费用。就北工大图书馆而言，按照一个正式职工的月工资3 000元计算，8名职工月工资为24 000元，一名临时工的月工资为800元，8名临时工月工资为6 400元，共30 400元，而两个外包公司员工工资一共20 000元左右，很明显，采用外包可使图书馆每月节省不少开支。

2. 省人

外包前，北工大图书馆流通部有正式职工40人，临时工8人。外包后，正式职工26人，不再聘用临时工。

3. 省力

流通业务外包后，一定程度上减轻了图书馆馆员的工作压力和负担，使馆员从烦琐的、重复的、机械性的业务工作中解放出来。另外，图书馆管理起来也省力，图书馆只负责检查图书架位的整齐和书的错架率，不再管人，避免了对临时工等非事业编制人员的招聘、培训和管理，既能享受专业管理带来的效率和效益，又可将内部管理变为与外部的合作，把内部承担的管理职责变为外部承担的法律责任，有利于简化管理工作。

4. 提高图书馆馆员素质，突出高校图书馆的核心业务

图书馆将上书、整架、顺号等流通业务外包后，可以把馆员从琐碎的工作中解放出来，使馆员投入更多的精力在提高服务质量上，可以集中精力和人员去做信息资源开发和咨询服务等重要工作，这是图书馆长足发展的重要条件。另外，业务外包还可以使图书馆馆员把主要工作做得更到位，有时间来进行培训和提高，接受新的知识和信息，提高自身素质。

资料来源：沈蓉蓉，《高校图书馆流通业务部分外包的实践与思考——北京工业大学图书馆流通业务部分外包成功案例介绍》，《图书馆论坛》，2010年第3期。

（2）更低的成本。尽管垂直一体化战略经常被用来降低成本，但它也有可能产生相反的效果。因为垂直一体化扩大了组织的生产范围，但随之而来的组织复杂化会改变公司的成本结构。在这种情况下，外包反而能够降低企业的生产成本。

公司内部化生产增加成本往往通过三种途径：一是组织的复杂化增加了上层管理机构的管理成本。下属单位越多，高层管理者必须处理的信息就越多，由此产生的低效率会抵消垂直一体化带来的好处。二是垂直一体化使内部生产部门缺乏降低成本的动力。内部生产部门发觉，无论它们的成本高低，企业内部总是有一个稳定的客户，它们不必与其他供应商争夺订单。内部供应部门的负责人甚至会通过确定更高的内部转移价格来降低成本，或将成本转移到其他部门，而不是想方设法降低本部门的生产成本。三是垂直一体化产生的内部转移价格的制定对企业而言是复杂的问题，尤其是当企业涉及跨国业务时，不同的税收体制、汇率波动、总部对当地情况的不了解，都增加了转移价格决策的复杂性。这种复杂性增强了内部供应商操纵转移价格使其对自己有利的能力，他们将上升的成本转移给下游而不是降低成本。

而向独立的供应商购买原件能够有效规避这些问题：减少高层管理者需要控制和协调的部门，提高了管理效率；市场竞争的存在能激发独立供应商的动力，促使它们为了赢得客户而保持高效率；市场价格的存在也有效克服了内部价格确定的问题。这样，公司在后向垂直一体化制造元件时由官僚主义的低效率以及由此导致的高成本都可以通过向独立供应商购买元件得以避免。

3. 自制或外包的选择

在自制还是外包决策中显然涉及利益的权衡。如果涉及高度专业化资产，则垂直一体化对保护专利技术而言是必需的，公司可以通过持续内部生产而不断建立有价值的能力，或通过从事某一特定活动而比外部供应商更有效率，由此，公司自行制造元件或产品的利益似乎是最大的。当这些条件不具备时，缺乏战略灵活性和组织控制的问题对跨国公司而言更显突出，那么跨国公司应警惕内部垂直一体化。

（二）原材料

选择并获取原材料的决策对不同类型的企业而言是极其重要的，而数量和质量又是这个问题的关键所在。首先，许多公司几乎完全依赖于当地可用原材料的数量。这种现象在矿业、林业、渔业公司中表现得尤为明显。其次，原材料的质量对于最终产品的质量有很大影响。如食品加工场必须保证当地种植的水果、蔬菜、谷物和其他原材料的质量。饮料业则需要不断检测当地水资源的质量，在某些市场上还得投资引进净水设备。

（三）固定资产

大部分公司在东道国经营都必须有一定的固定资产，如生产设备、储存仓库、零售店以及生产及办公设备等。因此，公司在进行投资时必须考虑是直接兼并现有的公司以利用已有的固定资产，还是建造全新的设施——绿地投资。另外，管理者还必须保证当地的基础设施建设能够满足公司将来的商业经营活动。在许多新兴工业化市场和发达国家市场上，购买生产和办公设备都是很方便的。但在发展中国家却不尽如人意。因此，管理者不仅要估算对进口设备所征收的关税,还必须考虑进口过程中所要花费的时间和精力。

四、国际生产系统的运营与控制

国际生产系统是指在国际范围内进行增值性生产的有机整体。国际市场和环境对生产系统的要求,主要包括以下八个方面:

1. 创新目标

创新目标是指国际生产系统应具备具有研发新产品的能力,是用户对产品的品种、款式要求不断发生变化的结果。国际生产系统的创新目标不仅表现在适应产品品种变化的要求上,也表现在采用新技术、新工艺的要求上。

2. 质量目标

产品的质量是通过生产系统的质量来保证并在生产制造过程中获得的。国际生产系统的质量目标应该包括两方面的内容:生产系统构造的质量要求和生产系统运行的质量要求。

3. 柔性目标

国际环境是多变的,用户对产品品种、数量的要求会经常发生变化,国际生产系统必须适应这种变化才能赢得市场,这就要求生产系统具有适应环境的柔性。

4. 成本目标

在市场日益开放的今天,许多时候,不同企业产品的竞争表现为价格的竞争,在产品性能、功能、质量等因素差异不大的时候,只有较低的价格才能赢得竞争。因此,国际生产系统必须具有控制成本的能力。

5. 继承性目标

用户在购买产品的同时,希望能在使用产品后得到安装、维修、保养以及升级换代等方面的支持和保证,这就要求生产系统具有继承性、可扩展性和兼容性。而且,从生产技术和工艺的角度来说,继承性也非常重要。

6. 交货期目标

迅速和及时地按照用户的时间要求交货是竞争中获胜的重要保证。

7. 环境保护目标

国际生产系统应该生产符合各国环境保护要求的产品并使生产系统的运行符合当地环境保护的要求。

8. 自我完善目标

国际生产系统应具有根据自身内部结构的特点,不断协调各组成要素之间的关系的能力,从而保证在不断发展的过程中仍能保持生产系统内部的协调。

国际生产系统的运营和控制随着经济全球化趋势的加剧而成为国际企业发展的重中之重。清晰地分析国际企业生产系统所处的国际竞争环境,在准确的国际竞争战略指引下,有效整合采购、生产、销售和服务系统,使之精细化管理,调整组织结构及人力资本系统以达到最优配置,并积极采用品质战略、品牌战略、信息化战略、资本运营战略等各种辅助战略,是组织全方位参与国际竞争的有效途径与手段。其中,国际供应链管理成为运营和控制的重要内容。企业开始致力于整个国际供应链上物流、信息流和资金流的合理化和优化,与供应链上的企业组成联盟,以应对日益激烈的国际竞争。

相关案例8-3

打造亚马逊电子书阅读器

当在线零售商亚马逊网站(Amazon.com)发明它的革命性电子书阅读器Kindle时,该公司不得不决定在哪里生产。引导这一决策的理念是,一旦Kindle走向成功,那么它将是一个集低价格、高性能、高品质和优雅设计于一身的神奇商品。随着时间的推移和竞争者的出现,这一点将变得尤为重要。竞争者如索尼推出了多款电子书阅读器,Barnes & Noble有Nook,最著名的如苹果公司推出了具有很多用途的iPad,它也可以作为一款数码阅读器。亚马逊的目标是大幅削减Kindle的价格,以使其既拥有胜于对手的优势,又可以把各个家庭联系起来成为一个数字图书馆。

亚马逊在加利福尼亚州的一件实验室中设计出了Kindle,因为那里有关键的研发专家。Kindle的核心元件之一"ink"(用于显示屏的微胶囊珠)由E Ink——一家位于马萨诸塞州剑桥市的公司设计并制造。而Kindle的其余部件则外包给亚洲的制造公司生产。

据市场研究公司iSuppli的估计,当Kindle II在2009年投入生产时,其制造成本是185美元。其中最贵的元件是显示屏,成本约60美元。尽管显示屏应用E Ink的技术,但是没有一家美国公司能够掌握这种双稳态电泳显示屏的专门技术,这种显示器即使在没有插入电池的情况下仍可以显示图像。这一技术对Kindle来说至关重要,因为它可以延长电池寿命。最终,亚马逊与一家中国台湾的公司元太科技(Prime View International)签订了制造显示屏的合约。元太科技在液晶显示屏(LCD)制造方面拥有足够的专业技能,并以效率和可靠性而闻名。据估计,显示屏中40%—50%的价值由E Ink获得,而剩余的价值归元太科技。

继显示屏之后,成本最高的元件是无线网卡,用于支持Kindle通过无线连接进入亚马逊的电子书店。网卡的成本约40美元。Novatel Wireless是一家韩国企业,已经在用于手机上网的无线芯片的生产上具备足够的专业技能,因此承接了Kindle无线网卡的生产。网卡包括13美元的芯片,由圣迭戈的Qualcomm设计,也在亚洲生产。Kindle的大脑是一个价值8.64美元的微处理器芯片。Freescale将芯片的制造外包给中国大陆和台湾地区的制造商。另一个关键元件锂电池的成本约7.5美元,在中国大陆生产。综上所述,在约185美元的总成本中,大约40—50美元的活动由美国的E Ink、Qualcomm和Freescale完成,剩余的部分则外包给中国大陆、中国台湾和韩国的制造商。

资料来源:查尔斯·希尔著,王蔷等译,《国际商务》(第9版),中国人民大学出版社2014年版,第502—503页。

第二节 国际商务活动的财务管理

一、国际财务管理的环境

（一）国际财务管理的概念

公司的跨国经营是当前世界经济的重要组成部分，公司进行跨国经营可能为了廉价的原材料、劳动力，也可能是为了拓展海外销售市场等，而真正的跨国公司其经营理念也必然是国际化的，跨国公司的财务管理需要把资本或投资的着眼点放在全球金融市场上。国际财务管理是现代财务管理的重要组成部分，主要研究跨国公司在组织财务活动、处理财务关系、防范财务风险时遇到的特殊问题，也就是跨国公司财务管理。

（二）国际财务管理的内容

1. 国际营运资金管理

营运资金包括现金、应收账款及存货管理等内容，对营运资金进行合理安排，是避免风险、实现财务管理的重要手段。

2. 国际投资管理

国际投资是指企业向国际市场投入资金、赚取收益的过程。由于国际市场环境比国内市场环境复杂得多，相应的风险也比较大，因此需要研究并掌握国际投资技巧和方法。

3. 国际融资管理

跨国公司是可以在全球范围内进行融资、筹措所需资金的，这样比起本地化经营的公司，不仅融资渠道更宽，相应地也会优化公司的资本和财务结构，但是国际融资环境比起国内要复杂得多，公司需要对融资环境、渠道等进行相应的研究。

4. 外汇风险管理

外汇风险是跨国经营业务中最常见的、不可避免的风险，因此对外汇风险进行相应的研究、掌握规避外汇风险的能力是国际财务管理的重要内容。

二、国际财务管理的目标

（一）国际财务管理的基本目标

因为跨国公司是在多个经济环境下运行的多个企业的联合体，所以它必须保证几个

财务目标之间的平衡。这几个基本财务目标分别是:

1. 合并收入最大化

跨国公司需要合理平衡母公司、子公司、分公司之间的权责关系,实现合并收入最大化,这是国际财务管理的基本目标。假设某公司有几个国外分公司,这几个国外分公司所在的东道国,在税收、货币以及资金流动管理方面政策各异,那么总公司就要充分利用各东道国提供的优惠政策,合理分配各分公司的收入与利润,合理安排投融资活动和各类营销活动,寻求合并收入最大化。

2. 企业实际全球税收负担最小化

对于各分公司所在东道国之间税收的差异,如果东道国税收相对其他国家较高,则总公司在收入分配上会相应减少这类国家的分公司的收入,从而节省税收支出,尽量在全球范围内实现税收负担最小。总公司要利用各东道国政府提供的税收优惠政策,建立全球税收的分担和优化系统,使各公司税负最小化。

3. 企业收入、现金流量和拥有资金的正确配置

如果东道国之间存在货币管理上的差异,比如对本国货币汇率的变动等,且东道国货币对本国货币汇率大幅下降,那么必然导致分公司所赚利润大幅缩水,因此总公司在分配收入与利润时,必然会减少对这类分公司的分配,以尽量实现全球范围内的利润最大化。或者当东道国之间存在资金流动的差异,某些国家会对资金流出进行严格的限制,几乎不允许外国企业将资金自由带出本国,因此总公司在权衡利弊的情况下,会尽可能重新分配利润和现金流量,最大限度地减少资金被困在东道国。

4. 经营风险最小化

经营风险最主要的就是汇率风险,所以企业要理解它的性质,研究并掌握规避风险的技能与技巧,将经营风险降到最低。

在实际经济活动中,上述几个目标有可能相互矛盾,从而无法同时实现所有目标,可能其中一个目标实现了,却使其他几个目标结果不尽如人意,这样就要求管理人员在各目标之间进行权衡。

(二) 企业面临的跨国财务管理问题

(1)合并税后利润最大化是企业的主要目标。这里的合并利润指的是分公司和母公司的利润总和,以母公司及本国货币来计量,并且这里的合并利润不一定是汇回本公司的利润,有些利润甚至是不可能汇回本国的。

(2)每个公司都有自己各自的财务报表,用当地货币计量,以供政府报税使用。每股收益 EPS = 合并税后利润/发行在外股份总数,每个公司必须符合当地有关贸易活动的法律法规限制。

(3)跨国财务管理由于跨国界贸易会带来很多的风险和复杂性而变得很复杂。国家不同,关于贸易的法律法规、市场条件、利率、汇率、货币条件都不同,因此需要公司进行全方位的评估与分析,然后进行相应的财务管理。

三、国际现金流量管理

(一) 现金流量的内涵与特点

现金流量包括经营现金流量和投融资现金流量。经营现金流量来自企业每天的业务活动,如企业的直接成本、收益、间接现金流量等;投融资现金流量来自企业的资金活动,比如支付债券利息、股东红利、偿债资金提取等。

现金的特点是流动性极强,但盈利性极差。现金管理需要考虑几个关键问题:持有何种类型的现金、持有时间、持有币种、外汇风险等。国际现金管理的根本目的在于确定投资于现金的最佳水平,具体来说就是在企业资金使用最优化条件下使企业持有的现金数量最小化。企业持有现金的动机有交易动机、谨慎动机与机会动机三类。

企业的现金流量不仅包括企业外部的现金流入与流出,也包括企业内部的现金流动,一个重要的例子就是母公司向子公司进行产品销售,从而可能改变子公司的应税收入,部分公司利用此方法进行逃税。还有就是母公司与子公司之间也会有广泛的投融资现金流动,比如分公司通过向母公司发行债券、股票等方式进行融资,再相应地向母公司支付利息与红利。

(二) 现金流量管理的意义

正确的现金流量管理对于企业的跨国业务至关重要。

1. 现金集中管理

现金集中管理,顾名思义,是指建立一个公司总体的资金库来进行现金的集中式管理,这样可以节约现金资产,更好地、有计划地控制整个公司的支付活动,防范货币风险。一个大的资金库也可以更有效地与银行谈判并取得优惠,支付较少的现金利息,等等,是集权化财务管理的体现。

鉴于现金集中管理可以体现规模经济的优势、充分利用信息优势,还可以使公司放眼全局考虑问题,如今的财务管理逐渐向集权化发展,国际企业在主要货币中心或避税地设立现金管理中心,而分公司除去为满足日常交易所需的货币现金外,余下的部分都要汇到现金管理中心由其进行集中管理。

2. 净额交易

所谓净额交易,是指公司与公司之间,无论是母公司与分公司,还是各分公司之间出现的现金流动,有很多是双向流动的,而现金流动出现在国与国之间时,容易产生货币交换带来的一系列交易费用,因此只要各公司对各自内部的现金流量进行预算,冲抵双向流动的现金,取其净额,就可以减少很多不必要的转移成本和交易费用,使公司之间只进行较少的净额现金流动。相对于不进行净额交易,净额交易会引起资金转移数量的减少,从而减少大量的费用,无论是现汇交易引起的外汇成本还是汇率变动带来的资金损失都会大大减少。

3. 提前与滞后

提前与滞后指的是为了更好地将资金运用在最需要的地方或为了应对可能出现的货币变动,对现金流动如支付货款进行提前或滞后的处理。举一个简单的例子,处在货币有贬值预期的国家的分公司,为了防范利润的缩水,要尽量提前对母公司或其他分公司支付货款;反之,处在货币有升值预期的国家的分公司,则为了获得货币升值带来的好处,应尽量延迟或滞后对其他国家公司支付货款。

4. 发票重开

发票重开是指公司整体建立一个发票重开中心,掌管各单位之间的一切发票与付款,从而可以有效地抵消货币风险。

5. 内部银行

内部银行是指在企业内部建立一个银行来从事金融服务,这样可以规避分公司当地银行或金融机构提供的金融服务不健全的问题,而该内部银行进行的实际上就是各分公司或分公司与母公司之间所有应收账款、应付账款的买卖,这样就给各公司提供了便利的金融服务,使它们能更好地从事它们的本职工作,共同搞好整个公司的业务。

四、国际融资管理

跨国公司一般通过在国际市场公开发行债券及国际借贷融资的方式获取外部资金。跨国公司一般的融资渠道有以下三个:一是欧洲市场业务,包括欧洲货币市场和欧洲债券市场。欧洲货币市场是国际货币市场的核心,它不同于其他国家的国内市场,不受任何地方管制,存贷款利率之差也小于货币发行国,并有很大的批发性质,交易量非常大。欧洲债券市场与外国债券市场有很多地方是一样的,但是有一点不同,欧洲债券市场几乎不受任何官方管制。二是特定方向融资业务,包括国际贸易融资、国际租赁融资等。国际贸易融资是指银行为跨国企业国际贸易业务提供的资金融通;国际租赁融资是指出租人将资本货物出租给承租人,由承租人分期支付租赁费用的一种融物与融资相结合的融资活动。三是国际项目融资,指以境内建设项目的名义在境外筹措外汇资金,并以项目自身的收益来承担债务偿还责任。

跨国公司在融资时常常会面临一些风险,包括由于借入货币贬值导致还贷时的成本增加、由于外汇市场信誉度不高而在借贷货币时需支付高成本、融资时面临的低利率高风险和低风险高成本问题,等等。因此,企业需要权衡货币风险、货币可利用程度和借款目的,使用不同方法规避风险。

1. 选择币种

如果使用的是某国货币,那么借款时最好借入该货币。比如,一国要购买美国的设备,就最好借入美元,如果借入的是日元就容易因日元贬值而遭受汇率风险;或者说要借日元,那么最好该国商品的主要销售市场是日本,这样可以直接用赚来的日元偿还日元债务,也规避了一定的汇率风险。在融资市场上,软货币也就是币值趋向于贬低的货币往往更受借贷市场的青睐,因为一旦软货币在借入期内贬值了,未来还贷时的成本就会降低;反之,如果借入的是硬货币,借入期内货币走强了,借贷成本就会上升。当然软货币的借贷利率往往较高,因此在借贷时要进行权衡,比较软硬货币的利率差别、汇率变动幅度后再决定。

2. 偿还时间的选择

若借款货币有升值预期,在资金充裕的情况下尽量提前还款;如果有贬值预期,则应尽量滞后还款;在预期借款利率有上升势头,或以固定利率借入而国际金融市场利率下降时,都可以在资金宽裕的情况下提前还款或者借入低利率的资金偿还高利率资金。

3. 互换

当不同公司分别在借款利率上存在比较优势时,则两公司可以通过利率互换或者货币互换来降低贷款成本。利率互换针对的是同一货币的不同付息方式,而货币互换则针对的是不同货币的借款市场。

五、国际投资管理

投资必然意味着估计的净现值为正,而对净现值的估算即资本预算要估计的项目大致包括初始费用和资本支出、营运现金流量和末期现金流量。如果估算下来的净现值为正,说明这个项目是一个好的投资项目,带来的回报除冲抵初始的资本支出外还可以获取利润。国际投资与国内投资不同的地方在于,该投资项目的评估应该按本国货币计量,因此需要相应地进行汇率预期并折算为本国货币来计算净现值。国际投资包括国际证券投资与对外直接投资两类。

(一)国际证券投资及管理

相对于只投资国内证券,国际证券投资可以获得更好的风险收益组合,根据多样化资产配置原理,资产越多样化,风险就越趋于分散,收益就越稳定,因此在全球范围内进行证券组合投资,会获得更多的投资可能性和更有利的投资组合。当今世界上高成长性的企业往往来自发达国家和新兴市场,这类高成长性企业带来的证券投资收益是不容忽视的,通过国际证券投资可以获得这些有利的投资机会。一个国内的证券投资或多或少都受到国内相同经济周期的影响,总体的经济走势都是相同的,而在国际上进行证券投资就可以利用各国正在经历的不同的经济周期阶段,从总体上降低收益的波动性。

证券投资组合可以采用冒险型策略,也可以采用保守型策略。保守型策略倾向于增加证券的数量与种类,尽可能地把市场上所有的证券都包括进来,这样的证券组合能最大限度地降低风险,不需要多高深的证券管理知识或支付专门的证券管理费用,但是收益率也相对较低。冒险型策略则是要多加入一些高风险、高收益的股票在投资组合中。此外还有适中型策略,这是多数金融机构常采用的方法,即通过对证券进行行业分析、企业分析等一系列科学分析之后,选取优质的股票进行证券组合投资。

(二)对外直接投资及管理

跨国公司进行对外直接投资的动机有很多,比如拥有某种独占的生产要素优势的企业为了跨越外国设立的资本流动障碍,直接在国外建厂以实现垄断利润,或者在全球范围内建立企业,以形成公司内部市场从而克服外部市场带来的风险,此外还可以谋求比较优势。

跨国公司面临的是长期的国际竞争,应该战略性地规划企业的投资政策,使企业在全球竞争中生存与发展。企业首先应该关注那些最能赢利的投资机会,集中确立竞争优势,增强差别化优势;其次,要比较每种进入战略,并选择最佳的进入模式;再次,要不断审视当前市场进入模式的有效性,并随着对国外市场了解的深入不断调整市场渗透策略;此外,对投资计划的评价不能仅仅按照资本预算方式分析收益,还要判断投资对公司现金流量和风险的影响;最后,企业要分析自己的竞争优势的寿命,也就是说如果该竞争优势比较容易被其他企业模仿,企业就需要学会维护其竞争优势,形成有效的市场进入障碍,但是市场进入障碍不会永远存在,跨国公司应该持续投资,不断创造新的竞争优势。

六、外汇风险管理

汇率风险指的是由于汇率的变动导致的以外币计值的资产、负债、盈利或预期未来现金流量的本币价值发生变动而给外汇交易主体带来的不确定性。这种变动可能是损失,也可能是额外的收益。一般认为,外汇风险产生于不同货币之间的兑换,只要有不同币种之间的兑换,就不可避免地有外汇风险。汇率风险大体可分为三类:交易风险、经济风险与折算风险。跨国公司需要应用国际财务管理技巧来处理的外汇风险有以下特点:①起因于未曾预料的汇率变动;②发生在折算或货币兑换的场合;③造成企业预期现金流量的变化;④可能带来损失或收益。

(一) 交易风险及相应管理

任何以外币来支付,并将在未来结算的交易行为都有可能由于外币的贬值造成交易收益的损失,此类风险称为交易风险。它是由于交易日与结算日之间汇率的变动引起的。比如,某A公司与国外B公司签订交易协议,A公司购买B公司的产品,并在产品完工也就是3年后对B公司进行付款,而在这3年间两国货币之间汇率的变动就会形成交易风险,比如3年后A国货币相比B国货币贬值,会使3年后B国收到的货款价值大幅缩水。

针对这一风险,国家往往会采取一系列措施来进行规避,包括企业内部的管理措施和外部的管理措施。

1. 内部管理措施

内部管理措施包括计价货币的选用、运用货币保值条款、调整价格法以及提前与延迟支付。

在选用计价货币时最好选择本币或可自由兑换的货币,收硬付软,出口按硬货币计价,进口按软货币计价,或者采用软硬货币搭配的组合货币计划,也可以尽可能使进出口采用同种货币计价。

货币保值条款也就是合约套期保值,包括远期合约和期货期权产品,总的来说都是通过事先商定好固定的汇率进行交易,以规避汇率变动带来的风险。

交易风险也可以通过货币风险共担的方式进行规避,即买卖双方事先商定共同分担风险,对于一些常年交易的买卖双方来说,这是很常用的一种风险规避方式。

当出现出口必须用软货币、进口必须用硬货币的情况时,可以通过出口加价保值与进口压价保值的方法。提前或延迟付款是通过预测汇率的变动,从而提前支付即将升值的货币,延迟支付即将贬值的货币。

2. 外部管理措施

企业对交易风险进行外部管理的方式大致有国际信贷和金融工具两种。国际信贷有出口信贷、进口信贷、福费廷、保付代理等。金融工具主要指各种各样的对冲工具,本质就是通过签订另一笔外币交易,使其现金流量正好对冲第一笔风险交易的现金流量,它属于一种自动套期保值。所谓自动套期保值,就是通过相反的外汇流动来抵消和管理风险,但是很少有公司可以利用自动套期保值来规避所有的汇率风险。常见的对冲工具包括即期外汇市场对冲、远期外汇市场对冲、货币市场对冲等。

相关案例8-4

中信泰富外汇合约巨亏155亿港元

2008年10月20日,中信泰富发布公告称,公司为降低西澳洲铁矿项目面对的货币风险,签订若干杠杆式外汇买卖合约而引致亏损,实际已亏损8.07亿港元。至2008年10月17日,仍在生效的杠杆式外汇合约按公平价定值的亏损为147亿港元。换言之,相关外汇合约导致已变现及未变现亏损总额为155.07亿港元。

在全球性金融危机爆发后,汇市波动剧烈,中信泰富因此遭遇巨额汇兑损失。该公司主席荣智健10月19日表示,2008财年公司可能因此出现净亏损。财务董事张立宪未遵守对冲风险政策进行有关外汇交易,财务总监周志贤也没有尽到监督职责。从10月20日起,两人辞去董事职位。

对冲风险 外汇合约巨亏

据中信泰富公告称,集团为了降低西澳洲铁矿项目面对的货币风险,签订若干杠杆式外汇买卖合约以对冲风险。自2008年9月7日察觉到该合约带来的潜在风险后,公司中止了部分合约。但2008年7月1日至10月17日,公司已因此亏损8.07亿港元。

同时,中信泰富表示,目前仍在生效的杠杆式外汇合约按公平价定值的亏损为147亿港元。但合约期限截止到2008年12月底,按当时公平价定值的亏损并不等同于目前的数据。公司将密切监察及留意实际情况,适当时将中止或重组该合约。

某银行国际业务部人士对《每日经济新闻》表示,大型企业在进行数额巨大的海外收购时,由于付款时间较长且采用分期付款的方式,必须考虑本币及收购执行货币的汇率不确定性。为尽可能锁定成本,一般企业都会进行外汇衍生交易。

据了解,杠杆式外汇买卖合约是目前普遍使用的交易工具。交易者只需支付一定比例的保证金,就可以进行数十倍的额度交易,本质上属于高风险金融交易,外汇价格正常的波动会因杠杆而放大。尤其在当前金融危机的肆虐下,部分国家货币汇率近三个月来波动剧烈。类似波动在经杠杆放大后,将更为惊人。

相关责任人辞职

"如果单纯出于避险的目的进行类似外汇保证金交易,亏损基本在可控范围内。"上述银行国际业务部人士如此判断。如果跟未来的实际交易行为作对冲,以最简单的"锁汇"为例,参与者损失的上限即为已支付的保证金金额。

一般来说,如果中信泰富在收购西澳洲铁矿项目时需要用外币兑换成澳元交易,会针对澳元对该货币的升值作对冲。实际上澳元作为商品货币,2008年7月以来开始大幅贬值。中信泰富公告并未写明在哪些币种上遭遇汇兑损失,只显示对冲工具比较复杂,为若干杠杆式外汇买卖合约的组合,主要涉及的币种是港币和欧元。

中信泰富宣布,由于发生了上述外汇风险事件,集团财务董事张立宪和财务总监周志贤已辞去董事职位,2008年10月20日起生效。莫伟龙于同日起被委任为集团财务董事。荣智健表示,上述合约的操作者对潜在的最大风险没有正确评估,相关责任人亦没有遵守公司的对冲保值规定,在交易前甚至没得到公司主席的授权。此外,持有中信泰富29%股权的母公司——中国中信集团,同意为其安排15亿美元备用信贷,利息和抵押品方面按一般商业条件进行。

该事件令香港证券界震惊,有券商估计中信泰富股价有可能大跌30%,甚至跌至1997年每股10元的水平。中信泰富上周五报收14.52港元。不过荣智健公开表示,公司并没有通过在公开市场回购股票来提振股价的计划。但他也预计,受该事件拖累,公司本财年可能出现净亏损。

凯基证券分析师蔡铁康指出,若这笔非经常性亏损计入财务报表,中信泰富的业绩不容乐观。在截至2008年6月底的中期业绩报告中,公司披露总负债由2007年上半年的286.54亿港元急升至419.06亿港元,净负债则从上年同期的206.09亿港元升至312.11亿港元。该公司中期净利润43.77亿港元,较上年同期减少12%。

资料来源:金润圭,《国际企业管理》(第二版),中国人民大学出版社2009年版,第365—366页。

(二) 经济风险及其管理

经济风险指的是公司长期的现金流量受到汇率变动冲击带来的损失,又称为营运风险、实际经营风险或预测风险,是意料之外的汇率变动通过影响企业的生产数量、价格、成本从而使企业未来一定时期内的收益与现金流量减少,使公司价值受影响。经济风险是一种预测外的汇率变动的影响,因为预测到的汇率风险已经得到了相应的处理,只有意料之外的汇率变动才会对企业具有确定的威胁。

一个企业的国际化程度越高,它遭遇经济风险的概率就越大。对于一些经常从事进出口业务的企业来说,其受到汇率变化影响而造成经济风险的概率是很大的,比如美国出口商会由于外币贬值、美元升值造成出口商品价格相对较贵而竞争力减弱,产品销售变得相对困难。这些由于浮动汇率带来的汇率不确定性造成的经济风险都是需要规避的。

对于经济风险的管理,在微观上就与个人进行投资决策一样,要对不可预期的情况事先做好防范准备,采取多样化的措施是很常见的防范方法,投资决策时可以采取资产多样化方法来削减风险,因此公司在对经济风险进行管理时常采用的是经营多样化和融资多样化。经营多样化可以降低企业对汇率的敏感度,比如某公司可以在许多国家建立分公司生产产品,这样当一个国家的货币升值使所生产的产品竞争力下降时,总公司可以将生产转移到货币贬值或货币升值相对较少的地方生产。企业的债务一般以不同单位的货币计量,因此汇率的变动对于债务及其债务利息的计量有影响,各国的币值、利率各不相同,在不同国家进行融资,融资的多样性可以在一定程度上规避汇率与利率风险。

(三) 折算风险及其管理

折算风险也称为会计风险,是指在对海外子公司以外币表示的资产负债表、利润表等会计报表以母国货币进行折算过程中所产生的外汇风险。它不是一种真实的风险,而是由于报告日和资产负债表各项目发生日的汇率差异所形成的一种账面风险,是一种存量风险,本质上是会计处理的结果,只是会计上的一种折算损失,除非分公司被清算出售,否则这部分折算损失不会实现。折算风险与实际价值没有任何关系,它没有标明汇率变动对公司贸易的实质性影响。现在世界大多数国家均采用现行汇率法进行折算,这种方法的折算风险是较大的。

第三节 国际商务活动的跨文化管理

一、跨国公司的企业文化

跨国公司是一种多元文化组织,成功运作的企业将组织内部的文化多样性视为公司全球竞争力的来源之一,不仅拥有先进的技术和精湛的经营管理,并且善于利用这种文化多样性来激发管理者和雇员的创新意识。

(一) 跨国公司企业文化的框架

跨国公司的文化框架由三部分组成(见图8-2):第一部分,标明跨国公司企业文化的历史起点。民族文化与社区文化在一定历史条件下作用于跨国公司。这种作用过程是潜在的,是非自觉意识的。民族文化与社区文化奠定了跨国公司文化的某些基本特征。第二部分,政治制度、经济结构、法律文化等决定性因素逐渐改变了传统文化的某些特征,同时又创造出新的文化内容。第三部分,受以上两部分的影响,跨国公司企业文化最终形成。这里,跨国公司企业文化作为内化结构,是指跨国公司员工的心理状态,如领导者的心理,被管理者的心理,员工的价值取向,对竞争、盈利、分工、技术引进等观念的基本看法。跨国公司作为外化结构,是指管理者行为习惯,如企业组织结构、形式的设立,管理、指挥、组织、经营的风格,群体的人际关系、企业进取性、公共关系等。

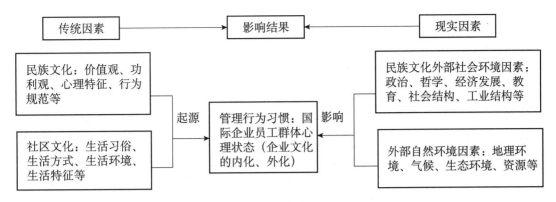

图 8-2 跨国公司的文化框架

(二) 跨国公司企业文化的特点

跨国公司具有不同于一般企业的文化体系,跨国公司企业文化除了具备一般企业文化的共性外,还有自己的特性,主要包括以下几点:

1. 价值观和信念的多元性

跨国公司的员工往往拥有多元化的价值观和复杂多样的信念结构。其原因在于,不同文化背景下的员工拥有不同的价值观和信念,由此决定了他们具有不同的需要和期望,以及与此相一致的满足其需要、实现其期望的迥然不同的行为规范和行为表现;共享的跨国公司企业文化构建后,不同文化背景的员工依然会保留着各自文化所特有的基本价值观和信念;全新的超越各自民族文化的跨国公司企业文化尽管可以共享,但它是构建在尊重、保留甚至张扬民族文化差异的前提下的,并不是一个消除原有不同文化差异的过程。

2. 行为方式上的冲突性

员工价值观和信念的多元性使得同一个跨国公司内部存在"大同而小异"的行为规范和习惯。这些行为习惯有些是互补的,有些甚至是相互冲突的。例如,美国用"OK"表示同意对方的意见和要求并按对方的意见和要求行动,而日本人则用"OK"表示"听清了",至于是否会按照对方的要求行事就不得而知了。

3. 经营环境的复杂性

与国内企业相比较,跨国公司所面临的经营环境要复杂得多。无论是企业成员在目标期望、经营理念和管理协调的原则上,还是管理人员在管理风格上,都大相径庭。这些差异使得跨国公司的统一行动、决策及其执行变得困难重重,企业管理中的混乱和冲突时有发生。

4. 文化认同和融合的过程

跨国公司企业文化的形成过程和建立所需要的时间比国内企业长,花费的代价大,整个过程复杂曲折。这是因为,跨国公司存在差异较大甚至互相冲突的文化模式,来自不同文化背景的人们无论其心理世界还是外部行为系统都存在着显著的差异,这些差异只有逐步被人们相互理解和接受,进而产生关心、同情和认同,才能逐渐取得共识,并建立起共同的、全新的企业文化。

二、跨文化管理的概念及特点

跨文化管理是管理的一个分支,它研究由两个或两个以上文化背景的组织的管理问题,从目前的情况来看,跨文化管理的对象是企业组织,包括一国境内的外资企业和一个国家在境外的合资企业。

跨文化管理并无统一的定义,通常学者们将其定义为研究不同国家或文化中不同组织的人的行为。还有一些学者将跨文化管理同比较管理相提并论,认为从广义上来讲,跨文化管理着眼于不同文化环境下商务和管理系统的共性和差异性;从狭义上来讲,跨文化管理是从不同的国家和文化的角度来研究各种组织。

跨文化管理之所以受到关注,可以归结为以下三个原因:

(1) 经济全球化浪潮使全世界的联系更加紧密。据统计,约 1/3 的世界经济产品是通过跨国性的商业活动所产生的。因此,跨国公司的管理人员有必要了解有关国家的文化、政治、经济和商业惯例。

(2) 研究不同文化及系统有助于人们敏锐地理解不同文化环境下人的行为。

(3) 跨文化管理研究可以开阔人们的视野,尤其是在组织和管理方面。

跨文化管理的特点主要包括以下几个方面:

(1) 复杂性。跨文化管理在以往管理的基础上树立了文化维度,增加了管理的范围和难度。例如,以往的管理考虑的人格是二重的,即个人人格和组织人格;在跨文化管理中,人格是三重的,即除了个人人格和组织人格外,又多了一个国家人格或民族人格。以往的惯例多是在同质或者大致同质文化背景下的管理,而跨文化管理则是在两种或两种以上不同质文化背景下的管理。

(2) 特殊性。管理是围绕各项组织职能,如计划、组织、控制、领导、创新等展开的。管理的内容十分广泛,包括生产管理、营销管理、人事管理、财产管理、高层管理等许多方面,而跨文化管理主要研究公司对不同文化背景下的人的管理,即所谓自由文化人的管理。

(3) 共同性。跨文化管理不是按照某一个国家的管理文化进行管理,而是一种最大限度追求人类共同性的管理,或者说尽量按照国际惯例的管理。

(4) 协商性。在缺乏国际惯例的情况下,跨文化管理只能采取协商的形式,在求同存异中解决冲突,任何一方不能把自己的意志强加给另一方。

三、跨文化管理的理论

跨文化管理以承认文化对管理有重大影响为前提。但是,直到 20 世纪 40 年代以前,人们都没有就文化差异对管理的影响给予足够的重视。直到 20 世纪 70 年代,这一问题才逐渐被人们重视,出现了所谓的"跨文化行为研究"。这是世界进一步开放的结果,特别是随着国际经济交流的扩大,类似于欧洲共同体等跨国经济组织的出现,使国际文化差异的问题日益凸显。

(一)霍夫斯塔特的跨文化研究

从1967年到1971年,霍夫斯塔特(Hofstede)以IBM在全球40多个国家的11.6万名员工为调查对象,通过调查人们对管理方式和工作环境的偏好,归纳了四个随国家不同而不同的识别民族文化的维度,并在此基础上进一步提出了跨文化管理的"文化维度理论"。

1. 文化差异的四个指标

霍夫斯塔特认为,文化是在同一个环境中的人们所拥有的"共同的心理程序"。因此,文化不是一个个体特征,而是具有相同生活经验、受过相同教育的人的共同心理程序。不同国家或地区的人的心理程序之所以有差异,是因为他们一直受着不同的教育,有着不同的生活和工作,因而也就有着不同的思维方式。霍夫斯塔特将不同国家的文化差异归纳为以下四种:

(1)权利距离。权利距离用来衡量社会接受机构和组织内权力分配不平等的程度。一个权利距离大的社会能接受群体内权利的巨大差距,员工对权威显示出极大的尊重,称号、头衔及地位是极其重要的。相反,权利距离小的社会尽可能淡化不平等,在这样的社会中,上级仍拥有权威,而员工并不畏惧或敬畏上级。人们天生具有不同的身体条件和自然条件,从而产生了财富和权利的差异,权利距离在这一维度上衡量社会如何处理这种不平等。有的国家或地区,对权力的接受距离较高,称之为"高权利距离"社会;有些国家或地区,对权利的接受距离较低,称之为"低权利距离"社会。

(2)不确定性规避。不确定性规避是衡量人们承受风险和非传统行为的程度的文化尺度。人们都生活在一个不确定的世界中,在很大程度上未来是未知的,而且以后的情况也是如此,这对很多人来说是一种威胁,从而会以多种方法做出应对,如提供更大的职业稳定性、建立更多的正规条例、努力获取专业知识,等等。不同的社会以不同的方式对这种不确定性做出反应。在一些社会中,社会成员能沉着地接受这种不确定性,他们相对来说更能容忍不同于自己的意见和行为,通常对风险能泰然处之,因为他们从未感受到威胁。霍夫斯塔特将这种社会描述成低不确定性规避的社会。

(3)刚性和柔性。刚性和柔性指的是社会上居于统治地位的价值标准。对于刚性社会而言,居于统治地位的是男性阳刚气概,如自信武断、进取好胜、追求金钱和物质。柔性社会的特征是阴柔,与刚性社会正好相反。在刚性倾向的国家,社会竞争意识强烈,成功的象征就是财富功名,社会鼓励和赞赏工作狂,其文化强调公平、竞争,注重工作绩效;而在柔性社会的国家中,人们一般乐于采取和解的、谈判的方式解决组织中的冲突问题,其文化强调平等、团结,认为人生中最重要的不是物质上的占有,而是心灵的沟通。一般而言,一个社会中对刚性的评价越高,其男性与女性之间的价值观差异也就越大。

(4)个人主义与集体主义。个人主义是指一种松散结合的社会结构。在这一结构中,人们只关心自己和直系亲属的利益。与个人主义相反的是集体主义,它以一种紧密结合的结构为特征。在这一结构中,人们希望群体中的其他人(诸如家庭或组织)在他们有困难的时候帮助他们,他们则以对群体的忠诚作为回报。霍夫斯塔特经研究发现,美国的个人主义得分最高(91/100),而在有中华文化背景的地区如新加坡、中国香港、中国台湾,个人主义得分很低(分别为20/100、25/100、17/100),详见表8-1。

表8-1 部分国家或地区个人主义得分及排序

排序	国家或地区	得分	排序	国家或地区	得分
22/23	阿根廷	46	36	马来西亚	26
2	澳大利亚	90	32	墨西哥	30
18	奥地利	55	4/5	荷兰	80
8	比利时	75	13	挪威	69
26/27	巴西	38	6	新西兰	79
4/5	加拿大	80	47/48	巴基斯坦	14
38	智利	23	51	巴拿马	11
49	哥伦比亚	13	45	秘鲁	16
46	哥斯达黎加	15	31	菲律宾	32
9	丹麦	74	33/34/35	葡萄牙	27
52	赤道几内亚	8	16	南非	65
17	芬兰	63	42	萨尔瓦多	19
10/11	法国	71	39/40/41	新加坡	20
15	德国	67	20	西班牙	51
3	英国	89	10/11	瑞典	71
30	希腊	35	14	瑞士	68
53	危地马拉	6	44	中国台湾	17
37	中国香港	25	39/40/41	泰国	20
47/48	印度尼西亚	14	28	土耳其	37
21	印度	48	29	乌拉圭	36
24	伊朗	41	1	美国	91
12	爱尔兰	70	50	委内瑞拉	12
19	以色列	54	33/34/35	南斯拉夫	27
7	意大利	76	33/34/35	东非	27
25	牙买加	39	39/40/41	西非	20
22/23	日本	46	26/27	阿拉伯国家	38
43	韩国	18			

资料来源:王朝晖,《跨文化管理》,北京大学出版社2009年版,第49页。

2. 文化差异对管理的影响

霍夫斯塔特认为,文化差异的上述四种指标对管理中的领导方式、组织结构和激励内容等会产生巨大的影响。

专栏8-1

霍夫斯塔特及霍氏国家文化模型

霍夫斯塔特教授是社会人文学博士,曾主管IBM欧洲分公司的人事调查工作,是荷兰马城(Maastricht)大学国际管理系名誉教授,在欧洲多所大学任教,并担任香港大学荣誉教授,主要从事组织机构人类学和国际管理(organizational anthropology and international management)研究。1993年退休以后,他依然是香港、夏威夷、澳大利亚的一些大学的客座教授。他还担任Tilburg大学经济学研究中心的校外教授。现在还兼任世界银行、亚洲生产力组织和欧盟的顾问。他1984年出版的专著《文化的影响力》、1991年出版的专著《文化与主题:思想的远见》,被译成多种语言版本。他是社会科学刊物索引前一百位最常被引用的作者。中国科学出版社曾于1996年翻译出版过霍夫斯塔特教授的代表作《跨越合作的障碍:多元文化与管理》,被中国文化界称为"具有启示性的专著"。

霍夫斯塔特曾获Delft科技大学机械工程系的硕士学位。他曾在荷兰的多家公司担任过各种职务,包括生产工人和工厂经理。之后,通过在业余时间学习,他以优异成绩获得了Groningen大学社会心理学博士学位。1965—1971年间,他创建并管理了IBM欧洲分部的人力研究部门;他参与了在西欧以及中东地区所有国家的研究项目。之后,他成为瑞士IMD、法国INSEAD、比利时EIASM以及奥地利IIASA的机构成员以及研究员。1980—1983年间,他重返生产部门,担任位于Leiden的Fasson Europe的人力资源部主任。1980年,他还创建了IRIC(Institute for Research on Intercultural Cooperation),随着IRIC,他来到了Maastricht,之后搬到了Tilburg,IRIC在2004年关闭。

随着他的学术专著《文化的重要地位》在美国出版,他成为不同文化比较研究的创始人;他的理论在世界范围内得到应用。他的一本很有名的著作《文化与主题:思想的远见》(1991年出版,2005年再版,与Gert Jan Hofstede合著)迄今为止被翻译成17种语言。自1980年起,他就成为Social Science Citation Index中最常被引用的荷兰作者。他还是美国管理学院院士,荷兰Nyenrode、希腊雅典、保加利亚的索非亚以及瑞典Gothenburg等大学的名誉博士。

霍夫斯塔特用20种语言,从态度和价值观方面,在收集了40个国家,包括从工人到博士再到高层管理人员在内的共116 000个问卷调查数据的基础上,撰写了著名的《文化的结局》一书。根据研究成果,霍氏认为:文化是在一个环境中的人们共同的心理程序,不是一种个体特征,而是具有相同的教育和生活经验的许多人所共有的心理程序。不同的群体、区域或国家的这种程序互有差异。这种文化差异可分为四个维度:权力距离,不确定性避免,个人主义与集体主义以及刚性或柔性(男性度与女性度)。霍夫斯塔特给文化下了这样一个定义:所谓"文化",是在同一个环境中的人们所具有的"共同的心理程序"。因此,文化不是一种个体特征,而是具有相同社会经验、受过相同教育的许多人所共有的心理程序。不同的群体,不同的国家或地区的人们,这种共有的心理程序之所以会有差异,是因为他们一直受着不同的教育、有着不同的社会和工作,从而也就有不同的思维方式。

霍夫斯塔特认为,企业文化是价值观和实践的复合体,其中价值观是核心,实践部分则包括意识和象征。他首先提出了明确的组织文化层次结构。他认为,企业文化由价值观和实践两个部分组成,其中价值观由三个独立维度(对安全的需要、以工作为中心、对权威的需要)组成,而实践部分则由六个独立的成对维度(过程导向—结果导向、员工导向—工作导向、本地化—专业化、开放—封闭、控制松散—控制严格、规范化—实用化)组成。霍夫斯塔特的组织文化问卷立足于企业文化本身的内容和结构,清晰地勾勒出价值观和实践两方面的维度结构。但其国家文化模型中价值观的三个独立维度不能很好地区分各个组织之间的差异,同时忽略了一些被企业文化学术和实务界所熟知的价值观(如创新等)。这是因为定性研究的访谈提纲偏重于考察组织内部,忽略了企业文化受外部环境的影响,而在实践部分的维度结构中也没有出现诸如社会责任这类的维度。

资料来源:田泽、马海良,《国际企业管理:文化、战略与行为》,清华大学出版社、北京交通大学出版社2012年版。

---

(1) 对企业领导方式的影响。个人主义/集体主义以及接受权利距离的程度是影响企业领导方式的最重要的因素。霍夫斯塔特认为,美国是个人主义最高的国家,因此在美国,即使处于被领导的地位,企业也会以自身利益最大化为主要目的。但这一领导理论不适用于遵循集体主义的第三世界国家,这些国家的员工更关心群体,希望从群体处得到保障,也愿意以对群体的忠诚作为回报。同时,接受权利距离程度会直接影响员工参与企业管理的情况。法国和比利时接受权利距离程度很高,因而员工没有参与企业管理的要求;美国接受权利距离程度水平居中,因此员工会参与到企业管理中,但有一定限度。

(2) 对企业组织结构的影响。接受权利距离程度和不确定性规避是影响企业组织结构的最主要因素。这源于分配权利及减少或防范经济中的不确定性本身就是组织的重要功能。法国接受权利距离程度高,又有防范不确定性的强烈愿望,因而企业通常按"倒金字塔"的传统形式来组织;德国虽然也有较强的规避不确定性的心理,但接受权利距离程度较低,因而更加注意规章制度;美国、荷兰、瑞士接受权利距离处于居中的水平,因而各种组织形式在这些国家同时存在。

(3) 对企业激励内容的影响。不确定性规避、刚性与柔性、个人主义/集体主义是影响企业激励内容的主要因素。美国等国的激励方法多从个人出发,以较高的自我实现和个人获得尊严作为激励的主要内容。第三世界及日本是集体主义较高的国家,激励时需处理好个人与集体的关系,避免过分奖励个人。美国社会更倾向于刚性,所以适合将承担风险、进取获胜作为激励的内容。法国和日本虽然也是刚性社会,但由于不确定性规避的心理较强,因此更愿意把分配无危险、安全的工作岗位作为激励因素。荷兰和北欧各国更倾向于柔性社会,不确定性规避的心理更强,因此他们不像美国那样爱好个人竞争,而以维护良好的人际关系作为激励的主要内容。

(二) 文化架构理论

荷兰经济学家和管理咨询家琼潘纳斯(Trompenaars,1993,1998)历经10年,对来自28个国家的15 000名经理进行了问卷调查,并根据研究结果提出了七个文化维度,这七个维度也分别体现了国家和民族文化的差异。它们分别是:

(1) 普遍主义—特殊主义:社会或个人的责任;
(2) 个人主义—集体主义:个人或集体目标;
(3) 中性化—情绪化关系:相互关系中的情绪化倾向;
(4) 关系特定—关系散漫:相互关系中的投入程度;

(5) 注重个人成就—注重社会等级:权力和地位的合法性;
(6) 长期—短期倾向:对待传统的态度;
(7) 人与自然的关系:如何看待自然对人的影响。

(三) 六大价值取向理论

克拉克洪和斯托特柏克(Kluckhohn and Strodtbeck,1961)也在他们的研究中提出了企业的跨文化管理理论。他们认为,不同文化人群对人类面临的六个基本问题的回答体现了各自的主要观念、价值取向和解决办法,不同的人对这些问题的回答能够体现其文化特征,可以描述各自的文化轮廓,并将不同的文化区分开来。这六大基本问题包括:
(1) 对人性的看法;
(2) 对自身与外部环境的看法;
(3) 对自身和他人关系的看法;
(4) 人的活动导向;
(5) 人的空间观念;
(6) 人的时间观念。

(四) 个人主义—集体主义理论

特里安迪斯(Triandis)在《个人主义与集体主义》一书中阐述了不同于霍夫斯塔特的"个人主义/集体主义"理论。后者将个人主义和集体主义分别视为一个维度上的两极,一种文化如果在个人主义上得分高,其在集体主义上的得分就低,反之亦然。但他指出,个人主义、集体主义既不是一个维度的两极,也不是两个维度的概念,而是一个文化综合体,包括许多方面。同时,他将这个概念降低到个体层面,用来描述个体的文化导向,而非民族或国家的文化导向。

特里安迪斯提出五个定义个人主义—集体主义的重要方面:
(1) 个体对自我的定义;
(2) 个人目标和群体目标的相对重要性;
(3) 个人对内群体和对外群体的区分程度;
(4) 个人态度和社会规范决定个体行为时的相对重要性;
(5) 完成任务和人际关系对个体的相对重要性。

四、企业的跨文化管理策略及方法

(一) 跨文化管理的策略[①]

随着经济全球化的发展,跨国经营是企业发展过程中的必然结果。有效分析、利用跨文化优势是企业跨国经营的动因与前提。跨国经营给企业提供了巨大的机遇,它是全

---

① 陈辉荣,《企业国际化中的跨文化管理策略》,《商业时代·学术评论》,2006年第10期。

球经济增长的关键因素。要成功地经营、实现预期的商业目标,跨国企业应实施以下跨文化管理策略:

1. 识别文化差异,发展文化认同

按照美国人类学家爱德华·郝尔(Edward Hall Jr.)的观点,文化可以分为三个范畴:正式规范、非正式规范和技术规范。正式规范是人的基本价值观、判断是非的标准,它能抵制来自外部企业改变它的强制力量,同时引起的摩擦不易改变。非正式规范是人们的生活习惯和风俗等,由此引起的文化摩擦可以通过较长时间的文化交流克服。技术规范则可以通过人们对技术知识的学习而获得,很容易改变。不同规范的文化所造成的文化差异和文化摩擦的程度和类型是不同的,其被改变的可能性与程度也不一样。只有首先识别文化差异,才能有的放矢,采取针对性的措施,并尊重对方文化,发展文化认同。

专栏8-2

不同文化背景下的薪酬制定

小时工资制的概念在墨西哥用得很少。劳动法规定员工获得每年365天的工资。

在奥地利和巴西,有一年工龄的员工自动获得30天的带薪假期。

加拿大的一些司法机关制定了针对男性密集型和女性密集型工作的工资平等立法——在美国称为可比较工资。

在日本,报酬水平是根据客观因素如年龄、工龄长短和教育背景而不是技能、能力和绩效来决定的。绩效标准只在员工45岁之后才有。

在英国,员工有40周的产假,雇主必须提供政府规定的其中18周的工资。

在87%的瑞典公司,人力资源主管都在董事会任职。

在环太平洋地区,激励计划必须以小组为基础。在刚性文化中(如日本、中国香港、马来西亚、菲律宾和新加坡),高薪必须支付给高级管理人员。

在欧盟国家,法国、西班牙薪酬战略必须相似;在意大利、比利时,高薪应当支付给高级管理人员;在土耳其和希腊,利润分享计划比个人激励更有效;在丹麦、荷兰和德国,个人激励计划十分有用。

在英国、爱尔兰和美国,管理者很看重个人主义,被收入、认可、提升和挑战的机会所激励。薪酬计划应该反映这些需求。

资料来源:弗雷德·卢森斯、乔纳森·P. 多著,赵曙明、程德俊译,《国际企业管理——文化、战略和行为》,机械工业出版社2009年版,第103页。

---

2. 通过跨文化培训,达成跨文化理解

要在其他文化里建立有效的组织,并不表示一味适应本地文化和妥协,更不可能刻意去改变本地人的文化和行为。一个企业跨出国界经营,要实现商业目标必须融合三种文化:自己国家的文化、目标市场国家的文化和企业文化。企业在跨国经营中,在东道国的文化环境里,要面临两种不同的适应策略:追随文化策略(被改变)和创新文化策略(改变人)。世界上大多数跨国公司更多地选择了追随文化策略,也叫学习策略。

对中国企业的跨国经营而言,其实力和管理经验远不能与西方大公司相比,学习策略应该是友好而且有效的方式。可以通过对跨文化管理人员进行培训来实施学习策略,跨文化教育与培训是跨文化管理的重要内容。

企业跨文化教育与培训应包括三方面内容:第一,针对本国人员外派任职的培训;第二,针对东道国人员的培训;第三,针对多元化文化团队的组织与训练。跨文化培训的主要内容包括对文化的认识、对文化敏感性的训练、语言学习、地方环境模拟等。文化敏感性训练是为了加强员工对不同文化环境的反应和适应能力,通过简短演讲、角色扮演、情景对话和实例分析等形式,有效地打破每位员工心中的文化障碍和角色束缚,更好地找出不同文化间的相同之处,加强每位员工对不同文化环境的适应性,加强不同文化间的协调与融合。

3. 加强文化融合,发展与提高跨文化沟通能力

沟通是管理领导过程中很重要的环节,沟通能力是成功领导者的关键能力之一。当团队中有不同文化的成员时,这种沟通过程就变得更加复杂、更加重要。良好的跨文化沟通有助于企业更好地理解文化差异、化解文化冲突。相反,因不知如何是好而害怕沟通,因为害怕沟通而缺乏沟通,就有可能在多元文化的组织成员之间出现沟通中断、过度保守、员工之间的非理性反应和怀恨心理等诸多不良后果,并形成恶性循环使矛盾加深、对立与冲突加剧,最后因为一系列的误解而导致企业投资行为的失败。因此,在跨国经营中,企业必须了解东道国的诸多言语与非言语沟通的差异,并建立起各种正式或非正式的、有形或无形的跨文化沟通组织与渠道,针对既存的文化差异和文化障碍,建立起良好的相互理解与信任的协调机制和沟通机制,以便及时、有效地化解文化障碍。

4. 建立共同经营观,树立人本主义管理思想

通过对文化差异的识别、敏感性和其他方面的培训,以及良好、有效的沟通,可以提高公司职员对文化的鉴别与适应能力。这时,跨国公司应在文化共性认识的基础上,根据环境的要求和公司战略的需求建立起公司的共同经营观,树立以公司价值观为核心的强有力的企业文化。新兴的企业文化既要有足够的包容性,又要有创新性。要做到这一点,就必须充分了解东道国的文化,同时克服和抛弃"民族文化优越感",克服自己的偏见,使自身的文化特征具有足够的包容性和可塑性。这样,才能减少文化摩擦,使每个职员都能够主动地把自己的思想与行为同公司的经营业务与经营宗旨结合起来,在企业中建立起一种和谐的氛围。

跨文化管理的主体和客体都是人,所以应树立人本主义管理思想。人最大的特点就是认同或抗阻。认同,便与管理者合作,企业就能成功,就能取得好的效益;抗阻,便难与管理者合作,企业就难以成功,难以取得较好的效益。美国学者弗兰西斯说:"你能用钱买到一个人的时间,你能用钱买到劳动,但你不能用钱买到热情,你不能用钱买到主动,你不能用钱买到一个人对事业的追求。而这一切,都可以通过企业文化而争取到。"

(二) 跨文化管理方法

一个跨文化经营的企业不仅要包容文化的多样性,而且应该能够利用文化多样性的

价值。文化的差异性虽然会成为企业打开国际市场的障碍,但是文化多样性对于跨国公司来说并非完全是洪水猛兽,对其合理利用反而能够为跨国经营提供新的竞争优势。但是,对文化差异性的合理利用是以采取合理的跨文化管理方法为前提的。企业通常采取的跨文化管理方法包括文化适应方法、文化相容方法、文化变迁方法和文化规避方法。

1. 文化适应方法

文化适应方法是跨文化管理中最基本的方法,也是企业进入国际市场、开展国际经营活动时通常采取的模式。所谓文化适应,是指企业通过对目标市场文化环境的了解和把握,在制定战略和决策时,充分考虑目标市场的文化特质;在进行管理活动时,绝对尊重和适应当地的风俗习惯、文化传统和宗教信仰等,避免与当地文化发生冲突,从而顺应目标市场上顾客的需求,将产品、服务、管理手段、管理人员等最大限度地本地化的一种管理模式,即"入乡随俗"。该方法宜在目标市场所在国文化开放性较差、变动性较弱,企业自身文化与目标国文化差异较大,以及企业本身弱小的情况下使用。跨国公司实行文化适应策略,一方面有利于在新的国际市场上迅速站稳脚跟、巩固地位、拓展市场,另一方面也有利于与当地文化相融合,增强当地社会对外来资本的信任,减少敌对情绪,消除摩擦。

2. 文化相容方法

根据程度大小可将文化相容方法分为两个层次:文化的平行相容和文化的和平相容。文化的平行相容是文化相容的最高形式,又称为"文化互补",即跨国公司在国外的子公司不以母国或东道国中任何一方的文化为主流文化,而是使两国文化相互补充,融合在公司的运营中。这样,母国文化与东道国文化之间虽然存在巨大差异,却不会相互排斥,反而相互补充,将文化差异的劣势转化为优势,不仅使异国文化的不足被另一国所弥补,同时也可以改变单一文化造成的单调性。文化的和平相容是指跨国公司在日常经营中,管理者可以忽视或模糊东道国与母国文化间的巨大差异,尽量隐去两国文化中最容易导致冲突的文化主体,而将其中较平淡或无足轻重的部分加以保留,从而使不同文化背景的人员不再受其文化主体的影响,使不同国籍的人员能够在同一企业中共事,即使产生分歧,也容易通过双方的共同努力协调解决。

3. 文化变迁方法

跨国公司可以利用东道国的文化特质,采用文化变迁方法进行管理。文化变迁方法是指在母国文化具有强大优势的前提下,把握住东道国文化变迁的有利时机,使东道国文化顺应自身发展需要,使自身文化在新的环境中成为主流文化,为在新的国际市场中拓展而清除文化上的障碍。可口可乐、麦当劳、必胜客等美国企业之所以对中国快餐市场产生巨大的冲击,正是借助了文化变迁的力量。相对而言,开放性较强、亚文化类型较多或文化正处于重新形成阶段的国家较适合采用这种文化变迁的管理方法。这种方法主要以母国文化具有较大优势且企业本身具有较强的经济实力为前提。

4. 文化规避方法

有的跨国公司母国文化气氛非常强烈,在整个公司中占主体地位。由于母国文化与东道国文化之间存在巨大的差异,母国文化的地位不可撼动,同时也无法冷落或者忽视东道国文化的存在,在这种情况下,母公司所派遣的管理人员要特别注意在双方文化的重大冲突之处进行规避,或借助于第三方的文化进行沟通,不要在某些"敏感地带"造成彼此文化的严重冲突。这种方法适用于母国文化与东道国文化之间存在巨大差异,而短期内东道国又无法接受母国文化的情况。采用这种策略,可以避免母国文化与东道国文化发生正面冲突。尤其在宗教势力强大的国家,更要特别注意尊重东道国的宗教信仰。

第四节 国际商务活动的人力资源管理

一、国际人力资源管理的战略作用

人力资源管理是指在公司内部安置员工并保证其员工生产高效的过程。它要求管理者在招聘、选拔、培训、发展和评价雇员,员工的薪酬补偿及同他们建立良好关系方面都是有效的。不管处在全球化的哪个阶段,上至执行官,下至工厂工人,员工素质的重要性无论怎么强调都不为过。如果没有工作人员,公司的目标将无一能实现,根据劳资关系的不同,工人可能成为公司最大的资产,也可能成为公司最大的问题。对于任何一家成功的企业来说,最重要的资源就是公司内部的人员,如果公司给予人力资源管理充分重视,那么它就会对总体绩效产生深刻的影响。受过良好培训并对本职工作非常精通的员工可以帮助公司在国内外完成其商业目标。

国际人力资源管理与国内人力资源管理有很大不同,大致有以下几个原因:

1. 外派人员的存在

外派人员是指在其他国家生活和工作的一些公民。如果外派人员在外时间很久甚至长达好几年,那么公司要处理的问题就有很多,比如外派人员不熟悉当地的文化和生活从而引起一系列压力和问题等。众所周知,文化在国际商务中具有很重要的作用,文化也是有关国际公司如何管理雇员这一问题讨论的中心,因此很多公司会专门对员工进行文化方面的培训。

2. 培训与发展计划需符合当地习惯

每个国家的习惯有很大不同,因此具体的培训和发展计划也必须因时制宜、因地制宜,根据每个国家不同的情况来制定。举例来说,如果海外公司在德国或日本这些发达国家,由于这些国家有众多的职业培训学校,从这些学校毕业的学生的能力总体较高,一般能直接较好地胜任工作,可以省去一些对员工的专门培训环节,但是如果海外公司在一些新兴市场国家,则可能要进行一些员工的基本培训。此外,招聘与选拔人才的方法在各个国家也是不同的,需要符合东道国的雇佣法,在雇用员工时候要做到公平、公正、公开,不搞歧视,不搞特殊待遇,以防止触犯法律。

3. 工资水平的差异

许多到国外发展的公司想利用当地较低的劳动力成本,然后再调整工资等级以及提升标准以适应当地习惯,瑞士联合银行曾经按照巨无霸的购买力对世界各国的收入进行调查排序,最终得出芝加哥、休斯敦、东京、洛杉矶和香港的雇员拥有最高的税后工资。

二、人员配备政策

随着企业从出口向国际分销再向国外直接投资的发展,人力资源规划活动逐渐开始关注不同市场和职能的不同需要,在评估现有人员的基础上,对于不能在内部找到适合人员的岗位要制订招聘、筛选和培训计划。海外任务有四种职位:第一,首席执行官,其职责是监督和指导整个企业运作。第二,职能领导,其职责是组建和维持部门,确保各部门正常运行。第三,故障排除者,其职责是利用自己的专业知识,分析进而预防或者解决待定的问题。第四,白领和蓝领工人。很多技术公司都必须利用网站或者猎头公司来进行全球范围内的招聘。

公司配备人员的方式与公司参与全球化的程度有很大关系,大体上可以分为三种:民族中心型、多中心型以及全球整合型。这三种方式常常不是独立使用,而是混合起来一起使用,从而有了很多种配备人员的方式。

1. 民族中心型

民族中心型政策中,管理国外经营活动的人员全部来自母国,这是为了牢牢控制国外分支机构的决策,但是该政策一般只针对高层管理者,不针对低层管理者,这种政策有它的优势也有它的劣势。

其优势在于:第一,在海外分公司所在地不一定能找到合格的当地管理者,比如在一些新型市场国家、发展中国家,往往缺少合格的管理人员,而这些地方因有相对低廉的劳动力成本而吸引海外公司建立于此。第二,可以以母国的运营形象来再创国内运营,比如如果一些海派管理者已经在母国担当了高层管理工作,他往往会试图向分支机构传播公司文化,这样容易在全球各分公司之间形成共同的价值观和共同的文化理念,容易使各个分支机构之间相互依赖,便于公司实施全球战略。第三,部分公司也会认为来自母国的管理人员会对公司更加尽心尽力,在一些担心商业间谍和高度国家主义中运营的公司往往倾向于使用民族中心型政策。

其劣势在于:第一,会提高派遣管理者的费用,管理者长期孤身在国外也会对工作有一定不良影响。而如果管理者整个家庭移居国外,其家庭安置费用也会使管理成本加大。第二,可能给东道国机构带来障碍,母国管理者可能会缺乏融入当地东道国文化和生活的能力,而当他无法融入时,就容易与雇员有一定隔离感,既无法理解雇员需求,不能与雇员亲密合作,也不能理解当地消费者需求,从而无法胜任管理工作,对公司经营产生不利影响。

2. 多中心型

由东道国的人员来管理国外运营机构,这种方法适用于中、高层管理人员,也适用于低层管理人员。这样国外分支机构就有了一定程度的决策自主权,但是这并不意味着国外管理者可以完全按照自己的意愿来经营公司。东道国管理者也可以通过培训来学习母国的文化和商务惯例,从而把它传递到国外分支机构去。多中心型政策同样有其优势与劣势。

其优势在于：第一，作为东道国当地人，他们对当地的文化、商业惯例有更熟悉、更深入的了解，便于与当地人打交道，也更容易了解到当地雇员和消费者的需求。第二，不存在重置管理者家庭的高成本，因此也是一些中小型公司常常采用这种安置方法的一个重要原因。

其劣势在于：多中心型可能会降低母公司对东道国分公司的控制，使国外分公司与母公司之间的联系减弱，更有甚者可能使公司变成一个离散的国际商务集合体，对于那些执行全球化战略的公司来说，这样的配置方法可能有损其一体化进程，各分公司之间往往缺乏一体化共享的知识和共同的形象。

3. 全球整合型

选择最胜任经理工作的人来当经理人，而不考虑国籍因素，这通常适用于高层管理者。一方面，全球整合型可以帮助公司发展全球经理人（即能够很容易地融入异国的商务环境中的人），使公司可以很容易地消除国籍障碍，拥有全球性的视野和观点，在公司作决策时这是一大优势。另一方面，这类全球经理人既能较快地融入当地环境，又能高效管理，对人才要求较高，因此往往比较匮乏，工资也会相应提高，再加上重置家庭成员的成本等，所带来的管理成本也是相对较高的。

三、培训与管理发展

公司招聘选拔管理者和雇员之后，就要识别雇员拥有的及其工作所必需的技能，对于缺乏相应必要工作技能的雇员要进行培训和制订发展计划，对于一些重置成本很高的外派管理者，更要进行相应的培训、制订发展计划以收回在他们身上付出的成本。

（一）管理型雇员培训

管理型雇员培训通常指一些外派海外的管理者，他们面临的最大问题是与外国文化的融合问题。随着公司国际化的深入，要求雇员也相应地拥有相近水平的文化知识，但是大部分雇员往往不能做到完全了解外国文化，因此就需要进行相应的文化培训，使之成为一个见多识广、思想开明、手段灵活的管理者。

（1）环境介绍。环境介绍是文化培训的起点，如介绍当地的住房信息、卫生保健、运输信息，等等，同时进行社会、政治、法律的介绍，加深环境介绍的深度和内容。

（2）文化同化和敏感度培训。讲授文化的价值观、态度、礼仪和习俗，经常包括角色扮演，如要求被培训者对某一特定情况做出反应。敏感性培训教人们站在他人的角度考虑问题，理解他人的感受和情感，从而使被培训者了解当地人的内心。

（3）语言培训。这种培训要求被培训人不止学会点餐、问路这些简单短语，还要了解当地人的思想，这是文化培训中最重要的一部分。对高层执行者的一份调查表明，外语技能在保持竞争优势所需的技能中位于第一位。根据该项调查，31%的男性雇员和27%的女性雇员缺乏外语技能。为了改变这种情况，许多公司要么雇用那些专长于语言培训的机构，要么发展自己的计划，不过3M公司发明了第三条途径——他们创造了一个志愿者组织"语言协会",由现在的和已经退休的雇员及其家属组成,协会大约有1 000名成员,提供17种语言教学,并有70名志愿者担任教师。3M公司的官员说,语言协会很好地完成了公司的语言教学计划。

(4)实地经验。就是在目标文化所在地行走,并在短期内融入其中,受训者可以欣赏到一些独一无二的文化特性,并感受到一些生活在这种文化中的内在体验。此外,对外派管理者的家庭成员也要进行相应的文化培训。

(二)非管理型员工培训

非管理型员工也有培训和开发的必要。比如,一些发展中国家和新兴工业化国家的劳动力素质偏低,需要进行培训和开发,因此随着公司不断寻求海外新兴市场,其对基础技能培训的需求也日益攀升。此外,日本、德国等国家的政府会与企业合力培训非管理型员工。例如,德国的 Mittelstand 是一家由300万个小型和中型公司组成的大公司,它提供了全国2/3的就业机会以及80%的学徒机会。

专栏8-3

美国式的针对驻外人员及其子女的培训

驻外人员在海外工作有困难的一个主要原因在于子女不适应新的环境,这对驻外人员的绩效有显著影响。为了解决这种文化适应的问题,现在许多美国跨国公司都开发了特定的文化培训项目来帮助年轻人适应新环境和新文化。其中一个很好的例子就是通用电子医疗器械公司。该公司在法国、日本、新加坡都有外派人员。一旦公司要派某位员工到某个国家工作,公司将安排员工及其家人与刚从该国回来的员工和家人见面。如果要派往海外的家庭有十几岁的小孩,公司将把该家庭与那些也有小孩的家庭组成团队,讨论海外工作必须面临的问题和挑战。对这些孩子而言,他们能够与那些遇到同样问题的同龄孩子谈谈自己担心的问题,而后者能够提供一些重要的信息,告诉他们如何交朋友、学语言、逛街,怎样把待在国外的时光当成美好经历。可口可乐公司也使用相同的办法,另外还通过外部的跨文化咨询公司为驻外员工提供正式的跨文化培训,因为这些公司有经验和所有的家庭成员合作。

儿童到国外会遇到的一个典型问题是必须上寄宿学校。例如在沙特阿拉伯,法律禁止驻外人员越过九年级上学,所以大部分驻外人员都必须为其子女寻找欧洲学校。通用医疗器械公司解决这类问题的办法是开发一个专门的教育计划,对教师、学校、课程、母国要求和东道国要求进行审查,并为每个年级的小孩在其离国之前开发一个具体的学习计划。

在驻外人员家庭离国前,一些跨国公司会订阅一些东道国关于服装、音乐、体育和社会活动的杂志。他们抵达那里以后就会知道想要的东西。在返回美国之前,这些跨国公司也会提供一些关于美国的相同的信息,这样当他们回到母国后,就能很快适应母国的环境。

现在越来越多的跨国公司为驻外人员子女提供与管理者相同的文化培训。然而,有一个领域的正式培训对小孩而言没有成人那么重要:语言培训。当大多数管理者发现花费大量时间还很难掌握当地语言的时候,很多小孩很容易就学会了。他们在学校、社会团体、大街上交流,结果不仅学会了当地的正式语言,还学会了很多俚语、套话,这有助于他们更好地交流。实际上,有时他们发音如此地道,以至于被认为是当地人,理由很简单,就是儿童的语言能力被低估了。可口可乐公司的一位管理者认识到这一点之后,说道:"公司驻外人员的一位子女,尽管不得不移居国外,但她不准备学习语言。然而两个月后,她已经能够讲得很流利了。"

重视儿童教育的一个好处在于,为将来培养了有经验的并且有两种文化的人。当这些人完成了大学教育、开始寻找工作的时候,其父母所在的跨国公司经常对他们感兴趣,将他们视为未来的管理者。他们拥有对跨国公司的知识,能够讲外语,了解与该公司业务有关的国家,有海外生活经历。这种逻辑使得一些跨国公司认识到,有效的跨国文化培训不仅对现在的员工有好处,对将来的员工也有好处。

资料来源:弗雷德·卢森斯、乔纳森·P. 多著,赵曙明、程德俊译,《国际企业管理——文化、战略和行为》,机械工业出版社2009年版,第375—376页。

四、业绩评估

业绩评估制度是指公司根据对于公司战略的执行和竞争优势的实现十分重要的一系列标准来评价管理者的工作表现。企业的业绩评估制度是组织架构中作为核心组成部分的控制体系的重要元素。

(一) 业绩评估中存在的问题

无意识的偏见使客观评价外派经理人员的业绩变得很困难。在大多数情况下,评估外派人员业绩的两大主体——东道国经理和母国经理——都会受偏见的影响。东道国经理有可能被他们自己参考和预期的文化框架所影响。例如,Oddou 和 Mendenhall 提到一名美国经理在印度子公司工作时引进参考决策的案例。[①] 这位经理随后就得到了一份来自东道国经理的负面评价,因为在印度的严格社会等级观念下,经理人员被视为专家,不应当向下级求助。显然,当地员工都将美国经理所尝试进行的参与管理视为他不了解自己的工作以及不能胜任的表现。

距离遥远和自身缺乏海外工作经验是母国经理在评估时产生偏见的原因。通常,本国的管理层并不了解国外子公司的情况,因而在评估外派人员业绩时主要依赖于硬性数据,如子公司的生产率、盈利性和市场占有率。但这些数据很可能受一些外派经理无法控制的因素的影响(如汇率的负面波动及经济走低)。同时,硬性数据无法反映出很多同

---

① Oddou, G. and Mendenhall, M., 2000, Expatriate performance appraisal: Problems and solutions, In: Mendenhall, Oddou, G. (Eds.), *Readings and Cases in International Human Resource Management*, South-Western, Cincinnati, OH, pp. 213-223.

样很重要的、无形的软变量,如外派经理发展跨文化认知的能力、与当地经理人员有效合作的能力等。由于这些偏见,许多外派经理人员认为总部的管理者对他们的评估不公正,没有充分、客观地评价他们的经验和技能的价值。这很可能成为许多外派人员认为海外任职不能给他们的职业生涯带来好处的一个原因。在一项对美国跨国经理人员的研究中,被调查的56%的经理表明,国外任命对他们的职业生涯无益甚至有害。[①]

(二)业绩评估的指导原则

有一些方法可以减少在业绩评估过程中的偏见。首先,大多数外派人员认为当地经理评估的权重应该高于非当地经理。由于一起工作,当地经理更倾向于评估软变量,这是外派人员业绩的一个重要方面。其次,如果当地经理的国籍与外派人员相同,其评估会因文化偏见的缓解而特别有效。实际上,母国经理人员通常是在受到当地经理的评估后才撰写业绩评估报告的。在这种情况下,大多数专家建议让曾在同一个地方任职的外派人员参与评估,这有利于减轻偏见的影响。最后,当公司政策更重视与外派人员国籍不同的当地经理做出的业绩评估时,母国经理应当在当地经理完成正式的评估报告之前与其商讨。这使得母国经理有机会平衡可能因文化误解而造成的带有敌意的评估。

五、薪酬政策

一家企业的薪酬计划必须在以下几方面发挥作用:首先,要提供一种激励,以促使管理人员愿意为了国外的任务而离开家乡;其次,要维持既定的生活水准,大部分公司会给予移居海外的管理者额外的补助以适应当地的高消费;再次,要考虑到家庭和职业的需要,很多公司会考虑到管理者的孩子不懂当地语言而不能立即进入当地学校,因此会支付孩子上私立学校的教育费用;最后,要使管理者便于返回本国,也就是说企业除了基本薪金外还要支付一笔奖金,从而激励管理者出国任职。对于一个好的国际人力资源管理者来说,最基本的一点是要有一个公平、有效的奖励体系。设计这样一个体系的目的在于吸引和维持最好的、最聪明的雇员,并对他们的绩效进行奖励。每个国家的奖励机制都是不同的,这与它们各自的文化、法律和经济体制有关。

(一)海外管理者的薪酬

海外管理者的薪酬可分为两种类型:一是基本工资以及与薪金有关的津贴,二是与薪金无关的津贴。

1. 基本工资

管理者的基本工资一般取决于资格、责任和任务,用于衡量业绩增加、晋升以及其他增加的标准,这些都与国内职位相同,以确保海外管理人员的薪资水平与国内水平保持一致,如管理者如果被派回国内,其基本工资不会发生减少。

---

① "Expatriates Often See Little Benefit to Careers in Foreign Stints, Indifference at Home", *The Wall Street Journal*, December 11, 1989, p B1.

2. 与薪金有关的补贴

（1）生活费补贴。由于全国各地的生活费用不同，生活费补贴的提出是为了使管理者能够维持最接近他在国内生活的消费水平。生活费补贴的计算取决于国外用于购买商品和服务所用的基本工资的百分比。此外，生活补贴也要随着汇率的变动相应地变动。假设管理者在德国柏林的生活成本比纽约高31%，一位管理者的月薪是5 000 美元，他的家庭有3 个成员，家庭的可支配收入为2 000 美元，进一步假设1 美元从0.7 欧元降到0.5 欧元，生活费补贴原则是：2000×131/100×0.7/0.5＝3668 美元。

（2）海外服务津贴。用来激励管理者远赴海外任职，一般按基本工资的百分比来计算，比例大约为10%—25%，直接百分比方式也可以改变为滑推法，比如由一开始的20%，到后来的10%，以此类推；或者百分比与管理者在国外的花费数目成反比。

（3）辛劳补贴。对管理者远赴海外之后家庭生活环境存在差异所造成的各种不便进行的补贴叫辛劳补贴，比如从美国被派遣到气候、政策环境等都大不相同的印度，就需要给予一定的补贴，辛劳补贴大概为0—50%。

（4）住房津贴。住房往往是外派管理者最大的一笔支出，很多公司都会提供住房津贴。住房津贴与管理者薪金水平和职称相对应，并且一般要求管理者在公司指定的一些区域内寻找住房。

（5）税收平等化。各国的税收条件是不同的，比如美国管理者在外国获得与美国同样的收入，但要比在美国多支付一些税负，从而导致在国外的实际收入下降，这部分差别就要由公司来弥补；如果在国外的税负小于在美国国内，公司往往会维持这种差别。

3. 与薪金无关的补贴

这些都是为了外派者顺利过渡到国外的生活，具体包括：重新安置津贴，用于补偿搬迁等费用；流动津贴，用于激励管理者远赴海外工作；教育津贴；等等。此外，通常大部分公司都会提供家庭休假、俱乐部成员资格等。关于支付方式要因国家而异，一部分采用当地货币的形式，以减轻分公司压力，这是考虑到在东道国的外汇管制下取出本国货币存款可能有困难；另一部分采取本国货币的支付形式。

（二）非管理型雇员的薪资

非管理型雇员的薪资主要受到两个因素的影响：一是不断增加的跨边界商务投资会影响他们的补偿，雇用者往往更愿意到海外低劳动力成本的国家建厂，为了保住工作机会不失业，国内雇员可能不得不接受降低的工资待遇，最终会导致全球工人的工资均等化。当然在一些社会保险做得比较到位的国家，雇用者到海外重新建厂的自由度可能就没么高了。二是劳动力流动越来越自由，这样就仿佛创造了一群永久失业的人员。

六、国际劳工关系

公司内管理者和员工的积极或消极关系被称为劳工关系。劳动力与管理层之间拥有良好的合作关系可以使公司具有比较大的竞争优势，没有一支劳动力大军，任何企业目标都不会实现。劳动力能否成为企业最重要的一项资产，取决于企业建立的劳工关系。由于当地的雇用方式和法律原因,在劳工关系的塑造中,企业总部主要在提供咨询方面发挥作用,而在确定劳工关系方面作用有限。然而在一个市场或区域实施的多项举措,在另外一个市场或区域可能会引发争议。因此,跨国公司有必要在劳工关系上制定一些基本的政策。

由于劳工关系是人与人之间的关系,它们植根于文化,并经常受到某一市场中政治变动的影响。大型跨国公司一般在母国机构进行高层劳动力的决策,而底层劳动力则常常留给每个国家各自的管理者,比如决策每年带薪假期的天数等,这种地方化决策是为了加强劳资关系,因为当地管理者更熟悉当地的惯例。

劳工战略通常分为三类:劳工对企业事务的参与;工会在劳工关系中的作用;有关招聘、培训等人力资源政策。

1. 劳工对企业事务的参与

工人在劳工关系中的地位已经大有提升,一方面体现在所执行的工作上,另一方面体现在参与决策的制定上。在决策制定方面,工人有自我管理、共同决定、少数委员会成员资格以及工人委员会等权利,并且工人的工作生活质量也大有提高,包括弹性时间、质量小组、员工所有权等的出现都反映了这一点。

每个国家的工人在企业决策制定参与的程度上有很大的差异。自我管理是指通过工人委员会来实施的一种标准,工人委员会决定一切重大问题,包括管理董事和监事的选择,南斯拉夫解体前曾采用这种最高的工人决策参与度的制度。有些国家采用共同决定制度,劳工可以少数派、工人委员会等方式参与到决策中去。然而大部分国家中,工人参与决策的程度还是较低的,因此在这些国家中潜伏着长期的劳工冲突。

2. 工会在劳工关系中的作用

工会发挥的作用因各国劳资关系的传统而异,总的来说,这些差异包括工会在谈判时的权利范围和工会的活动范围。商务国际化为工会创造了诸多挑战,但是短期内将生产由一国转移到另一国是不可能的,而劳资冲突在长期内可能会影响这类活动。为了维护工会对企业决策制定的参与,工会自身也在采取跨越国境的行动。在确定谈判议程时,各工会都要参照在其他地区所签订的合同。超国家组织之间也会相互交流信息,商讨谈判策略。国际劳工组织是联合国的一个专门部门,并拥有跨国公司信息库。

3. 有关招聘、培训的人力资源政策

对于管理层来说,关于工人的人力资源政策是相同的,期望对多种技能都有所需求,拥有合适的计划,以及确保在需要员工时能及时获得。然而对于工人来说,企业会面临更多这样的问题,在大多数情况下,企业没有外派者,也就是说当企业转让技术时,它就不得不适应当地的劳工状况。

相关案例 8-5

外派还是歧视?

公司在进行国际经营时经常面临的一个问题就是决定何时把外派管理人员召回国内,或者是再将他们外派出国。提拔东道国的人员负责主要的管理岗位可以提高公司的士气,并且能给人一种获得平等机会的感觉。当地的管理者常常对那里的商务状况有着深入的洞察力,因此,在进行决策时也有一种潜在的优势,而且通过把外派管理人员召回国内,公司往往可以省下一笔巨大的资金。例如,在中国,每年给予外派人员的薪酬补偿在 20 万—30 万美元,整个薪酬组合还包括生活费用和艰苦补助,两者各占 15%—20%。相比之下,公司给予拔尖的中国管理者的薪酬每年才 5 万元左右。

尽管把控制权交给当地的管理者会使公司获得利益,但是一些行业专家警告说,过快的当地化可能是一个错误。例如,就像一名在中国工作的外派管理人员所说的那样:"按中国人的方式做事情并不总是有效的,而且可能很危险。如果你放弃财务控制,就将面临很大的风险。"另外一个问题是,在对外派管理者进行评价时,一般都是看公司的业绩而不看他们在培养当地管理者方面做出的努力。

这种外派安置问题对于像中国这样的新兴市场来说是不受限制的。但是在发达国家,解雇员工或者用本国人员来替代当地管理者的行为却是有争议的。例如,日本理光公司曾用一名日本管理者代替了美国管理者来负责平板显示器在加利福尼亚生产分部的销售工作。被解雇后不得不离开的 Chet Mackentire,根据 1964 年《公民权法案》控告他的前雇主犯有歧视罪,但理光公司争辩说,Mackentire 被解雇是因为业务原因,并不是因为他是美国人。

Mackentire 败诉了。法庭说没有证据证明他是因遭到歧视而被解雇的,并且裁定他被解雇的原因是业务方面的。Mackentire 对裁决结果提出上诉,但是再次败诉。受理法庭宣判:"理光公司提供了证据显示加利福尼亚生产分部正在亏损,且每年的亏损额达到数百万美元。"理光公司也提供了公司机构重组的证明,公司不再将 Mackentire 以前负责的产品作为销售的重点。

资料来源:约翰·J. 怀尔德等著,陈焰译,《国际商务》(第 4 版),北京大学出版社 2009 年版。

复习思考题

1. 论述企业选择外包的优势。
2. 论述国际财务管理的基本目标。
3. 论述跨国公司企业文化的特点。
4. 论述跨文化管理的特点。
5. 企业如何对外派人员进行有效评估?

案例分析题

丰田公司:敢与竞争对手联合

进入 20 世纪 80 年代以后,在错综复杂的世界经济关系中,出现了两大令人瞩目的趋势:一是各国经济摩擦日益激化,导致贸易保护主义重新抬头;二是国际性合作普遍兴起,造成既竞争又协调的格局。这些现象乍一看是十分矛盾的,其实则不然,各国经济都被卷入世界经济的大潮,千丝万缕的经济联系形成了共命运的基础。特别是当今以世界市场为目标的国际企业不断增多,在企业经营资源有限的条件下,需要到广阔的世界范围去寻找技术上或贸易上的优秀伙伴,来共同分担风险、开拓市场、参与竞争。甚至可以说,市场竞争越是激烈,国际合作越是必要。所以,在现代企业经营管理中,树立国际合作经营观显得尤为重要。在围绕全球市场展开激烈竞争的世界汽车制造厂商中,一再出现国际性业务合作的事例。美国通用汽车公司与日本丰田汽车公司的合作就是最为典型的一例。

20世纪80年代初,日美贸易呈现一边倒的局面,两国经济摩擦逐步升级。对此美国政府提出要求日本自动限制对美国市场的汽车出口。日本本田汽车公司等也把握时机,率先打入美国投资设厂,占尽优势。这些都直接威胁着丰田汽车在美国市场的王牌地位。因此,丰田公司考虑,要实现赢得全球汽车产量10%的战略目标,决不能放弃美国这一潜在的巨大汽车市场。丰田公司决心循序渐进,进军美国。

到美国投资设厂,面临着全新的经营环境,丰田的管理方式在美国是否行得通?公司与全美汽车工会(VAW)的关系如何协调?有许多风险是难以预料的。丰田公司为了吸取美国当地生产的经验,制定了先与美国有实力的汽车公司合作生产的计划。从1980年6月开始与美国福特公司商谈合作的可能性。然而,丰田公司与福特公司合作生产的车种始终无法达成一致的协议,最终于1981年7月中止交涉。此时,丰田公司面对着要么寻求新的合作伙伴,要么单独打入美国的艰难选择。

但是就在当年秋季,形势出现了转机。处于困境的美国通用汽车公司(GM)主动找丰田公司商议合作事宜。到1983车2月,双方达成协议,各出资50%合办新联汽车公司(NVMMI),生产丰田轿车,年产量20万辆。丰田负责制造,采用丰田的管理技术和规章制度;通用负责销售,汽车使用通用的商标出售。生产地点设在通用公司关闭的加利福尼亚州弗里蒙工厂。从某种意义上说,这是一件划时代的事件,世界第一汽车厂商与日本第一汽车厂商这两个汽车巨人成功地携起手来。

在弗里蒙工厂进行大规模技术更新改造期间,丰田公司把预定的340名班组长和各部门负责人,送到日本的工厂去进行为期3周的实习。实习的内容不仅限于小型车的生产技术,而且包括质量管理、提高生产率、降低成本的诀窍、团体协同配合的重要性和世界闻名的"看板方式"的实施办法和效果评价等,让他们亲身体验日本式经营管理的精华。

1984年12月,NVMMI完工投产,日美合作生产正式开始。丰田公司与全美汽车工会签订了劳动合同,并修订了某些在美国公司习惯的做法。例如,把通用公司过去的约30种职务种类削减了23种。这一措施,把单能工制度成功地转变成多能工制度,为在工厂内部实行弹性人员配置打下了基础,当某一车间或工程特别忙时,工厂或车间就可以抽调其他部门的人员去支援。这种充分发挥团体协同配合作用的现象,在过去的单能工时代是完全看不到的。特别令通用公司和美国其他公司惊讶的是,年产20万辆汽车的弗里蒙工厂只有2 500名员工。

丰田公司与通用公司这两个竞争对手通过合办公司进行生产合作,为什么能获得如此成功?恐怕是双方都感觉到在激烈的市场竞争中需要对方的协助。通用公司对美国经营环境比较熟悉,但是却急需日本的小型车来填补市场空白和日本的管理技术来降低成本。丰田公司拥有成功的小型产品和先进的管理技术,但是却需要有人来引导它进入美国社会的文化背景——这对管理成功是至关重要的。这便是相互引发优势,即使是对手关系,也能合作成功。

丰田公司在合资经营 NVMMI 的基础上,于 1985 年 7 月决定,从 1986 年开始在美国肯塔基州乔治城郊和加拿大安大略省剑桥市独资设厂生产轿车。

资料来源:李航,《有效管理者——竞争优势》,中国对外经济贸易出版社 1998 年版。

讨论与分析:

1. 丰田与通用两个竞争对手合资办厂的实例与"竞争是你死我活"的"原理"是不是矛盾的?为什么?
2. 竞争对手之间能不能实现双赢?若能,条件是什么?

LG:入乡就要随俗

无论在国际市场还是国内市场,我们都将不可避免地和韩国企业交锋。这是我们关注韩企海外本土化营销的重要原因。

LG 电子全球 CEO 金双秀多次强调,LG 电子在中国不是韩国的 LG,而是中国的 LG。那么 LG 有没有考虑过干脆把 LG 中国有限公司改为中国 LG 有限公司?"我觉得你这个创意非常好,假如你的创意能在 LG 董事会通过的话,我肯定会给你一份非常丰厚的礼品。"这是金双秀访华时与中国记者的一段对话。他的态度表明了 LG 融入中国市场的决心。

韩国 LG 集团的产品如今已经行销全球,入乡随俗、营销本地化成为它们海外营销中至关重要的一条经验。

2006 年 7 月,《中外管理》记者在 LS 集团青岛工厂采访了 LS 集团(原 LG 电缆集团)中国区总裁李光源。李光源多次强调:LS 在中国和在世界任何一个地方一样,都必须"与顾客同行",把自己看成是当地的企业,而不是韩国的企业。这也包括营销的本地化:产品的设计与开发要立足中国市场的需求,按照中国的思维方式和消费习惯来进行,最大限度地满足中国消费者的要求。

深度本土化

2003 年才刚刚从 LG 独立出来的 LS 集团,在当年 11 月就开始了进军中国的步伐。不到三年的时间,LS 已经在中国建立了多家工厂和产业园。在未来,它们也会像 LG 中国一样,在中国形成一个完整的企业集团。而这么做的目的,就是要融入中国市场,做到真正的本土化,而不是做这个市场的看客。

真正的"本土化"有四个衡量标准,那就是:生产经营本土化、科研开发本土化、管理人才本土化、市场观念本土化。虽然越来越多的外资企业实现了中国本土生产、本土经营,乃至本土研发,但是,对于以中国企业的市场观念经营市场,则几乎所有的外资企业都是拒绝的。在他们看来,中国企业的经营思路有问题,为了市场可以不要利润是错误的。所以,他们在经营中国市场的时候,看起来更像是一个旁观者。

而 LG 和 LS 从进入中国的第一天起,就充分利用了中国本地的经营资源,积极实施生产、营销、研发、人才的中国本地化。一切立足中国市场的需求，按照中国的思维方式和消费习惯来进行，向企业注入中国的文化。"在世界的任何地方的工厂，LS 都会根据当地的消费习惯生产出适合的产品。"李光源说。在他们眼中，这不仅仅是我们通常所说的简单的本土化，而是真正扎根到当地的文化中去。

语言不是最大的障碍

30 年前，LG 开拓美国市场时，也遇到了一些问题：一是当时 LG 在美国没有自己的流通公司和销售渠道，这样就必须首先求助于当地的公司。但是美国本地的公司会首先考虑他们自己的利益，而不是首先考虑 LG 的利益，因此在这一点上双方就会产生一些利益上的摩擦。二是韩国经济与美国经济存在差距，美国人是否会因此看低韩国产品，也是一个未知数。

在这种情况下，LG 意识到：美国人有他们自己判断是非的标准，那如何使美国人更多地考虑 LG 的利益？"语言不是最大的障碍，关键问题是我们必须先了解他们的文化，包括对他们的文化、历史方面的理解。"LS 集团副会长具滋烈说。此后，入乡随俗、充分了解当地文化成为 LG 在海外开拓市场最重要的一条经验。

有了这样的体会之后，韩国企业在进军一个国家或地区的市场时，本地化战略总是做得很到位：对即将进入的市场作详细的调查，吃透当地消费者的消费心理和消费习惯，研制开发出真正适合当地消费需要的、多品种的产品，表现出了灵活的创新性；在人才和生产方面也力争本地化，从而能够降低成本，紧跟市场。

成为 LS 在中国市场的最高决策者和执行官后，具滋烈所做的事便是了解中国。如今，我们仅仅用"中国通"来形容他已远远不够，可以说，他对于中国各地文化、历史和风俗的了解，已超越很多土生土长的中国人。

资料来源：马述忠，《国际企业管理案例》，浙江大学出版社 2009 年版。

讨论与分析：

1. LG 中国化成功的因素是什么？
2. LG 的国际化之路对中国企业有什么启示？

第九章 国际商务与中国

【知识要点】
1. 中国国际商务发展过程
2. 中国国际贸易、国际投资和其他国际经济合作的发展现状及特点
3. 中国国际贸易、国际投资和其他国际经济合作的未来发展趋势

【能力要求】
1. 了解中国国际商务的发展过程
2. 深入理解中国国际商务的发展现状和特点
3. 能够从其他国家发展国际商务的历程中寻求经验
4. 预测未来中国国际商务的发展趋势
5. 培养和提高对中国企业国际商务活动面临的机遇和挑战的分析能力

【内容提示】

随着经济全球化进程的加快,中国企业融入国际市场的程度不断加深,"走出去"战略已成为企业培育全球竞争优势的必要途径。对此,结合当前中国全球第二大经济体和贸易大国的基本地位,中国国际商务的发展现状究竟如何?中国国际商务可以从其他国家和地区获取哪些经验?未来的发展趋势又是怎样?本章将主要围绕这三大主题展开分析,为清晰认识中国国际商务的发展提供有益的参考。

【导入案例】

上海自贸区 为中国改革再探路

2013年7月3日,国务院常务会议原则通过了上海自贸区总体方案,并正式将其命名为"中国(上海)自由贸易试验区";8月22日,国务院正式批准设立上海自贸区;8月27日,中共中央总书记习近平主持中央政治局会议,听取了自贸区筹备工作汇报。

当一些人还在询问什么是自贸区时,另一些人已经迫不及待地打算去上海"扫荡"奢侈品了。上海自贸区将成为第二个香港吗?它对我们的生活究竟会产生哪些影响?对中国经济又有什么重要意义?《环球人物》杂志记者采访了北京大学经济学院国际经济与贸易系副教授薛旭,请他详细解释了相关问题。

很多人奇怪,中国不是已经加入中日韩自贸区、中国与东盟自贸区等组织了吗?上海自贸区与它们有何区别呢?

实际上,英语里有两种自贸区的概念:第一种是 Free Trade Area,指两个或两个以上的国家,通过达成某种协定或条约,取消相互之间的关税,组成国际经济一体化组织,如中日韩自贸区。第二种是 Free Trade Zone,指独立划定一个封闭性区域,该区域中的进口商品可以免征关税,如纽约港自贸区。上海自贸区为第二种类型,是获得了"境内关外"地位的特殊区域,与国际惯例完全接轨;相比保税区,其制度创新力度更大、对外开放程度更高、功能拓展更为完备、贸易投资更加便捷。

自贸区是国家在当前国际贸易机制下的一种政策安排。很多国家加入 WTO 之后,仍然不能满足不同类型国家之间开放贸易、降低壁垒的要求,因此在不同国家之间又形成了一些新的贸易协定或自由贸易区。而上海自贸区则是作为一个地区向全世界开放,可以理解为中国政府把上海作为一个特殊的地区,类似于香港面向整个世界开放。"香港拥有很多独特的贸易、关税、所得税政策,对外资设立公司等方面有不同的运作和管理流程。世界上还有一些特殊贸易地区,甚至实行零关税、零所得税等优惠政策。"薛旭说。

此外,中国(上海)自由贸易试验区这个全称是在提醒世界,这是中国的自由贸易试验区,而不仅仅是上海的。目前我国改革开放已经进入深水区,急需新的突破。选择在上海建立一个自由贸易试验区,相当于30多年前选择在深圳建立经济特区。中央政府希望通过这一举措,进一步对外开放,在开放中继续探索经济改革、以开放促改革。可以说,上海自贸区的建立,将成为中国未来20年经济发展的引擎。

对上海来说,设立自贸区的举措也进一步确认了上海成为国际金融中心、航运中心、贸易中心和经济中心的特殊地位,必将吸引更多国际机构入驻,吸引国内外人才、资金、货物、服务、信息等资源聚集。依托28.78平方公里的自由贸易区和20.6平方公里的国际旅游度假区,上海的国际化都市建设和文化建设也将得到进一步发展。

资料来源:环球网财经,http://finance.huanqiu.com/people/2013-09/4349396.html。

上海自贸区的建立和发展将为中国经济带来新的动力,上海也将致力于成为国际商务中心,但是上海自贸区的发展和上海国际商务中心的建设也面临着一些问题和挑战。上海地理位置优越、交通便利、气候适宜,拥有广阔的经济腹地和庞大的人口市场,这些条件都为上海自贸区的发展提供了良好的条件,但与香港相比,上海自贸区的发展基础还较为薄弱。从人均GDP来看,2012年香港人均GDP达到231 380元人民币,上海为85 033元人民币,两者差距较为悬殊;从产业结构上看,香港由于地域小、人口多,服务业是经济发展的主体,金融业是其支柱,2012年上海第三产业增加值为12 060.76亿元人民币,占GDP总量的60%,香港的第三产业却占到其GDP的94%,上海要在实现产业结构升级的道路上加速前进;在金融业的发展方面,与香港相比,上海的金融机构聚集度不高,且企业债券、外汇市场和金融衍生市场滞后,金融市场内部流动性较差,价格发现和资金配置受到较大约束,无法形成完善的竞争格局。上海作为中国未来的国际商务中心,引领中国国际商务的发展方向,我们可以管中窥豹,观察到中国国际商务发展的特点和问题。基于此,本章将展开对中国国际商务的发展现状和特点、中国国际商务的未来发展趋势的讨论,为理解和认识中国企业的国际化提供一些启示和思考。

第一节 中国国际商务的发展现状

一、中国企业国际商务的发展进程

以第三次科技革命为契机,世界经济一体化的进程逐渐加快,发展国际商务成为中国经济进一步开放的必要条件。自1978年党的十一届三中全会以来,对外开放的基本国策便成为经济发展的风向标,开启了改革开放的新时代,中国的企业开始与世界握手,中国逐渐进入国际市场,开始利用国际资源实现经济的高速发展。

改革开放道路的探索大致可以分为三个阶段。第一阶段是开放沿海新区,在新区实行灵活、开放的对外经济政策,例如在这一阶段开放了4个经济特区、14个港口城市,珠三角、长三角、福建闽南三角洲及辽东半岛和胶东半岛,还有上海浦东新区、北方口岸,等等。第二阶段是邓小平同志南方谈话后,中国的对外开放进入了制度改革阶段,在此阶段,为了保证社会主义市场经济体制的运行及扩大对外开放,中国进行了一系列制度改革,包括外贸制度、外汇制度、金融制度、财税制度等,为中国发展开放经济提供了制度支持。在这一阶段,中国确立了"走出去"战略。第三阶段是中国加入WTO以后,进入了全面开放经济的阶段,积极参与世界经济的各项活动,如加入区域经济合作组织等,更大程度地开放经济,融入世界经济发展的大趋势中。

中国企业的国际商务活动也随着改革开放的步伐迈进,其发展过程大致可以分为四个时期。

(1)起步时期:从1978年到1984年是中国企业从事国际商务的起步阶段。中国企业的国际化活动随着改革开放政策的实施开始发展。在改革开放初期,中国企业的国际商务以国有企业进行对外投资合作为主要形式。初期主要设立小型贸易企业,通过业务分包、劳务输出、建立营销渠道等方式在港澳、中东地区开展业务。

(2)调整提高时期:这个阶段主要是从1985年到1991年。中国企业在资源丰富且拥有良好开采条件的国家和地区进行海外投资,并且发展较快,生产的产品进入国际市场销售,重点放在与发展中国家合作办企,共同发展。

(3)稳定发展时期:从1992年到2001年。中国的市场经济体制逐步建立,经济开始恢复增长,对外开放继续深化,中国企业的竞争压力加大,逐渐在国际市场中寻求更大的发展机会。

(4)快速成长时期:在经历了各个阶段的经验积累及在国家"走出去"和"引进来"政策的指引下,特别是中国加入WTO以后,中国企业的国际化进程进入高速发展时期。

随着开放进程的逐渐深化,中国经济与世界的联系越来越密切,中国的国际商务活动也随之活跃起来。货物贸易、服务贸易、国际直接投资、国际经济合作都取得了长足发展。在此我们主要从中国的国际贸易、国际投资和国际经济合作等三方面探讨中国国际商务的发展。

二、中国国际贸易的发展现状

(一) 货物贸易

货物贸易增长迅速,受不确定性因素影响较大,以顺差为主。中国的国际贸易主要包括货物贸易和服务贸易的进出口。自从中国加入WTO以来,2002—2007年,每年中国货物贸易进出口总额的增长率都在20%以上,2004年甚至达到35.67%,2005—2007年中国货物贸易的进出口总额保持相对平稳的增长状态,中国货物贸易的进出口总额从加入WTO之初的6 207.7亿美元增长到21 738.3亿美元。但是在近几年中出现了大起大落的现象,受国际金融危机的影响,2009年中国货物贸易进出口大幅下降,但在一年内又迅速恢复增长。2007年,中国货物贸易进出口总额为21 738.3亿美元,同比增长23.46%,其中,出口总额12 180.1亿美元,增长25.69%,进口总额为9 558.2亿美元,增长20.74%;2008年进出口总额为25 616.3亿美元,同比增长17.84%,其中,出口总额为14 285.5亿美元,增长17.29%,进口总额为11 330.9亿美元,增长18.55%;2009年中国货物贸易进出口总额降为22 072.2亿美元,同比下降13.84%,其中,出口总额为12 016.6亿美元,下降15.88%,进口总额为10 056.6亿美元,下降11.26%。从这组数字可以看出,中国的货物贸易进出口总额在2008年增速放缓,到2009年出现了全面下降的情况,金融危机对中国货物贸易的冲击全面凸显,一直到2009年年底,中国的货物贸易才开始回升。通过我国采取的经济刺激政策,中国的货物进出口总额恢复增长,甚至超过了2007年的水平,2010年进出口总额达到29 727.6亿美元,同比增长34.68%,但是从2011年开始又出现了增长放缓的趋势,2011年中国货物贸易进出口总额达到34 600亿美元,同比增长16.39%;2012年为38 667.6亿美元,同比增长11.76%;2013年为41 599.5亿美元,同比增长7.58%。2013年中国的货物贸易进出口总额首次超过美国,居世界第一位。中国的对外货物贸易从1994年以来一直处于顺差状态,而且顺差规模从54亿美元一直扩大到2012年的2 311亿美元,并在2008年达到2 981亿美元。详见图9-1。

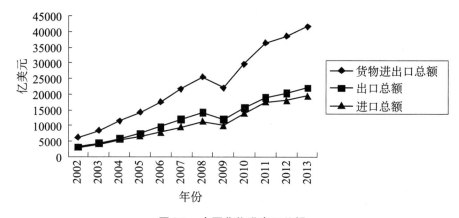

图9-1　中国货物进出口总额

资料来源:根据中华人民共和国商务部网站数据整理。

货物贸易的进出口商品主要以处在全球价值链低端的工业制成品为主,高新技术产品比重较低。1980年中国出口商品中初级产品和工业制成品占比大致相等,到2012年,工业制成品的进出口额占货物进出口总额的81%。工业制成品的出口额占到95%以上,这显示了中国的出口对世界的依赖程度很高。其中高新技术产品的出口比重很小,金融危机之前,中国的高新技术产品贸易额占贸易总额的30%左右,比加入WTO时有了很大的增长,但从总体的贸易比重上看,这个数额还是偏低。总体来看,中国货物贸易的商品结构,仍然处在全球制造业价值链的低端。而且外商投资企业是中国高新技术产品的出口主体,所以高新技术产品贸易对中国的生产技术水平的提高影响比较小。

对外贸易主体多元化,外商投资企业比重高。在进出口主体中,国营企业、民营企业和外商投资企业广泛存在,并在开拓国际市场和贸易的过程中发挥着不同的重要作用。国企的贸易额所占比重下滑,长期以小幅逆差为主;外商投资企业的贸易额比重上升,占到中国对外贸易的一半份额,且以顺差为主;其他企业的贸易额也在不断增长,其出口额为进口额的两倍,呈顺差状态。

对外贸易市场分布广泛,以发达国家市场为主。中国贸易市场分布在亚洲、欧洲、非洲、大洋洲、北美洲、拉丁美洲等各个地区。20世纪80年代,中国贸易的主要市场是亚洲,但逐渐转变为欧盟、美国和日本三大市场,且三大市场的份额占到总额的一半。北美自由贸易区、欧盟和东盟作为中国重要的贸易伙伴,其贸易额占据了中国对外贸易额的40%,成为中国发展对外贸易的重要市场组织形式。香港地区是中国转口贸易的重要渠道,内地产品通过香港销往世界各地,香港的转口贸易额占中国内地贸易额的15%左右。

加工贸易方式仍占有重要地位。在中国改革开放的探索过程中,一种重要的对外贸易方式是加工贸易。改革开放初期,加工贸易的贸易额占对外贸易额的6%,到世纪之交增加到50%以上,后来在"十一五"期间稳定在45%—50%。加工贸易增值率也逐渐从20世纪90年代的1.15逐步提高并稳定在21世纪的1.6。加工贸易的产业链条的延伸和增值率的不断提高为自主生产及相关产业的发展奠定了基础。

(二) 服务贸易

中国的服务贸易起步晚,但发展迅速、潜力大。在中国实行改革开放的基本国策之前,服务业没有得到足够的重视和发展,中国的国际服务贸易真正开始比发达国家晚很多。虽然起步晚,但是中国的服务业和国际服务贸易的发展速度非常可观。从2001年到2012年,中国的服务贸易总额从726.1亿美元增长到4 705.8亿美元,增长了5.5倍之多。2012年中国服务贸易总额占进出口总额的12.2%,发展的潜力还是很大的。除了在2009年受到金融危机的影响造成服务进出口总额同比下降外,从2003年开始,中国服务进出口额每年都在高速增长,同比增速大都在20%以上。详见图9-2。

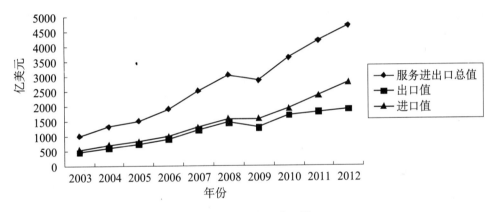

图9-2 中国服务进出口情况

资料来源:根据中华人民共和国商务部网站整理。

改革开放之后,中国的服务贸易开始如火如荼地发展,特别是加入WTO以后,每年服务贸易的增长速度都高于GDP的增长速度,中国的国际服务贸易正在以年均10%的速度增长。同时,中国国际服务贸易的领域不断扩大,保险、金融、技术贸易等服务贸易成长迅速,国际服务贸易成为拉动国民经济增长的重要力量。但是中国的国际服务贸易还处在发展的初期阶段,与发达国家相比差距甚大,也存在种种问题。

第一,服务业发展滞后严重,服务贸易总体水平较低。中国服务贸易落后于货物贸易的增长,从整体来看,服务业在GDP中的比重偏低,对就业的贡献也没有充分发挥。在20世纪末,中国的服务业发展水平[①]远没有达到发展中国家的平均水平,更远远落后于发达国家的平均水平。当时,中国服务业发展水平仅为32%,而发展中国家的平均水平为45%—55%,发达国家为60%—80%。服务业与高速发展的工业相比,其占GDP的比

---

① 服务业的发展水平一般用服务业的产值占一国GDP的比重和服务业就业人数占总就业人数的比重来衡量。

重仍然较小,从 2002 年的 41.5% 到 2012 年 44.8%,虽有所增长,但仍低于中等收入国家 53% 的平均水平。中国的服务贸易在曲折中增长,从 2003 年的 1 013 亿美元增长到 2008 年的 3 045 亿美元,同样受到金融危机的冲击,2009 年同比下降 5.8%,2010 年恢复增长,到 2013 年达到 5 396.4 亿美元。中国的服务贸易一直处于逆差状态,2003 年逆差为 85 亿美元,2008 年达到 115 亿美元,服务贸易进出口总额下降的 2009 年逆差仍达 295 亿美元,而 2013 年继续扩大到 1 184.6 亿美元。旅游、运输服务、专有权利使用费和特许费、保险服务等是逆差的主要发生领域。中国的服务贸易在世界服务贸易中所占比重从 2007 年的 3.8% 增长到 2012 年的 5.53%,在看到其发展的同时,我们也应注意到,中国目前的服务贸易水平与世界服务贸易水平仍然相差甚远。

第二,服务贸易的结构不平衡。在服务贸易中占主导地位的是劳动密集型和资源密集型的传统服务贸易行业。传统的服务行业如旅游、运输等仍在中国国际贸易中居于主导地位,2012 年运输的进出口额和旅游的进出口额占到中国服务贸易总额的 58.8%,其中运输业占到 26.5%,旅游业占到 32.3%,在整个服务贸易结构中处于绝对领导地位。旅游、运输等领域的服务贸易增势较为平稳,其中旅游业是中国服务贸易中最主要的行业;运输服务作为中国服务行业的第二大部门,而且作为基础性行业发挥了不可替代的作用。建筑、通信、保险、金融等领域的跨境服务迅速增长。但与发达国家相比,技术密集型、知识密集型及资金密集型的服务行业的贸易额所占比重仍相对较低,在中国鼓励和支持发展技术密集型和知识密集型服务行业任重而道远。

第三,服务外包业务发展迅速,面临严峻挑战。服务外包有着技术承载度高、附加值高、资源消耗低、污染少、吸收就业的能力强大和国际化水平高等优势,有利于提升服务业的技术水平、服务水平,是促使服务业国际化的重要手段。2013 年前 11 个月,中国承接服务外包合同金额为 831.6 亿美元,同比增长近 61%,执行金额达 534 亿美元,同比增长近 38%;2014 年上半年中国签订服务外包合同 87 507 份,合同金额达 522 亿美元,同比增长 35%,执行金额为 372 亿美元,同比增长 36%。这些数据表明中国承接服务外包的能力不断增强,中国承接服务外包发展非常迅速。但是随着一些中国传统优势的弱化,如劳动力成本上升、汇率变动等不确定因素加大,服务外包产业面临新的严峻挑战。

除此之外,服务贸易行业的人才缺乏,管理水平比较落后,法律法规不健全。一般来说,服务业相对于第一产业、第二产业来说是吸纳劳动力最多的领域,但是在中国服务业吸纳就业的能力未能充分发挥出来,服务业劳动力就业的增长速度较慢。根据中国社会科学院的统计研究,我国服务行业的就业率远远低于国际平均水平,并且技术和知识密集型人才非常缺乏。而在体制管理方面也存在很多缺陷和不足,不能为服务贸易提供足够的制度支持和保护。例如,中央和地方对服务业国际贸易政策和规章实行差别对待,服务业的各部门职责划分不明确,中国对服务业的概念、划分标准及统计范畴与国际惯例不符,这些都成为中国国际服务贸易发展的阻力。除此之外,中国服务贸易的法律还未能达到国际水平,众多领域还存在法律空白,还未形成中国服务贸易的法律体系。

(三) 区域经济一体化

为促进国际贸易在更广阔的范围内自由进行,区域经济一体化组织的建立已经成为大势所趋,中国顺应世界市场的发展,积极参与区域经济一体化。中国参与多边贸易体系,重视区域经济合作,并取得重大进展。20世纪80年代到1991年,是中国参与区域经济合作的空白期,此时的中国正在尝试对外开放,对区域经济合作处于观望和等待阶段。从20世纪90年代到2001年,中国的区域经济合作进入起步阶段。随着改革开放的深入,中国参与了多边贸易体系和区域经济合作。这一时期,中国加入了亚太经合组织,加入了大湄公河次区域经济合作,参与建立上海合作组织,并加入了《曼谷协定》。从2002年到现在,是中国参与区域经济合作的新阶段。2002年,中国与东盟签署自由贸易协定;2006年,中国与巴基斯坦签署自由贸易协定;2008年,中国与新西兰签署自由贸易协定。与此同时,中国还与中东的海湾六国签署了《中国与海合会国家经济、贸易、投资和技术合作框架协议》;在10+3(东盟+中日韩)的框架内,积极推动中、日、韩合作和整个东亚的经济一体化合作;中国还积极推动了亚太经合组织的环太平洋区域合作。就在2014年,中澳自贸协定历经十年终于达成一致,签署了14项贸易条款,特别是中国对澳大利亚的绝大多数产品关税为零,澳大利亚对中国的所有产品关税为零,中国将从中澳自贸协定中受益,两国的经济关系将进一步推进,对两国经济发展和人民生活大有裨益。

三、中国国际投资的发展现状

1. 中国的国际投资近年来主要以对外直接投资为主

中国对外直接投资的发展势头锐不可当,投资规模高速增长,占世界对外直接投资总额的比重日益增大,中国已经成为世界第三大对外投资国。2002年之后,中国的对外直接投资进入高速发展阶段,2002年中国对外直接投资的流量为27亿美元,经过近十年的发展,到2013年达到1 078亿美元,增长了近40倍,年均增长率达到39.8%。特别是2012年,中国的对外直接投资额为878亿美元,同比增长17.6%,与全球外国直接投资流出流量同比下降17%相比,可谓是一枝独秀,所以中国对外直接投资的发展势头依然强劲,这也使得中国首次成为全球第三大投资国。2004年中国对外直接投资的存量仅为448亿美元,占世界对外直接投资总额的0.55%,到2013年增长达到6 600亿美元,占世界对外直接投资总额的2.5%,居世界第11位。到2013年,中国1.53万家境内投资者在全球184个国家和地区设立了2.54万家对外直接投资企业。详见表9-1。

表9-1 中国对外直接投资流量规模与世界地位(2003—2012年)

年份	2003	2004	2005	2006	2007	2008	2009	2010	2011	2012	2004—2012年均
金额(亿美元)	28.5	55.0	122.6	211.6	265.1	559.1	565.3	688.1	746.5	842.2	—
增速(%)	—	92.6	123.0	72.6	25.3	110.9	1.1	21.7	8.5	12.8	52.1
占GDP比(%)	0.2	0.3	0.5	0.8	0.8	1.2	1.1	1.2	1.0	1.0	1.9
占货物贸易比(%)	0.7	1.0	1.9	2.7	2.8	4.9	5.6	4.9	4.3	4.6	3.6
占世界FDI比	0.5	0.6	1.4	1.5	1.2	2.8	4.9	4.6	4.4	6.1	3.1
世界排名	25	24	19	18	19	12	6	5	6	3	—

资料来源:朱邦宁、马相东,《中国对外直接投资的现状、制约与对策》,《中共中央党校校报》,2013年第5期。

2. 并购成为中国企业对外投资的主要方式

根据联合国贸易与发展会议(UNCTAD)数据,2001年中国对外直接投资额为68.8亿美元,7%是通过海外并购实现的。在之后的十几年里,中国企业海外并购的交易额占对外直接投资的比重依然基本保持在50%左右。但是在并购过程中及并购后的整合中都存在众多问题,由于并购风险而受阻及并购整合不利导致并购流产和失败的案例比比皆是。由于在并购过程中面临着国际政治风险、文化差异风险、市场形势的不利变化、海外投资经验的缺乏等阻力,并购成为中国企业对外投资的主要方式,中国企业必须提高警惕、扫除障碍,提高自身应对风险和阻力的能力。

相关案例9-1

中国铝业收购南戈壁资源遇阻

南戈壁资源是总部位于加拿大并在多伦多和香港证券交易所上市的一家综合煤炭开采、开发和勘探公司。在蒙古国境内最接近中国边境的位置,南戈壁资源拥有包括敖包特陶勒盖煤矿、苏木贝尔煤田、Zag Suuj 煤田和敖包特陶勒盖地下煤田在内的战略性焦煤资源。南戈壁资源对这些煤田进行勘探和开发,同时向中国供应煤产品;与其同时,该公司还获得了蒙古国政府颁发的在其境内进行矿产勘探的许可。

2014年4月初,中国铝业与南戈壁资源有限公司(下称"南戈壁资源")签署协议,中国铝业计划出资不超过10亿美元,要约收购南戈壁不超过60%但不低于56%的股份。中国铝业希望通过此次收购来实现从单一铝业转向以铝为主业的相关多元化发展,将业务范围向包括煤炭在内的其他资源扩展,以实现煤铝业务全面整合。

但2014年4月17日,中国铝业发布公告称,蒙古矿产资源局宣布要求暂停中国铝业的收购对象拥有的若干许可证的勘探及开采活动。这意味着中国铝业的此项收购将面临来自政府监管层面的现实阻力。业内人士分析称,蒙古国当局可能担忧中国铝业母公司——中国铝业集团的央企背景。

资料来源:http://www.eeo.com.cn/2012/0418/224682.shtml。

近年来,中国企业在国际并购活动过程中的非经济因素阻力加大,特别是资源性企业遭遇的国际政治阻力,往往由东道国政府主导策划,以维护国家安全为由限制外国投资,实质是资源民族主义的表现。类似事件屡屡发生,例如2005年中国海洋石油总公司并购美国第九大石油公司优尼科时遭到美国政府的阻挠,中海油的央企身份使得单纯的商业并购动机被"政治化",美国的国家安全威胁论愈演愈烈。最后这场声势浩大的并购无疾而终。2009年中铝增持澳大利亚力拓股权,力拓以不到2亿美元的违约金撤销了此次交易。原因在于澳大利亚政府认为中国会通过中铝来控制澳大利亚的资源命脉,澳大利亚群众同样认为这起交易会威胁国家安全。这场并购也在遭遇国际政治阻力后以失败告终。

3. 对外直接投资范围广泛,投资行业相对集中

中国对外直接投资涉及的行业囊括了三大产业,包括农、林、牧、渔业,采矿业,制造

业、建筑业、批发和零售业、交通运输、金融业、房地产业等各个行业,对外直接投资的范围甚为广泛。但整体来看,投资的行业又保持着相对集中的状态。从对外直接投资额上看,2011年,租赁和商务服务业占对外直接投资总额的34.3%,采矿业占19.4%,批发和零售业占13.8%,制造业占9.4%,金融业占8.1%,共计占85%以上。到2013年对外直接投资额前五位产业增加了建筑业,金融业则被替代,五大产业投资占比近90%,只有商务服务业的投资略有降低。从企业数量上看,中国对外直接投资的行业主要集中在制造业、批发和零售业、租赁和商务服务业等领域。2011年年末制造业企业占境外企业总数的31%,批发和零售业企业数量占25%,租赁和商务服务业企业数量占13%,三大产业企业数量占到69%。

4. 中国企业全球化经营程度不断提高

2013年有95家中国企业入选《财富》世界500强,虽然国有企业占绝大多数,但是民营企业也在不断发展。华为、吉利、中国平安等民企初具跨国公司规模。同时,国内区域间协调发展,地方企业对外投资日益活跃。截至2011年年底,地方非金融类的对外直接投资占对外投资总额的比重达到23.8%。

5. 在利用外资方面,中国取得了巨大成就

中国是发展中国家中利用外资最多的国家,世界排名第二位,仅次于美国,而且中国吸收外国直接投资已经连续20多年居于发展中国家之首。2012年,中国利用外资总额与金砖国家中其他三国的总和相当,达到1 210亿美元。2013年,在发达国家资金回流增加的背景下,中国吸引外资仍达到1 240亿美元,同比增长了2.3%,也是金融危机前的1.5倍之多。2013年,中国吸引外资总额占到世界的8%,比2007年翻了一番。近年来,全球跨国投资出现新的趋势,发展中国家吸引外资的拐点到来,中国利用外资的增速也在放缓,结构不断优化。

国际金融危机的影响促使中国调整利用外资的结构。中国在利用外资流量增长上出现波动,2009年利用外资同比下降2.6%,2010—2011年恢复增长,2012年再次下降,降幅达到3.7%,2013年又出现5.3%的增长。中国在外资的结构方面变化较大,从外资来源上看,亚洲十国(地区)对华直接投资占比由2007年的55.4%增长到2013年的87.2%;欧美对华投资占比从2007年的12.8%下降到2013年的9.0%。从外资行业上看,服务业利用外资增速快,2011年服务业利用外资首次超过制造业,而到2013年服务业占中国利用外资总额的比例达到52.3%,也是首次占比过半。从外资投入地区上看,中西部地区利用外资的比例持续增加,从2007年年底的13%增长到2013年的21.6%。

四、中国国际经济合作的发展现状

中国的国际经济合作开始于新中国成立之初,在改革开放之前,中国的国际经济合作主要以对外提供经济技术援助的形式为主,长期的对外援助项目建设使得"和平共处五项原则"深入各国,也为中国企业承揽海外工程奠定了坚实的基础。1978年国务院批

准《关于拟开展对外承包建筑工程的报告》,拉开了对外承包工程和劳务合作的序幕。改革开放之后,中国的国际经济合作进入全面发展时期,十一届三中全会制定的对外开放基本国策、邓小平同志对外经济合作战略思想、20世纪末提出的"走出去"发展战略,都为中国的国际经济合作指明了方向,不但在利用外资和对外投资方面硕果累累,在提供对外援助与接收对外援助、国际工程承包和劳务合作以及开展区域经贸合作等方面成绩斐然。下面重点介绍国际工程承包和劳务合作两个方面。

(一)国际工程承包

1. 对外承包工程发展迅速

"十一五"期间(2006—2010年)中国对外承包工程完成金额是"十五"期间(2001—2005年)的4倍,年均增长率达到32.5%,而新签合同总额比"十五"期间增加4倍,年均增长率达到20%。2010年营业额为922亿美元,同比增长18.7%,新签合同额1 344亿美元,同比增长6.5%。2011年完成金额为1 034亿美元,同比增长12.2%,新签合同额为1 423亿美元,同比增长5.9%。2012年,中国对外承包工程完成金额达到1 165.97亿美元,同比增长12.7%,新签合同金额1 566.29亿美元,同比增长10%。进入"十二五"期间,对外承包工程营业额和新签合同额增速在放缓中继续恢复增长。增速放缓是因为受金融危机的影响,国际市场需求不足加上偶然性的因素,所以从2012年开始慢慢恢复增长。从改革开放之初完成金额的1.23亿美元到2012年的1 165.97亿美元,增长近950倍,从1979年新签合同金额仅为0.33亿美元到2012年的1 566.29亿美元,增长速度今非昔比。2013年,有55家中国对外承包工程企业入选《工程新闻记录》(ENR)250强国际承包商排行榜,水利建设领域和电力工程领域前10位分别占3席和4席,其他领域如高铁、电信、核电、风电等领域也表现突出。

2. 中国对外承包工程区域广泛,以亚洲、非洲为主

中国对外承包工程分布在亚洲、非洲、欧洲、大洋洲、北美洲和拉美洲,遍布了世界各地,但其绝大部分份额分布在亚洲和非洲地区。2012年亚洲和非洲的新签合同额占到82.6%,已完成营业额占到81.6%。受金融危机的影响,2010年非洲新增合同额同比下降12.1%。金融危机之后,非洲的新签合同额恢复高速增长,2010年非洲的新签合同额占比28.5%,到2012年占到40.9%,2012年新签合同额同比增长39.9%;非洲已完成营业额基本稳定,占比在35%—40%,非洲仍然是中国对外承包工程的主要地区。亚洲地区对外承包工程的新增合同额占比近几年略有下降,2010年为52.9%,2011年下降到49%,2012年继续下降到41.7%,而在亚洲地区承包工程的完成营业额占比基本稳定。

3. 对外承包工程项目规模呈扩大化趋势

近年来大型项目占比迅速提高,2013年新签项目合同额超过1亿美元的有393个项目,比去年增加64个,累计金额达到1 138亿美元,共占当年新签合同总额的66%。而超过10亿美元的大型项目主要分布领域非常广泛,主要为交通运输建设、电力工程、房屋建筑、石油化工、通信工程等。中国葛洲坝集团股份有限公司的阿根廷基什内尔塞佩尼克水电站项目的合同额为28.3亿美元,位居榜首。中国水利水电建设股份有限公司的乌干达卡鲁玛水电站项目和中国建筑股份有限公司的韩国釜山云台山项目分别以16.9亿美元和15.7亿美元位居第二和第三位。大型承包工程项目现已成为中国对外承包工

程的中流砥柱。

4. 对外承包工程业务领域出现分化

公共工程业务比例下降。2013年，占比最大的是交通运输领域，但增长速度放缓，同比增长5.6%，房屋建筑业占比18.0%，位于第二位，同比下降3.8%，第三位是电力工程，占比15.8%，同比增长28.2%。三个领域的新签合同总额自2010年起逐年下降，2013年占比55.8%，比2012年下降1.1个百分点。通信工程新签合同额同比增长31.7%，增长速度非常之快，所占份额提高到第四位，达到13.6%，主要是由于埃及、法国、委内瑞拉等通信工程项目的拉动，该领域连续八年的业务增长率达到20%。石油化工业务新签合同额同比增长32.9%，占比13.3%，居于第五位，主要得益于非洲市场业务的大幅增长。水利建设业务新签合同额出现下降趋势。详见表9-2。

表9-2 2013年中国对外承包工程新签合同额10亿美元以上的大项目

序号	国家名称	项目名称	新签合同额（万美元）	企业名称	项目类型
1	阿根廷	阿基什内尔塞佩尼克水电站项目	282 861	中国葛洲坝集团股份有限公司	电力工程建设
2	乌干达	乌干达卡鲁玛水电站项目	168 842	中国水利水电建设股份有限公司	电力工程建设
3	韩国	釜山云台山项目	157 307	中国建筑股份有限公司	房屋建筑
4	尼日利亚	尼铁拉各斯至依巴丹路段项目	148 778	中国土木工程集团有限公司	交通运输建设
5	巴基斯坦	巴基斯坦SK水电站项目	131 400	中国葛洲坝集团股份有限公司	电力工程建设
6	埃及	埃及电信项目	130 694	华为技术有限公司	通信工程建设
7	法国	法国电信项目	110 210	华为技术有限公司	通信工程建设
8	沙特阿拉伯	阿美5+2年钻机11部项目	109 643	中国石化集团国际石油工程有限公司	石油化工
9	尼日利亚	奥融—卡拉巴23公里跨海桥项目	106 612	中国土木工程集团有限公司	交通运输建设
10	委内瑞拉	委内瑞拉国电公司光纤骨干网二期项目	106 139	中兴通信股份有限公司	通信工程建设
11	伊拉克	伊拉克安巴燃气电站项目	105 000	山东电力建设第三工厂公司	电力工程建设
12	尼日利亚	尼日利亚电信项目	100 588	华为技术有限公司	通信工程建设

资料来源：中国对外承包工程商会《2013年中国对外承包工程概述》。

（二）国际劳务合作

对外劳务合作的传统市场业务稳定增长，对外劳务外派人数创历史新高。从2010年开始，中国的对外劳务合作进入平稳回升增长态势，完成金额达89亿美元，新签合同额87.2亿美元，同比增长16.8%。2012年，中国对外劳务合作派出各类劳务人员50.56万人，比2011年同期增长1.72万人。

对外劳务合作的亚非市场份额仍占据主导地位,并继续增大。2013年年末中国在外各类劳务人员85万人,同比增长0.4%,亚非市场份额占到91.2%,2012年同期占比90.1%,可见其份额还在继续增长。

对外劳务合作的外派劳务结构发生变化,海外雇用所在国的人员数量持续增加。2013年年末,中国企业在外共雇用项目所在国人员近65.5万人,同比增长8.4%。中国在外劳务人员中从事建筑业的人员数量和比例增幅较大,从事建筑业的有39.6万人,占比46.4%,同比增长12%。其他行业基本都出现不同程度的人数减少的情况。

对外劳务权益保障工作逐渐完善,对外劳务合作服务平台得到全面推进。承包商会通过编写《对外投资合作在外人员知识手册》《对外投资合作在外人员行为准则》和《对外劳务合作权益纠纷案例选编》等资料,指导企业和劳务人员依法经营、依法维权,推进劳务权益保障工作的顺利开展,使得劳务保障体系日益完善。在服务平台的建设方面,到2013年,中国已经建立了193家对外劳务合作服务平台,财政部、商务部给予对外劳务合作服务平台专项资金的支持,努力推进外派企业和服务平台的资源对接交流,完善对外劳务合作服务平台对劳务人员合法权益的保护机制。

第二节　中国国际商务发展的国际经验借鉴

中国的国际商务经历了多年的实践和探索,积累了一些成功的经验,获得了一些失败的教训,中国企业的国际化道路正越走越宽。他山之石,可以攻玉,中国的国际商务的发展应该从其他国家和地区的企业的国际商务活动中总结经验并加以借鉴,才能避免走弯路,实现更好、更快地发展。

一、提高自主创新能力,培育技术优势,提高品牌竞争力

企业进行对外投资的潜力主要表现在技术和品牌上,如果企业同时拥有技术优势和品牌影响力,那么就会有较强的国际竞争力。在这方面表现突出的当属日本,日本企业在技术研发上的投入巨大,例如佳能公司投入研发的费用占到销售总额的10%以上。因此,日本在美国取得专利的数量增长非常快,1975年在美国取得专利件数量全世界排名前五十位的企业中,日本仅有四家,到1989年日本企业增加到十七家,并且排名前四位的企业都是日本企业。日本在提升品牌竞争力方面也投入了大量精力,从20世纪70年代末80年代初就有索尼、夏普、丰田等众多世界知名品牌,可以看出日本强大的品牌优势。日本的对外投资特别是对发达国家的对外投资势头强劲,在汽车等行业也曾一度成为美国等市场的主宰。而目前中国企业在走向国际市场时的优势在于成本低,以低价取胜。中国企业的发展是沿着技术开发—生产—市场营销的结构膨胀形成"橄榄型"结构,

将重点放在了生产上,不注重技术和品牌的投入和创建,与发达国家的制造业水平差距甚大。中国企业"走出去"需要的是自主核心技术和品牌的力量,中国是世界制造业大国,但非强国,也正是由于缺乏技术和品牌的支持和推动,所以中国企业应该学习日本在此方面的成功经验,提高自主核心技术能力和品牌影响力,使得中国企业的品牌享誉全球,真正成为制造强国。

二、加强企业对外投资过程中的风险研究和防范

在20世纪80年代,日本企业曾大肆海外扩张,并购了大量美国具有高投资风险、收入不稳定的娱乐业及房地产等企业。事实证明,日本所投资的大量不动产几乎都成为不良资产。1993年,在美国的日本银行主要面向日本企业,向不动产产业投资的贷款额高达2 000多亿美元,其中的一半成为不良资产。日本索尼和松下电器曾分别收购美国哥伦比亚公司和环球制片公司的母公司MCA公司,却因为并购后的文化整合失利导致失败。究其原因,日本企业讲求文化的统一和服从,而美国公司崇尚自我意识,两者的企业文化格格不入。在开拓国际市场从事国际商务活动的各个阶段,风险无处不在,所以中国企业在对外投资过程中需对可能遇到的风险加强研究,制定完善的预防和补救措施,把风险的不利影响降到最低。

三、减少贸易摩擦,转移贸易冲突

中国的国际贸易近年出现频繁的贸易摩擦,中国产品的出口面对的贸易壁垒层出不穷。日本在20世纪80年代曾对欧洲和美国大量出口,结果导致欧美对其产品实行了贸易保护,如进口配额、反倾销等手段,而且市场进入壁垒已经由可视的关税等形式转向产业组织、企业惯行导致的非可视规制,甚至包括政府对产业和企业的介入等。日本通过制度协调的途径解决贸易摩擦问题,所以日本与美国达成了《日美结构问题协议》《日美综合经济协议》一系列开发市场、提高市场准入、提高市场透明度、促进规制缓和等内容的协议。随着WTO多边贸易体制的建立,日本更多地利用WTO贸易争端解决机制进行多边贸易谈判的方式解决冲突。日本通过扩大市场,实行出口多元化战略,减少对美国市场的依赖。日本为减少贸易壁垒,继续巩固提高日本产品的市场占有率,便向欧美开始大规模的直接投资,特别是对美国的贸易投资占到近一半。1989年,日本对美国的投资占当年日本对外投资总额的48%,达到历史最高水平。美国对日本的贸易逆差下降,贸易摩擦减少,改善了两国紧张的经贸关系。借鉴日本的经验,中国应加大对外投资,以规避贸易摩擦和冲突。中国要从日本应对贸易摩擦中汲取经验教训,例如可以通过建立定期双边磋商和协调机制,减少与贸易国的贸易冲突,加强与发展中国家的合作;充分利用多边贸易体制,通过磋商谈判和利用争端解决机制;实施产品差异化和市场多元化战略,调整出口结构;推进对外直接投资的发展等方式减少或转移贸易摩擦和冲突。

四、政府应为中国企业提供政策保证和支持

美国政府在促进本国跨国公司国际化中起着非常重要的作用。在1969年,美国政府成立了致力于为美国私人对外投资承担特种风险和综合风险保险业务的海外私人投资公司。海外私人投资公司为在海外遇到政治风险和商业风险的跨国公司提供了保护。美国政府还减轻了跨国公司的税收负担。美国税法规定:跨国公司的国外利润,汇回国内后才课税,并同许多国家签订避免双重课税的规定,这在很大程度上鼓励了跨国公司的海外投资。美国政府为跨国公司提供出口信贷,提供资金支持。美国进出口银行以美国跨国公司的利益为出发点发放贷款。除此之外,美国还利用一切措施包括外交手段给予跨国公司帮助。美国1984年《贸易和关税法》规定,在外国政府的行动对美国公司有歧视性的情况下,可以采取相应的措施。美国政府还利用驻外使领馆搜集商业情报提供给跨国公司,利用其他外交手段维护跨国公司的利益,等等。目前中国政府也在积极为企业"走出去"提供相关援助,但还需要继续完善企业国际化的政策、服务、监管体系和协调机制。中国政府要继续深化宏观管理部门改革,转变政府职能,例如精简审批程序和内容,通过经济杠杆鼓励和引导企业国际化;完善境外投资管理体制,赋予一些有条件的企业更多投资自主权,制定境外投资规划,尽快建立中国境外投资的法规体系,为企业的境外投资、国有资产管理、海外投资保险等提供法律保障;设立海外投资风险基金,对符合国家发展战略的高风险的海外投资提供保险保障,降低企业的投资风险;借鉴美国经验实行一系列税收优惠政策,通过税收抵免、延期纳税、税收饶让、减税、免税或出口返税等政策给企业提供税收支持。

五、培养国际化竞争人才

美国在国际化人才的获取、培养方面形成了比较完善、科学的体系。美国的高校、企业和政府有着非常密切的合作关系,形成了"高校—企业—政府—其他社会资源"的人才资源有机整体。高校与企业的合作使得学生能够在学习、工作之间有良好的过渡,并且便于高校根据社会需求改善课程设置,更符合企业对人才的需求。企业和政府的人才流动使人力资源获得优化配置。美国对国际化人才的培养注重打造国际化竞争型人才的自行力,公民有着强烈的自我管理意识,而且注重建立和谐的员工关系,提升员工间的凝聚力。中国企业在未来培养国际化人才上要探索建立国际化竞争型员工培养机制,强化员工的自我管理意识;建设全面的国际化竞争型人才获取体系,广泛吸取所需人才;加强人才管理自身队伍和能力建设,培养具有适应国际化需要的人才,以此提高中国企业的国际化管理水平。

六、加快建设国际商务中心城市

目前上海自贸区的成立和发展成为中国开展国际商务活动的重要世界窗口。上海成为国际商务中心,将对中国未来的国际商务活动具有很大的带动作用。上海具有深厚的增长潜力,是内地最大的综合运输枢纽之一,呈现出全方位、多层次和宽领域的对外开放格局。但是与世界公认的国际商务中心香港、新加坡等相比还存在一定差距。与香港相比,出口贸易额已经超过香港,但是进口贸易额仍比香港相差较多,与新加坡相比差距更大。在对外开放度上,上海的对外贸易政策还有过多管制,市场准入门槛较高、税负过重,上海的开放度仅是香港、新加坡等国际商务中心的一半。上海目前的流通业现代化水平较低,流通主体集中化程度低,流通速度低,资本周转缓慢,传统流通方式仍占主导地位,现代流通业所占份额较小,第三方物流普及程度很低,导致上海在建设国际商务中心过程中面对重重阻力。除此之外,上海的商业布局不合理,缺乏有针对性的配套政策支持。所以在建立商务中心城市时应根据香港等的成功经验,通过完善现代物流体系,积极发展流通业;提高市场的开发程度,降低市场准入门槛;促进贸易要素的自由流动;建设以要素市场和消费服务市场为重点的现代市场体系;努力创造国际高水平的商贸发展环境。

七、中小企业参与国际化经营

随着世界经济一体化趋势的加强和国际贸易的发展变化,中小企业参与国际化经营已是大势所趋。中国的中小企业近年来蓬勃发展,已经成为推动中国经济增长的重要力量。截至2013年,中国的中小企业数量已超过4 200万家,占全国的企业总数的99%以上,比2007年增长近50%,其外贸出口额占到68.3%。中小企业的总产值、税收和就业分别占全国的58.5%、52.2%和80%。中小企业在中国的国际贸易及经济中占有举足轻重的地位,已经成为中国出口增长的重要增长点。在推动中小企业国际化经营的实践中,许多国家做出了积极的努力。无论发达国家还是新兴工业化国家,政府都给予中小企业外贸自主权,实行国际通行的工商登记制。中小企业既可以进行工业生产,又可以直接或委托其他外贸公司经营外贸业务,为中小企业减少出口价值链上的环节,增强竞争优势。在解决中小企业资金短缺的问题上,美国政府为其提供了三种融资渠道:一是向小企业进行风险投资,二是向小企业提供自然灾害贷款,三是向小企业提供出口信贷等。日本也为中小企业提供了三条融资渠道:一是由五家政府系统金融机构向中小企业降息贷款,二是政府成立中小企业贷款保险和担保机构,三是政府认购中小企业的股票和公司债券。许多发达国家为中小企业提供咨询服务机构,如中小企业国际营销与海外投资促进会等服务机构,政府为其提供贸易信息和出口指导。这些由其他国家摸索出来的促进中小企业开展国际商务的经验可以在中国现实基础上恰当借鉴,如中国可以建立统一管理中小企业的机构,改善外贸体制,给中小企业更多自主权;成立奉献投资公司和金融担保公司,为中小企业拓展融资渠道;通过健全中小企业法律体系、信息服务体系等为中小企业"走出去"提供制度支持和保证。除了中国政府为中小企业提供支持外,中小企业更重要的是提升自身的实力,顺应市场的变化审时度势,制定符合企业发展的战略和目标。

相关案例9-2

工程巨头豪赫蒂夫的发展经验

141年前,一家工程公司在德国成立。经过一个多世纪的不断探索和发展,这家默默无闻的小型企业逐步成长为全球数一数二的大型跨国工程承包商,它就是德国工程巨头豪赫蒂夫(Hochtief)。经历漫长的发展和演变,豪赫蒂夫形成了特色鲜明的发展模式和管理体系,在产业选择、区域布局和管理理念等方面探索出一条适合自身发展的道路。豪赫蒂夫经历的百年历程,大致可以分为七大阶段,分别是创业阶段(1873—1896年)、股份制改造阶段(1896—1921年)、战争阶段(1921—1945年)、复苏阶段(1945—1966年)、转型发展阶段(1966—1989年)、国际化发展阶段(1990—2007年)、网络化发展阶段(2007年至今)。在这期间豪赫蒂夫经历了很多考验,也有了突破。二战期间,豪赫蒂夫因战受益,获得德国政府的青睐,业务发展迅速,但是公众对战争性质的质疑导致的信用危机和品牌价值迅速下降使得豪赫蒂夫停止在德国战败地区的海外项目,这给豪赫蒂夫沉重的打击。豪赫蒂夫通过收缩业务,整理发展思路,在组织结构调整和资源配置方面向德国倾斜,为后期发展打下基础。

20世纪70年代的石油危机让严重依赖廉价燃料的西方国家遭受沉重打击,通胀压力增大,能源供需矛盾凸显。德国建设和完善各类基础设施的资金受到严重影响。豪赫蒂夫根据国内外形势的变化,快速调整发展策略,积极挺进中东地区。市场布局的主动转换为豪赫蒂夫应对挑战创造了外部需求,也成为摆脱竞争对手、赢取市场发展空间的重要支撑。豪赫蒂夫的成功来源于它从内外两方面提升自身实力。豪赫蒂夫通过本地化管理增强竞争力,以专业化技术提升竞争力,以技术进步削减成本,用管理改进保障信息传递等措施来提高公司的竞争力;在全球调整市场布局,在北美重视美国和加拿大市场,拥有完善的防范措施和强大的应对风险能力。在亚太地区,豪赫蒂夫通过Leighton集团在澳大利亚、亚洲和中东的广大地区保持领先地位。Leighton在基础设施、能源、房地产市场保持领先地位,也是全球最大的矿产资源开采商。但在2011年Leighton承建的布里斯班机场和墨尔本海水淡化两个项目出现了工程施工进度滞后的问题,豪赫蒂夫通过积极协调和努力,于2012年顺利完成这两个项目并达到预期建设目标。在欧洲地区,也是其总部所在地,豪赫蒂夫希望通过提高项目质量获得稳定、持续发展。2011年豪赫蒂夫在欧洲出现亏损,此时正值欧债危机时期,豪赫蒂夫提出发展转型,及时出售了一条位于智利的高速公路,扭亏为盈。豪赫蒂夫还积极推进能源基础设施建设,充分利用先进技术,进入风能发电、隧道、桥梁等基础设施建设领域,为其稳定发展提供了有力支撑。

资料来源:周密,《工程巨头豪赫蒂夫的发展经验与启示》,《国际经济合作》,2014年第4期。

第三节　中国国际商务的发展趋势

一、中国企业的国际商务面临的环境

当前经济全球化已经成为不可逆转的趋势,中国企业参与国际商务活动日趋频繁,面临的国际环境也越来越复杂。

(一) 国外环境

从国外环境来看,第一,国际格局变化导致不确定性增加。国际金融危机使得发达国家的经济陷入困境,全球股市剧烈波动,欧洲债务危机引发发达经济体内部的诸多问题,世界经济陷入低速增长阶段。以金砖国家为代表的新兴经济体的崛起,成为世界经济增长的重要引擎和发动机。世界经济格局在悄然发生变化,同时国际金融市场的风险加大,这是由于金融危机的后续影响和各国在应对危机时的博弈增加了危机的复杂性,国际货币体系面临重建,多极的世界货币体系成为可能,中国企业在进行国际商务活动的过程中面临的金融风险会加大。

第二,世界引资竞争和投资保护主义给中国的国际商务带来更大竞争压力。国际投资正进一步向投资自由化和便利化发展,世界各国为振兴经济引发的各国吸引优质外资的竞争加剧。中国吸引外资的竞争优势,如劳动力优势等正慢慢减弱,而在新能源、节能环保、高端制造等高附加值的新兴战略领域,中国的优势与发达国家相比较弱,所以中国未来在吸引外资上面对的竞争将会更加激烈。

第三,中国自加入WTO以后,中国企业面临的贸易和投资壁垒大大减少,但是投资保护主义出现蔓延的趋势。如今众多国家颁布了或正在准备推出对外国投资审查的国家安全法规,如美国《2007年外国投资与安全法》、加拿大《外国投资审查法》等,这些以保护本国经济为名义的投资保护主义恶化了全球贸易和投资环境,损害了正常的国际市场秩序和公平竞争环境。中国企业在"走出去"的过程中因为国家安全而投资受阻的案例屡屡发生,这一点从我国采矿企业对外直接投资的过程中遭遇的一系列政治阻力可见一斑。

第四,中国面临世界某些国家意识形态等方面的阻力。随着中国与非洲、拉美等发展中国家经济合作日益密切,一些西方发达国家扭曲这种合作关系,西方媒体的言论,如中国在非洲搞"殖民活动""中国新殖民主义"等层出不穷,对中国进行大量不实报道。除此之外,中国的市场经济地位在得到国际社会广泛认可的同时,中国前三大贸易伙伴美国、欧盟和日本却仍未对此问题予以承认。它们将拒绝承认"中国完全市场经济地位"作为与中国在WTO框架内进行利益博弈的手段,以此达到限制中国、对中国实施贸易保护主义的目的。

(二) 国内环境

从国内环境来看,中国经济正在持续健康发展,市场环境得到改善,为中国企业开展国际商务活动提供了内生动力。

第一,中国的经济依然在稳定、高速发展,特别是在抵御了金融危机之后,中国经济对世界的影响力日益突出。中国的很多企业在经过多年发展后具有了雄厚的经济实力、丰富的国际化经验,面临世界市场的激烈竞争能够发挥行业龙头作用,为其他企业进入国际市场提供力量,也为中国企业深入参与国际商务提供了条件。

第二,市场经济体制的日益完善为中国企业的国际商务活动提供了有利环境。中国政府为鼓励本土企业"走出去"、积极参与国际市场竞争,出台了一系列促进市场活跃、优化投资环境的政策。同时,人民币的国际化为中国企业从事国际商务提供了坚实的货币基础,菲律宾、白俄罗斯、马来西亚、韩国、柬埔寨等国家已经将人民币纳入官方外汇储备,人民币的国际影响力正在为中国企业国际商务保驾护航。

二、中国国际贸易的发展趋势

过去的金融危机给世界经济带来重大影响,但经济全球化已经成为世界不可阻挡的潮流趋势,在未来中国的国际贸易面临着新一轮产业转移、区域经济一体化和世界经济一体化带来的机遇和挑战。

(一) 产业转移

中国将逐渐实现贸易大国到贸易强国的转型。通过三十多年改革开放的发展,中国的国际贸易发展日新月异,硕果累累。我国已经成为名副其实的贸易大国,国际货物贸易的进出口总额在世界的比重由1950年的0.9%增长到2013年的12%,但贸易大国与贸易强国还存在较大差距,主要表现在进出口结构、技术能力、创新能力、人均贸易规模和盈利能力等方面,所以我国要逐渐从贸易大国向贸易强国转变。而中国的外贸战略也明确指出中国国际贸易未来要在贸易大国的基础上,推动贸易强国的实现。所以中国的国际贸易要通过完善贸易结构、调整贸易方式和贸易政策,发挥比较优势,加强资本和技术密集型产品的研发和生产,提高参与国际贸易的核心竞争力,在国际分工中改善处在低端分工的现状,争取在中高端分工上获取一席之地,这是中国实现贸易强国的必由之路。

中国的国际贸易结构中将提高服务贸易的比重。国际服务贸易在20世纪80年代开始快速发展。服务贸易在国际贸易中占据日益重要的地位,服务业占世界经济的比重达到70%。中国服务贸易进出口总额占世界进出口总额的比例由1982年的0.6%增长到2012年的5.6%,中国服务贸易进口额占世界进口额的比例由1982年的0.7%增长到2012年的6.8%,2012年服务贸易的出口额占到世界出口额的4.4%,金融危机以后,中国服务贸易的进出口恢复快速增长。2000年以来,世界服务贸易的年均增速为9.3%已经超过货物贸易的发展速度8.8%。国际产业转移的重点从制造业领域转向服务业领域。经受国际金融危机冲击后的世界经济会发生调整和变革,但未来以服务贸易迅速发展为特点的世界贸易发展方向和以服务经济为主的全球产业结构不会变。各国在国际贸易上的竞争和合作将更多地体现在服务贸易上。目前在中国,服务贸易远远落后于货物贸易,也远远落后于世界服务贸易的平均水平,中国的服务贸易在世界服务贸易格局中仍处于弱势地位。未来中国服务贸易需加快发展,扩大服务贸易规模的同时优化服务贸易结构,提高服务贸易在国际市场的竞争力。

中国国际贸易出口产品结构升级。中国长期以来的竞争优势在于劳动力、环境、资源、土地等初级要素,这种比较优势使我国在世界市场上占据一席之地,但是这也使得中国处在"微笑曲线"的最低端。目前,中国的劳动力成本在上升、环境遭到破坏、资源紧缺等一系列问题为我们敲响警钟,这些比较优势正在减弱。所以为提高中国在国际分工的地位和国际竞争力,获得更大利益,必须改善贸易的产品结构,加强技术引进研发,大力提高技术密集型、资金密集型、知识密集型产品的生产和出口,实现中国贸易增长方式的转变和贸易强国的战略目标。

随着互联网的快速发展,国际电子商务将为中国国际贸易的发展添上浓墨重彩的一笔。国际电子商务以其能简化贸易流程、改善物流系统、减少交易成本、获取更多贸易机会及调整经济结构等优势,极大地提高了生产力,改变了现有的贸易活动框架。国际电子商务将成为衡量各国国际贸易实力和竞争力的重要标志,国际电子商务也是未来中国乃至世界国际贸易的发展方向和趋势。

(二) 区域经济一体化

在经济全球化的国际背景下,中国参与区域经济一体化组织是中国经济发展的客观要求,是中国外交战略的需要,是推动亚洲经济发展的需要。中国在未来的区域经济合作领域会通过加强战略筹划和战略布局有所作为。中国的战略重心将在亚太地区,突破点在东南亚、非洲、中亚和大洋洲地区。中国目前采取了"立足亚太,稳定周边"的地区战略,将来也会继续以大国外交为主线,以地区稳定战略为依托,同东南亚和东北亚国家共同推进东亚自由贸易区的建设,促进上海合作组织的经济合作,与非洲国家建立更紧密的经贸合作关系。促进与巴基斯坦、印度等国的自由贸易区的建立和发展,中国主导着上海合作组织,并积极参与东亚"10+3"自由贸易区和 APEC 合作新机制的区域经济整合。中国要加强参与国际贸易体系改革的能力,努力积极维护世界贸易组织的资源贸易体制,推动贸易和投资的发展,反对贸易保护和投资保护主义。通过积极参与和主导东亚区域经济一体化的经贸合作,逐步培育均衡和共赢的多边贸易体制,推进 WTO 框架下的全球贸易规则和贸易政策的完善。

在 2014 年结束的北京亚太经合组织会议上,《亚太自贸区互联互通蓝图》的发布预示着区域经济一体化合作范围更广泛、合作程度更深入、国家间经济联系更紧密的大趋势。该蓝图提出对硬件、制度、人员全方位互联互通,设立了 2025 年实现亚太地区无缝、全方位互联互通和一体化的目标。亚太经合组织在促进区域一体化方面取得了很大的进展和成果,但是还需要更多实质工作把亚太大家庭更为紧密地联系起来。针对亚太经合组织目前在基础设施和通信技术普及和质量不均衡、管理限制和能力存在差距及人员交往和流动仍有障碍等问题,提出在 2025 年实现亚太经合组织互联互通愿景。在硬件联通方面着重改善投资环境,采用 PPP(公私合作伙伴关系)和其他方式提高基础设施的融资、建设、维护和更新高质量的基础设施,进一步普及通信技术,挖掘能源合作和环境可持续性领域的潜力等;在软件联通方面,将共同行动,致力于解决贸易便利化、结构和规制改革、交通及物流便利化等领域的重大问题;在人员交往互联互通方面,会继续推进跨境教育合作,促进旅游人员的跨境流动,通过人力资源开发加强人员交往互联互通等。亚太经合组织作为一个多样化的地区组织,实现互联互通对亚太经合组织的各成员及整个亚太区域的经济会产生强大的促进作用,这也是世界贸易与经济发展的趋势所在。

东盟积极经济一体化给中国企业带来众多机会和优势,中国投资企业可以享受东盟经济共同体的三大便利条件:首先,可以享受贸易零关税和东盟参与的自贸区的优惠待遇;其次,可以通过东盟经济共同体服务自由流动政策拓展服务业;最后,可以利用东盟各国的便利交通、原材料、劳动力、基础设施、生产技术、产业集群、市场渠道和金融环境等各种有利条件,在东盟形成整套生产运营网络。东盟要形成全面经济伙伴关系,推动谈判进程,需要在货物贸易自由化、服务贸易自由化、投资便利化与自由化、经济与技术合作、知识产权保护、竞争政策及争端解决机制等方面达成一致。中国应从战略上重视区域经济一体化谈判进程,充分发挥中国的协调作用。

中国在区域经济一体化进程中顺应世界经济发展的趋势,在获得更多自由贸易机会的同时也面临着来自多方的挑战。原本是亚太地区区域合作中为数众多的 FTA 中一个的 TPP(泛太平洋战略经济伙伴关系协议),由于美国的加入引起世界各国政府及工商界的关注。美国此次为走出金融危机阴影、重振经济提出新的"国家出口战略",亚太地区对美国实现其战略目标具有极其重大的意义。由美国主导并把中国排除在外的 TPP 战略将对中国的国际贸易产生重要影响,第一,TPP 协定的达成将对中国产生贸易歧视和贸易转移效应,中国将不得不考虑加入 TPP;第二,TPP 的达成无须得到中国的认可和允许,这将会对中国倡导的"APEC"方式产生冲击,中国对 APEC 实质问题的控制能力大为减弱;第三,美国将利用 TPP 在亚太地区重建新的"结构动力",试图占据在亚太地区的绝对领导权,削弱中国在亚太地区的领导力;第四,美国想通过 TPP 的构建限制中国的发展,减弱中国在亚太地区乃至世界的影响力。而另一个对世界经济发展和贸易规则制定产生重大影响的自由贸易区 TTIP(跨大西洋贸易与投资伙伴关系协议)目前也受到高度瞩目。TTIP 是由世界最大的两个经济体美国和欧盟组建,且早在 1990 年就提出此构想,但是到现在才进入实质性谈判阶段。这与目前美国和欧盟的经济、政治形势和世界的经济、政治形势密切相关。两大世界经济体在 WTO 体制外寻求新的发展平台,TTIP 的谈判将会极大程度地削弱 WTO 在世界的影响力。TTIP 的谈判如果成功将会使世界的政治、经济和贸易格局发生巨大变化,美欧将重新主导全球贸易规则,再次获取世界经济治理话语权,给美欧带来难以计数的利益。但是无论是 TTP 还是 TTIP,都将使中国陷入极为被动的处境,中国被排除在外极有可能受到孤立和压制,中国的企业在国际贸易中将会面临更多的壁垒,极大地阻碍中国参与国际贸易活动。中国多年积累的贸易伙伴关系受到挑战,在国际上也面临被边缘化的倾向,中国为之努力的 WTO 将被架空,所以中国在世界参与制定经济规则的能力和话语权便会减弱。

中国必须积极应对这些挑战和威胁,深入分析并及时做出战略判断和选择。首先,中国仍保持与亚太地区及现有贸易伙伴的密切关系,积极推进与发展中国家的同盟关系,不但在贸易经济方面加强合作和联系,也要在政治、外交等方面加强交流与沟通,例如中日韩 FTA 的推进,"10+3"东亚区域合作,加强对一些国家的对外援助工作,争取更多国家的支持与信任,还要深入现有的双边 FTA 及建立新的 FTA 以此抵消未加入 TPP 给中国带来的歧视贸易效应,给予中国更大的谈判自由和政策空间。其次,中国应加强与美国在区域合作的沟通,求同存异,弥合分歧,在合适的时机介入 TPP,掌握一定主动权,为中国国际贸易争取最大权益。最后,中国要继续深化改革,加大对外开放的力度,加强经济建设,完善市场机制,提升现代服务业的发展水平,并借鉴欧美等发达的经济制度和市场规范,减少中国与欧美在经济和贸易等方面的摩擦。

三、中国国际投资的发展趋势

中国经济一直处在稳定、高速发展状态,中国的对外直接投资从长期来看依然会保持增长势头,中国的企业会通过扩大对外投资建立起世界生产体系,全面提高中国经济的国际竞争力。

(一) 对外投资的地区分布更趋合理

通过对近期中国的投资数据分析,中国企业对亚洲地区的投资呈现下降趋势,对欧洲、北美洲等地的投资增加。中国要实现产业结构的升级,需要更广泛、深入地向美国、欧洲等发达国家和地区学习其先进技术和管理经验;另外,欧洲、希腊、西班牙等国家和地区深陷债务危机的影响,经济增长乏力,中国对外投资会帮助这些国家和地区改善经济状况,提高就业率,保证国家税收。随着中国日益加快的工业化进程,对能源有着巨大的需求,为保证能源安全,中国会进一步向非洲、拉美和大洋洲等地区进行能源投资,既能为此地区带来发展经济的资金和技术,又能为中国提供能源供应,具有双赢效果。

(二) 对外投资的行业以商业服务业为主,多元化发展

近年来,中国的对外投资长期呈现以商务服务业为主、多行业共同发展的局面,将来中国的这种格局应该会持续下去。中国在商务服务业的对外投资仍占据首位并保持着增长,对能源资源的需求要求采矿业的对外直接投资将成为重要领域,对制造业的投资将会向先进制造业、技术和知识密集型制造业倾斜,以改善目前中国的产业结构,在金融业方面的投资将会注重服务质量的提高和资产结构的改善。

(三) 对外投资的政策体系更完善

中央政府和地方各级政府的服务意识和能力正在不断提高,投资审批手续将会大大简化,投资政策更加灵活,有助于投资高效、便利的实现。中国参与的双边、多边投资促进机制日益完善,对外投资的信息服务、咨询服务等发挥重要作用。

(四) 中国将从对外直接投资的目的国转变成来源国

2013 年中国对外投资首次超过 1 000 亿美元大关。虽然 2012 年中国吸引外资流入高达 1 240 亿美元,高于中国对外直接投资的规模,但根据联合国经济学家预测,2013 年

可能是最后一年中国存在资本净流入的年份,中国对外投资的拐点即将到来。由于中国企业正大量购入发达经济体的资产,并把生产基地转向具有低成本、有更优惠贸易条件的发展中国家,例如柬埔寨、缅甸和非洲等国家和地区,所以按照现在中国对外投资不断大幅增加的发展趋势,中国的对外直接投资总量会在近期超过吸引的对外直接投资总量,即中国会成为对外直接投资的来源国。

四、中国国际经济合作的发展趋势

中国国际经济合作的历程和战略,实现了从援外项目、劳务出口、技术合作等"点线面"的对外经济合作到"走出去"、"走出去"和"引进来"相结合、自贸区合作、自贸区建设的全方位国际经济合作的战略转变。未来以企业项目为主的国际经济合作会更多地发展起来,成为我国国际经济合作的重要基础。中国将保持与发达国家密切的经贸联系,深入与发展中国家的经济合作,支持推进自贸区和区域经济一体化进程,积极参与国际金融体系改革和全球经济治理工作。中国国际经济合作会保持高速发展,推进双边和多边关系稳定、健康发展。

利用外资与对外投资并重,对外投资更加活跃。日益短缺的资源、不足的有效需求、此消彼长的国际经济力量导致国与国之间的竞争只增不减。而发展中国家在资本和市场的竞争更趋激烈,与此同时,发达国家的产业回归和"制造业再造"政策将使本国企业对其他国家的投资撤回,这使得世界对外直接投资面临缺乏的困境。中国的竞争优势也在慢慢减弱,所以在其他周边国家和地区吸引外资的情形下,中国将来吸收外资的形势严峻。由于在现代农业、高新技术、节能环保、新能源等领域的政策支持与鼓励,将来外资可能更多的投入这些领域。相比利用外资,中国的对外直接投资将会保持高速发展,国际金融危机的影响慢慢消除,世界投资环境渐趋稳定,加之在国内合理的宏观调控政策指引下,对外投资会实现更快的发展。

对外援助工作加强。中国虽属于发展中国家,经济发展不平衡,人均国内生产总值依然处于较低水平,与发达国家差距甚远,但是中国依然坚持援外事业发展和自身基本国情结合,对受援国进行项目援建、提供大量物资帮助、开展技术和人才合作等。如今国际金融危机影响依然存在,世界发展环境复杂而严峻,国际经济发展更加不平衡,南北贫富差距会继续扩大,中国会继续加强同世界各国的合作,积极发展对外援助,共同应对挑战,实现与世界各国的共同发展。

对外承包工程优势明显,面临转型。第一,对外承包工程的发展有着广阔的发展空间,中国的对外承包工程模式将会以特许经营、项目融资、项目管理总承包等国际通行方式为主,加强对高附加值、强影响力的基础设计项目的承揽,努力塑造"中国建设"的品牌。第二,中国对外承包经历了几十年的摸索发展,拥有政策、管理和成本等方面的竞争优势,同时在水电、高铁、房建、交通等领域的技术世界领先。中国的对外承包工程企业表现出了明显的整体优势,2010年,中国在国际承包工程的市场份额为世界第一,达到15%。第三,中国对外劳务合作业务规模继续扩大,外派劳务总量将继续增长,但增速放缓。美国、欧洲等国提出"再工业化"的发展战略,中国的"走出去"步伐加快,再加上欧美等发达国家人口数量的持续缩减,中国的劳动力规模大、年龄结构和人员素质的优势条件,给我国发展对外劳务合作提供了更广阔的空间。与此同时,受金融危机的影响,实体经济对劳动力的需求下降,劳务需求减弱,而且相当一部分国家为解决本国就业问题收紧了外籍劳务政策,使得劳务市场缩小。中国的对外劳务合作也存在种种问题:法律保障不足、市场引导缺乏、企业过度竞争、劳务人员素质低等都是继续开展对外劳务合作的阻力。因此,中国的对外劳务合作的业务量面临增速减缓的压力。

服务业的国际经济合作会上一个新台阶。中国服务业中的金融、电信、建筑、分销等一百多个部门对外资开放,开放范围相当广,但是与发达国家相比,中国服务业吸收外资的规模偏小、比重偏低,结构不合理,管理体制不完善。中国的服务业未来会将重点放在生产性服务外包上,并通过国际金融体系改革为国际经济合作奠定强大基石。

目前,由于中国国内劳动力成本的不断上升及境外劳务比较优势降低,传统市场和行业优势也慢慢削弱,中国对外劳务合作企业面临较大的压力。中国对外劳务合作企业需要逐步转变行业发展方式,实现业务的转型升级,中高端劳务合作会是中国对外劳务合作的发展趋势。这就需要对外劳务合作企业制定新型企业发展目标和定位,探索延伸对外经济合作业务链条的方式,做好劳动力的转移培训及回国劳务人员的就业指导,加大新兴市场和新兴行业的开发,实现对外劳务合作的可持续发展。

中国企业在国际商务活动中有众多优势:中国走出去的企业多为国有企业,具备较强的经济实力和国际竞争力,并且分布在各个领域;中国企业产品在价格上也具有较大的比较优势;中国企业在国际化过程中,引进了国外先进的技术和管理经验,培养了熟悉国际惯例和海外环境的高级管理人才。中国企业国际化得到了国家政策的支持和法律的保护。但是中国企业在国际化过程中存在规模小、实力相对弱、核心技术少、战略目标不清晰、融资渠道少、管理仍存在漏洞等问题。所以中国企业在未来从事国际商务活动中仍要努力提高竞争力,选择有利于产业转换和技术升级的地区投资,提高创新能力,协调好企业国际化与本土化发展间的关系,全面提升企业在国际上的竞争力。

复习思考题

1. 论述中国国际贸易的发展现状及特点。
2. 论述中国国际投资的发展现状及特点。
3. 论述中国国际经济合作的发展现状及特点。
4. 中国企业未来国际商务活动将面临哪些机遇和挑战?

案例分析题

阿里巴巴在美国上市

美国时间 2014 年 9 月 19 日上午,阿里巴巴正式在纽约证券交易所上市交易,股票代码为 BABA。截至当天收盘,阿里巴巴每股股价暴涨 25.89 美元,报收于 93.89 美元,较发行价68美元上涨约38%,总市值超过了2 300亿美元(约1.4万亿元人民币),超越Facebook成为仅次于Google的第二大互联网公司。

北京时间9月19日21时30分,阿里巴巴正式敲钟开市。由于交易量庞大,阿里巴巴创美股10年来开盘时间最长纪录,直到北京时间23时50分才出炉开盘价,为92.7美元,较发行价68美元高出约36%。

按照当天的收盘价计算,阿里巴巴集团的总市值甚至超过了中国最大的银行——中国工商银行的总市值(约1.3万亿元人民币)。马云在记者会上说:"今天的成功是小企业的成功,是中国经济的成功,是互联网的成功,也是那些小客户们的成功。"据阿里巴巴招股书披露,马云占阿里巴巴约8.9%的股份。至此,阿里巴巴执行主席马云的身价超过了200亿美元,加上他的其他财富,马云的身价可达到王健林的近两倍,并超过马化腾,成为中国的新首富。

据IMF公布的2013年世界各国GDP排行榜,阿里巴巴的总市值可排在第44位伊拉克和第43位巴基斯坦之间,阿里巴巴之富足可匹敌全球百余个国家。

实际上,阿里巴巴的交易规模就堪比部分国家的GDP总量。2013年,阿里巴巴集团的电子商务交易总规模约为1.54万亿元人民币,占据了全国电商市场总规模的84%,折算成美元是2 480亿美元,相当于芬兰一年的经济总量。

飙升的股价也让阿里巴巴的市值一举超越Facebook、亚马逊、腾讯和eBay,成为仅次于Google的全球第二大互联网公司。据此计算,阿里巴巴的总市值已经超过腾讯和百度的市值总和。

资料来源:http://news.163.com/14/0923/12A6R0C00300014AED.html。

讨论与分析:

阿里巴巴美国上市给中国企业的国际化哪些启示?中国企业在"走出去"时应注意哪些问题?

主要参考文献与阅读书目

1. Alan M. Rugman, *International Business*, New York: Financial Times Prentice Hall, 2006.
2. John D. Daniels, Lee H. Radebaugh, Daniel P. Sullivan, *International Business Environments and Operations*, Tenth Edition, Pearson Education, Inc., 2004.
3. Michael R. Czinkota, Ilkka A. Ponkainen, Michael H. Moffett, *International Business*, Seventh Edition, Cengage Learning, Inc., 2009.
4. Tamer Cavusgil, Gary Knight, John Riesenberger, *International Business*, Pearson Prentice Hall, 2008.
5. 查尔斯·希尔著,王蔷等译:《国际商务》(第9版),中国人民大学出版社2014年版。
6. 约翰·怀尔德等著,陈焰译:《国际商务》(第4版),北京大学出版社2009年版。
7. 迈克尔·波特著,李明轩、邱如美译:《国家竞争优势》,华夏出版社2002年版。
8. 弗雷德·卢森斯,乔纳森·多著,赵曙明等译:《国际企业管理——文化、战略和行为》,机械工业出版社2009年版。
9. 金润圭:《国际商务》,上海立信会计出版社2006年版。
10. 翁凤翔:《国际商务导论》,清华大学出版社、北京交通大学出版社2006年版。
11. 赵有广、魏彦杰:《国际商务》,高等教育出版社2013年版。
12. 裴长洪:《中国国际商务理论前沿》,社会科学文献出版社2011年版。
13. 孙国辉:《国际企业管理》,中国财政经济出版社2011年版。
14. 王林生:《跨国经营理论与实务》,对外经济贸易大学出版社1994年版。
15. 卢进勇、杜奇华、赵囡囡:《国际经济合作理论与实务》,高等教育出版社2013年版。
16. 赵春明、魏浩、蔡宏波:《国际贸易》(第三版),高等教育出版社2013年版。
17. 张继康:《跨国公司与直接投资》,复旦大学出版社2011年版。
18. 赵春明、郑飞虎、齐玮:《跨国公司与国际直接投资》(第二版),机械工业出版社2012年版。
19. 刘振林:《国际投资理论与实训教程》,高等教育出版社2011年版。
20. 甘碧群:《国际市场营销学》(第二版),高等教育出版社2006年版。
21. 郭国庆:《国际营销学》,中国人民大学出版社2008年版。
22. 王朝晖:《跨文化管理》,北京大学出版社2009年版。

教师反馈及教辅申请表

北京大学出版社本着"教材优先、学术为本"的出版宗旨,竭诚为广大高等院校师生服务。为更有针对性地提供服务,请您认真填写以下表格并经系主任签字盖章后寄回,我们将按照您填写的联系方式免费向您提供相应教辅资料,以及在本书内容更新后及时与您联系邮寄样书等事宜。

书名		书号	978-7-301-	作者	
您的姓名				职称职务	
校/院/系					
您所讲授的课程名称					
每学期学生人数		＿＿＿人＿＿＿年级		学时	
您准备何时用此书授课					
您的联系地址					
邮政编码		联系电话（必填）			
E-mail（必填）		QQ			
您对本书的建议：				系主任签字 盖章	

我们的联系方式：

北京大学出版社经济与管理图书事业部
北京市海淀区成府路 205 号，100871
联 系 人：徐冰
电　　话：010-62767312 / 62757146
传　　真：010-62556201
电子邮件：em_pup@126.com　　em@pup.cn
Q　　Q：5520 63295
新浪微博：@北京大学出版社经管图书
网　　址：http://www.pup.cn